Grundlagen der Schulpädagogik

Band 17

Gruppenunterricht

Grundlegung und Beispiel

9. Auflage des Klassikers der
Gruppenpädagogik 1954

von

Ernst Meyer

Neubearbeitung: Gerhard Meyer 1996

D1665796

Schneider Verlag Hohengehren

Grundlagen der Schulpädagogik
Herausgegeben von Ernst Meyer und Rainer Winkel

Umschlaggestaltung: Wolfgang H. Ariwald, BDG, 59519 Möhnesee

Fototechnische Beratung: Foto-Atelier Binz/Weber, Mannheim

Gedruckt auf umweltfreundlichem Papier (chlor- und säurefrei hergestellt).

Die Deutsche Bibliothek – CIP-Einheitsaufnahme

Meyer, Ernst:
Gruppenunterricht : Grundlegung und Beispiel / von Ernst Meyer. –
9. Aufl. des Klassikers der Gruppenpädagogik 1954 /
Neubearb.: Gerhard Meyer. –
Baltmannsweiler : Schneider-Verl. Hohengehren, 1996
  (Grundlagen der Schulpädagogik ; Bd. 17)
  ISBN 3-87116-853-X
NE: Meyer, Gerhard [Bearb.]; GT

© Schneider Verlag Hohengehren, 1996.
  Printed in Germany – Druck: Wilhelm Jungmann Göppingen

INHALTSVERZEICHNIS

Vorwort

Das Gespräch um die Verwirklichung natürlicher und elastischer Unterrichtsformen ist in vollem Gange. Seit den Jenaer Versuchen ringt man erneut in weiten pädagogischen Kreisen mit ernstem Eifer um diese Probleme und sucht in der bestehenden Unterrichtswirklichkeit Ansatzpunkte, die neuen Ideen und praktischen Ergebnisse mühevoller Versuchsarbeit in die Tat umzusetzen. In Zeitschriften und Broschüren geben erfahrene Pädagogen Beispiele und Anregungen für den Gruppenunterricht. In Vorlesungen, öffentlichen Vorträgen und in einer Reihe von Abhandlungen habe ich selbst versucht, die Möglichkeiten seines Einsatzes, seine Bedeutung, seine Wirkungen und Grenzen darzustellen. Die pädagogischen Zeitschriften „Lebendige Schule", Mainz, „Unsere Schule", Hannover, „Schule und Leben", München, „Die Neue Volksschule", Stuttgart und die „Pädagogische Welt", Donauwörth, haben mich dabei in freundlicher Weise durch die Veröffentlichung zahlreicher Arbeitsergebnisse unterstützt.

Die hier vorliegende Darstellung faßt die Erfahrungen aus meinem Unterricht an Wormser Stadtschulen in den letzten acht Nachkriegsjahren zusammen und zeigt ausführlich einen Weg auf, der ohne große Umwälzungen bei der gegebenen Schulorganisation zu einer glücklichen Lösung der Grundproblematik unserer Schule führen kann. Ich stehe viel zu sehr in der unterrichtlichen Praxis, um zu wissen, daß eine durchgreifende Änderung der bestehenden Schulverhältnisse nicht von heute auf morgen durchführbar ist. Aber es kann vieles, was bedeutende Pädagogen der Reformbewegung angestrebt haben, in einer sinnvollen Synthese auch jetzt schon verwirklicht werden.

Hierbei können wir nicht bewährte Erkenntnisse der pädagogischen Arbeit mit einer Handbewegung beiseite schieben. Wir benötigen vielmehr auch in unserem Unterricht Planung, Führung und Lenkung durch den Lehrer, wir brauchen Lehrerfrage und Lehrervortrag. Aber wir müssen auch Raum und Zeit lassen für elastische Arbeitsformen, für selbständige Forschungs- und Gestaltungsarbeit des Kindes, für Schülerfrage, für Spiel und Feier. Mit einem Wort: wir brauchen die aufgelockerte Klasse. Es ergibt sich aus dem Grundgedanken dieses Buches, daß in der Darstellung nur die eine Seite des Unterrichts in den Vordergrund tritt: das Arbeiten in Gruppen.

Gestützt auf die Ergebnisse fremder und eigener Versuchsarbeit erörtere ich zunächst die Grundlagenprobleme und ihre historischen Lösungsversuche und will damit in den gesamten aktuellen Fragenkreis einführen. Die praktischen Auswirkungen einer solchen Arbeit finden an Hand von zahlreichen Belegen besondere Berücksichtigung.

In der Vielfalt der Aufzeichnungen wird der Leser immer das Abbild einer lebendigen pädagogischen Wirklichkeit erkennen. Auf Grund ausführlicher Stenogrammberichte aus dem Unterrichtsverlauf wird eine genaue didaktische Analyse der Ar-

beitsweise des Einzelkindes und der Gruppe ermöglicht. Ein praktischer Beitrag zur
pädagogischen Tatsachenforschung ist somit gegeben. Photographische Aufnahmen
und Zeichnungen werden dabei schlagartig Situationen beleuchten, die nur schwer
mit Worten zu schildern sind.

Natürliche, elastische und sinnvolle Unterrichtsarbeit, wie sie hier zutage treten
wird, bleibt ein einmaliges Stück zeitgebundenen Lebens und ist als solches unwie-
derholbar. Mit meinen Beispielen und Erfahrungen möchte ich nur anregen, den
Blick für die Fülle der Möglichkeiten weiten, vor allem auch ermutigen. Erst die eigene pädagogische Arbeit, das eigene unermüdliche Ringen um den rechten Weg,
die besinnliche Überprüfung des unterrichtlichen Geschehens führen zu einem be-
friedigenden Erfolg.

Bei der Kritik an anderen wie an mir selbst ging es mir um die Notwendigkeit, ein getreues Bild meiner Arbeit zu gewinnen. Allein zu stehen und neue Wege zu suchen,
bedarf der kritischen Selbstbesinnung und Rechenschaft. So soll dieses Buch den
Berufsgenossen, die in der gleichen Arbeit und auch noch allein stehen, die unerläß-
liche, ständige Rechenschaft vor der Erziehungs- und Bildungsaufgabe erleichtern
helfen und sie bestärken, die als richtig erkannte Arbeitsgestaltung auszubauen und
in immer weitergreifendem Maße zu verwirklichen.

Worms, im Januar 1954   Ernst Meyer

Vorwort zur 8. Auflage

Seit dem Erscheinen dieses Buches (1. Auflage 1954) haben sich Lehrer und Lehrer-
studenten, sowie die pädagogische Presse des In- und Auslandes immer wieder ausführlich mit ihm beschäftigt. Inzwischen ist sein Thema Gegenstand einer weltweiten schulpädagogischen Diskussion geworden. Es geht um die Realisierung einer
wirklichen Demokratisierung und Humanisierung des Unterrichts. In der Vielfalt
der ausgewählten Beispiele wird der Leser immer das Abbild einer lebendigen pädagogischen Wirklichkeit erkennen … Das Buch ist aufgrund der internationalen
Entwicklungstendenzen noch aktueller als vor 29 Jahren. Sein Inhalt kann zwar nie
als Rezept und Anweisung verstanden werden, aber für die spezielle Situation eines
Lehrers oder einer Lehrergruppe wird er immer eine initiierende und ermutigende
Funktion besitzen.

Heidelberg, im Frühjahr 1983   Ernst Meyer

Vorbemerkungen des Mitherausgebers der Reihe

1967 kam ich (nicht als „Referendar" oder „Lehramtsanwärter", sondern schlicht) als „Junglehrer" in die Schule und erhielt gleich ein 2. Schuljahr. Da hingen sie also an mir und ich später an ihnen: der *Klaus* und die *Veronika*, die *Jutta* und der *Willi*. Wenn ich ehrlich und selbstkritisch bin, haben mir ganz schön die Knie geschlottert. Sechs Semester PH-Studium waren zwar ungemein hilfreich gewesen, wesentlich praxisorientierter als mein 14 Semester dauerndes Zweitstudium an der Uni Bochum, und auch die wöchentlichen „Arbeitsgemeinschaften für Junglehrer" konnten mit jedem heutigen Studienseminar mithalten . . . Und doch: Als Klassenlehrer fungieren? Fast volle Stundenzahl unterrichten? Allein verantwortlich sein? Den Anforderungen der Reformpädagogik, der Eltern, der Schüler, der Kollegen gerecht werden können? – Zwei Einflußfaktoren ließen meine Knie zur Ruhe kommen: ein exzellenter Mentor, von dem ich mehr lernte als ich zu lehren vermochte, und – drei Autoren bzw. deren Bücher. Einer hieß *Ernst Meyer*; sein Buch trug den Titel „Gruppenunterricht. Grundlegung und Beispiel"; es war 1954 zum erstenmal erschienen und half mir täglich in gleichem Ausmaß (aber nicht auf dieselbe Weise) wie *Rudolf Karnick*s „Redet um Sachen" und der „Schulanfang" von *Ilse Lichtenstein-Rother*. Was hat den „Gruppenunterricht" damals so ungemein bedeutsam gemacht? Mit Hilfe meiner vielen, vielen Anstreichungen, Kommentare, Hinweise und Querverbindungen lassen sich drei Bedeutsamkeiten aufführen:

- Der „Gruppenunterricht" war das Buch eines Praktikers für Praktiker: Theoretisch fundiert und praktisch orientiert. Da wurde nirgends gehandwerkelt, aber auch nicht spintisiert, da war – das Wort sei gestattet – die Theorie in die Praxis verliebt und die Praxis gegenüber der Theorie stets eine lernende.

- Der „Gruppenunterricht" war zweitens das Buch eines offenen Lehrers für offene Menschen: Es öffnete den Unterricht thematisch und methodisch; es stellte Fragen und ließ Vermutungen zu; es öffnete die Türen zu den anderen Klassen und zu den Herzen der Menschen.

- Und schließlich war der „Gruppenunterricht" das Buch eines Reformpädagogen für Reformpädagogen: Es überwand den Frontalunterricht, ohne ihn abzuschaffen; es ermöglichte eine Schule ohne Verschulung, denn bei aller Notwendigkeit, Gruppenarbeiten zu arrangieren – ohne Anthropologie, ohne Pädagogik und ohne die Vision einer besseren Welt durch bessere Schule war der „Gruppenunterricht" nicht zu haben.

Nun sind seit der Ersterscheinung mehr als 40 Jahre vergangen. Selten ist ein Autor gebeten, ja gedrängt worden, ein Werk neu zu edieren, das er vor fast einem halben Jahrhundert konzipiert hat. Da tauchten Zweifel auf: Ist nicht so vieles veraltet? Zeitgebunden? Längst überholt? Durch anderes ersetzt worden? Wird die Kraft reichen, das Bleibende als solches zu erkennen und notwendige Umarbeiten vorzunehmen? Sind die zahlreichen Beispiele wirklich so exemplarisch, daß sie für sich sprechen? – Es war schwer, die Zweifel auszuräumen. Und vielleicht hätten alle Argumente nichts bewirkt, wenn da nicht sein Sohn *Gerhard Meyer* gewesen wäre, der bei der Neubearbeitung half und in einem ergreifenden Brief, den nur ein Sohn seinem Vater zu schreiben vermag, zu überzeugen vermochte. Und ich hoffe, daß die beiden mir nicht böse sind, wenn ich ihn hier zum Abdruck bringe.

Lieber Vater,

Dein Buch ist schon ganz schön alt, über 40 Jahre. Aber es erinnert mich an die noch ältere Bauhaus-Architektur, die damals einzigartig aus ihrem Umfeld herausragte und deshalb heute unvermindert aktuell ist – genauso wie Dein Buch. Der Vergleich läßt sich noch weiter treiben. Wenn ich die konservative Alltagsarchitektur um mich herum sehe mit ihren Erkerchen, Türmchen, ja Butzenscheiben, dann wird mir genauso übel wie bei manchen Äußerungen von Alltagspädagogen. „Ich mache in der Oberstufe nur Vorlesungsbetrieb. Ich doziere, und die Schüler müssen irgendwie mitkommen. So bereite ich sie auf die Universität vor", sagt ein Chemielehrer. Und gar ein Fachleiter am Seminar für Studienreferendare: „Ab der 8. Klasse gibt es keine Methodik mehr. Da lesen wir meine Arbeitsblätter, die zu Hause gelernt und in der nächsten Stunde abgehört werden."

Die guten „modernen" Architekten sind genauso rar wie die guten „modernen" Pädagogen. Längst ist, was damals neu und einzigartig war, Allgemeingut geworden – aber was davon wird wirklich realisiert?

Dein Buch führt uns noch einmal zu den Anfängen, in die Pionierzeit der neuen Pädagogik zurück. In jeder Zeile spürt man den jungen, begeisterten Entdecker, der seinerseits die Schüler anspornt, selbst zu Entdeckern zu werden. Alles ist erlebt. Deine Sprache ist unmittelbar, einfach, gefühlsmäßig. Du mußtest schreiben, weil Dir „das Herz überlief". Dein Schwung, Dein Kämpfen und Ringen, Dein Enthusiasmus überträgt sich auf den Leser. Man kommt nicht mehr los von den eindringlichen Schulszenen, die Du so freudig, ja liebevoll schilderst. Man spürt: Da geht es nicht nur um neue Methoden, um Strategien und Systeme, sondern die Schüler und Lehrer, die lebendigen Personen im Schuldrama stehen im Mittelpunkt. Eindrucksvoll hartnäckig sorgst Du Dich um die Schüler – und hier sind der Gruppenunterricht und der fächerübergreifende „Gesamtunterricht" nur Mittel zum Zweck. Keiner darf die Schule verlassen, ohne etwas Wirklich-Durchlebtes, Selbst-Erforschtes, Selbst-Erfahrenes mitzunehmen.

Dabei wird immer wieder deutlich, daß es Dir nicht nur um sinnvolles Lernen geht, sondern auch um Wertevermittlung – oder besser: Werte-Erfahrung. Kategorien wie Freiheit, Selbständigkeit und Selbstverantwortung stehen zwar im

Vordergrund, aber es fallen auch traditionelle Werte auf, die im Eifer mancher späterer pädagogischen Reform zuweilen vergessen wurden. Wir begegnen altmodischen Wörtern wie Wohlerzogenheit, Anstand, Ordnung, Sorgfalt, Exaktheit, Sauberkeit, „liebevolles Gestalten der Klassengemeinschaft"; Sätzen wie „Geben ist seliger denn Nehmen".

Natürlich hat Dein Werk im Lauf der vielen Jahre auch etwas Patina angesetzt. Aber sie stört nicht. Im Gegenteil, sie erhöht den Grad der Authentizität. Das Bild der Nachkriegszeit, in der Dein Buch entstand, wird gleich mitgeliefert. Es wird auch, bei aller Aktualität seiner Ideen, zum spannenden Dokument.

Es war übrigens keine „gute alte Zeit", auch nicht für Lehrer. Plötzlich stehst Du als junger Kollege vor 55 Jungen einer 7. Klasse, mit der kein Lehrer vorher klargekommen ist. Ein großer Teil der Nachkriegskinder ist ohne Vater, viele sind verwahrlost, die meisten leben in armseligen Verhältnissen. Und in den Schulen sind die Arbeitsmittel rar. Es hat mich sehr beeindruckt, wie Du mit einfachen Materialien Lernhilfen bastelst oder die Schüler selbst ihren Lernstoff zusammensuchen läßt und uns damit signalisierst, daß es nicht auf die Bereitstellung der Mittel, sondern auf die guten Ideen ankommt. Wie würden unsere verwöhnten, aber ewig jammernden Lehrer der 90er Jahre mit dieser Situation klarkommen? Überhaupt: Wenn ich in der großen Pause inmitten meiner angegrauten Kollegen sitze (Durchschnittsalter: 52), dann denke ich manchmal: Hier sollte mal ein Junger herkommen und ein bißchen frischen Wind hereinbringen. Dein altes, junges Buch ist ein solcher Wirbelwind, der heute wie vor 40 Jahren aufrührt und erfrischt. Wir können es dringend brauchen!

Dein Sohn und Kollege   Gerhard

Beide, *Gerhard Meyer* und der Mitherausgeber dieser Reihe über die „Grundlagen der Schulpädagogik" haben dem Autor geraten, so wenig wie möglich zu verändern und so viel wie notwendig zu aktualisieren. Gerade die Unterrichtsbeispiele sind größtenteils so exemplarisch, so klassisch, daß ihr Gebundensein an einen bestimmten historisch-gesellschaftlichen Kontext schon wieder ein Lerndatum erster Ordnung ist. Deshalb sind Verleger und Mitherausgeber froh, dieses Buch des Nestors der deutschen Gruppenpädagogik als Band 17 unserer Reihe der Öffentlichkeit zugänglich machen zu können – zumal seit Erscheinen der 8. Auflage 1983 es jahrelang vergriffen war.

Über den Wert eines Buches, noch dazu den bleibenden Wert, befinden weder der Autor noch der Verleger – wohl aber die Leser. Als einer von ihnen wage ich eine Prognose: Es gibt nicht sehr viele klassische Texte der Schulpädagogik – die „Mathetik" des *Comenius* gehört dazu und *Pestalozzi*s „Stanser Brief", der Jena-Plan von *Peter Petersen* und das „Tagebuch eines Studienrats" von *Horst Rumpf* und – nun ja

– der „Gruppenunterricht" von *Ernst Meyer*, der Leser finden wird, solange es Lehrer gibt, die ihre Schüler im Geiste einer aufklärenden und zum Gemeinwohl hin erziehenden Pädagogik unterrichten wollen, ohne die Belange des einzelnen diesem unterzuordnen. Daß sich Individualismus und Kommunitarismus nicht gegenseitig ausschließen, sondern begrenzen und folglich ergänzen können, eine untrennbare antinomische Einheit in Spannung bilden, das kann man in diesem Buch tausendfach lernen. Mit auf den hoffentlich noch langen Weg, den dieses Buch mit seinen Lesern gehen wird, möchte ich ein Wort *Martin Buber*s geben, der einmal (1951, in der „Neuen Schweizer Rundschau") gesagt hat:

„Ich habe nichts von Büchern gewußt, als ich dem Schoß meiner Mutter entsprang, und ich will ohne Bücher sterben, eine Menschenhand in der meinen. Jetzt freilich schließe ich zuweilen die Tür meiner Stube und ergebe mich einem Buch, aber nur, weil ich die Tür wieder öffnen kann, und ein Mensch blickt zu mir auf."

Blicken wir auf?

Berlin und Dortmund   Rainer Winkel

im Frühjahr 1996

„Leben zu lernen ist der Endzweck
aller Erziehung."   *(Pestalozzi)*

A. Grundlagenprobleme in richtungweisenden Episoden

Drei Episoden in meinem Leben hatten eine entscheidende Wirkung auf mein pädagogisches Denken und Handeln. Sie enthalten Beweggründe zur Realisierung des
Gruppenunterrichts.

1. 6. Klasse. Französischunterricht

Eine Methode des korpulenten, sehr mächtig wirkenden Gymnasiallehrers bestand
darin, jeden Tag Wörter in der Fremdsprache zum Auswendiglernen „aufzugeben"
und am nächsten Tag zu Beginn der Stunde „abzuhören". Wer ein Wort nicht wußte
oder falsch aussprach, mußte es zur Strafe hundertmal schreiben. Eines Tages hatte
„Kuli" (so sein Spitzname) den Einfall, das Abhören und Bestrafen durch einen
Schüler vornehmen zu lassen. Auch ich kam an die Reihe. Es war ein angenehmes
Gefühl: ich brauchte keine Angst zu haben, ein Wort nicht zu wissen und hundertmal
schreiben zu müssen. *Ich* war jetzt der *„Lehrer",* der Mächtige, der allein bestimmen
und bestrafen konnte. Es war etwas Berauschendes, diese bis jetzt noch nie erfahrene Macht auskosten zu dürfen. Ja, ich identifizierte mich vollends mit diesem Lehrer, der uns einmal in der letzten Stunde vor den Ferien von seinen Kriegserlebnissen
erzählt hatte, belegt mit Fotos, die ihn als Hauptmann hoch auf einem Pferd zeigten.
Für das Vaterland gekämpft zu haben, war sein ganzer Stolz.

2. Zweiter Weltkrieg

Letztes Kriegsjahr. Auf dem Rückzug in Ungarn. Mit dem Rest eines Bataillons sollte ich ein kleines Dorf verteidigen. Es waren nur noch etwa 60 Mann, bewaffnet mit
Karabinern und wenigen Maschinengewehren. Die Männer hatten sich am Dorf-
rand eingegraben. Am Horizont tauchten plötzlich russische Panzer auf, die langsam Kurs auf das Dorf nahmen. Wir zählten deutlich 42 Panzer. Funkverbindung
hatten wir keine. Geblieben waren uns vier Lastwagen, die wir hinter den Häusern
in Deckung gebracht hatten. Aufgrund der aussichtslosen Lage gab ich den Befehl
zum Rückzug. Mit den Wagen fuhren wir etwa 5 km hinter einen Hügel zurück. Dort
traf ich auf den Regimentskommandeur, dem ich kurz Bericht erstattete. Der Kom-
mandeur, ein Mann von etwa 28 Jahren, schrie mich an, das sei unmöglich, ich würde
lügen, es gäbe keine 42 Panzer, das Bataillon müsse sofort in das Dorf zurück. Als ich
mich widersetzte, degradierte er mich auf der Stelle und kündigte an, daß er mich
vor das Kriegsgericht stellen werde.

3. Nach dem Krieg

Kreislehrerkonferenz. Als Lehramtsanwärter nahm ich daran teil, um von dem zuständigen Schulrat Instruktionen für den Einsatz in seinem Schulaufsichtsbezirk entgegenzunehmen. Es war deprimierend. Unsere Hauptaufgabe sei, den Kindern Rechnen, Lesen und Schreiben beizubringen. Er würde das kontrollieren. Drum sei das Wichtigste: die Aufstellung des Jahresstoffverteilungsplans und die exakte Führung des Wochenbuchs. Kontrolliert würde von ihm auch die schriftliche Unterrichtsvorbereitung, die nach den Herbart-Zillerschen Formalstufen zu erfolgen habe. Wichtig sei, daß die Schüler, die nach dem Krieg besonders verwahrlost seien, streng erzogen und – wenn sie die Schule schwänzten, die Hausaufgaben nicht richtig erledigten – hart bestraft werden müßten. Lehrer, die diesen Richtlinien nicht gerecht würden, müßten mit Strafversetzung rechnen.

In dieser Kreislehrerkonferenz fiel mir der Französischlehrer „Kuli" ein. Er hatte uns immer bestraft, bestraft – wie er sagte – damit wir gehorchen lernen, denn gehorchen lernen sei wichtig, nur wer gehorchen kann, wird sein Vaterland verteidigen können. Wir haben es als junge Menschen in verschiedener Weise gelernt, und wir haben es letztlich geglaubt, daß wir so handeln müssen, wie wir es von „Autoritäten" vorgeschrieben bekamen. Die Chancen, die uns gegeben wurden, zeitweise selbst „Autorität" zu sein (Lehrer zu spielen, ein Bataillon zu führen), haben den Identifikationsprozeß mit einem solchen kollektivistischen Anpassungssystem verstärkt, ohne daß wir merkten, was dahinter steckte.

Die zweite Episode öffnete mir schlagartig die Augen. Der Regimentskommandeur stand dann auch wieder vor mir, als ich den Schulrat in der Kreislehrerkonferenz schreien hörte. Ich soll die 42 Panzer nicht wahrgenommen haben – die Realität sollte ich leugnen. Ich soll nach dem Willen und nach dem Plan einer sogenannten „Autorität" handeln, die die Realität gar nicht kennt und die nur darauf erpicht ist, ihren Plan zu Ende zu führen. Ich soll nun also auch einen Jahresstoffverteilungsplan für die Schüler ausarbeiten, ihn exakt durchführen, obwohl ich weiß, daß das gar nicht möglich ist, daß ich mit einer großen Klasse von Schülern niemals das Vorgedachte erzielen kann. Und ich soll auch noch in dem Wochenbuch die Übereinstimmung von Plan und Durchführung bestätigen. Die Erziehung zur Heuchelei war perfekt.

Ich will hier nicht die drei für mich so entscheidenden Erlebnisse weiter analysieren. Nur eines: in der Reflexion des Erlebten war mir persönlich klar geworden, daß ich an meinem Arbeitsplatz – in der Schule – alles versuchen mußte, den Heranwachsenden zu helfen, Manipulationen zu entlarven, Strukturen, vor allem Machtstrukturen, zu erschließen und zu durchschauen, ihnen Wege zu zeigen, wie sie selbst sich denkend entscheiden können, damit sich unser Schicksal nicht wiederholt. Die Realitätsprüfung gehörte zweifellos dazu. Ganz entscheidend aber war – das stellte sich bald nach meinen ersten Unterrichtsversuchen mit Klassen von über 80 Schülern heraus – daß trotz dieser äußeren schwierigen Bedingungen die Kinder lernen, besser miteinander umzugehen. Jeder einzelne sollte eine große Chance dazu erhalten. Das heißt: die Klasse mußte ihren interaktionshemmenden Charakter verlieren, sie mußte zu einem „sozialen Verband" werden, in dem auf irgendeine Weise Kontakt und Zusammenarbeit, und damit Raum und Zeit zum Handeln und zur Entwicklung eigener Gedanken möglich war.

Ich habe am Anfang nicht allzu sehr über die Methode, über das „Wie" nachgedacht, sondern unter dem Druck der täglichen Probleme und Schwierigkeiten mehr intuitiv gehandelt. Als ich dann über dieses mein Handeln zu reflektieren begann, wurde mir klar, daß dieser „Gruppenunterricht" im eigentlichen auch keine „Methode" war, sondern daß sich hier in einer sich allmählich an geeigneten Problemen und Aufgaben entwickelnden Atmosphäre des gegenseitigen Akzeptierens ganz natürlich gemeinsames Lernen, Erziehung als „Erschließung" und „ohne Willkür" ereignete. Transparenz und Verstehen gehören wohl zu den Hauptmerkmalen der sich abspielenden Interaktionsprozesse. Bei *Berthold Otto* („Schule der Zukunft") und seinem Schüler *Johannes Kretschmann* („Natürlicher Unterricht") fand ich dann eine Reihe von Lösungsvorschlägen zu Problemen, die ich in der Praxis zu bewältigen suchte (siehe auch abschließendes Kapitel „Historischer Exkurs", S. 259 ff.). *Otto*s Plädoyer pro Gruppenarbeit und contra Kollektiv, 1897 in seinem Vortrag „Schulreform im 20. Jahrhundert", konnte ich voll und ganz zustimmen. Den einzigen Vorzug der herkömmlichen Schule, sah *Otto* darin, daß sie für die meisten Schüler derjenige Ort ist, an dem sie mit „kenntnisreichen und denkgewohnten Menschen zu verkehren Gelegenheit haben"; ansonsten sei sie aufgrund des Klassen-(Kollektiv-)Unterrichts nichts anderes als ein „Zuchthaus". Man müßte den Kollektivunterricht für ungeeignet erklären, um neue Gedanken, neue Erkenntnisse in dem Schüler entstehen zu lassen.

„Man müßte Mittel und Wege finden, dazu kleinere Kreise von Schülern auszusondern, innerhalb deren den einzelnen die Rede- und Bewegungsfreiheit so vollständig gewährt werden könnte, wie sie etwa Erwachsene in jeder Gesellschaft genießen. Dann könnte man oft in halbstündigem, freiem Gespräch seine Schüler auf irgend einem Erkenntnisgebiet weiter fördern, als das durch mehrwöchigem Drill möglich ist. Es wechseln da fruchtbare und unfruchtbare Stunden miteinander, deren Ergebnisse sich gegenseitig ergänzen müssen; aber erreicht wird, wenn nur der Lehrer sein Handwerk versteht, schließlich immer etwas dabei und immer entschieden mehr als im Klassenunterricht".

Im traditionellen Kollektiv könne sich niemals eine eigene Meinung, eine Auseinandersetzung, eine Sicherheit im Denken, eine innerliche Befreiung bilden. Die Grundlage zu einer Auflockerung war für *Otto* das Gespräch, in dem jeder von jedem in dem Maße angehört werden mußte, als er gehört sein wollte. Jeder war in diesem „geistigen Verkehr" des anderen Lehrer.

*Otto*s Beobachtungen, daß die Regelschule mit ihrem kollektivistischen Charakter letztlich nichts anderes als ein „Zuchthaus" sei, haben mich nicht mehr losgelassen: Eine Einrichtung, die man bei Anwendung antidemokratischer Verfahren als „Anstalt organisierter Freiheitsberaubung" verstehen könnte, kann in einer Gesellschaft mit demokratischen und sozialen Strukturen einfach keinen Platz mehr haben, sie muß auf jeden Fall gründlich – von innen – her verändert werden. An die Stelle der kollektivistischen Züge, der vielen inhumanen Mechanismen des schulischen Alltags müssen mehr Möglichkeiten zum Dialog, und damit zur Ich-Findung, zur Mensch-Werdung treten.

„Man sage nicht, das Schwerste sei die Tat; da hilft der Mut,
der Augenblick, die Regung. Das Schwerste dieser Welt ist
der Entschluß!"
                                                                                    (Grillparzer)

B. Praxis

Erste Begegnung mit der neuen Klasse

Beispiel: Eine Reise ins Weltall

„Wie soll ich diese wilde Klasse in die Hand bekommen?" so klingt es aus einem Briefe an, den mir ein Lehranfänger schreibt, der als Student längere Zeit bei mir hospitierte. „Es geht nicht so wie in Ihrer Klasse. Ich komme ohne Stock nicht aus. Unerbittliche Strenge und drakonische Maßnahmen, das ist das einzige, was hier Ruhe und Ordnung herstellen kann. Jetzt sind die Kerle allerdings schon so daran gewöhnt, daß es ihnen kaum etwas ausmacht, wenn ich zum Stock greife. Was soll ich tun?"

Hier wirft der Schreiber ein altes Kernproblem auf, mit dem sich mancher Lehranfänger und auch ältere Kollegen abmühen müssen, die nicht soviel natürliche Autorität ausstrahlen, daß für sie die Disziplinfrage kein Problem darstellt. Es sind nicht wenige, die bei der Übernahme einer neuen Klasse Antwort auf die Frage suchen: Wie gewinne ich jene Überlegenheit, mit der ich Herr über die Klasse werde?

Von ausschlaggebender Bedeutung wird immer die erste Begegnung mit der neuen Klasse und der Verlauf des ersten Unterrichtstages sein.

Ein eigenes Unterrichtserleben möge im folgenden die Problematik aufzeigen und Wesentliches zur Beantwortung der anfangs gestellten Frage beitragen.

Als ich zum ersten Male in eine Stadtschule kam, die, in einem schlechten Milieu gelegen, wegen der dort herrschenden Erziehungsschwierigkeiten bekannt war, sollte ich nach dreitägiger Führung einer sehr sanften Mädchenklasse ein 7. Schuljahr Knaben übernehmen. „Lauter Flegel! Ihr Vorgänger lehnt es ab, weiterhin die Klasse zu führen. Die Bengels lachen ihn aus, bewerfen ihn mit Papierbällen, reagieren überhaupt nicht auf Schläge, rennen einfach weg – es ist überhaupt die schlimmste Klasse im Hause. Sie sind noch jung, probieren Sie es einmal!" – so sagte man mir und überließ mich meinem Schicksal.

Mit etwas gemischten Gefühlen betrat ich den Klassenraum. Ich nahm mir fest vor, meine Grundsätze, die mir in ähnlichen Lebenslagen immer geholfen hatten, auch hier zur Anwendung zu bringen:

1. Jedes Kind als Persönlichkeit ernst zu nehmen,
2. die Klasse in Spannung zu versetzen,
3. in natürlicher Form Überlegenheit durch Humor zu zeigen.

In den Bänken standen 55 Jungen, stumm, noch vom Rektor, der meine Ankunft vorbereitet hatte, sichtlich zusammengedonnert und blickten mich Eindringling feindlich an. Auf mein „Guten Morgen" erfolgte keine Antwort. Ich ließ sie sich hinsetzen. Alles lag in Bereitschaft, angriffslustig blitzte es aus manchen Augen, hämisches Grinsen konnte ich jetzt bei vielen beobachten.

Ich lächelte leicht und begann sofort: „Seht mal, ich weiß jetzt ganz genau, was ihr denkt. Ich will es euch sogar sagen. Ihr denkt: Das ist ja prima, daß der Rektor uns den da draußen geschickt hat. Der ist auch nicht länger als drei Tage hier. Wir sind bloß mal gespannt, was der jetzt machen wird. Ja – ich sehe an eurem bösen Gesicht, daß ich recht geraten habe. Aber eines will ich gleich dazu sagen: Was hier in eurer Klasse einmal war, das interessiert mich überhaupt nicht. Ich will euch nur eines sagen, daß ich gekommen bin, euch zu helfen. Einfach zu helfen, damit ihr später im Leben weiterkommt. Wir wollen zusammen arbeiten und zusammen lernen. Und damit ich euch wirklich helfen kann, will ich euch nicht immer abfragen, sondern ihr dürft vor allem das fragen, was ihr wissen wollt. Wir wollen dann gemeinsam versuchen, die Fragen zu lösen. Nun bitte ich euch, einmal eine solche Frage, die euch auf der Seele brennt, zu stellen."

Die Gesichter der Kinder hatten sich während meiner Worte merklich verändert. Der feindselige Ausdruck war langsam gewichen und hatte einer Spannung Platz gemacht, die nun am Ende über dem ganzen Raum lag. Ich wartete auf die erste Schülerfrage. Kein Finger hob sich. Ich blickte alle der Reihe nach freundlich und aufmunternd an. Nach meiner bisherigen Erfahrung ahnte ich, daß zunächst keine Frage erfolgen würde. Ich begann deshalb nach einer langen Pause wieder, um die Kinder an eine Problemstellung heranzuführen:

„Als ich zwölf Jahre alt war wie ihr, hatte ich tausend Fragen. Ich wäre froh gewesen, wenn sie mir in der Schule beantwortet worden wären. Da stand ich zum Beispiel oft abends am Fenster, blickte hinaus und sah zum Mond hinauf. Ich hatte nicht eher Ruhe, bis mir mein Onkel sein Fernglas lieh, damit ich ihn genauer beobachten konnte. Ich hätte damals so gerne etwas mehr gewußt!" – Hier hielt ich wieder inne, denn ich sah, daß in der letzten Reihe einer zaghaft den Finger heben wollte. Ich sah ihn jetzt aufmunternd an, und da hob er denn vollends die Hand. „Bitte, du willst etwas sagen?" – „Ja, ich wollte mal wissen, ob da ein Mann im Mond ist oder nicht." Da war sie nun heraus, die erste Schülerfrage. Einige lachten. Ich sagte nur: „Ganz die gleiche Frage hatte ich damals auch gestellt. Denn wenn man lange in den Mond guckt, meint man wirklich, ein Mann stehe dort und habe ein Bündel auf seiner Schulter." Mehrere meldeten sich. Ich nahm es als selbstverständlich hin und ließ mir meine Freude darüber nicht anmerken. Den ersten rief ich auf. „Ich glaube nicht, daß das ein Mann ist." – „Warum denn nicht?" – „Ei, der Mond ist doch viel zu groß." – Ich sah die Klasse fragend an. Da rief ein Kleiner mit blitzenden Augen: „Es ist aber doch ein Mann drin. Mein Vater hat es mir erzählt."

Ich versuchte nun, alle in die entstandene Denkspannung einzufangen und ließ durch Armheben feststellen, wer für den Mann im Mond ist, und wer nicht. Ich ließ beide Meinungen begründen. Ein Junge der ersten Gruppe hob den Finger. „Ich habe in einem Buch gelesen, daß der Mond eine Kugel wie die Erde ist, und daß der Mann im Mond nur aus Schatten der Gebirge entsteht." Ich nickte und forderte ihn zum Weitersprechen auf. „In dem Buch steht auch, daß man mit einer Rakete zum Mond fahren will."

In einer geistig-seelisch aufgelockerten Klasse hätte sich jetzt ein lebhaftes Unterrichtsgespräch angeschlossen. Hier spürte ich nur die Spannung, die entstanden war. Es galt aber, nicht locker zu lassen und das Ventil noch weiter zu öffnen.

„Wir wollen einmal versuchen, in einer solche Rakete zum Mond zu fahren. Alles natürlich nur in der Phantasie. Wie das wohl vor sich gehen könnte?" Einer meldete sich: „Ich habe in der Illustrierten gesehen, wie eine Rakete abgeschossen wird." – „Bitte, zeichne das doch mal an!" – „Ich kann nicht zeichnen!" – „Ach, ich meine ja nicht, du sollst das so machen wie in der Illustrierten, du sollst nur mit ein paar Strichen an der Tafel erklären, wie eine Rakete aussieht." – Etwas widerwillig ging der Aufgerufene hinaus. Es gelang ihm recht gut, eine Rakete hinzumalen, dazu den Rauch, der beim Abschuß entsteht. Als Anerkennung für seine feine Leistung durfte er noch oben rechts das Ziel unserer Reise, den Mond, in Gestalt eines Kreises einzeichnen.

„Nun geht es los," – fuhr ich in meiner Erzählung fort – „in rasender Geschwindigkeit verlassen wir die Erde. Wir schauen zurück. Die Menschen an der Abschußstelle sind nur noch ein kribbelnder Ameisenhaufen, die Häuser kleine Schachteln. Immer höher geht's mit unserer Rakete. Sicher habt ihr schon einmal eine Photoaufnahme gesehen, die ein Flieger machte. Ich werde euch morgen eine mitbringen." – „Ich habe eine Photographie von Worms, die von oben aufgenommen ist. Darf ich die auch mitbringen?" – „Fein, wer hat noch mehr solcher Luftaufnahmen?" Mehrere meldeten sich. Ich plante: „Gut! Bringt sie alle morgen mit. Ich hänge euch neben die Tür ein schwarzes Brett, da werden die Bilder angeheftet, damit wir alle sehen können, wie die Erde von oben aussieht. Da werden die Städte zu bunten Flecken, die Felder zu farbigen Streifchen, die Berge zu Maulwurfshügeln. In der hohlen Hand könnten wir sie halten, so winzig sind sie. Die Rakete rast weiter. Die Erde sehen wir jetzt nur noch als Kugel. Sie dreht sich. Der Punkt, von dem wir abgeschossen wurden, liegt schon nicht mehr unter uns. Er hat sich nach der Richtung gedreht, die man unten Osten nennt." –

Ich nahm den Globus vom Schrank. Er bot jetzt das beste Anschauungsobjekt. „So sieht jetzt unsere Erde aus! Wir sehen, es ist ungeheuer viel Wasser und nur sehr wenig Land auf der Erde. Das, was die Menschen da unten Erde oder gar Welt nennen, sind eigentlich nur Inseln, die das Wasser nicht bedeckt hat. Wie klein ist dort links Europa. – Wenn wir vorwärts blicken, sehen wir den Mond, der immer größer und größer wird. Wir wollen uns jetzt einmal einen Spaß erlauben." – Zur Demonstration holte ich meinen Hut. „Den Hut wollen wir von unserer Rakete aus auf die Erde fallen lassen. Ich nehme ihn so und lasse ihn gehen." – Ich führte den Versuch vor der Klasse aus. Alle lachten, als der Hut auf den Boden fiel. „Ja, ihr würdet noch mehr lachen, wenn ihr jetzt neben mir in der Rakete sitzen würdet. Ich lasse den Hut da genau so fallen. Und denke natürlich, der fällt genau so rasch wie hier. Aber ganz und gar nicht. Überlegt einmal! – – – Ich will euch ein bißchen helfen. Daß mein Hut hier auf die Erde fällt, hat seinen Grund; daß wir alle ein Gewicht haben und nicht in der Luft schweben, hat den gleichen Grund." – „Ich weiß es, die Erde zieht uns an!" – „Fein, die Erde hat eine Anziehungskraft. Und jetzt überlegt mal weiter!" – Wir fliegen immer weiter von der Erde weg!" – „Es ist keine Anziehungskraft mehr da!" – „Ja, sie läßt auf jeden Fall immer mehr nach." – „Hat der Mond auch eine Anziehungskraft?" – Ich freue mich über diese echte Frage. „Ja, das haben die Wissenschaftler festgestellt. Der Mond hat auch eine Anziehungskraft, nur ist sie geringer als die der Erde." – „Ei, da wird vielleicht der Hut vom Mond angezogen." – „Ganz richtig, wenn wir schon im Bereich der Mondanziehung sind, fliegt der Hut zum Mond hin weg. Wenn wir aber an dem Punkt sind, wo Erdanziehung und Mondanziehung gleich groß sind? – Nun, das ist ganz einfach. Alles, was wir an dieser Stelle aus der Hand legen, das fällt nicht zur Erde, aber auch nicht zum Mond. Es bleibt ruhig und unbeweglich stehen oder schweben." –

Ich machte eine Pause, um die Klasse zu beobachten. Keiner dachte an Stören. Alle hingen förmlich an meinen Lippen. Die Gesichtszüge waren nicht mehr verkrampft. Alle waren in Erwartung, daß die Fahrt weiterging. Doch es läutete. Ich ließ die Klasse in die Pause. Ich sah, wie einzelne zögerten, wie mehrere zusammengingen, auf mich deuteten, tuschelten. Ich bekümmerte mich um geordnetes Aufstellen, doch übersah ich dabei manche Rüpelei und ließ ihre Unordnung hingehen.

In der zweiten Stunde hing ein Anschauungsbild mit einer Stereoskopaufnahme des Mondes an der Tafel. Ich sah keine feindlichen Mienen mehr. Viele betrachteten interessiert das Bild. Sie sahen die kraterähnlichen Gebilde auf der erleuchteten Hälfte. Aus der Nachtseite leuchteten ebenfalls noch einige Kraterränder. Sollte ich nun versuchen, die Denkspannung noch weiter zu erhöhen, um dabei restlos alle zu erfassen? Ich wagte es, indem ich jeden einzelnen in eine neue Situation stellte und ihn zur konkreten Lösung zwang.

„Mit ungeheurer Geschwindigkeit rasen wir mit unserer Rakete weiter. So sieht der Mond schon aus wie hier auf dem Bild. Wir können es nicht abwarten, bis wir dort sind. Ob es da Menschen gibt? Tiere oder Pflanzen? Ob überhaupt Wasser oder Luft dort ist? Tausend Fragen beschäftigen uns. Doch da gibt es einen Ruck – wir sind gelandet. Die Rakete öffnet sich. Was werden wir erleben?"

Nach dieser Fragestellung schrieb ich an die Tafel: *Was ich auf dem Mond erlebe.* Ich erklärte, worum es sich handelt. Jeder soll jetzt denken, er wäre mit der Rakete auf den Mond gefahren und stände jetzt in dieser Landschaft, wie wir sie auf dem Bild sehen können. Wenn er wieder auf die Erde zurückkomme, erzähle er seinem Freunde seine Erlebnisse. Was er da berichten könne, solle jeder jetzt in seinem Heft niederschreiben.

Es war klar, daß in dieser neuen Situation zunächst leichte Widerstände spürbar waren, die aber sofort durch erneute kleine Hinweise über die Art der Ausführung des Themas verschwanden. Jeder sollte sich vor allem zunächst Gedanken machen und dann erst die vermutlichen Erlebnisse zu Papier bringen. Wenn einer ein Wort nicht schreiben könne, solle er sich melden, ich würde ihm dann helfen.

In der pädagogischen Auswertung der vielseitigen Ergebnisse zeigten 82 % der Niederschriften, wie hier ohne meine Hilfe, von dem gemeinsamen Denkstrom erfaßt, eine ganze Reihe von wesentlichen Problemen von den Kindern richtig angeschnitten wurden: die Fragwürdigkeit einer Mondfahrt, der Mond ohne Leben, die Mondlandschaft, das Wetter, die Anziehungskraft u. a. Es ist klar, daß eine solche Versen-

kung in eine Situation weit mehr für die Bildung und für die Erziehung zum selbständigen Denken bedeutet, als wenn ich weiter erzählt, das Erzählte später abgefragt
hätte.

In der nächsten Stunde schloß sich das Verlesen der einzelnen Ergebnisse an. Ich
versuchte dabei, ein Gespräch herbeizuführen und die Kinder zum Beurteilen der
einzelnen Arbeiten zu bringen. Es gelang noch nicht ganz, aber ich spürte doch, daß
unmerklich eine enge sachgebundene Koordination zwischen den Kindern und mir,
auch zwischen den Kindern untereinander, einsetzte.

Ich kündigte nun an, daß ich vorlesen wolle, wie sich ein bekannter Schriftsteller das
Monderlebnis ausgedacht habe. Vielleicht könnten wir dabei viel Neues lernen. Ich
brauchte nicht zu sagen, sie sollten einmal aufmerksam zuhören. Als ich das Buch
mit *Bernsteins* Erzählung „Wer reist mit zum Mond?" (*Naturwissenschaftliche Volksbücher, F. Dümmlers Verlagsbuchh., Berlin*) herausholte, spürte ich, wie alle gespannt auf mich blickten.

Ich las den Abschnitt von der Landung in zweckmäßiger Kürzung:

„Niemand empfängt uns; wir sind in einer gebirgigen Einöde. Wir rufen: 'Hallo! Heda!' Aber zu unserem Schrecken hören wir unser eigenes Wort nicht. Wir sind taub,
völlig taub, und wir merken auch schon, woher das kommt; es ist keine Luft da, die
den Schall fortpflanzt. Der Mond ist nicht von einer Lufthülle umgeben wie die Erde. Wären wir nicht Phantasiereisende, so würden wir hier gar nicht leben können.
Ist keine Luft auf dem Monde so folgt daraus, daß auch kein Wasser hier sein kann;
denn im luftleeren Raum verdunstet das Wasser vollständig. So weit unser Auge
reicht, sehen wir um uns Gebirge und Täler. Wir sehen an der Oberfläche auch gar
viele Dinge, wissen aber nicht, was sie sein sollen. Vielleicht sind es Pflanzen; aber
Pflanzen in unserem Sinne können es nicht sein. Die Pflanze lebt von Luft und Wasser; aber hier ist nichts Derartiges vorhanden. Ist aber keine Pflanze nach unseren
Begriffen zu finden, wovon sollen Tiere oder gar Menschen hier leben? Sollten aber
doch nicht vernunftbegabte Menschen hier vorhanden sein?

Wohl ist dies möglich; allein es ist uns unmöglich, sie als solche zu erkennen, selbst
wenn wir sie hier vor uns hätten. Sprechen können wir nicht mit ihnen; denn ohne
Luft gibt es keinen Laut. Da es keine Flüssigkeit gibt, so gibt es auch kein Blut. Haben die Mondmenschen kein Blut, so haben sie auch schwerlich ein Herz im Leibe;
mit einem Menschen aber, der kein Herz im Leibe hat – da hört alles auf. Also suchen wir uns die Zeit auf dem Monde selbst zu vertreiben!

Da wir aus Mangel an Luft vollständig taub sind, so wollen wir wenigstens Hände
und Beine, die einzigen Organe, die sich hier möglicherweise heimatlich fühlen können, nach Herzenslust verwenden. Und das gelingt gar prächtig.

Vor allem fühlen wir uns so leicht, daß wir uns wie Vögel vorkommen. Die Anziehungskraft auf der Oberfläche des Mondes ist sechsmal schwächer als auf der Erdoberfläche. Unsere Glieder können wir daher mit großer Leichtigkeit heben. Wer
unten auf der Erde mit einem Satz auf einen Tisch springen kann, springt mit gleicher Anstrengung auf einen Hügel von sechs Meter Höhe. Wir setzen mit Leichtigkeit über einen Abgrund, der sechs Meter breit ist. Beim Laufen schweben wir fast,
und wären hier nicht gar zu unmäßig hohe Gebirge, so könnten wir in wenigen Tagen
von einem Ende des Mondes zum anderen rennen."

Die weiteren praktischen Folgerungen, die hier auch aus dem Kreisen um die Erde gezogen wurden, hob ich mir für später auf.

Wir schlossen den ersten Unterrichtstag mit einem frohen Lied. Es klang noch rauh und ungeschliffen – und sehr laut. Doch spürte man: der Heilungsprozeß hatte begonnen.

Aus meinen weiteren Unterrichtsskizzen sollen bruchstückartig ein paar Sätze die Auswirkung der ersten Begegnung erkennen lassen:

Am nächsten Tag grüßt die Klasse sehr freundlich mit „Guten Morgen" ... Ich lerne einzelne genauer kennen. Es sind recht brave Jungen darunter. Einige sind, wie es die Beurteilungen im Zeugnis ausweisen, recht schwach begabt. Ihnen muß geholfen werden ... Am dritten Tag ändere ich die Sitzordnung so, daß ein schwach begabter Schüler neben einen mittelmäßig und gut begabten kommt. Den Kindern gebe ich keine Begründung zu dieser Änderung ... Fred hat eine Illustrierte mit Bildern und Aufsätzen von der Rakete mitgebracht ... Das Anschlagbrett wird sehr begrüßt ... Paul hat ein Buch über die Himmelskörper dabei ... Er hält einen Vortrag ... Wir lernen dabei Protokoll führen ... Im Rechnen eine begeisterte Mitarbeit ... Wir machen sehr viele Übungsspiele ... Unser Thema „Eine Reise ins Weltall" aber steht im Vordergrund. Der gesamte Unterricht ist davon erfüllt: Anziehungskraft – Wasser und Luft – Elemente – Planeten und Fixsterne – Sonne und andere Unterrichtseinheiten werden ausführlich erarbeitet ... Wir stellen auf dem Gang zwei Tische auf. Wer in seinen schriftlichen Arbeiten schnell und sorgfältig ist, erhält draußen eine Sonderaufgabe ... Wir legen uns statt der Haushefte Schnellhefter an, die wir Arbeitsmappen nennen (Thema: Eine Reise ins Weltall) ... Diese Regelung findet großen Anklang ... Den letzten Tag vor den Ferien dürfen die Kinder selbst gestalten.

Die Raumgestaltung

Inzwischen hatte sich aber noch mehr geändert: Der unfreundliche Schulsaal war zu einem Heim der Kinder geworden. Denn genau so entscheidend wie die erste Begegnung mit einer Klasse ist die Gestaltung des Unterrichtsraumes. Wie sehr der Raum erziehend und bildend wirksam ist, braucht in diesem Rahmen nicht besonders betont zu werden. Hier geht es um die Frage: Wie kann ich dem Kinde zu einem Heim verhelfen, in dem es sich als Glied einer Gemeinschaft auch wohlfühlen kann?

Diese Frage muß hier angeschnitten werden, denn ein Blick in die Schulsäle unseres Landes zeigt uns, daß auf diesem Gebiet noch vieles im argen liegt. Es gibt noch zu viele Räume mit kahlen Wänden, mit starrem Lehrerpult, mit einer einzigen Tafel, mit einem verschlossenen Schrank. Seit Hunderten von Jahren hat man doch schon gefordert, daß der Unterricht anschaulich sein müsse, man spricht von einem lebensnahen, natürlichen Unterricht, in den pädagogischen Zeitschriften steht auf jeder Seite: Erziehung zum Leben, Arbeitsschule, Bildungsschule, Enthemmung, Entfaltung, ökonomische Arbeitsmethoden.

Schlagwörter sind es und bleiben es beim Anblick unserer Schulsäle!

In solchen Räumen kann nur totes Buchwissen eingetrichtert werden, hier kann niemals für das Leben erzogen werden! Das Grauen überfällt uns, weil wir spüren: das ist ja immer noch die gleiche Schule, in die wir einmal hineingegangen sind, die Schule mit der Grabesruhe, die Schule, in der alles auf Kommando geschieht, in der nur gepaukt wird.

Es soll hier nicht appelliert werden, diese Mißstände von oben herunter zu ändern – es soll im folgenden versucht werden, bei den gegebenen Tatsachen praktische Anregungen zu geben, die jeder Suchende aufgreifen und verantworten kann.

Soll die Klasse den Kindern zum „Heim", zur Heimat werden, dann muß sie wie jede elterliche Wohnung, die in Ordnung ist, einen Schmuck aufweisen, der im Wechsel der Dinge erhalten bleibt und das Aussehen des Raums verschönt.

Dieser Dauerschmuck soll aber auch gleichzeitig der Ausdruck der „Klassenindividualität" werden. Er wird nämlich nur dann zu einer wertvollen pädagogischen Maßnahme, wenn ihn die Kinder selbst durch eigene Arbeit herbeischaffen oder erhalten, wenn sie ihn nach ihrem persönlichen Geschmack verwenden.

Das Herrichten von Blumenkästen für sämtliche Fenster, das Bedrucken der Vorhänge, die Entwicklung eines Geschichtsfrieses (siehe Seite 109) u. a. bieten Gelegenheit zu speziellen Gruppenarbeiten, die nach der notwendigen Anleitung freudig und geschickt ausgeführt werden.

Wie notwendig diese Heimgestaltung in unserer heutigen Schule ist, zeigen immer die Besuche bei den Eltern. Da steht es doch manchmal zu Hause sehr schlecht um eine Heimkultur – und wie soll es dann später werden, wenn unsere Jungen und Mädchen Väter und Mütter geworden sind?

Freilich leidet jede Umgestaltung des Klassenraums nach individuellem, kindlichem Geschmack unter der stereotypen Einrichtung des Schulzimmers. Wie wenig entspricht sie dem Geist einer neuen Schule und der Gemeinschaftserziehung.

Aber man kann sich helfen!

Da muß vor allem das Podium verschwinden, dieses Leitfossil eines versunkenen pädagogischen Zeitalters!

Da müssen die Tafelgestelle hinaus! Es ist keine große Schwierigkeit, mit ein paar Haken Tafelflächen so an der Wand zu befestigen, daß sie gut von den Kindern erreicht werden können. Ich habe immer zusätzliche Tafeln auf den Schulspeichern und in den Kellern entdeckt oder nach einer gewissen Zeit Unterstützung bei Schreinereltern gefunden.

Das „Quälen" um die Anschaffung von Tischen und Stühlen darf nie aufhören. Sie verändern mit einem Schlage das ganze Bild. Aber man soll nicht sagen, daß überall dort, wo sie heute schon stehen, auch die Klasse zu einem Heim geworden sei. In vielen Fällen hat sich nur das Äußere gewandelt, der alte Geist ein wirkliches „Heimisch"-Werden des Kindes jedoch verhinderte.

Wir müssen Einrichtungen haben, die den Bewegungstrieb des Kindes zu seinem Recht kommen lassen. Wo Bänke vorhanden waren, habe ich immer eine andere Anordnung versucht, so daß viel Raum im Zimmer blieb. In großen Schulkörpern tauschte ich die Bänke gegen Zweierbänke mit Rückenlehnen aus. So konnte ich je-

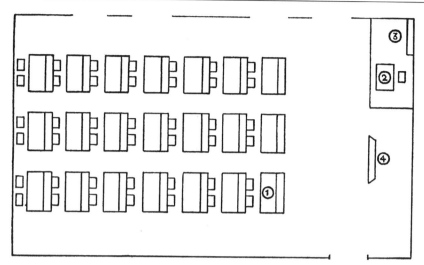

Frühere Raumgestaltung   ① Zweierbänke mit gekoppelten Sitzen
                          ② Lehrerpult auf erhöhtem Podium
                          ③ Eingebauter Lehrerschrank
                          ④ Tafel auf Ständer

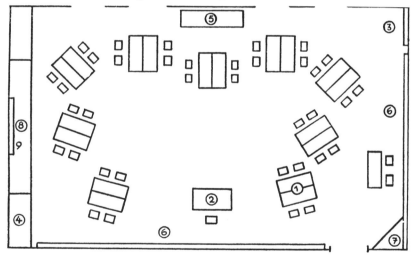

Heutige Raumgestaltung   ① Gruppentische (meist Zweiertische gegeneinandergesetzt)
                          ② Lehrertisch
                          ③ Eingebauter Klassenschrank
                          ④ Gruppenschränke (1 m hoch)
                          ⑤ Raum für Ausstellungsstücke, Werkbank, Sandkasten, Klavier
                             (je nach Bedarf)
                          ⑥ Tafelflächen an der Wand
                          ⑦ Kunstecke, Anschlagbrett u. ä.
                          ⑧ Große Vase
                          ⑨ Großes Gemälde

Abb 1

weils zwei Bänke mit ihren Vorderseiten aneinanderstellen, vier Kinder bildeten
dann eine Gruppe und saßen wie an einem Tisch. Konnte ich nicht genügend Bänke
mit Rückenlehnen auftreiben, so stellten wir die Bänke in Hufeisenform. Es war
dann genügend Raum vorhanden zu rhythmischen Bewegungen. Begriffliches
konnte körperlich, geeignete Szenen dramatisch dargestellt werden. Die Gruppen
fanden sich besser zusammen, die Klasse fühlte sich rascher als eine wirkliche Gemeinschaft.

Bei den beweglichen Möbeln ergibt sich überhaupt keine Schwierigkeit, den Raum
jederzeit zweckmäßig von den Kindern umgestalten zu lassen. Vor allem konnten
wir im Sommer mit unseren Stühlen unter die schattigen Bäume des Schulhofes.

Die Frage der geänderten Sitzordnung im Unterrichtsraum führt zweifellos zur Frage der günstigsten Beleuchtungsverhältnisse hinüber, die das ganze Problem des
Schulbaus aufrollt.

Wenn die Zeichen nicht trügen, dann wird hier doch langsam und stetig Wandel geschaffen, und der Staat wird unseren Kindern, die zum großen Teil schon in engen
und muffigen Wohnungen ihre Jugend verbringen müssen, statt der Schulkasernen
weite, sonnige „Schulhöfe" im Pavillonsystem schenken, mit Gras- und Blumengar-
ten, mit Spiel- und Sportplatz, mit Plantschbad und Sandhaufen.

Beispiel: Vorteilhafte Raumgestaltung im normalen Klassensaal

Die Skizzen auf Seite 17 sollen veranschaulichen, wie der frühere Klassensaal mit
starrem Banksystem in eine „Schulwohnstube" mit beweglichem Gestühl zu verwandeln ist. Die dabei gezeichnete Sitzordnung bewährt sich deshalb am besten, weil sie
den Kindern die Möglichkeit gibt, ohne große Platzveränderung zum Lehrertisch zu
sehen, und genügend Raum läßt zur Bildung eines Gesprächskreises. Außerdem sind
auf diese Weise die Lichtverhältnisse für jeden einzelnen am günstigsten.

Der Übergang zum Gruppenunterricht

1. Vom Fragetrieb des Kindes aus

Beispiel: Rätselvolle Welt

Ich habe bisher verschiedene Wege eingeschlagen, um eine starr geführte Klasse auf
elastische Arbeitsformen umzustellen. Wir werden nicht immer vor solche Schwierigkeiten gestellt, wie ich sie bei der Jungenklasse vorfand. Es gibt durchaus sehr viele Klasse, die schon auf dem besten Wege zu einer echten Schülergemeinschaft sind,
bei denen nur noch der letzte Anstoß zur vollkommenen Entfaltung fehlt.

Bei solch positiven Voraussetzungen kann es vorkommen, daß die erste Frage vom
Kinde gestellt wird, daß sich dadurch unser Unterricht zunächst ohne festes Ziel, oh-
ne Berücksichtigung des Lehrplans entwickelt und sich unsere ganze Arbeit auf die
Lösung der jeweiligen Lebensprobleme der Kinder einstellt.

In einer Mädchenklasse (7. Schuljahr) gelang mir ein derartiger natürlicher Übergang
zur Gruppenarbeit vom Fragetrieb des Kindes aus. Die aufgeworfenen Probleme

Rätselvolle Welt

Arbeitsmappe von Edda Felde

Abb. 2

Was ist Kinderlähmung?

Kinderlähmung macht sich durch heftige Kopf-
schmerzen, durch starkes Schwitzen und durch
Erbrechen bemerkbar. Es gibt zwei Arten von
Lähmungen. Die spinale Kinderlähmung befällt
meistens Kinder. Die Erschlaffung und nachher
die Lähmung einzelner Glieder ist teilweise von
Geburt an, oder sie entsteht durch häufiges Ba=
den im kalten Wasser.
            Die Kinderlähmung ist sehr anstek=
kend und kann durch Bakterien in unseren
Körper gelangen. Wenn man rechtzeitig merkt,
daß ein Gelenk des Körpers nicht mehr so recht
mitmachen will kann man durch Penicillin
einen Aufschub erreichen. Ein Heilmittel an sich
ist noch nicht erfunden worden. Durch Aufrufe
will uns deshalb jetzt die Zeitung warnen,
damit wir alle Vorsichtsmaßnahmen treffen, uns
vor dieser heimtückischen Krankheit zu schützen.
            Die Kinderlähmung ist deshalb so,
weil sie nicht nur unsere Glieder, sondern
auch unseren inneren Organe, z. B. die Lunge,
lähmen kann. Um das Leben des Kranken zu
verlängern, hat man dafür eine sogenannte
„eiserne Lunge" gebaut. Sie wird um den Brust=
korb des Befallenen befestigt und erleichtert
dadurch das Atmen. Auf diese Weise besteht
die Möglichkeit, daß die Lunge wieder gesund
wird.
<u>Zeitungsausschnitte:</u>
<u>Ein Gerät gegen Kinder-Lämung</u>
<u>Gesundheitsämter im Kampf gegen die Kinderlähmung</u>

Nur durch das _Mikroskop_ können wir das
Wachsen der kleinen Lebewesen beobachten.

Wie Robert Koch die Bakterien fand.

Wie heute an der Kinderlähmung, am Krebs und
noch anderen Krankheiten große Probleme zu lösen
sind, an denen die Wissenschaftler und Ärzte
arbeitsvolle Stunden aufwenden, saß damals Robert
Koch in seinem primitiven selbsthergerichteten
Laboratorium über einem großen Rätsel seiner
Zeit. Sein ganzes Denken war auf die schreckliche
Milzkrankheit gerichtet.

Trotzdem er sich nicht voll=
ständig seiner Arbeit widmen
konnte — denn er hatte auch
kranke Patienten — machte er je=
doch täglich Versuche. Er züchtete
Bakterien, die die Form eines
Stäbchens hatten. Mit einem
fein geschnitzten Span brachte
er sie in den Körper einer Maus. Er konnte
sehen, wie ein einziges Stäbchen sich in einer
Sekunde millionenfach vermehrte. Auf diese Weise
fand er auch den Milzbranderreger und den
Tuberkelbazillus. Es war ein riesiger Erfolg und für
die Menschheit eine große Hilfe.

Kampf gegen die Bakterien.
Eine Schnittwunde.

Wenn man unvorsichtig mit dem Messer oder einem
scharfen Gerät umgeht, kann es leicht passieren, daß
man sich schneidet. Solch ein Schnitt kann

unbedeutend, aber auch lebensgefährlich sein. Deshalb
müssen wir rechtzeitig mit dem Kampf gegen die
Bakterien beginnen, damit der kleine Schnitt nicht
zum Tode führt.

Durch Abwaschen mit schmutzigen Lumpen u.s.w.
können wir uns eine Blutvergiftung zuziehen. Ra=
sches betupfen mit Jod kann
eine solche verhindern. Manch=
mal gibt es den sog. roten
Streifen. Der tritt dann ein,
wenn die Bakterien von
den weißen Blutkörperchen
nicht besiegt worden sind
und in den Blutbahnen
zu wandern beginnen. In
solchen Fällen kann nur der Arzt helfen

Fliegen übertragen Krankheiten.

Die Fliege ist ein gefährlicher Feind von Mensch
und Haustier. Sie überträgt Schmutz und Bakterien auf Speisen und Gebrauchsgegenstände und
richtet damit ständig unermeßlichen Schaden
an. Die Zahl der Bakterien, die eine einzige Fliege
mit sich herumschleppt, wird auf rund 150
Millionen geschätzt. So kommt es, daß sie Krank=
heiten wie Typhus, Cholera, Ruhr, Tuberkulose, Milz-
brand, Diphtherie und wahr-
scheinlich auch spinale Kinder=
lähmung verbreiten helfen.
Der Kampf gegen Fliegen und
alle ihre Verwandten ist da=
her unerläßlich. Zur Bekämp=
fung sind schon einige Mittel

Die Fliegen an
Nahrungsstoffen.

erfunden worden, wie z. B. Jakütin und Streifen,
die mit einer Klebemasse beschmiert sind. Ganz
kann man sie natürlich nicht ausrotten, denn
sie vermehren sich zu rasch.

Wie macht man einen Vorhang an?

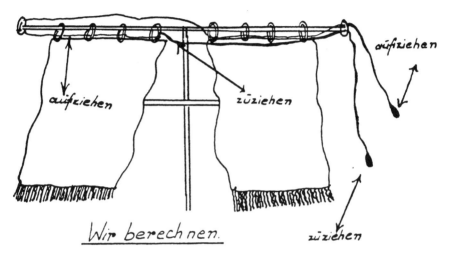

Wir berechnen.

Preis für einen neuen Vorhang:

1 m kostet 7.60 D. M. – Breite des Vorhangs 3,25 m
Länge des Vorhangs 2,10 m

Seitengardinen :   Breite = 0,75 m
Länge   = 2,50 m

Übergardine :   Breite = 0,30 m
Länge   = 3,25 m

Preis für ein qm :   8 DM

Ausrechnung

Ergebnis: Der gesamte Vorhang mit Seiten – und
Übergardinen kostet 62,62 DM.

(die niemals von mir beeinflußt oder gelenkt wurden), die im Anschluß daran entwickelten Unterrichts- und Forschungsergebnisse wurden in den Arbeitsmappen des
einzelnen Kindes festgehalten. Die Wahl des Themas blieb jedem Kinde selbst überlassen, es wurde auch ein gemeinsames Gespräch darüber geführt, und es kristallisieren sich sehr sinnvolle Titel zu dieser schon recht freien Arbeit heraus. Aus den
Vorschlägen, die die geschickteren Schülerinnen formulierten, wurden die folgenden übernommen:

Was uns mit 13 Jahren bewegte,
Probleme eines 13jährigen Mädchens,
Wir fragen und forschen,
Rundgespräche und ihre Ergebnisse,
Rätselvolle Welt.

Der letzte Titel stand über den meisten Arbeiten, die uns für 8 Wochen beschäftigten.
Die Ergebnisse bewiesen, daß auch der Unterricht außerordentlich fruchtbar ist, der
vollkommen vom Erkenntnistrieb des Kindes ausgeht. Wir haben später während der
ebenso notwendigen planvollen Arbeit diesen freien Gesamtunterricht in zwei Wochenstunden fortgesetzt. Es ist nur Ersprießliches daraus hervorgegangen.

Die Frage, wie nun die Kinder langsam zur Gruppen- und Einzelarbeit gekommen
sind, soll hier an den Ergebnissen klargelegt werden. Wir greifen dabei eine Mappe
heraus, die von der Schülerin Edda F. angefertigt wurde.

Edda war ein Flüchtlingskind aus Polen. Sie kam vor einem Jahr zu uns und sprach
bis dahin nur polnisch. Im Verlaufe von einigen Wochen hatte sie sich unsere Sprache, angeeignet und gab sich ganz besondere Mühe, nicht nur zu einer guten Aussprache, sondern auch zu einem guten Stil zu kommen.

In den ersten Stunden war sie sehr zurückhaltend. Als sie aber merkte, wie ernst ich
alle nahm, wie sehr ich das gegenseitige Auslachen verurteilte, wie sich alle diese böse Unart abgewöhnten, ging auch sie trotz ihres ausländischen Akzents vollkommen
aus sich heraus und überragte in ihrer mündlichen und schriftlichen Arbeit oft ihre
Kameradinnen.

Durch den Abdruck von Ausschnitten ihrer interessant gestalteten Arbeitsmappe,
bei der an jeder Arbeit die Art ihrer Entstehung klar zu erkennen ist, soll der auf
dem soeben dargestellten Wege gelenkte Übergang zu freien Arbeitsformen gezeigt
werden.

Bemerkung: *Zeichnungen und Texte* sind im Original (von der Schülerin verkleinert) wiedergegeben.
Fehler sind nicht ausgeschaltet (Abb. 2). S. 19

Das *Titelblatt* wurde sechs Wochen nach Beginn der Arbeit auf Grund der Problemstellungen entworfen und S. 19 ausgezeichnet (verkleinerte Originalwiedergabe).

2. Von der musischen Seite aus

Beispiel: Puppenspiel

Handelt es sich in den bisherigen Fällen um eine Auflockerung, die auf dem natürlichen Erkenntnistrieb des Kindes basiert und stoffliche Gesichtspunkte in den Vordergrund rückt, so hat sich auch die Form bewährt, die an den Beginn die rein see-

lisch-geistige Entfaltung setzt ohne jeglichen Bezug auf vom Lehrplan bestimmte oder vom Schüler geforderte Lernstoffe. Sie bewirkt einen Umbruch von der musischen Seite her. Lied und Musik, rhythmische Sprech- und Bewegungsspiele, Scharaden u. a. leiten über zu einer lustbetonten Arbeit.

Hier sei das Puppenspiel herausgegriffen, das, auf der Oberstufe sinnvoll verwertet, nicht nur zu einer schöpferischen Gestaltungsarbeit führen kann, sondern in der Ausnutzung des werktechnischen Schaffens auf der einen und des kindliches Spieltriebes auf der anderen Seite, ein ausgezeichnetes Mittel ist, zu natürlichen Arbeitsgemeinschaftsformen zu kommen. Mit seiner Hilfe gelingt es uns besonders in starken Klassen mit schlechtem Klassengeist, wirkliches und ehrliches Interesse bei allen zu erwecken, und helle Freude, „die Mutter aller Tugenden", in unseren Unterricht hineinzubringen.

Die positiven Ausstrahlungen auf das gesamte Schulleben zeigen, daß auch dann, wenn Ansatz- und Schwerpunkt auf der musischen Seite liegen, keine Zeit unnütz vertan wird, sondern dem Kinde sowohl notwendige Techniken und Fertigkeiten als auch tiefgreifende, bleibende Erlebnisse vermittelt werden.

Nehmen wir zuerst die reich bebilderte Mappe „Wir bauen ein Kasperletheater" in die Hand. Sie ist am Schluß der ganzen Arbeit eines 7. Schuljahres entstanden und enthält Beiträge von jeder Arbeitsgruppe. Jeweils die besten Aufsätze der Gruppe wurden eingeheftet. Wir erkennen aus dem Inhaltsverzeichnis die Arbeitsgebiete der einzelnen Gruppen:

Gruppe 1: *So entstand unser Puppentheater*
Gruppe 2: *In der Werkstatt der Gruppe 2*
Gruppe 3: *Wir bemalen die Wände unseres Theaters*
Gruppe 4: *Streit um die Sterne*
Gruppe 5: *Die Kulissen entstehen*
Gruppe 6: *Das Problem: Vorhang*
Gruppe 7: *Programme werden entworfen*
Gruppe 8: *Unsere Kasperlepuppen*
Gruppe 9: *Unser erstes Spiel.*

Aus dieser Aufsatzmappe entnehme ich zunächst einige bemerkenswerte Ausschnitte, in denen anschaulich geschildert wird, wie die Arbeit begann und welche Einzelleistungen notwendig waren, um zu dem gemeinsamen Werk zu kommen.

„. . . *Am Samstag sollen wir einmal versuchen, die letzte Stunde ganz alleine zu gestalten. Fritz brachte ein Kasperletheater mit und spielte uns etwas vor. Wir waren ganz begeistert. Montags fragte Herbert den Lehrer, ob wir nicht auch einmal selbst ein Puppentheater bauen könnten. Zu unserer größten Freude war unser Lehrer damit einverstanden. Am anderen Tag hatte fast jeder etwas mitgebracht, der eine Nägel und Leim, der andere Papier und Latten. Wir hatten erst um 1/2 10 Uhr Schule. Unser Lehrer fragte, wer schon um 8 Uhr kommen wollte. Alle Finger spritzten in die Höhe. Die meisten waren schon um 7 Uhr da, sie konnten nicht abwarten, bis es losging . . .*

So war gleich zu Beginn dieses Vorhabens ein erfreulicher Erfolg zu verspüren. Interesse und Neugierde waren geweckt, selbst der Schule noch feindlich gegenüberstehende Kinder wurden von der Sache erfaßt und angezogen. Nun galt es, den Bau des Theaters im Unterricht auszuwerten.

Im Raumlehreunterricht wurden von den Kindern unter Anleitung Pläne entworfen, die unter Benutzung des vorhandenen Materials rechnerisch einwandfrei sein mußten. Nach dem besten Plan wurde dann im Werkunterricht zum Bau übergegangen.

Wir hatten keinen Werkraum. Da stellte uns ein Schüler ganz in der Nähe einen alten Schuppen zur Verfügung, in dem noch eine brauchbare Hobelbank stand. Es bildete sich eine Werkgruppe, mit der ich selbst in meinen freien Nachmittagsstunden zusammenarbeitete. Mit einem Übereifer gingen alle unter meiner Leitung an die Verwirklichung ihres Planes. Nirgends können wir die Kinder besser mit den Techniken des Werkens bekannt machen, sie sägen, nageln, hobeln, kleben und schnitzen lehren. Jeder in der Klassengemeinschaft konnte auch nun ganz nach seinen Fähigkeiten das arbeiten, was ihm am meisten lag.

„ ... Ich nagelte mit Fredi nach Willis Plan oben und unten Leisten fest. Der Lehrer half überall etwas mit. Bald stand das Theater im Rohbau da. Aus alten unbrauchbaren Landkarten wurde die Vorderwand gemacht. Nun hieß es: Wer bringt den Vorhang mit? ...“

„Unsere Gruppe bekam die Aufgabe, den Vorhang so anzumachen, daß man auf einer Seite zieht und der Vorhang auf- und zugeht. Das war nicht leicht. Alle mußten schließlich helfen, und wir brauchten eine ganze Naturlehrestunde dazu. Es war ein richtiges Problem ...“

Inzwischen führten auch die anderen Gruppen ihre Aufträge aus. Die einen schnitten und malten Sterne und Figuren, andere bemalten die Wände, klebten Sterne auf, entwarfen und vervielfältigten Programme, zeichneten Plakate.

Eine Menge neuer Techniken in Holz- und Papparbeit wurde dem Kinde bekannt. Es lernte unter Anweisung aus Kleister, Papier und Farbe die Figuren gestalten, die es später mit Leben und Geist erfüllen sollte, es lernte, daß nur die sauberen, sorgfältig ausgeführten Arbeiten Anerkennung des Lehrers und Verwendung für das Gemeinschaftswerk fanden.

Noch lange aber war die Arbeit nicht zu Ende. Kulissen mußten im Zeichenunterricht entworfen und auf großen Karton gemalt werden. Ihre Anbringung zum schnellen Auswechseln erforderte neue Überlegungen.

Der Vorschlag, später einmal mit Beleuchtung zu spielen, wurde begeistert aufgegriffen, erforderte aber Kenntnisse im Legen von Lichtleitungen und Schaltern, so daß im Naturlehreunterricht erst auf die elektrotechnischen Dinge innerhalb der Elektrizitätslehre eingegangen werden mußte.

Zwischen all diesen äußeren Vorbereitungen aber entstand im Deutschunterricht die große Frage: Wer schreibt das beste Stück, und wer spielt am besten? Die Bildung von Spielgruppen war die Folge, und der Wettbewerbgedanke erzeugte hier eine Arbeitsfreude, die zunächst ihren Niederschlag in unzähligen selbsterdachten Märchenspielen, Possen und Kasperlestücken fand und vorerst noch ihre ersten Erfolge im Elternhaus nach zäher Heimarbeit hinter Stuhl oder Tisch vor der aufmerksam gewordenen Familiengemeinschaft erlebte.

Eines Tages war es dann soweit, daß jede Spielgruppe im selbsterbauten großen Theater ihr Können vor den kritischen Augen der ganzen Klasse beweisen konnte. Die Beobachtung soll nicht unerwähnt bleiben, daß dann unter dem Schutze der Theaterwand die sonst schüchternsten und gehemmtesten Kinder mit den Puppen mit Witz und Humor agierten und sprecherische Gaben entfalteten, die sie im freien Dramatisieren vor der Klasse nie gezeigt hatten. Es gibt Kinder, die im Spiel mehr Mut besitzen, sich hervorzuwagen als in der Wirklichkeit, und die so auf einmal Sicherheit gewinnen.

Zudem aber spürt das Kind, daß sein selbsterdachtes Spiel doch noch recht unvollkommen ist, und es entsteht in ihm selbst der Wunsch, ein Stück in sprachlicher und spieltechnischer Vollkommenheit darbieten zu können. Hier ist mir nun als Erzieher die beste Gelegenheit gegeben, das begonnene Spiel zu ernsthafter Arbeit zu führen, ein Stück zu gestalten, in dem die Figuren beseelt und die technischen Möglichkeiten nahezu voll ausgenutzt sind. Spiele, die Unterrichtsstoffe verwerten (Kasperles Reise nach Mexiko – Kasperle als Zauberlehrling u. a.), Märchenspiele, Schwänke und Possen sprechen die Kinder am meisten an. Die Kinder der Vorreifezeit befinden sich ja in der Zeit der übermütigen Streiche: wenn sie solche spielen dürfen, dann brauchen sie in der Wirklichkeit keine mehr zu machen. Lehrer und Schüler müssen zum Üben aber auch eine freie Stunde opfern können. Die Begeisterung allein wird zu selbstvergessener Opferfreudigkeit hinreißen. Allerhand Widerstände, Hemmungen, Mangel an Selbstvertrauen werden auftauchen. Es ist nicht schwer, sie zu beseitigen. Das höchste Ziel aber, das von nun an eine solche Klassengemeinschaft erfüllt, ist das bewußte Streben, die Spielarbeit in zähem Übungsfleiß zur bestmöglichen Vollendung zu bringen und uneigennützig der ganzen Schulgemeinschaft zur Verfügung zu stellen, zum Vergnügen und zur Freude aller.

3. Von der arbeitstechnischen Seite aus

Beispiel: Unsere Tageszeitung

Die Anbahnung selbständiger Arbeit und damit die Einübung der notwendigsten Arbeitstechniken muß schon langsam und stetig in der Grundschulzeit einsetzen. Wenn dies verpaßt wurde, müssen wir in den oberen Jahrgängen das Versäumnis möglichst rasch nachholen. Dieses Kernproblem *„Wie lernt das Kind selbst methodisch arbeiten"* können wir in planvollem Einsatz sofort in den Mittelpunkt unserer Arbeit rücken.

Das Thema „Unsere Tageszeitung" bietet eine gute Möglichkeit, von einer rein arbeitstechnischen Seite aus den Übergang zu elastischen Arbeitsformen zu finden.

Zunächst soll skizzenhaft herausgehoben werden, wie sich an den gegebenen Arbeitsinhalten des Themas bestimmte Arbeitstechniken mit ihren weiteren Entfaltungsmöglichkeiten fortlaufend höher entwickeln lassen. Die danach folgenden Zusätze und Ergebnisse werden dazu anregen, die aufgezeigte organische Bildungseinheit in der eigenen Praxis ohne große Mühe zu verwirklichen.

Arbeitsinhalt	Arbeitsmittel
Durchlaufend: *Zeitungsinhalt* (in differenzierter Arbeit) Dabei: Brennpunkte des Zeitgeschehens, besonders in erdkundlicher und geschichtlicher Auswertung, z.B. die große Überschwemmung in der Poebene. – „Italien, das Land der deutschen Sehnsucht."	Tageszeitung (für jeden Schüler von der Geschäftsleitung kostenlos zur Verfügung gestellt) Atlas, Erdkunde- und Geschichtsbücher Arbeitsmappe (vgl. Seite 106)
Vom Holz zum Papier	Filme (Holzfällen, Holzschlag, Holzarbeit im Winter, Holzflößerei) Beihefte zu den Filmen Naturlehrebücher
Papierherstellung	Film: Herstellung von Zeitungspapier Arbeitsanweisung für chemischen Versuch
Wir besichtigen eine Papierfabrik	Anschauungsbild: Papierherstellung Arbeitsanweisung für chemischen Versuch
Die Erfindung der Dampfmaschine	Naturlehrebuch Geschichtsbuch Lesebuch: Als ich zum ersten Male auf einem Dampfwagen saß (*Rosegger*)
Zelle und Zellstoff	Naturkundebuch Mikroskop
Die Entwicklung der Schrift	Leseheft (Von der Keilschrift zur Rotationsmaschine)
Gutenberg	Geschichtsbuch Lexikon: Was darin über *Gutenberg* steht Film: Von der Schrift zum Plakat
Wir besuchen eine Druckerei	Lesebuch: Als Buchdruckerlehrling
Letternmetall und andere Legierungen	Chemiebuch
Wir drucken selbst	Scheren- und Linolschnittgeräte
Die erste Klassenzeitung	Gute Ergebnisse der bisherigen Arbeit
Denkfix und Rätsel	Wesentliche Ergebnisse
Gemeinschaftsspiel „Die schwarze Kunst"	Spielheft (Laienspielverlag)

Arbeitstechnik	Entfaltungsmöglichkeiten
Vortragen des Gelesenen Herstellen erdkundlicher Schablonen und Skizzen Sandkastenbau Schülerfrage – Zuhören lernen Lochen und Einheften Ausschneiden und Einordnen	Selbständige Textbearbeitung Erziehung zur Sprachgewandtheit Exaktes Arbeiten Formen Erziehung zu selbständigem Denken Erziehung zur Sauberkeit, Formschönheit, zur sachlichen Arbeit
Sinnerfassen Überprüfen durch Darstellen des Gesehenen	Anregung zum Suchen und Forschen
Selbständiges Experimentieren	Schärfung der Beobachtungsgabe
Wesentliches Erfassen Auswertung des Beobachteten	Erziehung zu genauem Beobachten in der Wirklichkeit
Herstellen von Schichtmodellen und einfachen Apparaten Ein Ganzes in seine Teile zerlegen Fortführung einer Erzählung Selbstdiktat, -kontrolle, -korrektur	Selbständiges Werken nach Arbeitsanleitung Entwicklung der Phantasie
Mikroskopieren	Vergleichendes Beobachten
Schnelles Erfassen des Gehalts Anfertigen von Auszügen Protokollführen	Aufmerken auf das Wesentliche Schnelles Erfassen des Wesentlichen
Aufsuchen eines Stichworts im Lexikon Lesen wichtiger Abkürzungen	Anregung zum Nachschlagen unbekannter Begriffe
Erfassen großer Zusammenhänge Schriftliches Fixieren des Beobachteten	Rasches und sicheres Arbeiten
Forschungsarbeit nach Arbeitsanweisung Leiten eines Gesprächs über ein festgesetztes Thema	Gegenseitige Hilfe, vernünftige Zusammenarbeit Geistige Beweglichkeit, Sprachgewandtheit
Scherenschnitt- und Linolschnitttechnik	Pflege bildhafter Gestaltungsgabe
Zweckmäßige Arbeitsteilung und Arbeitsvereinigung Vergleich anderer Arbeiten Kritik	Erziehung zu einem persönlichen Stil Bewerten der eigenen Arbeit Schulung des Denkvermögens Verfeinerung des Wortgebrauchs
Ordnen und zweckmäßiges Einprägen	Festigung des Wissensstoffes
Einordnen, reibungsloses Zusammenarbeiten	Geistig-seelische Aufgelockertheit

Vom Holz zum Papier (Diktat des Lehrers):

Während den Chinesen und Ägyptern schon recht früh die Papierherstellung aus pflanzlichen Faserstoffen und aus der Papyrusstaude gelungen war, kam im Jahre 1843 der sächsische Webermeister *Keller* auf den Gedanken, dieses wertvolle Schreibmaterial aus Holz herzustellen.

Das Holz preßte er gegen einen Schleifstein und zerrieb es in kleine Splitter (Holzschliff). Dabei mußte immer Wasser zufließen, um den Schleifstein abzukühlen. Das Wasser wurde ausgepreßt, der Brei zu einem dünnen Filz ausgewalzt – so entstand braunes Papier.

Will man weißes Papier, muß es erst noch gebleicht werden. Dazu verwendet man meistens Chlorkalk. 80% dieses gebleichten Papieres braucht man zur Herstellung unserer Zeitungen. Schon im Jahre 1845 wurde die erste Zeitung auf Holzschliffpapier gedruckt.

Das lange i (Klassen- und Gruppenarbeit):

Gruppe 1–3	Gruppe 4–6	Gruppe 7–9
ie	i	ih
Papier fließen zerrieb weitere Beispiele	Maschine Chinese Fabrik	ihm ihr ihn

Holz (Klassen- und Einzelarbeit):

Der Rohstoff für die Papierherstellung ist Holz. Der Wald bedeckt 27% von der Gesamtfläche des deutschen Bodens.

Bodenbenutzung in Deutschland (vor dem Kriege):

Acker- und Gartenland	45% = ?	qkm
Wiesen	12% = ?	"
Weiden	5% = ?	"
Wald	27% = ?	"
Sonstiges	11% = ?	"
Gesamtfläche	100% = 471000	qkm

Graphische Darstellung in Kreisausschnitten:

$$100\% - 360 \text{ Grad}$$
$$1\% - 3,6 \text{ Grad}$$
$$45\% - 162 \text{ Grad}.$$

Papierherstellung (Schülerarbeit):

Unsere Urahnen hatten noch kein Papier. Sie schrieben noch auf Blätter, Baumrinde, Tierhäute, Steine, Ton und Pergament. Die Chinesen stellten das erste Papier her. Später machten die Ägypter ein Papier aus der Papyrusstaude. (Zeichnung!) Die Staude schnitten sie der Länge nach durch, dann legten sie die Stäbe nebeneinander und preßten sie. Das war dann so ähnlich wie unser heutiges braunes Packpapier. *Keller* stellte dann 1843 das erste Papier aus Holz her. Er schliff das Holz klein. Dazu benutzte er den Schleifstein. Dann kochte er den Holzschliff zu Brei und preßte ihn. Heute ist das Papier viel besser als früher, es wird mit Leim verarbeitet, damit es besser zusammenhält.

Mein Versuch (Schülerbericht):

Ich nahm einen alten Stoffetzen, schnitt ihn ganz klein und kochte ihn so lange, bis er Brei war. Dann nahm ich ein Tuch, mit dem ich das Wasser ausdrückte. Nun legte ich die Masse zwischen zwei Pappstücke und fuhr so lange mit dem Bügeleisen darüber hinweg, bis es trocken wurde. Hier ist das selbsthergestellte Stück Papier. (Unter dem Bericht eingeklebt!)

Filmbericht (Einzelarbeit):

Das Zeitungspapier wird aus Holz, Zellulose und Wasser hergestellt. Das Holz kommt zuerst in eine Zerkleinerungsmaschine. Die entstandene Masse wird gekocht und kommt in einen Mischer. Von dort läuft sie in ein Sieb, damit das Wasser abläuft. Der Brei kommt nun auf eine dünne Filzschicht und läuft durch Walzen. Dadurch wird die Masse gepreßt und geglättet. Das fertige Papier wird nun auf Rollen geleitet und geschnitten. Nun kann es zum Druck eingelegt werden. (*Nach dem Film „Herstellung von Zeitungspapier"*).

Holz und Papier (Klassenarbeit):

In der Papierfabrik liefert 1 fm Holz 5 dz Holzpapier. Wieviel Papier wird aus 250 fm Holz gewonnen?

Eine Tageszeitung verbraucht in einer Woche 2 100 kg Holzpapier. Wieviel Papier in einem Jahr? Wieviel Holz in einem Jahr? Wieviel Waldbäume von je 0,5 fm mußten dafür geopfert werden?

Besichtigung der Rohpappenfabrik (Schülerbericht):

… Herr Albrecht führte uns durch das Werk. Er erklärte uns alles, was es zu sehen gab. Zunächst führte er uns in den Kesselraum. Dort machte der Heizer das Türchen zum großen Ofen auf und zeigte uns die Glut im Innern des Ofens. Da strömte uns eine derartige Hitze entgegen, daß wir alle zurücktraten. Die Hitze war etwa 1 000– 1 500 Grad. Der Ofen war aus Steinen gebaut. Wenn er aus Eisen wäre, würde er zerschmelzen.

Jetzt führte uns Herr Albrecht durch eine Tür, und wir standen im Maschinenraum. Die Maschinen machen einen derartigen Lärm, daß man sein eigenes Wort nicht verstand. Wir standen vor einem riesigen Rad, das sich in der Minute 94 mal dreht. Das war der Generator. An der Dampfmaschine sahen wir, wie die Kolben arbeiteten.

Wir waren schon gespannt, wo uns jetzt Herr Albrecht hinführte. Er lief mit uns durch den Hof in eine Lagerhalle, wo viele Sorten Lumpen aus Afrika, Frankreich und Italien aufgestapelt waren. Jeder Stapel war 5 Meter hoch ...

In der Lumpenschneiderei wurden die Lumpen geschnitten, sortiert und gereinigt. Als wir da hineinkamen, wurde es uns ganz schlecht. So ein Staub war da drinnen. Die Arbeiter und Frauen müssen den ganzen Tag diesen Staub einatmen. Ich glaube, das ist bestimmt sehr gesundheitsschädlich. Die Schlackenwolle wird für eine spezielle Korkfilzplatte verwendet. In der nächsten Halle wurden die Lumpen gemahlen und in die Einweichtrommel geschüttet.

Ähnlich ging es auch mit dem Papier ... Herr Albrecht führte uns dann in den letzten Stock des Hauptwerkes, wo das gemahlene Gemisch in den Holländer kam. Ein Arbeiter öffnete ein Loch und schüttete die Lumpen hinein. Im zweiten Stock sahen wir, wo die Holländer standen. Wir kamen gerade dazu, wie einer entleert und gefüllt wurde. In den Brei kommt dann noch Zellulose. Wir wissen aber noch nicht genau, was das ist.

Wenn der Brei fertig ist, kommt er durch ein Rohr auf ein Rüttelsieb. Hier beginnt dann die eigentliche Papierherstellung auf einer langen Maschine. Der Brei, der auf dem Sieb immer mehr abtrocknet, wird auf heißen Walzen geglättet. Nachdem er über 36 Walzen gelaufen ist, kommt er als fertige Rohpappe heraus ...

(Ein solcher Bericht wird ergänzt durch das Einkleben der Ausgangsstoffe und des Endprodukts, dazwischen Zeichnungen und Bilder.)

Zeitungsbericht (Lesen):

Papier aus Kartoffeln. In Augusta, der Hauptstadt des amerikanischen Staates Maine, unterstützen die Behörden mit allen Kräften Versuche, aus einer Mischung von Bataten-Abfällen und Holzbrei Papier herzustellen. Die ersten Erfolge im kleinen liegen bereits vor. Man will jetzt zu einer Produktion auf breiterer Grundlage übergehen. Da das Land eine Überernte an Bataten (süße Kartoffeln) hat, setzen die Farmer große Hoffnungen auf die neue Verwendungsmöglichkeit.

(Solche und ähnliche Berichte werden ausgeschnitten und eingeklebt oder als Schönschreibübung benutzt).

Die Dampfmaschine:

Papierherstellung und Druck konnten sich erst so hoch entwickeln, als die Dampfmaschine erfunden war.

1. Geschichtliches (evtl. als Diktat): Der „Vater der Dampfmaschine" ist der Engländer *James Watt* (1736–1819). Er war als Junge durch den auf und ab klappernden Deckel des Teekessels angeregt worden, darüber nachzudenken, wie man es anfangen müßte, den Dampf zu zwingen, nützliche Arbeit zu verrichten.

2. Bau eines Apparates, der die Wirkung des Dampfes zeigt (dazu schriftliche Fixierung mit Zeichnungen): Die Dampfmaschine besteht aus einem Dampfkessel und der eigentlichen Maschine. Der Dampfkessel ist bis zu $2/3$ mit Wasser gefüllt. Die Rauchgase werden zur besseren Ausnutzung der Wärme in Röhren durch das Kesselwasser geführt. Zur Überwachung des Wasserstandes dient ein Wasserstandsglas. Zur Überwachung des Dampfdruckes dient ein Manometer und ein Sicherheitsventil. Die eigentliche Maschine besteht aus dem Dampfzylinder, in dem ein Kolben hin und her geschoben wird. Bevor der Dampf in den Zylinder eintritt, wird er durch den Schieberkasten geleitet, der dem Dampf drei Auswege bietet.

(Veranschaulichung an Schichtmodellen.)

Aufgaben mit Atmosphäre und PS (Klassen- und Gruppenarbeit):

Beispiel: Die erste deutsche Lokomotive leistete vor 100 Jahren 20 PS, eine heutige Schnellzuglokomotive 3000 PS. Vergleiche! Rechne in mkg/sec um: 0,5 PS, 2,2 PS usw.

Vom Zellstoff oder von der Zellulose (Schülerbericht):

Bei der Papierherstellung sahen wir, daß ein wichtiger Rohstoff die Zellulose war. Die Zellulose ist in jeder pflanzlichen Zelle enthalten, am meisten in den toten Zellen. Was ist eine Zelle? Wenn wir ein dünnes Scheibchen Holundermark mit einem Mikroskop betrachten, so erkennen wir, daß das Mark aus ziemlich regelmäßigen Kämmerchen zusammengesetzt ist. Diese haben eine gewisse Ähnlichkeit mit den Zellen einer Bienenwabe und wurden daher von ihrem Entdecker auch Zellen genannt. (Zeichnungen!)

Die Zellen des Holundermarkes sind tot, es sind nur noch die kahlen Wände, die Zellwände, vorhanden. In einer lebenden Zelle sind die Wände mit einer glashellen, schleimigen Masse, dem Protoplasma, überzogen. Es gleicht dem rohen Eiweiß eines Hühnereies und besteht auch aus ähnlichen Stoffen, den Eiweißstoffen. Im Protoplasma jeder lebenden Zelle befindet sich ein rundlicher oder ovaler Körper, der Zellkern.

Wir sehen durch ein Mikroskop (Bericht):

Wir sollten heute etwas Besonderes sehen. In einem Hörsaal der Pädagogischen Akademie wurden wir von der Dozentin Frau P. freundlich empfangen. Wir nahmen an den Tischen Platz. Vorn waren drei Mikroskope aufgestellt, die mit Nummern versehen waren. Frau P. nahm zunächst einen Holunderstock, an dem sie mit einer Rasierklinge ein Stückchen Mark abschnitt. In dem Mark waren kleine Poren zu sehen … Nun kam unsere Reihe dran. In mir war eine Spannung, die man mir sicher auch ansehen konnte, denn ich hatte noch nie durch das Mikroskop gesehen. Als ich hineinschaute, sah ich unregelmäßige Kämmerchen des Holundermarks. Unter dem zweiten Mikroskop lag die Haut einer Zwiebel. Diese hatte dichte Zellen, die miteinander verbunden waren. Deutlich konnte man jetzt den Zellkern erkennen. Es war ja eine lebende Zelle. Unter dem dritten Mikroskop lag das Blättchen der Wasserpest, 121fach vergrößert …

Leidensweg eines Erfinders (Selbständige Textbearbeitung):

Gutenberg kam auf den Gedanken, Buchstaben aus beweglichen Lettern herzustellen. Da konnte er sie so zusammensetzen, wie er sie brauchte. Er hatte sich eine neue Maschine gekauft, aber da hatte er kein Geld mehr. Um seine Druckerei weiter auszubauen, ging er zu dem Goldschmied *Fust* und borgte sich 800 Goldgulden. Doch das Geld war auch schnell verbraucht. Der Fust war ein schlauer Bursche. Er sagte zu *Gutenberg*: Ich gebe dir noch 2000 Gulden, wenn ich mich an deiner Druckerei beteiligen darf. *Gutenberg* ging darauf ein. Fust gab ihm das versprochene Geld und arbeitete mit *Gutenberg* zusammen. Doch es währte nicht lange, da verlangte *Fust* sein Geld zurück. *Gutenberg* konnte es *Fust* nicht geben. Da verklagte dieser *Gutenberg* am Gericht, und die Druckerei gehörte nun *Fust*. *Gutenberg* war trotz seiner großen Erfindung ein armer Mann.

Doch *Fust* sollte sich nicht lange freuen. Als die Stadt Mainz in Flammen aufging, brannte auch die Druckerei ab. Er hatte noch eine Menge fertiggedruckter Bücher. Mit diesen reiste er nach Paris. Er mietete sich einen Laden und pries seine Ware an. Die Leute strömten von überall herbei und kauften gerne diese seltene Ware. Bald waren die Bücher alle, und *Fust* hätte mit einem Sack voll Geld wieder abziehen können. Da brach die Pest aus, und er wurde von ihr befallen. Fern von der Heimat starb er und wurde so für seine Habgier bestraft.

Von der Druckerei (Diktat):

Das älteste Druckverfahren ist der Hochdruck. Eine aus beweglichen Lettern hergestellte Druckform wird in einer Presse bei mechanischer Einfärbung auf Papier abgedruckt. Für Abbildungen verwendet man Strichätzungen oder Klischees. Probeabzüge werden in Handpressen, kleine Auflagen auf Schnellpressen, große Auflagen von Zeitungen und Büchern auf Rotationsmaschinen gedruckt. Zum Einfärben nimmt man Druckerschwärze, die aus Leinöl und Ruß hergestellt wird. Der Druck mit beweglichen Lettern wurde zuerst von dem Chinesen *Pi Sheng*, später von dem Deutschen *Gutenberg* erfunden.

Besuch einer Druckerei (Schülerbericht):

Der Leiter der Druckerei hieß uns willkommen und führte uns in einen Raum, in dem zwei Druckmaschinen standen und große Rollen Papier gelagert waren. Zunächst erzählte uns Herr K. von dem Erfinder der Buchdruckerkunst. *Gutenberg* schnitzte die Buchstaben noch in Holz. Heute werden die Buchstaben in Letternmetall gegossen. Ein Arbeiter bekam den Auftrag, die Druckpressen in Bewegung zu setzen. Eine Papierrolle wurde eingesetzt, und alsbald kamen am Ende der Maschinen fertig gedruckte Blätter heraus.

Nun betraten wir den Setzraum. Dort standen an den Setztischen die Schriftsetzer. Auf den Tischen befanden sich viele große Kästen, die in kleine Fächer untergeteilt waren. In den Fächern waren große und kleine Buchstaben schön geordnet (Zeichnung). Herr K. nahm einen kleinen Rahmen, in dem er einige Buchstaben zu Wörtern zusammensetzte. Auch wurden uns ganze Schriftseiten gezeigt.

Im nächsten Raum standen drei Setzmaschinen. Diese haben Tasten wie Schreibmaschinen. Bei jedem Anschlag fällt der betreffende Buchstabe durch eine Röhre in den Rahmen. Das Setzen mit den Maschinen geht viel schneller als mit der Hand. Auf Tischen lagen fertig gedruckte Rechnungen und Blöcke für Wormser Geschäfte. Eine Frau bediente eine Heftmaschine. Sie war gerade dabei, gedruckte Blätter zusammenzuheften. Nun gingen wir in den ersten Raum zurück. Dort war die große Rotationsmaschine in Tätigkeit ...

Legierungen (Diktat):

Wenn Blei, Zinn und Antimon geschmolzen werden, entsteht eine Mischung, die für die Herstellung von Lettern und Klischees Verwendung findet. Das Antimon kommt vor allem in China vor. Alle Verbindungen mit diesem Grundstoff (Element) sind giftig. Jede Mischung zweier oder mehrerer Metalle nennt man Legierung. Neben dem Letternmetall finden wir in der Technik noch weitere wichtige Legierungen: Bronze aus Kupfer und Zinn, Messing aus Kupfer und Zink, Rotguß aus Kupfer, Zinn und Zink, Weißmetall aus Zinn, Kupfer und Antimon, Neusilber aus Kupfer, Nickel und Zink.

Die Oxydation (Diktat, nach Versuchen von Schülern zusammengestellt):

Viele Metalle und Legierungen verbinden sich leicht mit Sauerstoff, der in der Luft enthalten ist. Dieser Vorgang wird als Oxydation bezeichnet, das heißt die Metalle oxydieren. Am Lutherdenkmal (Worms) sehen wir z. B., wie die bronzenen Gestalten dabei einen grünlichen Überzug bekommen. Glühende oder geschmolzene Metalle verbinden sich rascher mit Sauerstoff als die kalten. Beim Oxydieren entstehen völlig neue Stoffe. Man nennt sie Oxyde.

Denkfix (einige gesammelte Begriffe und ihre kindgemäße Lösung):

Redakteur: Ein Redakteur ist verantwortlich für den Inhalt der Zeitung. Er schreibt auch selbst Zeitungsartikel. *Rembert* ist der Redakteur unserer Klassenzeitung „Der Spiegel".

Zellulose: Zellulose wird für die Papierherstellung gebraucht. Sie wird aus toten Zellen gewonnen. Zellulose oder Zellstoff ist feuergefährlich.

Letternmetall: Letternmetall ist eine Legierung. Sie ist zusammengesetzt aus Blei, Zinn und Antimon. Antimon ist giftig.

Klassenzeitung „Der Spiegel" (von den Schülern zusammengestellter Schnellhefter, der den Eltern vorgelegt wird):

1. Vorwort des Lehrers:

Liebe Eltern! Unsere Schule soll Erziehungs- und Leistungsschule zugleich sein. Dazu gehört, daß die Unterrichtsgestaltung eine natürliche, sinnvolle Arbeit ist, eine Arbeit, die auch dem Kinde sinnvoll erscheint und dann auch von ihm innerlich bejaht wird. Die Kinder sollen wissen, warum und für wen sie eine Arbeit verrichten. Sie selbst haben auch den Drang, ihre schulischen Leistungen zu zeigen.

So ist auch diese Schülerzeitschrift entstanden, die Ihnen jeden zweiten Monat einen kleinen Einblick in die Klassengemeinschaft Ihres Kindes gewähren soll. Die Kinder haben ihre Zeitschrift treffend den „Spiegel" genannt und damit selbst angedeutet, worauf es ihnen ankommt.

Ich bitte Sie herzlich, sich ein paar Minuten diese Zeitschrift zur Hand zu nehmen. Sie haben Gelegenheit, die schulischen Leistungen Ihres Kindes mit anderen zu vergleichen. Sie erhalten aus dem Inhalt einen Einblick in die Art unserer Arbeit. Ihre eigene Meinung und Kritik aber bitte ich auf den letzten Seiten offen niederzuschreiben, damit wirklich eine echte Zusammenarbeit entsteht.

2. Vorwort der Schriftleitung:

Liebe Leser! Die Erwachsenen erfahren nur selten etwas von unserer Arbeit in der Schule. Aus diesem Grunde haben wir uns entschlossen, diese Arbeitsmappe als eine Schulzeitung herauszugeben. Wir denken, daß auch Sie sich für unsere Arbeit interessieren und unsere Mappe einmal lesen und betrachten wollen. Sie werden erstaunt sein, was in unserer Klasse gearbeitet wird. Wir sind dabei in Gruppen von je vier Schülern, zwei Knaben und zwei Mädchen, eingeteilt und sitzen so an Tischen beisammen. Bei uns gibt es nicht die üblichen Unterrichtsstunden. Zur Zeit lesen wir viel die Zeitung und berichten dann die Nachrichten über Sport, Politik, Landwirtschaft, Unterhaltung u. a. Einem Film über die Herstellung vom Zeitungspapier schloß sich eine Besichtigung der Rohpappenfabrik an. Der Unterricht ist dadurch immer interessant und abwechslungsreich. Von all dem soll diese Mappe gleich einer Zeitung berichten. Wir Schüler freuen uns, wenn unsere Arbeiten gelesen werden.

Rita Weidenauer

3. Ausschnitte aus unserem Gesamtunterricht:

Titelblatt „Unsere Zeitung – Die Papierherstellung – Papiergewinnung in Ägypten (Zeichnung) – Von der Keilschrift zum Druck (mit zahlreichen Illustrationen) – Herstellung von Zeitungspapier – Besichtigung der Rohpappenfabrik – Von der Druckerei – Besuch der Wormser Verlagsdruckerei – Scherenschnitte – Wir drucken selbst – Eine Sammlung der ersten Druckversuche (Linolschnitt).

4. Wandertag:

38 Schülerinnen und Schüler berichten in einem Gemeinschaftsaufsatz von der am 19.10.1951 durchgeführten Unterrichtsfahrt. Thema „Der Herbst zieht ins Land".

5. Raum für die Bemerkungen der Eltern.

Weitere Erläuterungen zum Thema „Klassenzeitung"

Fast in jeder Klasse hat sich bis jetzt eine solch feine Gemeinschaftsarbeit, wie es die Klassenzeitung darstellt, entwickelt. Die Wege dazu waren verschieden, die Art der Ausführung, die Wirkung aber immer ähnlich.

Am 20. jeden Monats gehen beim jungen Schriftleiter die vielgestaltigen Beiträge der einzelnen Gruppen ein, bis zum 25. sortiert er die Aufsätze, ordnet die Zeichnungen und Scherenschnitte, klebt Bilder, verbessert Rechtschreibefehler und gibt unbrauchbare Arbeiten zurück. Am 26. heftet er alles sorgfältig in einen Schnellhefter ein und legt dem Lehrer das Ganze zur Einsicht vor. Dann wandert die Klassenzeitung, mit einem Laufzettel versehen, durch die Hände der Eltern.

Nehmen wir einmal die erste Nummer des Jahrgangs 1950 zur Hand, sie wird uns weitere Anregungen geben.

Wir schlagen den sauber eingebundenen Schnellhefter auf und blicken auf das Titelblatt, mit Tusche gezeichnet.

Auf der ersten Seite weist uns ein sehr sorgfältig gearbeiteter Scherenschnitt auf den Erscheinungsmonat hin: „Schlittenfahrt", und darunter steht sauber gedruckt:

„Der Spiegel"
Schülerzeitschrift der Klasse K 7
Nibelungenschule
Worms
Heft 1
Januar 1950

Schon wenn wir den ersten Bericht lesen, erhalten wir einen tiefen Einblick in das Wesen der Klassengemeinschaft:

Unsere Klasse

Seit den Herbstferien ist unsere Klasse ganz anders geworden. Vorher waren wir noch eine wilde Schar von Buben. Wir sind jetzt in sieben Gruppen eingeteilt und arbeiten so zusammen. Wir haben uns ein Heft für freiwillige Arbeiten angelegt. In das Heft schreiben und zeichnen wir was uns Freude macht. Jeden Samstag wird es an den Lehrer abgegeben, der es dann auspunktet. Noch etwas Schönes ist der Satzbaukasten. Seit wir den haben, freue ich mich auf jede Sprachlehrstunde. Am meisten freuen wir uns, daß wir in vier Wochen Vorhänge, Tische und Stühle bekommen. Das gibt bestimmt den schönsten Saal von Rheinland-Pfalz. Wir bekommen sicher dann sehr viel Besuch. Wir haben auch noch einen Sandkasten. Die Gruppe 3 hat gerade Südamerika gebaut. Wir gehen jetzt noch einmal so gerne in die Schule.

Gerd Mowitz, 12 Jahre

Es folgt das Gedicht des Monats, sauber geschrieben, fein und sinnig umrahmt: „Der Erlkönig".

Die nun folgenden Berichte sind in Gruppenarbeit entstanden und stellen die Auswertung eines Besuchs im Stadtmuseum dar. Um die Arbeitsweise der Klasse erkennen zu lassen, mögen einige als Beispiel folgen.

Gruppe 3 berichtet:

Wir hatten uns näher mit der Steinzeit zu befassen. Wir sahen, daß die Menschen in der Steinzeit in Hockerstellung begraben und festgebunden oder gefesselt wurden, damit der böse Geist nicht an sie komme. Sie bekamen Tongefäße und Faustkeile mit, weil sie glaubten, sie würden in einer anderen Welt weiterleben. Als Wohnungen hatten sie Wohngruppen, an welchen zwei bis drei Treppen hinuntergingen. Diese bestanden aus Schlaf-, Wohn- und Küchengruben. Die Dächer waren geflochten und mit Lehm überschmiert. Auch sahen wir Tongefäße und Pflüge. Den Pflug, der oben aus Holz und unten aus einem Stein besteht, findet man heute noch bei armen Bauern im Gebirge. Er wird von einem Menschen oder einer Kuh gezogen. Tongefäße gab es in allen Größen. In ihnen schleppten unsere Vorfahren das Wasser herbei und bewahrten darin ihre Eßwaren auf. Diese Gefäße werden heute noch bei uns hergestellt. Hier in Worms gibt es ein solches Werk, in dem Tongefäße hergestellt werden. Es heißt Terra-Sigillata-Werk.

Gruppe 6 berichtet:

Unsere Gruppe hatte die Bronzezeit zu betrachten und sich darüber bei der Führung Notizen zu machen. Herr Niklas zeigte und erklärte uns, was in der Bronzezeit alles geschafft und gebraucht wurde. Er sagte uns auch, daß Bronze aus 10 % Zinn und 90 % Kupfer besteht. Wir sahen die Bronzeformen, die in zwei Steinplatten eingeritzt waren. Dieselben Gegenstände, die bisher in mühseliger Arbeit aus Stein geschlagen wurden, konnten jetzt in einem Metallguß hergestellt werden. Große Kultfiguren waren jetzt keine Seltenheit mehr. Die Hals- und Armringe wurden spiralförmig gedreht. Bronzefiguren wurden teils gehämmert und aus einzelnen Teilen zusammengesetzt. Rasiermesser wurden in einer Halbmondform mit der ersterfundenen Schere geschnitten.

Zwischen den einzelnen Berichten finden wir viele Zeichnungen und Bilder, so zum Beispiel:

Ein Webstuhl unserer Vorfahren
Gegenstände aus der Bronzezeit
Ein Rasiermesser unserer Vorfahren
Die Fundorte aus der Bronzezeit.

Nach diesen Arbeitsberichten folgen die besten Aufsätze des Monats, reichlich mit bunten Zeichnungen und Bildern illustriert.

Während die nächsten Seiten Bilder, Berichte und Zeitungsausschnitte aus unserer engeren Heimat bringen, steht das anschließende Schlußkapitel unter dem Thema „Länder und Völker". Wir erfahren, wie die Gruppe 3 Südamerika im Sandkasten baute, wir bewundern die sauberen Skizzen von diesem Erdteil und frischen in dem selbst erschaffenen „Lexikon von Südamerika" unsere Kenntnisse auf.

Zu jeder Zeitung gehört auch eine Rätselecke, und so werden uns auf der letzten Seite recht harte Nüsse zum Knacken aufgegeben.

Was sagen nun die Eltern zum „Spiegel"? Kurz: Alle bejahen die Klassenzeitung und halten sie für äußerst fördernd und anregend. Unter den 44 Urteilen lesen wir unter anderen folgende:

Das Erscheinen des Klassenspiegels hat mich freudig berührt. Die Lernpflicht wird dadruch unbewußt zur Freude und zum Ansporn der Jugend.

Frau E. Obenauer

Der Spiegel scheint mir ein Ansporn für die Klasse zu sein, ihre Leistungen zu steigern und ihnen Freude am Schulbetrieb zu geben.

S. Mowitz

Ich begrüße das Erscheinen des Spiegels auf das wärmste, da ich überzeugt bin, daß er die Schüler zu größeren Leistungen anspornt und auch geeignet ist, eine Brücke zu schlagen zur Elternschaft. Vor dem Erscheinen sollten alle „Druckfehler" ausgemerzt werden. Weiterhin guten Erfolg!

Jakob Götz

Ich finde den Spiegel sehr lehrreich und freue mich, daß die Jugend selbst Mittel und Wege findet, sich geistig zu bilden.

Frau Ofenloch

Ein besonderes Lob über die Leistungen unserer Jugend, die ich in dem Spiegel feststellte.

Franz Sommer

Die Idee, eine Schülerzeitschrift ins Leben zu rufen, ist zu begrüßen und für die Schüler ein großer Gewinn. Es ist ein Herausschreiten aus dem starren Stundenplan in einer Form, die, weil sie lebendig ist, der Jugend bestimmt Freude macht. Die Vielseitigkeit der Themen vermittelt eine gute Allgemeinbildung. Für die Elternschaft ist es interessant, auf diese Weise Einblick in die schulische Arbeit ihrer Kinder nehmen zu können. Ich wünsche dem „Spiegel" nach dem zweifellos guten Start einen vollen Erfolg.

Friedrich Schlösser

Weiterer Kommentar ist überflüssig. Der kurze Blick in den „Spiegel" beweist: Die Klassenzeitung in dieser Form ist ein Beitrag zur inneren Neugestaltung unserer Schule.

4. Selbständige Schüleraufzeichnungen

Der Übergang zu elastischen Arbeitsformen, die dem Kinde Möglichkeiten zur Selbsterziehung und Selbstbildung aufzeigen sollen, erfordert eine größere geistige Beweglichkeit – er macht Techniken notwendig, die es dem Kinde erleichtern, bei der Arbeit Wesentliches zu erfassen und festzuhalten.

Ein Gespräch gewinnt weit mehr an unterrichtlicher Bedeutung, wenn seine Hauptgedankengänge auf dem Papier fixiert sind und so jederzeit reproduziert werden können. Ein Unterrichtsgang erhält erst dann seinen vollen Sinn, wenn er mit Hilfe der zu Protokoll genommenen Beobachtungen ausgewertet werden kann.

Eine gewisse Technik des Niederschreibens ist also notwendig, damit das Kind dazu gebracht wird, selbst auf das Wesentliche zu achten, es rasch zu erfassen und übersichtlich aufzunotieren. Diese Technik kann nicht von heute auf morgen gelernt werden. Das Einüben erfordert Zeit, wie jede andere Entwicklung des Könnens. Ist aber der entscheidende Schritt dazu getan, so lohnt sich der erhöhte Krafteinsatz von Lehrer und Schüler, und scheinbar stofflich Versäumtes wird bald nachgeholt.

Im folgenden soll dargelegt werden, wie das Kind zur Anfertigung von selbständigen Aufzeichnungen kommt.

a) Wir üben, wie man zu lange Sätze kürzt (Sprachlehre). Wir schreiben Inhaltsangaben von langen Erzählungen. Wir vergleichen selbstverfaßte *Kurzgeschichten*, die nur Nebensächliches wiedergeben, mit solchen, die den Kern erfassen.

b) Wir hören uns die *Aufzeichnungen* anderer an. Wir lesen Niederschriften anderer Klassen vor (wer keine besitzen sollte, findet im folgenden eine kleine Auswahl).

c) Wir wollen selbst solche Aufzeichnungen in unserem Unterricht machen. *Einer* soll es zunächst an der Tafel versuchen. Die Klasse verfolgt Lehrervortrag, der oft ins Gespräch übergehen kann, und die Niederschrift des Kameraden.

Trotz vorbildlicher Beispiele sind diese ersten „Protokolle" meist nur stark gekürzte Fassungen des Dargebotenen, meist nur unwesentliche, oft auch unverständliche „Brocken". Was tun? Wir entwickeln nochmals unsere ganzen Gedanken und stellen sie auf einer zweiten Tafelfläche dar.

Beispiel 1: Was uns an unsere Vorfahren erinnert

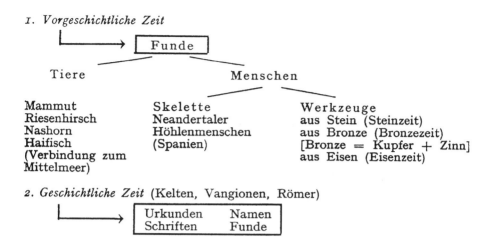

1. Vorgeschichtliche Zeit

└─────⟶ │ Funde │

Tiere   Menschen

Mammut   Skelette   Werkzeuge
Riesenhirsch   Neandertaler   aus Stein (Steinzeit)
Nashorn   Höhlenmenschen   aus Bronze (Bronzezeit)
Haifisch   (Spanien)   [Bronze = Kupfer + Zinn]
(Verbindung zum   aus Eisen (Eisenzeit)
Mittelmeer)

2. Geschichtliche Zeit (Kelten, Vangionen, Römer)

└─────⟶ │ Urkunden   Namen │
         │ Schriften   Funde │

Wichtig ist, jetzt zu *vergleichen* und gegenüberzustellen: Wie machte der Franz seine Notizen an der Tafel, wie machte es der Lehrer?

Der Franz: Er schrieb immer alles mit, auch lange Sätze, was er gerade aufschnappen konnte. Er konnte aber nicht mitkommen, weil er nicht so schnell schreiben konnte. Er konnte auch nicht alles mithören, weil er ständig mit dem Aufschreiben beschäftigt war.

Der Lehrer: Er hörte erst eine Weile zu, überlegte, was war bis jetzt das Wichtigste, schrieb dieses Wichtige in einem Wort oder einem kurzen Satz auf. Das Wesentlichste hob er durch Unterstreichen, durch Einrahmen, durch Farbe hervor und versuchte, alles klar zu gliedern, so daß man den ganzen Gedankengang leicht überblikken konnte.

Es ist nun nicht sehr schwer, eine solche Niederschrift auszuarbeiten. Allerdings muß den Kindern gezeigt werden, *wie* diese *Ausarbeitung* sich vollziehen kann. Gut ist es, wenn man eine Anzahl von Arbeitsmappen aus früheren Klassen mitbringen und den Kindern vorführen kann. Also: Seht, Rudi hat es so angepackt. Er hat vor allem die Notizen lebendig ausgestaltet, er hat Zeichnungen dazugebracht, das Mammut, den Riesenhirsch, das Nashorn, den Hai. Von den Höhlenbewohnern hat er ein Sammelbild eingeklebt. In einer Zeitung fand er eine Photographie von keltischen Tongefäßen, sie wurde von ihm in den Mittelpunkt der ganzen Arbeit gerückt. Die kurzen Stichworte des Protokolls ergänzte er mit ein paar notwendigen Sätzen. Zur Steinzeit schreibt er: Die Menschen der Steinzeit hatten nur Geräte aus Stein. Sie kannten Ackerbau und Viehzucht, Töpferei und Weberei. Sie lebten am Anfang in Wohngruben (Zeichnung einer Wohngrube, Zeitungsausschnitt über die letzten Funde aus der Steinzeit folgen).

Und zur Bronzezeit: Um 2000 vor Chr. gab es zum ersten Male Metallgegenstände. Das herrschende Metall war die Bronze (90% Kupfer und 10% Zinn). Zeichnungen von Schwert, Lanzenspitze, Halsring, Armring. In den Dörfern entstanden die ersten Handwerke. (Zeichnungen von Hammer, Amboß, Wagenrad).

Eisenzeit: Etwa 1 000 vor Chr. wurden in unserem Land zum ersten Male Eisengeräte hergestellt (Zeichnung: Schmelzofen). Im Süden und Westen Deutschlands lebten damals die reichen Kelten. Worms ist eine keltische Siedlung mit Namen Borbetomagus. Die Kelten wurden von den Germanen nach Westen gedrängt.

Durch die eingehende Besprechung eines Protokolls wird neben der bewußten Einführung in eine Arbeitstechnik auch eine klare stoffliche Zusammenfassung und Wiederholung erreicht.

d) Wir versuchen nach der lebendigen Erarbeitung eines Stoffes eine Aufzeichnung mit Hilfe des Lehrers an der Tafel. Sie wird am folgenden Tag als *Diktat* gegeben.

Beispiel 2: Was uns die Funde aus der Römerzeit erzählen

1. Die Ausdehnung unserer Stadt Worms: Rechteck 1 400 × 700 m.
2. Die Besatzungstruppen: Legionstruppen und Hilfstruppen.
   Legionstruppen: Römer, nach römischer Art bewaffnet mit Langschild, Helm, Panzer, Lanze, Schwert, Dolch.
   Hilfstruppen: Vangionen, Franken, Bewohner aus den eroberten Provinzen. Eigene Bewaffnung, Kleidung, Kampfesweise.
3. Die Straßen: Zur raschen Truppenbeförderung gute Heeresstraßen.
4. Die Lebensweise: nach römischer Art verfeinert (Messer, Gabel, Löffel), Schmuck mit Verzierungen, Waagen, Glas, Tongefäße.
5. Die Wohnung: Steinhaus. Halle, Keller, Boden- und Wandheizung durch Heizkacheln, tönerne Wasserrohre, Glasfenster.
6. Handel und Gewerbe: Münzen, Weinhandel, Lehrer, Schauspieler, Töpfereien, Ziegeleien, Ärzte.
7. Religion: Glaube an römische und germanische Götter – später Christentum. Bestattung und Totenfeldern, Verbrennung (Urnen).

e) Die Notwendigkeit, daß die Kinder selbständig Aufzeichnungen machen, ergibt sich in besonderem Maße bei Schulfunksendungen, Unterrichtsgängen, Besichtigungen u. ä. Es wäre nur halbe Unterrichtsarbeit, würde man solche Vorhaben ohne Notizbuch ausführen lassen. Bald werden auch kleine selbständige *Unterredungen* und *Berichte* in die Unterrichtsarbeit hineingetragen.

Beispiel 3: Unterredung mit einem Bauern

Karl und ich meinten, er würde säen. Er streute aber Dünger. Wir fragten, woraus der Dünger besteht. Er sagte: „Da müßt ihr dort zum Chef gehen!" Wir gingen hin, und er erklärte uns, daß der Dünger aus einem Zentner Superphosphat, einem Zentner Kali und einem Zentner Stickstoff bestehe, und daß man es vier Doppelte nennt. Nitrophoska ist sehr teuer und ist fertiger Dünger. Er zeigte uns dann, wie groß ein Morgen Feld ist . . .

f) Der *freie Gesamtunterricht* (Kreis-, Frage- oder Aussprachestunde) muß protokolliert werden. Die Aufzeichnungen werden in einem Protokollheft gesammelt und
legen Zeugnis ab von einem Unterricht, der ganz von echtem kindlichen Erkenntnistrieb ausgeht. (*Vgl. Übergang, Vom Fragetrieb des Kindes aus, Seite 18*). Hier
beim natürlichen Gespräch mit seinem öftern Auf und Ab, seinem scheinbaren
Kreuz und Quer der Gedankengänge, ist es besonders schwierig, die wesentlichen
Kernpunkte herauszuhören und zu fixieren. In der ersten Zeit ist es notwendig, daß
der Lehrer als Leiter des Gesprächs immer die beiden vorher bestimmten Protokollführer auf die wichtigsten Fragen und Antworten aufmerksam macht, sie anfangs
kurzgefaßt wiederholt, so daß sie dabei aufnotiert werden können. Die Klasse ist ab
und zu an sauberes, deutliches Sprechen zu erinnern. Die Protokollführer, die für
den nächsten Tag das aufgenommene Protokoll ausgearbeitet in das Protokollheft
eintragen, werden ständig gewechselt. Zu Beginn der nächsten Aussprachestunde
wird das Protokoll von beiden vorgelesen. Die Klasse hat eine kurze Bewertung
über die beiden Protokolle abzugeben.

Die Technik eines Gesprächsprotokolls entwickelt sich sehr rasch, wenn immer wieder einmal ein Protokoll aus einer anderen Klasse vorgelesen und darauf hingewiesen wird, worauf man achten muß.

Beispiel 4: Schülerprotokolle vom freien Gesamtunterricht in einem 7. Schuljahr

Protokoll vom 14.4.1951:

Frage: Wie werden die Raubkatzen aus ihrer Freiheit für Zoo und Zirkus gefangen?

Verschiedene Antworten:

1. Man stellt eine Falle, indem man eine Grube aushebt und sie dann leicht über-
   deckt und gut tarnt. Ein Lockmittel wird aufgestellt, z. B. ein Lämmchen als Köder. Durch das Blöken wird die Raubkatze angelockt. Hat sie die Beute gewittert
   und mit scharfem Blick wahrgenommen, stürzt sie sich mit einem riesigen Luft-
   sprung auf den Köder und bricht dabei in die Grube ein.

2. Die Grube wird mit einem Netz überspannt, das auch getarnt wird. Wenn das
   Tier in der Falle liegt, wird ein Käfig darübergestellt, und das Netz mit dem Fang
   wird in die Höhe gezogen, so daß das Tier in den Käfig hineinkommt.

3. Statt der Äste oder Netze legt man Drähte, die leicht befestigt sind und mit einer
   Station oder einem Lager der Fallensteller oder Wildjäger in Verbindung stehen.
   Nun spielt sich der gleiche Vorgang ab. Sobald ein Tier in die Falle gerät, wird es
   am anderen Ende der Leitung durch ein Licht oder ein Signal angezeigt.

(Adolf Hörr, 13 Jahre)

Protokoll vom 6.6.1951:

Heinz fragt: Wie wird eine Untergrundbahn angetrieben?

Die einen sagen mit einer Stromleitung, die anderen mit Batterie. Es ist beides richtig; denn es gibt verschiedene Firmen, und jede macht es anders. In Mannheim gibt
es Bahnen, die den Strom wie die Straßenbahn empfangen.

Die meisten U-Bahnen aber haben Batterien. Die Batterien in den Triebwagen laden sich automatisch während der Fahrt. Sobald die U-Bahn hält, wird der Strom unterbrochen.

Paul meint, in Darmstadt gäbe es Omnibusse, die mit Gas getrieben werden.

Horst: Kann ein Omnibus, der mit Strom getrieben wird, immer ausweichen?

Wir überlegen: Friedel hat es gesehen: Auf dem Dach ist eine Scheibe befestigt, die immer mit der Stromleitung verbunden ist (Zeichnung).

Fritz fragt: Wie geht das mit dem Holzvergaser vor sich? Nach dem Kriege, als Benzin knapp war, wurde mit Holz geheizt. Die Motorfahrzeuge mußten umgebaut werden und erhielten einen großen Behälter. Oben ist ein Loch, in das zerkleinertes Holz eingeschüttet wird. Durch die Verbrennung entstehen Gase, mit denen der Motor angetrieben wird. (Kurt Heilmann, 13 Jahre)

Protokoll vom 8.6.1951:

Horst: Wie wird ein Düsenjäger angetrieben?

Heinz: Diese schnellen Flugzeuge werden mit Düsenmotoren angetrieben.

Eugen: Was ist eine Düse?

Unser Lehrer zeichnet ein Glasröhrchen an die Tafel, das vorne spitz zugeht. Schüttet man in den breiteren Teil etwas Wasser ein, so geht das Wasser an dem dünnen Ende mit viel stärkerem Druck heraus.

Fritz gibt ein Beispiel mit einem Spielschiffchen, das auch mit einer Düse angetrieben wird. Hans erzählt, daß neue Düsenautos und Düsenräder kontruiert worden seien.

Vom Düsenjäger kommen wir zum Hubschrauber. Horst fragt: Kann ein Düsenjäger genau so langsam fliegen wie ein Hubschrauber? Genau können wir es nicht klären. Sicherlich aber nicht, nur beim Landen kann er etwas abstoppen. (Heinz Schmitt, 13 Jahre)

Protokoll vom 21.6.1951:

Frage: Warum läuft ein Krebs rückwärts?

Es kommen verschiedene Antworten, z.B. Er kann auch vorwärts laufen. – Jeder Mensch und jedes Tier läuft vorwärts und rückwärts. – Es ist vielleicht so wie beim Auto, das rückwärts auch mehr Kraft hat. – Er hat vielleicht keine Augen. – Der Krebs wird oft von einem Hummer angefallen, deshalb geht er rückwärts.

Paul wirft ein: Was ist denn ein Hummer? – Robert: Es ist ein krebsähnliches Tier.

Adolf: Wo hat ein Krebs seine Zangen? Er kann sie vielleicht nach hinten und vorn stellen, und deshalb meinen wir, er laufe rückwärts.

Paul liest aus dem Lexikon über den Krebs vor. Alfred: Ich habe in einer Dose eingemachte Krebse gesehen. Sie waren rot. Karl-Heinz hat einen Krebs aus dem Lehrmittelzimmer geholt. Dieser wird herumgegeben.

Eugen: Im Hühnerfutter sind auch kleine Krebse.

Gerhard: Ist ein Krebs überhaupt nützlich?

Wir kommen vom Thema ab. Horst sagt: In der Elbe gibt es Wollhandkrabben. Dieter: So eine hat sich mal in die Schraube eines Schiffes gehängt. Dadurch ging die Schraube nicht mehr herum. Die Fischer haben die Wollhandkrabben nicht gern.

Jetzt werden Bilder von einem Krebs gezeigt. Damit sind wir wieder beim eigentlichen Thema. Hat er überhaupt Augen? Fritz: Ein Maulwurf hat ja auch keine Augen. Herbert hat einen Maulwurf mit schwarzen Augen gesehen. Die Augen beim Maulwurf sind verdeckt.

Gerhard: Ein Regenwurm hat aber keine Augen. Er hat Fühlhaare. Ein anderer: Ein Krebs hat statt Fühlhaare vier Fühler. Krebse findet man unter flachen Steinen.

Nun kommt noch eine andere Frage: Kann sich ein Krebs schnell fortbewegen? Kann ein Krebs gegen den Strom schwimmen? Er kann schwimmen und laufen. Ein Fisch ist aber schneller als ein Krebs. Ein Krebs ist dagegen sehr schlau. Er überfällt einen Fisch. Er geht auch gern in Karpfenlöcher und frißt die Jungen. Ein Krebs ist scheu.

Fritz bekommt den Auftrag, in der nächsten Stunde einen Vortrag über den Krebs zu halten.   (Volker Wißgott, 13 Jahre)

g) Die natürliche *Basis zur Gruppenarbeit* bildet *das Gespräch*, in dem der Denkprozeß in natürlichen Bahnen verlaufen kann. Der Anstoß kommt allerdings vom gemeinsam aufgestellten Arbeitsplan her.

Der Sinn eines solchen Gesprächs für die Unterrichtsarbeit liegt darin, daß wir feststellen können, wo es fehlt, wo das Hauptinteresse liegt, was begrifflich und sachlich schon klar ist, wo die Hauptakzente in der Erarbeitung hingelegt werden müssen.

Solche Gespräche dürfen die begabtesten Schüler protokollieren, da es darauf ankommt, möglichst alles erfassen zu können. Sie erhalten den Auftrag, sofort nach der Aufnahme das Protokoll gemeinsam auszuarbeiten und in ausführlicher Fassung vorzulegen. Es bildet die Grundlage der nachfolgenden differenzierten Arbeit.

Beispiel 5: Schülerprotokoll vom 15.6.1951 über das Thema „Ernährung"

Lehrer (L): schreibt an die Tafel „Unsere Ernährung".

Volker: Es gibt zwei Arten von Nahrungsmitteln. 1. Feste, zum Beispiel: Brot, Kartoffeln, Gemüse, Fleisch. 2. Flüssige: Milch, Wasser, Wein usw. Oder man könnte die Nahrung auch anders einteilen: 1. Tierische Nahrung: Fleisch, Wurst, Fisch. 2. Pflanzliche Nahrung: Gemüse, Früchte, Kartoffeln. 3. Künstliche Nahrung: Margarine, Schokolade usw.

Dieter: Früher lebten die Leute viel schlechter. Es gab nur an Feiertagen gut zu essen.

L.: Ich war während des Krieges in anderen Ländern, da lebten die Leute auch oft viel einfacher als bei uns heutzutage.

Heinz: In anderen Ländern ist die Ernährung auch ganz anders. Das hängt vom Klima ab.

Pause. – Der Lehrer blickt uns fragend an.

Eugen: Der Boden muß viel Nährstoffe haben, damit sie die Pflanzen herausholen können.

Dieter: Damit der Boden fruchtbar ist, muß er gedüngt werden.

Robert: Es gibt gute und schlechte Düngemittel. So stellt z. B. die IG. gute Düngemittel her. Es sind kleine, weiße Körner. Man braucht nur einen Teelöffel voll für 10 Liter Wasser. Die Körner lösen sich im Wasser auf, und so kommt dann der Dünger mit dem Wasser in den Boden.

Fritz: Schafdünger sind die besten Dünger.

Volker: Auch der Mensch verbraucht die Nährstoffe nicht ganz, die scheidet er aus, das nennt man Jauche. Mit der kann man den Acker düngen, es ist sogar sehr gut.

Alwin: Warum kommt nach Kartoffeln im nächsten Jahr Getreide?

Heinz: Die Kartoffeln haben lange Wurzeln und holen die Nährstoffe weit unten aus dem Boden, und da bleibt ein kleiner Zwischenraum. Das Getreide hat kurze Wurzeln und holt aus diesem Zwischenraum seine Stoffe.

Wir sprechen davon, wie beim Verkauf von Samen gemogelt wird. Der Lehrer säte Radieschen und erntete Unkraut. Paul und Ernst-Karl säten Blumen und ernteten nichts. Dieter säte Astern und erntete Tomaten.

Früher hatten die Leute noch keine Dünger. *Liebig* entdeckte den künstlichen Dünger.

Alwin: Wie ist das im Wald, die Bäume wachsen doch auch immer und werden nicht gedüngt?

Volker: Der Wald hat eine natürliche Düngung. Die Blätter, die abfallen, faulen, und das ist auch eine gute Düngung.

Adolf: Wenn man ein Glas voll Wasser nimmt und legt Eierschalen hinein, so setzt sich das Eiweiß, das auf der Schale sitzt, ab. Dieses Wasser ist auch gut für die Pflanzen, denn es ist eiweißhaltig.

Alwin: Wie ist das: Manche Menschen essen viel und werden doch nicht dick, bei anderen ist es gerade umgekehrt.

Es wurde gesagt: Die Pflanzen brauchen ganz verschiedene Böden, und so ist es auch bei den Menschen.

Einseitige Ernährung während des Krieges führte zu Krankheiten, es war auch Mangel an Vitaminen. Der Lehrer erzählt von Skorbut und Paradentose. Karls Bruder hat Zucker. Er muß Diät essen.

Eugen: Es gibt auch Leute, die viel Zucker essen müssen, z. B. die Flieger. Mein Vater hat erzählt, daß er stets Traubenzucker bekam.

Der Lehrer fügt hinzu: Gegen Schwächen sind Traubenzuckerspritzen gut.

h) *Ergebnisse der Gruppenarbeit* müssen an alle Klassenkameraden weitergegeben werden. Jede Gruppe hat lehrend über ihren erfüllten Auftrag zu berichten. Solche Kurzreferate der Kinder, von notwendigen sachlichen Erklärungen des Lehrers ergänzt, müssen von der gesamten Klasse aufgezeichnet werden, damit am Schluß der differenzierten Arbeit für jeden einzelnen das Gesamtergebnis sichtbar wird.

Praktische Beispiele von selbständigen Schüleraufzeichnungen nach der Gruppenarbeit siehe Seiten 115 ff.

Aufbau der Gruppen

1. Gruppenbildung

Bei den sinnvollen Übergängen zur Gruppenaktivität, wie sie an Hand von Beispielen ausführlich dargeboten wurden, stoßen wir auf das pädagogische Problem der Gruppenbildung. Aus der bisherigen Darstellung ergibt sich aber schon zwangsläufig, daß sich dieses Problem nicht einheitlich regeln läßt.

Die Form des Übergangs, der Arbeitsinhalt, das Alter der Kinder, die äußeren Raum- und Arbeitsverhältnisse bestimmen weitgehend die Art, wie sich die Klasse in Gruppen auflöst.

a) *Gruppenformen*

Gehen wir auf der Oberstufe von dem Erkenntnistrieb des Kindes aus, so werden sich zunächst zwanglos Gruppen von Kindern bilden, die an gleichen Problemen interessiert sind: Interessengruppen.

Der Weg von der musischen Seite her kann zu Spielgruppen führen und zu kleinen Gemeinschaften, die sich entsprechend ihrer Begabungsrichtung formen (*vgl. Puppenspiel Seite 24 ff.*).

Bei der Betonung der arbeitstechnischen Ausbildung werden sich aus Zweckmäßigkeitsgründen Gruppen betätigen müssen, die sich von vornherein aus verschiedenen Begabungen zusammensetzen, damit während der Arbeit ein gesunder Ausgleich geschaffen werden kann: Arbeitsgruppen.

Die ersten Gruppenbildungen einer Klasse werden auf jeden Fall nichts Endgültiges darstellen. Mit dem Alter und der Dauer des gemeinsamen Zusammenarbeitens wächst die gegenseitige Kenntnis der Schüler, und das Netz persönlicher Bindungen wird im Laufe der Zeit vielschichtig und verzweigt. Erst dann, wenn sich alle in ihrer Arbeit kennengelernt haben, wenn sich das Gefühl der äußeren Solidarität und der gegenseitigen Toleranz genügend gesteigert hat, wird man auf Grund von soziometrischen Messungen gruppieren oder die Kinder sich selbst gruppieren lassen: Freundschaftsgruppen.

b) Gruppenbildung auf Grund der soziologischen Voraussetzungen

Im 1./2. Schuljahr

Die Kinder wachsen – je nach Familienerziehung, Geschwisterzahl und Kindergartenbesuch – ganz verschieden auf und bringen daher auch eine verschieden entwikkelte Neigung und Befähigung zu gemeinschaftlichem Tun mit in die Schule. Es lassen sich aus diesem Grunde nur ganz allgemeine Hinweise geben, bei denen auf Grund zahlreicher Beobachtungen und Untersuchungen das Wesentliche dieses Entwicklungsstadiums hervorgehoben ist.

Das Kind tritt bekanntlich schon im 2. Lebensjahr in die soziale Rangordnung ein, in der es sich vorerst eindeutig positiv verhält. Aber bald sind antisoziale Verhaltensweisen erkennbar, denen der Sinn zugeschrieben wird, dem Kinde Gelegenheit zur Entwicklung des eigenen Wollens in selbsttätigen Zielsetzungen und Wertbildungen zu bieten (Trotzalter).

Von diesem Zeitpunkt an bilden sich die ersten Spielgemeinschaften. Und in solchen Spielgruppen erwirbt sich das Kind die ersten gesellschaftlichen Haltungen und Wertungen. Obwohl es aber beim Spiel die Nähe eines Gleichaltrigen wünscht, so kann doch von einem gemeinsamen Tun nicht die Rede sein.

Auch aus den täglichen Erfahrungen im Zusammenleben mit unseren Kindern läßt sich schließen, daß die vorherrschende Egozentrik keine eigentliche Zusammenarbeit im 5.–7. Lebensjahr zuläßt. Auf jeden Fall finden wir, daß eine Klasse Sechsoder Siebenjähriger nur selten als Ganzes eine Gemeinschaft bildet. Die Klasse erscheint vielmehr als ein Nebeneinander und Ineinander verschiedener Gruppierungen, die alle verschiedene Interessen und Bedürfnisse haben. Jedes Kind strebt noch für sich allein. Gegenseitige Rücksicht und die dazu nötige Selbstbeschränkung fehlen noch.

Doch ist dies kein Grund zu der Annahme, es wären hier überhaupt keine Voraussetzungen für Gemeinschaftsbildungen vorhanden. Wir werden nur darauf verzichten müssen, die Klasse als Ganzes zu einer den Kindern dauernd bewußten Gemeinschaft zu machen.

Was möglich ist, ist die Bildung kleiner Gruppen, die entweder schon viel von Gemeinschaftsgeist in sich haben oder aber so beeinflußt werden können, daß Gemeinschaftsgeist in ihnen wirkt.

Ausgangspunkt zur natürlichen Gruppenbildung kann im 1. und 2. Schuljahr nur das Spiel sein; das Verbindende kann allein in der Gleichgerichtetheit des Motorischen und Emotionalen liegen.

Spielgruppen am Zahlenband

Spielgruppen an der Rechenrinne

Der Klassenraum

Das Gespräch

Beispiel: Gruppenbildung im Gesamtunterricht des 1. Schuljahres
(Stoffgebiet: Rechnen)

Eines Tages bringe ich zwei Kegelspiele mit und lasse zuerst die ganze Klasse damit spielen. Danach teile ich die Klasse in zwei Abteilungen. Um die Übungszeit für die einzelnen zu erhöhen, sondere ich aber bald kleinere Gruppen ab, um diesen ein anderes Rechenspiel zu zeigen.

Da herrscht reges Leben. Eine Gruppe hat einen großen Haufen weißer Bohnen auf dem Tisch liegen. Jeder in der Gruppe muß der Reihe nach würfeln und nimmt jeweils die Zahl der Bohnen weg. Es wird auch zweimal (dreimal usw.) gewürfelt. Jedes Kind stellt die Gesamtzahl der Bohnen fest.

Auf einem anderen Tisch liegen zehn Kastanien. Ein Kind hat sich umgedreht, ein anderes tippt eine Kastanie an. Das erste Kind nimmt dann solange Kastanien weg, bis es die bezeichnete antippt. Dann rufen alle „Tipp an". Es darf dann – so bestimmt es die Spielregel – keine weitere mehr nehmen. Es wird festgestellt:

a) Wieviel Kastanien sind fortgenommen?

b) Wieviel liegen noch auf dem Tisch?

Diese Anzahl wird wieder bis auf 10 ergänzt, und das Spiel geht weiter. Wer nach ein oder zwei Runden die meisten Kastanien hat, ist Gewinner.

Weitere Gruppenspiele für das 1. Schuljahr sind in dem Kapitel „Üben", Seite 208 ff., dargestellt.

Im 3./4. Schuljahr

Im 9.–10. Lebensjahr zeigen sich besonders in den Klassen, in denen schon in den ersten Jahren Spielgruppen zugelassen wurden, erste Ansätze zu gemeinsamem Handeln, wenn es auch noch an den Fähigkeiten zum Planen und kritischen Denken fehlt.

Versuche bestätigen es immer wieder, daß es in diesem Alter kaum eine Klasse gibt, in der sich neben der Rangliste des Lehrers nicht eine geheime, niemandem klar bewußte Rangordnung nachweisen ließe, für die weit mehr als Wissen, Fleiß und gutes Benehmen eine gewisse Kraft der Gesamtpersönlichkeit des Kindes ausschlaggebend ist.

Während in der ersten Schulzeit die Spiel- und Beschäftigungsgruppen von einer bestimmten Spielregel und klaren Anweisung abhängen und die persönlichen Kontakte noch eine recht untergeordnete Rolle spielen, so daß wir der inneren Zusammensetzung der Gruppe noch keine wesentliche Bedeutung beizumessen brauchen, stehen nur Arbeitsmöglichkeiten im Vordergrund, die in ihrem Verlauf den Teilnehmern einen gewissen Grad von Handlungsfreiheit gewähren und in denen die persönlichen Beziehungen zu dauerhafteren Gebilden führen.

In diesem Alter macht sich außerdem der Forschertrieb bei den Kindern bemerkbar, der oft zu gemeinsamem Handeln führt. Er richtet sich fast ausschließlich auf Dinge und dingliche Zusammenhänge des Raums: Warum machen Gerhard und Dieter das

Auto entzwei? Sie wollen sehen, was darin ist. – Es ist die Neugierde, die sich auf die Dinge, ihre Teile oder Merkmale richtet. Die Kinder dieser Altersstufe wollen die Umwelt erforschen und registrieren.

Vgl. Forschungsgebiet Heimat Seite 52 ff.

Beispiel 1: Gruppenbildung in der Heimatkunde des 3./4. Schuljahres
(Stoffgebiet: Bodenerhebungen)

An einer Landschaft, in deren nächster Nähe keine Bodenerhebungen vorhanden sind, sollen die Begriffe Ebene, Berg, Hügel usw. veranschaulicht werden. Ich bringe eine große Wolldecke mit, breite sie auf einem Tisch vor der Klasse aus und sage, indem ich dabei entsprechend hantiere: „So, hier ist es noch nicht glatt genug, alles muß glatt und eben sein. Fritz, streiche du doch die Decke da drüben glatt. So, nun ist alles schön eben. Wer jetzt im Dunkeln drüber geht, der stolpert nicht." Ich streiche langsam über die ebene Fläche. „Karl kann ja mal aus Spaß drüber laufen über die Ebene!" (Mit geschlossenen Augen!)

„Wenn der Tisch nicht so eben wäre, dann hätten wir es mit unserer Decke gar nicht geschafft." Der Tisch ist eben. Was noch?

> Der Fußboden ist eben.
> Der Gang ist eben.
> Der Schulhof ist eben.
> Die Straße ist eben.
> Der Bürgersteig ist eben.

„Ja, und draußen vor der Stadt gibt es auch genug Stellen, wo der Erdboden ganz eben ist."

> Die Wiese ist eine Ebene.
> Das Feld ist eine Ebene.

„Es gibt aber auch Wiesen, die sind nicht eben, da sind Maulwurfshaufen drauf." „Stimmt! Da ist es dann so!" Ich fasse mit einer Hand die Wolldecke und hebe sie langsam ein bißchen an.

„Da erhebt sich der Boden ein bißchen. – Seht ihr diese Bodenerhebung hier? – Wir wollen sie noch ein bißchen höher machen. So, nun ist es kein Maulwurfshügel mehr, nun ist es ein Grashügel." Ich lasse die Decke langsam wieder herunterfallen, streiche sie erneut glatt, schaue drauf und sage: „Ebenes Land!" Dann hebe ich die Decke langsam. Willi und Hans dürfen helfen. Wir schauen drauf, ich warte ein Weilchen, und einige sagen richtig: „Hügelland".

Aber wenn sich nun der Boden ganz hoch hebt – vormachen! –, dann ist es kein Hügel mehr, dann ist es ein Berg. Hier oben ist der Gipfel des Berges, und was hier herabhängt, das sind die Abhänge des Berges. Hier (drüberstreichen) ist ein Abhang, und hier ist ein Abhang. Und hier unten steht der Berg auf der Ebene, so wie wir mit unseren Füßen auf dem Boden stehen, da ist der Fuß des Berges. Wenn einer vom Fuß des Berges nach dem Gipfel will, dann muß er den Abhang hinaufklettern. Wer vom Gipfel nach dem Fuß will, der muß den Abhang hinunter. Hinunter geht es manchmal schlechter als hinauf, man rutscht leicht ab. Dann ist es gut, wenn Bäume auf dem Abhang stehen, da kann man sich festhalten.

Manche Berge haben keine Gipfel, die haben eine Kuppe. (Wir bilden eine Bergkuppe nach, in dem wir einen Ball unter die Decke schieben).

Wenn zwei Berge nebeneinander stehen, da sieht man oben von den Gipfeln allerlei Bodenfalten, große und kleine. Querfalten und Längsfalten. Die tiefe Stelle zwischen den Bergen heißt Tal. Wenn die Berge ganz dicht zusammenkommen, dann ist das Tal ganz schmal und eng, dann nennt man es Schlucht.

Stehen mehrere Berge zusammen, so nennen wir das Ganze ein Gebirge. Wenn man die vielen Berggipfel nebeneinander hinzeichnet, dann sieht es aus wie ein Kamm. Die Leute sagen auch Gebirgskamm, und wer von einem Ende zum anderen hinüberwandert, der ist über den Kamm gewandert.

Während der Veranschaulichung mit der Wolldecke skizziere ich die entstandenen Formen an die Tafel und lege die neuen Begriffe dabei schriftlich fest. Dann betrachten wir das alles einmal an unserem *Sandkasten*.

Zur *Einführung in die Sandkastentechnik* lege ich den Sandkasten oder eine mit feuchtem Sand ausgefüllte Tafel so, daß die glattgestrichene Sandfläche von jedem Platz aus gesehen werden kann. (Auf der einen Seite leicht erhöhen!) Sie wird von den meisten als „Ebene" wiedererkannt. „Ihr wißt, auf der Ebene wächst viel Gras. Paßt auf, gleich sehen wir es!" Mit Hilfe eines Siebs (der Boden einer leeren Dose wird mit einem Nagel mehrfach durchlöchert) überstreue ich den mittleren Teil der Fläche mit grüner Pulverfarbe.

„Hier (ich deute dabei auf eine freie Stelle westlich der Ebene) befindet sich ein Hügel." Aus einer bereitgestellten Kiste nehme ich eine Handvoll Sand und forme vor den Augen der Kinder einen Hügel. „Daneben sehen wir noch einen, den darf Fritz alleine bauen." Die anderen wollen natürlich alle herauskommen. Ich sage: „Paßt auf, so geht es nicht, wir wollen die Arbeit in Gruppen tun. Gruppe 1, Emil, Fritz und Franz, bauen uns hier lauter Hügel hin. Eine andere Gruppe wird nachher die Berge bauen."

Bald ist ein ganzes Hügelland entstanden. Wir stellen fest: Der Boden der Hügelländer setzt sich oft aus gelblichem Lehm und Löß zusammen; deshalb übersiebt die Gruppe 1 sogleich das ganze Hügelland mit gelber Ockerfarbe.

Zur Anleitung für die Gruppe 2 stecke ich in der freigebliebenen Strecke ostwärts der Ebene einen Bleistift in den Sand. „Hier oben an der Bleistiftspitze ist der Gipfel eines Berges. Nun fehlt uns der Fuß und der Abhang." Es entstehen nebeneinander Berge mit Gipfeln und Kuppen, von der Hand der Kinder geformt. Die Höhen gebe ich jeweils mit verschieden langen Hölzchen und Bleistiften an. Am Ende haben wir ein ganzes Gebirge auf der einen Seite des Sandkastens vor uns. Täler und Schluchten sind darin deutlich zu erkennen. Die Farbe erhält es nach dem Waldboden und nach dem Felsen.

Wir betrachten uns noch einmal gemeinsam das entstandene plastische Bild ganz genau, heben die Unterschiede innerhalb der einzelnen Bodenerhebungen klar heraus und ergänzen die Tafelzeichnungen mit der entsprechenden Buntkreide.

Nun haben wir für die nächste Zeit zahlreiche Arbeitsaufträge zu vergeben. In kleine Sandkästen, die die Oberstufe im Werkunterricht angefertigt hatte, bauen die Gruppen Landschaften mit Bergen, Schluchten, Tälern und Ebenen, andere stellen das gleiche an den Tafeln dar. Ständig ergeben sich Aufgabenstellungen, neue Sandkastenarbeiten, mit denen neben dem Unterricht einzelne Gruppen, die des öfteren gewechselt werden, beschäftigt sind.

Beispiel 2: Gruppenbildung bei einer Sprachübung im 3. Schuljahr
            (Stoffgebiet: Silbentrennung)

Heinz schreibt „Brile". Ich lasse ihn zu dem Wort klatschen: Bril-le. So kommt der Fehler in Ordnung. Das ist aber auch der Anstoß, daß wir alle einmal mitklatschen. Wir sprechen ein Wort aus und klatschen dabei gleichzeitig (nach Silben) in die Hände. Da wir gerade über unsere Tiere gesprochen haben, nehmen wir gleich alle neuen Wörter aus diesem Bereich: En-te, Tau-be, Sper-ling . . .

„Alles Wörter, bei denen man zweimal klatschen muß! Die wollen wir hier auf den roten Eisenbahnwagen legen." Der „Wagen" ist ein Klotz aus unserem Satzbaukasten. Er trägt die Ziffer „2". Besitzen wir keinen Satzbaukasten, „legen" wir die Wörter auf einen Griffelkasten, auf die Fensterbank, in den Schrank usw.

Weiterklatschen! „Bunt-specht." Zweimal geklatscht! Kommt auf den roten Wagen! „Di-stel-fink." Dreimal geklatscht! Eine neue Sorte. Also nicht auf den Wagen Nr. 2! „Schmet-ter-ling." Fein! Wieder eins mit Dreimalklatschen. Der Wetteifer erwacht. – Die mit Dreimalklatschen wollen wir auf den weißen Wagen Nr. 3 legen." Ich mime das Auflegen entsprechend. So wird die immer sehr wirksame Raumvorstellung mit eingeschaltet.

„Schwal-be", zweimal geklatscht: roter Wagen. „Bach-stel-ze", dreimal geklatscht: weißer Wagen. „Feld-maus", zweimal: weißer Wagen. „Was-ser-rat-te." Fein! Da mußten wir ja viermal klatschen! Diese neue Sorte kommt auf den blauen Wagen (Nr. 4). „Sa-la-man-der." Wieder viermal geklatscht, kommt auch auf Nr. 4. „Katze", zweimal: weißer Wagen. „Nein, auf den roten, auf dem weißen ist doch dreimal." „Ach ja, da habe ich nicht aufgepaßt." „Schna-bel", zweimal: roter Wagen. „Flü-gel", zweimal: roter Wagen.

Nun werde ich noch ein Wort sagen: „Frosch." Wer will klatschen? – „Frosch" kann man bloß einmal klatschen. „Fisch", wieder bloß einmal!

Jetzt bringe ich den Ausdruck „Silbe" ganz zufällig in die Unterhaltung, ich werfe ihn zur Probe hin, um zu sehen, ob die Kinder damit hantieren können. „Also die mit einer Silbe legen wir auf den gelben Wagen Nr. 1." – „Die mit zwei Silben . . ." –

ich berühre den roten Klotz ... und Heinz sagt ganz nach Wunsch: „Die mit zwei Silben kommen auf den roten Wagen." – „Die mit drei Silben ..." – „die mit drei Silben kommen auf den weißen Wagen." – „Die viersilbigen ...?" – „die viersilbigen kommen auf den blauen Wagen."

Nun packen wir alle ein bißchen zusammen, bringen Ordnung in die neuen Kategorien und üben das neu Gelernte:

1. Die Kinder nennen beliebige Wörter, klatschen und sagen oder zeigen, wo das Wort seiner Silbenzahl nach hingehört.

2. Ich tippe den roten Klotz an, den weißen usw., „nehme" mit entsprechender Geste jedesmal ein Wort weg und lasse es dann „taufen".

3. Gruppe 1 sagt immer das Wort, Gruppe 2 holt es vom richtigen Wagen herunter.

4. Gruppe 1 sammelt einsilbige Wörter, Gruppe 2 zweisilbige, Gruppe 3 dreisilbige, Gruppe 4 viersilbige zum Thema „Unsere Tiere". Wer hat die meisten? (Bei der Auswertung ist die Gesamtsilbenzahl für die Gruppe maßgebend.)

5. Zu Hause sammeln wir Wörter zu unserem Thema und ordnen sie schriftlich:

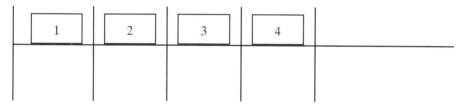

Rätsel: Wer findet Wörter mit fünf und mehr Silben?

Im 5.–8. Schuljahr

Die oben geschilderte 2. Phase vom 3.–4. Schuljahr an zeigte uns Gruppen bei heimatkundlichen Arbeitsaufträgen in und neben dem Unterricht, bei Übungsarbeiten in den Kernfächern – Gruppen, die auf Grund der psychologischen Voraussetzungen ihre Zusammensetzung häufig wechseln können. Mit dem 10. Lebensjahr beginnt nun eine ganz andere soziale Einstellung.

Jetzt entwickelt sich ein klares Wir-Bewußtsein, Lust und Fähigkeit zum Organisieren, zum Erfassen gemeinsamer Ziele und zum Einfügen in ein sinnvolles Ganzes. Nicht nur, daß das Gemeinschaftsleben reger wird, die inneren Vorgänge zeigen, daß das Einschätzen des Mitschülers ein ganz anderes wird: Es beginnt eine relative Beurteilung des Kameraden, die seine Eigenart und soziale Umgebung berücksichtigt. In den Vordergrund rückt dabei das sachliche Interesse, das eine Gruppenbildung über alle Eigenheiten der Teilnehmer hinweg zustande bringt.

In der Zeit vom 11.–13. Lebensjahr sind deshalb die besten Möglichkeiten für eine natürliche und produktive Gruppenarbeit gegeben. Die Hauptaufgabe besteht darin, daß wir die innerhalb einer Klasse wirksamen Kräfte richtig erkennen und sinnvoll verwenden.

In den Klassen, die ich in diesem Zeitabschnitt übernahm und langsam zu elastischen Arbeitsformen hinführte, habe ich schon vom ersten Tage an auf eine zweckmäßige Sitzordnung geachtet. Wenn auch der Drang zur Gruppenbildung gegeben ist, so kann ich doch nicht – das ergibt die bisherige Darstellung sehr deutlich – schon am zweiten Tag nach dem Lehrerwechsel mit Gruppenarbeit beginnen.

Jede autoritär geführte Klasse ist an sich gewohnt, daß sich bei Schulbeginn die Sitzordnung ändert. Diese Tatsache benutze ich, um schon jetzt, ohne daß es den Schülern bewußt wird, geeignete Paare oder Gruppen zusammenzuführen. Der Ton soll dabei auf „geeignet" liegen. Mein Ziel ist, einen „Helfer" und einen Schwachen zu vereinigen. Wenn sich daraus auch nicht sofort Dauergruppen entwickeln, so bewirkt das Zusammenbringen der beiden auf jeden Fall im „Helfer" eine sozial positive Einstellung, im andern verhindert es das Gefühl der Fremdheit, der Minderwertigkeit oder des Ausgestoßenseins.

Nach den Schüler- und Zeugnisbogen meines Vorgängers stelle ich mir die Namen der Kinder so zusammen, daß – entsprechend der gegebenen Sitzmöglichkeiten – gut und schlecht Begabte zueinander kommen. Praktisch stelle ich am Schreibtisch auf Grund der bisherigen Beurteilung eine Liste auf, in der ich hinter dem Namen besondere Begabungen kennzeichne.

Zeichenerklärung

+	=	gute Begabung	+ R	=	guter Rechner
−	=	schlechte Begabung	− R	=	schlechter Rechner
×	=	mittlere Begabung	+ Z	=	guter Zeichner

Volkmar	+	+ R	ergibt:	Gruppe 1:	Volkmar
Fritz	−				Gerda
Gerda	×	− R			Eugen
Eugen	×				Paul
Paul	−	+ Z		Gruppe 2:	Annchen
Ursula	−				Fritz
Annchen	+				Ursula
Walter	×	+ Z			Walter
usw.					

Hierbei hebe ich nach Rücksprache mit meinem Vorgänger die Schüler hervor, die sich entsprechend ihrer Begabung und ihres bisherigen Organisationstalentes als sogenannte „Gruppenleiter" bewähren könnten.

Die Frage nach den Gruppenleitern ist problematisch. Fest steht, daß jede Klasse ein soziales Gebilde mit mehr oder weniger mächtigen Führern ist. Fest steht weiterhin, daß es von entscheidender Bedeutung sein wird, ob die Energie der Gruppe für oder gegen die Absicht des Lehrers wirken wird.

Selbstverständlich kann man nicht am Schreibtisch die Kinder herausfinden, die die Voraussetzungen für einen Gruppenleiter haben. Die praktische Arbeit wird erst beweisen, ob die Kinder neben ihrer natürlichen Begabung auch genügend Sicherheit und Selbstvertrauen, einen betonten Schaffensdrang und genügend Arbeitslust, einen starken Gerechtigkeitssinn und erprobte Hilfsbereitschaft besitzen, die charakteristischen Eigenschaften, die sie zum Freund aller werden lassen.

Es ist ja so: Die Gruppenleiter werden bei Beginn der Arbeit von ihrer Gruppe gewählt. Wenn dann einmal das Prinzip der Gruppenarbeit geläufig ist, – und das geht in diesem Alter erstaunlich schnell, weil die Lust zu dieser Arbeitsart einfach vorhanden ist – so wird jede Gruppe, wenn sie nur ihre Arbeit einmal kennt, den richtigen Gruppenleiter bestimmen.

Alles den Kindern bei der Wahl zu überlassen, ist aber nicht zweckmäßig, da sie sich durch das Auffallende täuschen und manchen Kameraden nach dieser Richtung unerprobt lassen würden, weil er sich selbst nicht aufdrängt. Gerade durch ein Übersehen kann in manchen ein Minderwertigkeitsgefühl groß werden. Auf der andere Seite kann durch ein kleines Nachhelfen fehlendes Selbstgefühl durch die Auferlegung der Verantwortung eines Führerpostens in einem Maße gehoben werden, daß sich ein ganzes Kinderglück einer Schulzeit darauf aufbaut. Unauffällig muß eben der Takt des Lehrers in diesen heiklen Angelegenheiten wachsam eingreifen, wenn es notwendig ist. Aufdringliche Wichtigtuer weist die Gemeinschaft schon selbst zurück.

Die Wahl und Festlegung eines Gruppenleiters kann nicht den Zweck haben, diesem als „Chef" besondere Aufgaben und Privilegien zuteil werden zu lassen. Das ergäbe für ihn eine Stellung, die ihn zweifellos in der Entfaltung gefährden könnte. Es läßt sich denken, daß in ihm ein schädlicher Ehrgeiz erwachte, der nur noch auf die Behauptung seiner Stellung gerichtet ist.

Notwendig ist eine vollkommen gleiche Behandlung aller, die in der Gruppe arbeiten, so daß der Dienst als Gruppenleiter kein Führeramt, sonder ein Kameradschaftsdienst ist. Gruppenleiter in unserem Sinne ist ein Schüler mit besonderen Eigenschaften, der in erster Linie verantwortlich ist für die Durchführung eines Arbeitsauftrages, für die ruhige Arbeit in seiner Gruppe, für die Arbeitsmittel und die gegenseitige Kontrolle.

So kann dann ohne Bevormundung die Initiative während der Arbeit frei von einem auf den anderen überspringen. Der allseitige Erfahrungsaustausch wird in keiner Weise gemindert, die Kameradschaftlichkeit wird nicht untergraben, ein charakterschädigendes Ausspielen der Schüler gegeneinander ist ausgeschlossen.

In der neuen, provisorischen Sitzordnung beginnen wir die Umstellung; es hat sich bisher immer gezeigt, daß sich – mit einigen kleinen Abänderungen – aus dieser Ordnung heraus arbeitstüchtige Gruppen entwickelten, die erst in der Pubertätszeit zeitweilig schwache Zersetzungstendenzen aufwiesen.

Die Entstehung der Gruppenarbeit selbst kann nur aus einem lebendigen Anlaß heraus erfolgen – wie es in diesem Buche an vielen Beispielen gezeigt wird –, damit die

Kinder den tiefen Sinn der neuen Arbeit, der ihnen zunächst mit Worten nicht klargemacht werden kann, innerlich spüren, gefühlsmäßig verstehen und bejahen.

Um die weitere Gruppenbildung in dieser Altersstufe richtig zu lenken, muß vor allem betont werden, daß ihr stets ein Arbeitsanstoß in der Gemeinschaft, im Kreise, vorangehen muß. Ebenso hat der Arbeitsprozeß der Gruppen im gleichen Kreise seinen Abschluß zu finden, in dem die Gruppenaktivität ausgelöst wurde. Wer dieses Arbeitsgesetz nicht beachtet – es wird später noch näher herausgearbeitet und psychologisch begründet werden (*Seiten* 85, 113, 115), – läuft Gefahr, dem tieferen Wesen dieser Arbeitsform untreu zu werden, viele Abteilungen zu schaffen, die das Gemeinschaftsgefühl verlieren.

Haben sich die Kinder schon bei den freien Arbeiten auf der Unterstufe oder während des Übergangs zu den neuen Arbeitsformen an die freundliche Atmosphäre der Schule gewöhnt, so empfinden sie nach einer längeren Zusammenarbeit kaum noch das Bedürfnis, die gegebene Sitzordnung zu ändern.

Ich habe immer nach etwa einem Vierteljahr die Frage gestellt, wer zu einer anderen Gruppe überwechseln möchte. Es wurden meist nur wenige, begründete Wünsche geäußert. Vor allem hielten die Kinder es für selbstverständlich, daß sie hinsichtlich ihrer Begabung gleichmäßig verteilt waren. Es fiel ihnen nicht ein, gut und weniger Begabte zu trennen und möglichst viele „Gescheite" in ihrer Gruppe zu „hamstern". Es gab für sie nur Geschickte und weniger Geschickte – und dem weniger Geschickten mußte man als Glied einer anständigen Gemeinschaft helfen.

Es erhebt sich die Frage: Wie ist es, wenn wir zur Gruppierung der Schüler sofort einen soziometrischen Test anstellen, bei dem die zur Zusammenarbeit bevorzugten Kameraden schriftlich gewählt werden. Gemäß des psychologischen Entwicklungsgangs ist diese Verfahrensweise auf der Stufe des 10–13jährigen verfrüht. Versuche ergaben überall dasselbe Bild: einige Beliebte, Initiatoren, die einem gemeinsamen Unternehmen Erfolg zu verheißen schienen, wurden von den meisten als Gruppenkameraden begehrt; außerdem wünschten auch die Begabtesten zusammen eine Gruppe zu bilden.

Erst wenn die soziologischen Voraussetzungen gegeben sind, erscheinen autonome, freie Gruppierungen gerechtfertigt. Das ist bei Beginn der Pubertät der Fall. Besonders in gemischten Klassen spürt man es, wie in mancher Gruppe, die bisher einwandfrei zusammenarbeitete, trotz der größeren Reife und der Einsicht in die gegebenen Verhältnisse Spannungen und Strebungen entstehen, die eine Änderung notwendig erscheinen lassen.

Diese kritische Zeit, in der in jedem Jugendlichen früher oder später ein Widerstreben gegen alle von außen kommenden Regelungen fühlbar wird, wird leichter überwunden, wenn wir dem Pubertierenden die Möglichkeit einräumen, die Gruppe selbst zu bestimmen, der er angehören möchte und in der er sich durchzusetzen hofft. Das Problem der Koedukation spielt hier hinein. Es sei an anderer Stelle ausführlich dargestellt (*Seite* 69 ff.).

Ich habe auf jeden Fall im achten Schuljahr nie versäumt, zu Beginn eines größeren Arbeitsthemas für das Zusammenarbeiten in Gruppen die entsprechenden Kameraden wählen zu lassen, bzw. die mitmenschlichen Beziehungen und Bewertungen innerhalb der Klassengemeinschaft zu testen.

Beispiel 1: Gruppenbildung nach dem soziometrischen Test von *Helen Hall Jennings*

Es handelt sich um die nach *Moreno* entwickelte Methode der soziometrischen Erfassung von Gruppenstrukturen. Es wird eine Beliebtheitsrangreihe nach der Wahl der Kinder aufgestellt. Die Ergebnisse werden als Kraftlinien dargestellt. Für jeden Schüler wird ein Kreis gezeichnet, *gegenseitige Wahl* wird durch eine dicke Linie mit zweiseitigem Pfeil

einseitige Wahl durch eine dünne Linie mit einem Pfeil in Richtung der Wahl

Ablehnung durch unterbrochene Linie dargestellt.

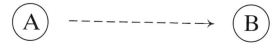

Das fertige Soziogramm ergibt ein sehr eindrucksvolles Bild der sozialen Struktur der Klasse oder Gruppe. Wir können feststellen: Es gibt „Stars", die sich allgemeiner Beliebtheit erfreuen und die sozialen Zentren der Gruppen bilden, daneben kleinere und größere Cliquen, Dreiecksverhältnisse (A wählt B, B wählt C, C wählt A), ganze Ketten (A wählt B, B wählt C, C wählt D usf.) und schließlich völlig Isolierte, die nie oder kaum genannt werden.

Moreno wandte seine Methode praktisch an bei der Zusammenstellung von Gruppen in einem großen Erziehungsheim und erzielte durch diese Beachtung des Sympathiefaktors recht bedeutende Erziehungserfolge.

Bei unserer Anwendung, die erst nach einer gewissen Anlaufzeit erfolgt, tritt zu diesem Faktor noch die Erkenntnis, daß bei einer echten Zusammenarbeit das Prinzip des Helfens berücksichtigt werden muß.

Nach den Weihnachtsferien begannen wir im Rahmen unseres gesamtunterrichtlichen Themas „Im Westen lockt eine neue Welt" die Arbeit an „Südamerika" (*siehe auch Seite* 139ff.). Ich stellte die Klasse vor diese neue Aufgabe und zeigte ihr auf, daß sie dieses Mal nicht sehr einfach sei; es komme nun noch in dem letzten Schuljahr hinzu, daß wir ein solches Arbeitsthema nicht nur geschickt anpackten, sondern auch noch gut mit der Zeit auskämen. Das erfordere Arbeitsgemeinschaften, in denen wirklich alles gut und flott von der Hand gehe.

„Wir haben uns ja in den letzten Jahren alle eingehend kennengelernt, und jeder weiß, mit wem er am liebsten zusammenarbeiten möchte. Wir wollen dabei immer beachten, daß wir nicht nur an uns selbst denken, sondern auch daran, wie wir in der Gemeinschaft dem andern nützlich sein können. Ich gebe nun jedem einen Zettel. Darauf schreibt ihr zunächst eueren Namen. Darunter 1., 2. und 3. Hinter 1. setzt ihr den Namen eines Jungen oder Mädchens, mit dem ihr am liebsten zusammenarbeiten möchtet, hinter 2. euere zweite Wahl und hinter 3. euere dritte.

Es wird natürlich kaum möglich sein, daß ihr immer mit euerer ersten Wahl zusammenkommt, aber ich will versuchen, die Arbeitsgruppen so zusammenzustellen, daß jeder wenigstens mit einem Gewählten zusammenkommt. Diese neuen Arbeitsgruppen, die ich euch morgen bekanntgebe, bleiben bis zum Ende unserer Arbeit zusammen. Dann könnt ihr selbst bestimmen, ob ihr nochmals wechseln wollt.

Noch eins: Unter die drei Namen zieht ihr einen Strich und schreibt darunter, mit wem ihr am liebsten nicht zusammen wäret, mit wem ihr euch in einer Arbeitsgruppe unbehaglich fühlen würdet. Gibt es niemanden, so laßt die Stelle frei."

Bei der Herstellung des Soziogramms, das schon einige Stunden des Nachmittags in Anspruch nimmt, stoßen wir auf sehr wesentliche Fragen:

Wieviele gegenseitige oder erwiderte Wahlen sind vorgekommen?
Welche Kinder der Klasse werden oft gewählt?
Wählen Jungen und Mädchen einander?
Gibt es erwiderte Wahlen zwischen den Geschlechtern?

Ein zusammenfassender Überblick oder eine graphische Darstellung, wie sie *Jennings* anregt, hilft uns weiter. Das Charakteristische in dem Sozialgefüge unserer Klasse wird nun erkennbar. Nun gilt es, aus den Wahlen die rechten Gruppen zu bilden, so daß wir möglichst jedem einzelnen gerecht werden. Die in der Testanleitung gegebenen Regeln haben sich in der Praxis bewährt:

1. *Einem nicht begehrten Schüler wird – wenn irgendmöglich – sein eigener erster Wunsch erfüllt.*

2. *Wird ein Kind von denen, die es selbst wählte, nicht gewählt, so ist eine erste Wahl maßgebend.*

3. *Abgelehnte Kinder kommen nicht zusammen.*

4. *Prüfen, ob jedes Kind wenigstens mit einer seiner ausgesprochenen Wahlen zusammengesetzt ist.*

Über diese Regeln hinaus muß man aber – wie bei allen ähnlichen Testverfahren – doch immer seinen gesunden Menschenverstand walten lassen. Aus den in den letzten Arbeitsjahren gewonnenen Erfahrungen, mit den einzelnen Kindern, aus den Hausbesuchen, den Elternabenden hat sich ein einigermaßen klares Bild der zwischenmenschlichen Beziehungen ergeben, aus dem wir jetzt Nutzen ziehen können.

Alle unsere Kenntnise um den einzelnen werden wir einsetzen und unter Ausnutzung des gegebenen Soziogramms die natürlichen Vorgänge innerhalb unserer Gemeinschaft feinfühlend unterstützen.

Wiederholungen des Testversuchs zu einem späteren Zeitpunkt erlauben eine fortwährende Überwachung und nötigenfalls die Korrektur der Gruppenstruktur.

Eine solche Korrektur, die in den meisten Fällen nur eine geringfügige Änderung ergibt, läßt sich auch dadurch herbeiführen, daß man die Kinder nach einer gewissen Zeit selbst die Plätze ändern läßt. Voraussetzung dazu ist allerdings eine gewisse Reife.

Der soziometrische Test erscheint mir zur gegebenen Zeit für die Gruppenbildung zweifellos als gutes Hilfsmittel. Seine Entwicklungsmöglichkeiten sind bis heute noch viel zu wenig ausgeschöpft.

Im letzten Arbeitsjahr wandte ich ein anderes, von *Seelmann* entwickeltes und erprobtes Soziogramm an.

Beispiel 2: Gruppenbildung nach dem Klassen-Soziogramm von *Kurt Seelmann*

Nach 10 Testfragen, die den Kindern zur sofortigen Beantwortung vorgelesen werden, erhalten wir einen Überblick über die sozialen Bindungen unter den Schülern. Aus dem Auswertungsbogen sehen wir von jedem einzelnen Kind, welche von seinen Mitschülern ihm liebenswert erscheinen, welche es achtet und aus welchen Gründen, ob es Menschenkenntnis besitzt und die einzelnen Schüler richtig bewertet. Wir sehen, ob seine Liebe erwidert, ob ihm Achtung gezollt wird, ob es überhaupt innerhalb der Klasse ein bemerktes Mitglied ist. Wir lernen die Beliebtesten und Geachtesten und ebenso die Isolierten und Übersehenen kennen. Dadurch erfahren wir, wo wir unbedingt helfen müssen.

Die Testfragen:

1. Welchen Mitschüler wählst du bei der nächsten Wahl zum Klassensprecher?

2. Welchen wählst du zum Stellvertreter?

3. Wenn ihr in euerer Klasse eine Schulkasse hättet, welchen von deinen Mitschülern würdest du zum Kassierer und Verwalter der Klassenkasse aussuchen?

4. Wenn dir deine Mutter erlaubte, einen oder mehrere Mitschüler zu deiner Geburtstagsfeier einzuladen: wen würdest du da einladen? (Du kannst einen, oder bis zu vier Mitschüler, aufschreiben!)

5. Denk einmal nach: Welchen von deinen Klassenkameraden würdest du fragen, wenn du mit einer Hausaufgabe allein nicht zurechtkommen würdest?

6. Nimm einmal an, du müßtest eine schwere, vielleicht sogar gefährliche Arbeit machen und brauchtest dazu eine Hilfe. Wüßtest du jemand in der Klasse, den du um Hilfe bitten könntest?

7. Wer in der Klasse ist besonders begabt? Wer kann und weiß in irgendeiner Sache besonders viel? Denke auch an Sport, Zeichnen und Malen, an Musizieren oder irgendein anderes Fach! Wenn du den Namen aufschreibst, schreibe bitte dazu, auf welchem Gebiet der Aufgeschriebene viel weiß oder kann.

8. Schreibe den Namen des Schülers aus der Klasse auf, der dir als der gemeinschaftlichste (sozialste) erscheint!

9. Welchen von deinen Mitschülern hältst du für den freigebigsten?

10. Wer in der Klasse ist dein bester Freund?

Der Ansatz:

Die Kinder erhalten ein Blatt aus einem normalen Schulheft. Wir bitten sie, die Fragen, die wir ihnen stellen, auf diesem Blatt ganz offen zu beantworten. Die richtige Beantwortung komme ihnen wieder zugute. Wir sagen ihnen, daß wir die Mitteilungen streng vertraulich behandeln. Kein Mensch werde davon etwas erfahren.

Nun füllt jeder den Kopf des Testblattes aus und schreibt zu jeder Frage, die wir zweimal langsam vorlesen, die Antwort. Wer keine Antwort geben kann, macht einen Strich.

Ausgefülltes Testblatt (verkleinert):

Helmut Finger Klasse G8A 15.4.1953 14 ¼ Jahre

1.	Flory, Ursula	
2.	Thalmaier, Karin	
3.	Diehl, Rembert	
4.	Hartenbach, Günter	
5.	Müller, Liesel	
6.	Deboben, Volkmar	
7.	Müller, Gerda	Raumlehre
	Flory, Ursula	Tanz
	Thalmaier, Karin	Rechtschreiben
8.	Flory, Ursula	
9.	Hartenbach, Günter	
10.	--	

Die Auswertung:

Die Ergebnisse werden in einen Auswertungsbogen übertragen, d. h. die Antworten des Testblattes werden neben dem Namen des betreffenden Schülers waagrecht in die Zeile gesetzt.

In dem obigen Testblatt von Helmut Finger ist der Name Flory, Ursula, dreimal aufgeführt. Flory hat die Ordnungszahl 19. Dort tragen wir 3 ein. Thalmaier, Karin, steht zweimal auf dem Blatt. Eintrag: 2 unter 29.

Auswertungsbogen (Abschlußklasse G8A, ausgefüllt am 15.4.1953)

Namen		Knaben																			Mädchen												Gewählte Schüler	Zahl der Namen
---	---	1.	2.	3.	4.	5.	6.	7.	8.	9.	10.	11.	12.	13.	14.	15.	16.	17.	18.	19.	20.	21.	22.	23.	24.	25.	26.	27.	28.	29.	30.	31.	32.		
Knaben																																			
Deboben	1.																			1														6	12
Deibert	2.																			5							1							6	15
Diehl	3.			1																1														7	14
Fetz	4.				2															3								1		2				6	14
Finger	5.																			1										2				8	14
Hartenbach	6.																			3									1			1		5	12
Holl	7.	3																		5									1	2				7	12
Janson	8.	1																		1									1	2				7	12
Kissel	9.	3	2			1														2														4	11
Kotecki	10.	2																															4	8	15
Loch	11.	1				3														1									1					6	13
Mink	12.	1		4		2														2									1			1		7	15
Pfeiffer	13.	1				2														3					3							1		13	18
Schmidt	14.	1				3														1		4											1	10	17
Schneider	15.					1														2													1	7	13
Schäck	16.	6																		2								1						7	13
Mädchen																																			
Damm	17.	1																		7					3			2	1	2				5	12
Drescher	18.	1				2														3			3				1	1	4	1		1		7	13
Flory	19.					2														2					1		1	5	2	1		1		8	13
Heinz	20.	1				1														3							2							6	12
Hess	21.																			4								4	1	1				8	13
Hofmann	22.																			6					2			2	2	1	1			7	13
Kraus	23.																			3					2					1				6	12
Krauthauser	24.																			4					1			1	1	2				10	18
Lauhoff	25.																		3	7		4			4		1		2	1				8	17
Madle	26.					2													1	7									1	2			1	8	13
Müller E.	27.					2														5							1			1				8	17
Müller G.	28.					1														2		4						1	2	2				9	15
Thalmaier	29.	1				2														5			1						1	3				6	13
Weidenauer	30.	4				1														5		4			4				3	1			1	8	16
Wernersbach	31.					1														2		1					1		1				1	7	17
Weschler	32.					2										1		1		2	2							1	1		1			9	13
Wie oft gewählt		35	3	10	2	35	53	1	5	5	11	8	10	5	21	4	2	1	7	94	2	9	5	—	18	7	8	19	30	20	5	4	6		
von wieviel Schülern		17	2	6	1	20	21	1	5	2	9	6	6	2	13	4	1	1	5	29	1	3	3	—	11	5	7	10	20	14	3	4	3		

Auf gleiche Weise wird mit allen anderen Namen verfahren.

Am Schluß wird seitlich und senkrecht addiert. Hierbei fallen uns nun alle Schüler auf, die Achtung, Vertrauen und Zuneigung vieler Mitschüler besitzen. Wir entdekken aber auch diejenigen, die im Schatten der Klasse leben.

Die aus einem solchen Soziogramm ablesbare Situation kann uns eine wesentliche Hilfe für eine gerechte und sinnvolle Gruppierung bieten.

2. Gruppengröße

Bei der Gruppenbildung taucht auch das Problem der Gruppengröße auf. Sie hängt von mehreren Faktoren ab:

1. Vom Alter der Kinder: Die jüngeren arbeiten gerne in größeren Gruppen, während die älteren lieber einer Gruppe von 3 bis 4 Mitgliedern angehören.
2. Von dem Arbeitsgebiet: Für Sport, Musik, Exkursionen lassen sich oft stärkere Gruppen bilden als bei anderen Arbeitsgebieten.
3. Von den Arbeitsmitteln: Wenn eine Schule beispielsweise in Physik oder Chemie nicht genügend Versuchsmaterial besitzt und die Gruppen eine Arbeit nicht zu gleicher Zeit ausführen sollen (themagleicher Gruppenunterricht), so muß notgedrungen jede Gruppe verstärkt werden.
4. Von den Platzverhältnissen.

Es erhebt sich aber die Frage: Welches ist die Gruppenstärke, die aus pädagogischen Gesichtspunkten am besten erscheint?

Jakiel hat sie mit Hilfe des Bureaus d'Education internationale durch eine Rundfrage zu lösen versucht. Die Antworten, die er von den Praktikern aus allen Teilen der Welt erhielt, ergeben folgendes Bild:

Gruppengröße	In der Praxis angewandt (%) (bei autoritativ gebildeten Gruppen)
2	7,4%
2– 3	17,1%
3– 4	26,2%
4– 5	24,0%
5– 6	15,5%
6– 7	2,1%
7– 8	2,6%
8– 9	1,0%
9–10	3,2%
10–12	0,5%
12–15	2,1%

Die Antworten, die *Jakiel* über die Stärke der Gruppen erhalten hat, die spontan gebildet wurden, ergaben, daß auch diese sich am häufigsten aus 3 bis 4, allerhöchstens aus 6, am wenigsten aus 2 Mitgliedern zusammensetzten. Dies beweist, daß die Kinder selbst die Gruppen von 3 bis 4 vorziehen. Gruppen von dieser Stärke haben sich auch erfahrungsgemäß für eine intensive und produktive Arbeit als am günstigsten erwiesen.

Günther und Volkmar wollten anfangs zu zweit in einer Gruppe bleiben. Es klappte auch längere Zeit ganz gut. Sie waren sich immer einig. Eines Tages kamen sie zu mir und forderten noch einen dritten Mitarbeiter.

Petersen machte ähnliche Erfahrungen. Er bestritt in seinen Untersuchungen überhaupt den Wert der Zweiergruppe. Sie begünstige das Cliquenwesen und sei für die Entwicklung der beiden Partner schädlich. *Simmel* stellte fest, daß in einer Zweiergruppe jeder nur den anderen sehe, aber nicht eine darüber hinausreichende Kollektivität. *Mory* beobachtete, daß in ihr leicht einer den andern ausnütze und in seinem Schatten lebe.

Umgekehrt ist eine zu zahlreiche Gruppe zu verwerfen. Die persönliche Initiative wird in Gruppen über 6 erstickt und die individuelle Aktivität herabgesetzt. Die Arbeitskontrolle ist darin schwieriger, die Überwachung, die Förderung, die Anregungen werden erschwert. Die Gelegenheiten zum Tun sind seltener. Die passiven Kinder arbeiten schlecht, sie unterhalten sich; die Faulen treiben Unfug. Kurz, die zahlenmäßig starke Gruppe macht die Arbeit schwieriger, oft sogar unmöglich. Es ist auch allgemein erwiesen, daß sich größere Gruppe automatisch in kleinere auflösen.

Im Hinblick auf das Ziel, durch gemeinschaftliche Arbeit die egoistischen Interessen zu überwinden, den einzelnen zu ermutigen und anzuregen, muß also die Dreiergruppe vorgezogen werden. Bei arbeitsteiligem Verfahren erweist sich ein viertes Mitglied als sehr vorteilhaft. Durch diese Verstärkung lassen sich zusätzliche Sonderaufgaben (Wandtafelzeichnungen, manuelle Arbeiten u. ä.) ausführen, was die Arbeitskraft der Gruppe in besonderem Maße erhöht.

3. Bildung von Leistungsgruppen

Eins läßt sich bei jeder Gruppenbildung erkennen: die Gruppen sind nie etwas Starres, Unveränderliches, sondern müssen in ihrer Zusammensetzung auch beweglich bleiben. Bei der Arbeit stellt sich des öfteren heraus, daß der eine oder andere auf einem besonderen Gebiet keine Grundlagen, keine Fähigkeiten besitzt. Besonders in den Kernfächern Deutsch und Rechnen sind die individuellen Fähigkeiten immer verschieden. So wertvoll die Gemeinschaftsleistungen in den normalen Arbeitsgruppen auch sein mögen, im Laufe der Zeit wird doch jedem einzelnen klar, daß letztlich immer seine eigene Leistung entscheidend ist.

Die Einzelleistung ist im Blick auf die Lebenswirklichkeit auch die wichtigste. Jeder einzelne muß über den Stand seines Wissens und Könnens im Bilde sein, denn nur so kann er seine Leistungen weiter steigern. Das wird er allein schon im Interesse seiner Arbeitsgruppe tun, damit auch sie zum Ziele kommt. Gewiß werden in der Arbeitsgruppe die starken Kameraden die schwachen stützen und ihnen „Privatunterricht" erteilen; aber es muß auch dem Lehrer die Möglichkeit gegeben werden, beim Unterricht bis zum einzelnen vorzudringen, damit er seine Lücken erkennen, sein Können und seine Leistungen steigern kann.

Die beste Lösung ist die, ab und zu die Klasse in Leistungsgruppen zusammenzufassen, um auf diese Weise nicht nur Unterrichts- und Übungszeiten für jeden einzelnen Schüler zu erhöhen, sondern auch jeden seiner Begabung gemäß zu fördern und an seine Grenzen zu führen.

Durch die Gruppenbildung nach den Fähigkeiten entstehen innerhalb einer Klasse in der Regel drei Gruppen. Die zahlenmäßig stärkste Gruppe umfaßt die mittleren Schüler, den normalen Leistungsdurchschnitt – die Grundgruppe (nach *Weyrich*). Die schwachen Schüler bilden eine kleine Fördergruppe. Sie erhält eine stofflich leichtere Aufgabenstellung. Eine ebenfalls kleine Gruppe umfaßt die sehr Befähigten – die Sondergruppe.

Die technische Durchführung dieser Gruppenbildung bedeutet in kleinen Klassen keinen Zeitverlust. Ein Problem aber ist die Organisation bei hoher Klassenstärke. Es würde viel Zeit erfordern, wollte man bei dem noch vorhandenen Raummangel die Sitzordnung ändern. Das Problem läßt sich durch eine zweckmäßige Einteilung, d. h. durch eine Kombination von Arbeits- und Leistungsgruppen lösen.

Beispiel: Leistungsgruppen im Rechenunterricht bei hoher Klassenstärke

Die Arbeitsgruppen setzen sich aus je 4 Schülern zusammen. Die Verteilung an jedem Gruppentisch wurde einheitlich folgendermaßen vorgenommen:

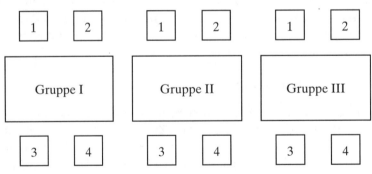

Nr. 1 = starker Rechner   –   Nr. 2 = schwacher Rechner
Nr. 3 = mittlerer / starker R.   –   Nr. 4 = mittlerer / schwacher R.

Durch diese „Numerierung" innerhalb der Gruppe, die sich freilich nicht schematisch durchführen läßt und die den Schülern meist unbewußt bleibt, wird es uns möglich, jeweils gute, mittlere und schwache Rechner zur mündlichen oder schriftlichen Arbeit zusammenzuziehen und ihnen Aufträge entsprechend ihrer Begabung zu geben.

1. *Mündliches oder schriftliches Üben*: Nr. 2 erhält einfache Multiplikationsaufgaben. Nr. 1, 3 und 4 bekommen zusätzliche Rechenaufträge, die die Aufgabe von Nr. 2 weiterführen.

2. *Tafelrechnen:* Nr. 1 von jeder Gruppe kommt an seine Gruppentafel. Es sind also alle starken Rechner. Sie erhalten eine schwierige Aufgabe. Wir können alle zur gleichen Zeit in ihrer Arbeit beobachten und Mängel sofort erkennen. Nr. 2, 3 und 4 sitzen an ihrem Platz. Sie beobachten mit, erfüllen eigene Rechenaufträge oder rechnen probehalber die Aufgabe von Nr. 1 zur Kontrolle mit. Gegebenenfalls kann auch hier der Wettkampf eingebaut werden. Nach der Nr. 1 tritt die Nr. 2 und damit die schwache Leistungsgruppe an die Tafel. Sie muß besonders gefördert werden, und die Auswahl und Formulierung der Aufgabe bedarf bei jeder Übung einer eingehenden Überlegung, so daß die Leistungen wirklich von Tag zu Tag gesteigert werden können und jedes Schwächegefühl und die daraus entstehende Unlust ausgeschaltet werden. Nr. 3 und Nr. 4 folgen in entsprechender Weise.

3. *Rechnen an der Preistabelle* (Bericht):

Jeden Freitag können wir den Wochenmarktbericht in der Zeitung lesen. Rudi hat ihn heute mitgebracht. Was ist seit letztem Freitag teurer geworden? Um wieviel? Aber wir wollen uns erst den neuen Bericht diktieren. Dieter soll es tun.

Da wir zehn Gruppen von je vier Schülerinnen und Schülern sind und jede Gruppe ihre eigene Tafelfläche hat, können wir leicht ein Wettspiel daraus gestalten. Nr. 1 von jeder Gruppe geht mit Kreide und Lineal an die Tafel. Das Lineal ist wichtig, denn auch an der Tafel ziehen wir wie im Heft jeden Strich gerade. Die Klasse schreibt zur Kontrolle mit.

Dieter schießt los. Er diktiert viel zu rasch und undeutlich. Auch diese Technik muß gelernt sein. Noch eine zweite Schwierigkeit taucht auf: da steht als erstes „1 Pfund Spinat 0,28–0,30 DM". Um nachher klare Berechnungen anstellen zu können, brauchen wir aber nur einen Preis. Hans schlägt vor, den mittleren zu nehmen, also den Durchschnittspreis. Das ist in diesem Falle allen klar: 0,29 DM. Wie ist es aber bei Meerrettich: 0,30–0,80 DM? Wer findet die Lösung? Nicht alle haben es verstanden. Horst meint richtig: Es ist genau wie bei der Mittellinie des Trapezes. Man zählt die große und die kleine Parallele zusammen und halbiert durch 2, also: $0,30 + 0,80 = 1,10$ DM. Die Hälfte ist 0,55 DM. Ursula hat die Lösung anders gefunden: $(0.30 : 2) + (0,80 :2)$. Und es gibt noch einen Weg. Klaus findet ihn: $0,30 + (0,50 : 2)$. Wir probieren, ob wir überall den mittleren Preis im Kopf errechnen können. Helmut gibt zehn Beispiele. Es klappt gut. Nun lautet der klare Auftrag an Dieter: 1. Diktieren der Markterzeugnisse, 2. Ausrechnen und Diktieren des dazugehörigen mittleren Preises. Nach fünf Minuten steht auf allen Tafelflächen und in allen Rechenheften fein säuberlich:

Wochenmarktbericht vom 28.2.1952

1	Pfund	Spinat	0,29	DM
1	„	Rosenkohl	0,45	„
1	„	Weißkohl	0,20	„
1	„	Rotkohl	0,30	„
1	„	Wirsing	0,23	„
1	„	Karotten	0,20	„
1	„	Blumenkohl	0,90	„
1	„	Schwarzwurzeln	0,50	„
1	„	Sellerie	0,40	„
1	„	Meerrettich	0,55	„
1	„	Zwiebeln	0,38	„
$1/4$	„	Feldsalat	0,28	„
5	kg	Kartoffeln	0,95	„

Wir kontrollieren. Jedes richtige Wort an der Tafel erhält einen Punkt. Gruppe 5 hat 13 Punkte, Gruppe 1 nur 8 Punkte. Es waren sehr schwierige Wörter dabei (Sellerie, Meerrettich u. a.). Wir verbessern. Der Gruppe 6 müssen wir leider einen Punkt abziehen, die Zahlen wurden nicht ordentlich untereinandergesetzt.

Das „Spiel" geht weiter. Nr. 2 von jeder Gruppe hat jetzt die Möglichkeit, die erreichten Punkte auszugleichen. Die Schüler, die jetzt an die Tafel treten, sind im allgemeinen schwache Rechner. Doch diese einfachen Aufgaben werden sie lösen: Hinter die gegebenen Preise soll bis einschließlich „Wirsing" jeweils der Preis für 3 Pfund gesetzt werden. Alles sieht noch hierher! Auf „Los" beginnen wir! Leise „kommandiert" die Klasse mit „Achtung, fertig – los!" Wer zuerst fertig ist und alles richtig hat, erhält 6 Punkte. Wer alles richtig hat: 5 Punkte, 4 richtig = 4 Punkte usw. Die Auswertung geht sehr schnell. Schon steht Nr. 3 mit der Kreide an der Tafel. Auftrag: Die Preise für 4 $1/2$ Pfund von Karotten bis Meerrettich ausrechnen! Nr. 4: Was kosten 4 $3/4$ Ztr. Kartoffeln, 3 $1/2$ Pfund Feldsalat?

Welche Arbeitsgruppe hat den Sieg errungen? Sie kann sich die Hausaufgaben ersparen. Diese lauten:

Es kosten:	Was kosten:
1 Pfund Spinat . . . . . . .0,29 DM	3 $1/2$ Pfund
1 Pfund Rosenkohl . . .0,45 DM	$1/2$ Ztr.
1 Pfund Weißkohl . . . .0,20 DM	15 kg usw.

Gerade dieses letzte Unterrichtsbeispiel beweist, daß eine solche Übungsarbeit, bei der aus den Arbeitsgruppen die Leistungsgruppen herausgezogen werden, nichts mehr gemeinsam hat mit dem „ziellosen Üben", bei dem der gute und der schlechte Rechner vor dieselbe Aufgabe gespannt werden und in gleicher Geschwindigkeit vorwärtskommen sollen.

4. Gleichgeschlechtliche oder gemischte Gruppen?

Bei der Bildung von Gruppen sind nicht nur die Begabungsdifferenzen zu beachten. Es gilt auch zu berücksichtigen, daß ruhige, gutmütige Kinder auf leicht erregbare und nervöse wohltuend wirken, daß umgekehrt lebhafte die langsameren und unbeweglicheren anregen können. Nicht nur Gleichveranlagte, auch Gegensätze ziehen einander oft an.

Wie stehen aber die Geschlechter in der Gruppenarbeit zueinander? Auf dieses sehr wesentliche Problem soll in der folgenden Darstellung näher eingegangen werden. Sie ist das Ergebnis von Untersuchungen, die ich im Laufe von fünf Jahren an drei Klassen der Oberstufe anstellen konnte. Mir wurde auf Wunsch nacheinander eine reine Knaben-, eine reine Mädchenklasse und eine gemischte Klasse übertragen.

Es konnte auf diese Weise festgestellt werden:

1. *Für welches Geschlecht ist die Gruppenarbeit am vorteilhaftesten?*
2. *Werden Gruppenarbeiten, die im Rahmen eines Gesamtunterrichts durchgeführt werden, durch die Koedukation erleichtert?*

Die Lösung des ersten Problems ergibt sich aus den Untersuchungen, die sich auf Sozialfähigkeit, Gruppenbildung und Leistungshöhe in der reinen Knaben- und Mädchenklasse bezogen: Jungen unter sich und Mädchen unter sich interessieren sich in gleicher Weise für Gruppenarbeiten. Beide Geschlechter sind fähig, spontane Gruppen zu bilden. Die Leistungen werden durch Gruppenarbeiten gesteigert. Ein Unterschied zwischen Knaben- und Mädchenklassen besteht nur in der Art der Arbeit und der Interessen.

Bei der gemischten Klasse handelt es sich nicht um einen gemeinschaftlichen Unterricht aus methodischer Zweckmäßigkeit, also nicht um eine Ko-Instruktion, sondern um ein gewolltes Zusammenziehen beider Geschlechter zum Erziehungszweck.

Beobachtungen zeigen, wie selbstverständlich noch 10–12jährigen Jungen und Mädchen außerhalb der Schule miteinander spielen können. Es war in den Herbstferien, als ich am Stadtrand durch die Felder ging. Da saß am Ende eines Stoppelackers eine Gruppe von vier Kindern. Sie beschäftigten sich mit einem Drachen. Er mußte durch einen Aufprall entzweigegangen sein. Das eine Mädchen hielt den Drachen, während der eine Junge versuchte, Papier und Latten wieder in Ordnung zu bringen. Die anderen beiden, auch ein Junge und ein Mädchen, entwirrten friedlich einen Knäuel Kordel. Später sah ich aus der Ferne, wie sie den Drachen steigen ließen. Ein Junge rannte vorn weg, der andere mit der Schnur hinterher, ein Mädchen hielt den Drachen, um ihn im rechten Augenblick loszulassen, das andere saß im Gras und schaute zu.

Dieses kleine Erlebnis erzählte ich der gemischten Klasse, die ich bei Schulbeginn einige Tage später übernahm.

Ich wußte, die Kinder, die jetzt vor mir saßen, waren vom ersten Tage ihrer Schulzeit an in einer Klasse zusammen. Ein wesentlicher Vorteil, denn Klassen, die erst auf

Beim Sandkastenbau

Erdkundliche Forscherarbeit

Leistungsgruppe im Rechnen

Mikroskopische Untersuchungen

der Oberstufe gemischt werden, können selten noch zu einer echten Gemeinschaft geführt werden. Aber auch in unserem Falle waren die Kinder an die übliche getrennte Sitzordnung – links Jungen, rechts Mädchen – gewöhnt.

Hier konnte also niemals von einer echten Koedukation die Rede sein, hier war im Grunde doch eine scharfe Trennung gezogen – es fehlten lediglich die Wände.

Die Wirkung des geschilderten Erlebnisses zeigte sich auch schon am folgenden Tage, als ich die Kinder nach Begabung und Geschlecht in Arbeitsgruppen einteilte.

Hier soll das Endergebnis dargestellt werden. Es ist insofern besonders aufschlußreich, weil aus organisatorischen Gründen (Abgang einer Lehrkraft) die hier erwähnte gemischte Klasse gerade im kritischen Augenblick (Einsetzen der Pubertät) aufgelöst werden mußte. Mit einer ungeheueren Zähigkeit versuchten Mädchen und Jungen, die nun in den gleichgeschlechtlichen Parallelklassen untergebracht waren, und der Großteil der Elternschaft, den koedukativen Zustand wieder herzustellen.

Durch den Einsatz einer neuen Lehrkraft konnte nach drei Monaten den dringenden Bitten entsprochen werden.

Für die Kinder aber war diese Zwischenzeit sehr aufschlußreich, da sie nun tatsächlich Vergleichsmöglichkeiten hatten und ihre sichtliche Vorliebe für die gemischte Gruppe auch selbst näher begründen konnten.

So konnte sich aus der gegebenen Situation heraus die folgende bemerkenswerte kritische Darstellung der Schülerinnen und Schüler entwickeln:

A. Reine Mädchenklasse oder gemischte Klasse?

Ingrid Weschler:

In einer gemischten Klasse zu sein, hat seine Vorteile. Man gewöhnt sich früher daran, mit Jungen zusammen zu sein. Man braucht sich nicht zu genieren, wenn man vielleicht in der Lehre mit Jungen zusammenkommt.

Annchen Gernsheimer:

Buben und Mädchen sollten im Unterricht zusammen sein. Es ist besser, wenn man sich von klein auf an die Jungen gewöhnt, denn im späteren Leben kommt man doch immer mit ihnen in Verbindung. Da wir dazu noch in den letzten 10 Monaten mit je zwei Buben und zwei Mädchen an Tischen zusammensaßen, kamen wir uns viel näher als in den sechs Jahren vorher.

Mädchen mit Mädchen zusammen ist überhaupt nichts. Da will nämlich jede mehr sein als die andere, und zu guter Letzt sind sie sich böse. Wir haben uns in den letzten Wochen, seit wir eine reine Mädchenklasse sind, sehr umstellen müssen. Darum bin ich froh, wenn wir wieder zu unseren Buben kommen.

Liesel Müller:

Eine viel größere Einigkeit und Kameradschaft besteht, wenn wir bei den Buben sind. Vor allem fallen die Streitigkeiten ganz aus. Wenn wir eine größere Aufgabe gestellt bekommen, müssen wir nicht alles alleine machen. Ich meine besonders praktische Arbeiten. Denn eins steht fest, daß alle Buben bereit sind, den Mädchen zu helfen. Ohne Genieren können sie ganz frei arbeiten. Genieren kennen sie überhaupt nicht. Und dadurch sind auch wir viel freier, können ohne Furcht vor den Lehrer und vor die Klasse treten und ganz offen sprechen. Auch gibt es bei ihnen manches zu lachen. Vor allem Spiele und viele andere Ideen kommen auf, denn einer ist witziger als der andere.

Annemarie Hofmann:

Ein dreiviertel Jahr lang saßen wir Mädchen mit den Buben an einem Tisch. Dann wurden wir auseinandergerissen. Ich bin nicht für eine Mädchenklasse. Ich kann mit Mädchen nicht gut zusammen lernen. Sie wollen immer etwas anderes machen, wenn man einen Vorschlag macht. Mit Buben kann man viel praktischer arbeiten. Wenn man z. B. über die Technik spricht, wissen wir Mädchen nicht allzu viel. Die Knaben können uns Mädel dann so gut helfen.

Edda Felde:

Ich würde mich sehr freuen, wenn ich wieder in eine gemischte Klasse gehen dürfte. Es hat viele Vorteile im Lernen, z. B.: Knaben sind mutiger als Mädchen.

Und nun möchten die Mädel auch nicht zurückstehen. So beginnt der Kampf im Lernen, denn jedes Geschlecht will doch besser sein als das andere. Auch kann man sich in verschiedenen Unterrichtsfächern aushelfen. Da ich nach meiner Meinung gefragt wurde, so bin ich der Ansicht, daß man in einer gemischten Klasse viel voneinander lernen kann.

B. Reine Knabenklasse oder gemischte Klasse?

Helmut Finger:

Ich entscheide mich für die gemischte Klasse. Der Grund ist, daß, wenn Mädchen und Buben zusammen sind, daß ein Mädchen mehr weiß als ein Junge, oder ein Junge mehr weiß als ein Mädchen. Man denkt dann in einer solchen Gemeinschaft auch nie: „Ich kann die Weiber nicht leiden." Die Mädchen sind auch Menschen, oder was denkt ihr? Früher waren die Klassen ja auch nicht so gemischt, wie wir es jetzt bei unserem Lehrer haben. Links saßen die Buben und rechts die Mädchen. Dabei wünschen doch viele Buben und Mädchen im Innern, in einer Gemeinschaft zu sitzen. Wir sitzen ja jetzt auch zusammen an einem Tisch und sind zu einem wirklich schönen Schulleben gekommen.

Gerhard Hokamp:

Ich bin für die gemischte Klasse, weil ich es außer einigen Unterbrechungen nicht anders gewohnt bin, weil es ein besseres Zusammenarbeiten ist und weil man die

Gedanken bei der Gruppenarbeit bei den Mädeln äußern kann. Wenn Jungen unter sich alleine sind, sind sie ausgelassen, führen Boxkämpfe durch, werfen mit Papier und nehmen keine Rücksicht auf die anderen. Doch wenn Mädel mit in der Klasse, besser in der Gruppe, sind, müssen sich die Knaben schon etwas zusammennehmen, sonst werden sie ganz verachtet, und das wollen wir Buben doch nicht.

Horst Schneider:

Ich möchte immer in einer gemischten Klasse sein, denn da ist eine bessere Zusammenarbeit. In einer reinen Knabenklasse kann man nicht so ruhig und nachdenklich arbeiten. Dort sind durchschnittlich auch mehr wilde Knaben dabei, die sich nicht beherrschen können. In einer gemischten Klasse helfen die Jungen und die Mädels dem, der sich nicht beherrschen kann, in die Gemeinschaft einzufinden. Es könnte noch besser sein, wenn alle Kinder der Schule mit allen Lehrern und Lehrerinnen eine solche Gemeinschaft aufbauen würden.

Dieter Schmidt:

Ich bin der Ansicht, daß eine reine Knabenklasse nicht so gut zum Lernen und zur Ordnung gebracht werden kann. Man kann dort nicht so ruhig arbeiten, denn wenn einmal der Lehrer nicht da ist, machen sie einen Krach und rennen im Saal herum. In einer gemischten Klasse ist es anders. Da geben die Mädchen die Anweisung, daß man arbeiten und nicht sprechen soll.

Harald Loch:

Ich bevorzuge eine gemischte Klasse. Man kann viel besser zusammenarbeiten. Wenn vom Haushalt gesprochen wird, dann kann ein Mädel darüber viel besser aussagen als ein Junge. Ich finde eine Knabenklasse auch deshalb nicht so gut, weil sich einzelne auf der Treppe und im Saal immer herumbalgen. Wenn wir in der gemischten Klasse die Treppe hinaufgehen und uns boxen, dann schlagen uns die Mädel gleich eine herunter. Was will man denn da noch viel machen? Manche finden anfangs eine Knabenklasse besser, weil sie sich vor den Mädchen genieren. Das war bei uns auch einmal so. Aber als wir einmal ein bis zwei Jahre zusammenarbeiteten, machte dies uns gar nichts mehr aus. Als wir zwischendurch in eine Knabenklasse kamen, gefiel uns das alles nicht. Da war jeden Tag eine Rauferei. Die Mädchen halten immer unseren Saal in Ordnung. In der Adventszeit und an Weihnachten ist unser Saal immer so schön geschmückt.

In der Analyse der vorliegenden Schülerarbeiten kristallisieren sich folgende Hauptvorzüge der Koedukation aus der Sicht des Kindes heraus:

1. Gewöhnung an das Arbeiten mit dem anderen Geschlecht,

2. Ausgleich und Ergänzung in der Arbeit,

3. Entwicklung eines natürlichen Gemeinschaftslebens
    mit einer guten Zusammenarbeit,
    mit größerem Ideenreichtum,
    mit Lernwettstreit, Selbständigkeit, Leistungssteigerung,
    mit Selbstdisziplin und ritterlicher Rücksichtnahme.

Darüber hinaus kann aus der Sicht des Lehrenden gesagt werden:

In der gemischten Gruppe werden die bei den Mädchen und Jungen von Natur aus vorhandenen Unterschiede im Temperament, in der moralischen und intellektuellen Entwicklung, in den Charakteren beachtet, geachtet und berücksichtigt. Und doch verlieren *die Mädchen* im Laufe der gemeinsamen Arbeiten und Gespräche ihre Befangenheit und Empfindlichkeit. In der Gemeinschaft mit den Jungen erwerben sie sich zahlreiche praktische Kenntnisse.

Die Jungen werden gewissenhafter, sauberer und fleißiger, sie lernen in einer vollkommeneren Art und zeigen höhere Leistungen als reine Jungengruppen.

Ihre Ideen werden vielfältiger, ihre Gedanken geordneter und logischer. Ihr Wortschatz wird reicher, ihr Ausdrucksstil geschliffener.

In der Pubertätszeit macht sich normalerweise ein gewisser Widerstreit bemerkbar. Die Jungen neigen dazu, die Mädchen zu verachten; sie fangen an, sie zu ärgern und mit Roheit zu behandeln. Die Mädchen empfinden in dieser Situation den Knaben gegenüber eine gewisse Verlegenheit und suchen sie zu meiden. Diese verschiedenen Haltungen verschwinden fast vollkommen während der sachlichen Arbeit in der gemischten Gruppe.

So erfahren die Mitglieder einer gemischten Gruppe, wie die Geschlechter im Leben zusammenarbeiten und sich unterstützen können. Die Mädchen und Jungen erkennen ihren gegenseitigen Wert und lernen sich schätzen. Ihr persönlicher Geschmack und ihre Interessen können sich bei den Gruppenarbeiten entfalten. Die Zusammenarbeit bei gemeinsamen Vorhaben erlaubt ihnen, ihre besonderen Fähigkeiten zu entwickeln und ihre beiderseitige Achtung hervorzurufen. Mädchen und Jungen lernen sich unter gleichen Bedingungen kennen und können gute Kameradschaft pflegen.

Dies wirkt sich bei allen gemeinsamen Unternehmungen positiv aus: Auf Wanderungen helfen die Jungen als „echte Kavaliere" den Mädchen über manche Strapazen hinweg. Die Mädchen ermuntern zu fröhlichem, ungezwungenem Singen und Musizieren und bringen die recht gesittete Stimmung in die Gemeinschaft. Theateraufführungen, dramatische Gestaltungen, Puppenspiele oder ähnliche Vorhaben gewinnen erst in einer gemischten Klasse an besonderem Reiz: hier können alle Saiten in Harmonie gespielt werden.

Bei älteren Schülern tritt im Gegensatz zu getrennten Sitzordnungen das Erotische vollkommen zurück. Sentimentale Liebeleien, z. B. das Schreiben von kleinen Liebesbriefen, gibt es nicht.

Die erwachende gegenseitige kritische Einstellung aber bewirkt bei beiden Geschlechtern ein gesittetes, höfliches Benehmen und verhindert bei den Mädchen lächerliche Modeäffereien und unnatürliches, geziertes Gehabe, bei den Jungen freche Grobheiten und angeberische Prahlereien.

5. Zusammenfassung: Aufbau der Gruppen

Altersstufe	Sozialfähigkeit	Motiv zur Gruppenbildung	Gruppenform
2.–5. Lebensjahr	in der Regel positiv, in der Trotzperiode unterbrochen von antisozialen Verhaltensweisen	Spiel	Spielgemeinschaft
5.–7. Lebensjahr	vorherrschend Egozentrik	Spiel – verbindend: Gleichgerichtetheit des Motorischen und Emotionalen	Spiel- und Beschäftigungsgruppe
8.–10. Lebensjahr	Lust zu Gruppierungen ohne Fähigkeit zum Planen und kritischen Denken	Spiel, Forschertrieb (auf Dinge und ihre Teile gerichtet)	Spielgruppe, Arbeitsgruppe ohne Dauer
11.–13. Lebensjahr	Drang zur Gruppenbildung, Entwicklung der Fähigkeit zum Planen und kritischen Denken	sachliches Interesse, Forschertrieb (auf tiefere kausale Zusammenhänge gerichtet)	Interessen- und Arbeitsgruppen von Dauer, autoritative Gruppierung
14.–15. Lebensjahr	reservierte Haltungen, Betonung von Eigenarten, zeitweilige, durch Pubertät bedingte Zersetzungstendenzen	Freundschaft, gleiches sachliches Interesse, gemeinsamer Schulweg	autonome, idealistische Freundschaftsgruppe, freie Gruppierung

Das Gespräch in der Großgruppe

Ist die Organisation der Gruppen unter Beachtung der soziologischen Voraussetzungen vollzogen, beginnt die Unterrichtsarbeit. Ihre Basis ist das Gespräch, denn Wort und Tat sind die beiden wesentlichen Mittel, durch die sich eine Persönlichkeit auswirken kann. So müssen in einer Schule, wie wir sie heute brauchen, Gespräch und Gruppenarbeit Hand in Hand gehen und sich gegenseitig aufs engste ergänzen.

Das Gespräch entwickelte sich aus dem natürlichen Erkenntnistrieb

1. *spontan von der Schülerfrage her,*
2. *bei der vom Lehrer gelenkten Arbeit.*

Zu 1. *Freies Gespräch:*

> Dem Schüler muß in der Schule Gelegenheit gegeben werden, seine ihm eigenen Probleme zur Darstellung zu bringen. Ein „Familientisch" (Freier Gesamtunterricht) im Sinne *Berthold Otto*s läßt sich bei jeder Schulorganisation einbauen.

Zu 2. *Gebundenes Gespräch:*

> Jede Unterrichtsarbeit, ob Arbeitsplanung, Gruppenarbeit, Gruppenbericht kann nur fruchtbar werden, wenn sie von einem Gespräch ausgeht, das planvoll zu einem Ziel geführt wird.

Voraussetzung

Ein echtes Schülergespräch entwickelt sich unter denselben Bedingungen, wie sie für ein sachliches Gespräch unter Erwachsenen erforderlich sind. Man muß sich gegenseitig kennen, muß lebhaftes Interesse an dem Gegenstand der gemeinsamen Erörterung haben und genügend Wort- und Geistesgewandtheit besitzen. Aus diesen Erwägungen ergibt sich eine dreifache Vorbereitung für den Lehrer.

Praktische Vorbereitungen

1. Wir müssen als Lehrer – das kann nicht oft genug betont werden – in den Kindern das Vertrauen erwecken, daß sie jederzeit von uns als vollwertige Persönlichkeiten geachtet werden, daß jedes ihrer Worte ein freundliches Echo findet und niemals eine Waffe in unserer Hand wird. Wir müssen verstehen, in den Kindern ein Gefühl der Zusammengehörigkeit zu erwecken, so daß ein Strom warmer Anteilnahme und rückhaltlosen Vertrauens Lehrer und Klasse umfluten.

2. Wir müssen die Kinder, die meist nicht an freie Meinungsäußerung gewöhnt sind, sprachlich zum Gespräch erziehen. Hierbei sind zwei Hindernisse zu überwinden: ein psychisches, die Scheu mancher Kinder, als Individualitäten aus der Masse hervorzutreten und eine eigene Meinung zu vertreten, und ein sprachtechnisches, die Fehler und Beschränktheit der Alters- und Ortsmundart.

   Um beide Hindernisse zu beseitigen, führte ich den Freien Gesamtunterricht (2 Wochenstunden) an Stelle von zwei Deutschstunden ein, das heißt, ich gewöhnte

meine Kinder vorerst an selbständiges Fragen (*vgl. Erste Begegnung, Seite 10 ff.*).
Denn die Schülerfrage bereitet auch den schüchternen Kindern das geringste
psychische Hemmnis: fühlen sie sich doch nicht als Individuum von der Masse
abgespalten, sondern als deren Exponent. Sie haben auch keine eigene Meinung
zu verteidigen, brauchen keine Kritik zu fürchten und halten sich den Rückzug
zur „öffentlichen Meinung" offen. Auch beansprucht die Frage nur eine geringe
Sprachfertigkeit.

Bei dem zweiten Hindernis tritt die strittige Frage über den Gebrauch der Mund-
art auf. Ich kann hier nur eindringlich davor warnen, die Form über den Inhalt zu
setzen oder auch nur zu denken, es mache nichts, wenn am Anfang der Inhalt leidet. Ungeschickte oder schüchterne Kinder kommen dann überhaupt nicht zum
Gespräch.

Man muß sich damit abfinden, daß die ersten Ergebnisse eines Schülergesprächs
– an der Form gemessen – sehr bescheiden sind. Die Gespräche bleiben am na-
türlichsten, wenn sie sich von selbst ergeben. Am leichtesten gelingt es im An-
fangsstadium an Stoffen, über die nur einzelne berichten können, zum Beispiel
das Kind eines Imkers über die Bienenzucht, eines Flüchtlings über seine Flucht-
erlebnisse usw. Da hören die Kinder wirklich zu, und es kommen die Fragen nach
dem, was die Berichterstatter gewöhnlich als selbstverständlich verschweigen,
von selbst. Die Kinder lernen dabei auch andere Kinder zu fragen, ihnen zu antworten und gewöhnen sich das „Nur-an-den-Lehrer-richten" ab.

Da sich möglichst viele Kinder am Gespräch beteiligen sollen, kann man dazu
übergehen, ein gemeinsames Erlebnis von mehreren Kindern berichten zu lassen. Die Kinder ergänzen sich dann einander und verbessern sich gegenseitig.

3. Von meinem eigenen Verhalten als Lehrer hängt es ab, ob bei allen Unterrichts-
   gegenständen (Sachstoffe, Lesestoffe, Bildbetrachtungen usw.) die Besprechun-
   gen mit der Zeit wenigstens stellenweise Gesprächsform bekommen. Erst, wenn
   ich die Geduld aufbringe, auch warten zu können, wenn ich mir das ständige Vortragen und Vorwegnehmen abgewöhnt habe, gelingt es.

   Nutzen wir daher die natürliche Fragelust des Kindes aus! Allerdings müssen wir
   bei dieser „methodischen" Vorbereitung auch die Probleme, die eine Unter-
   richtseinheit den Kindern bringen kann, vorher genau sichten und ihre Wirkung
   auf die Kinder und die Arbeitsmöglichkeiten, die sie ihnen bieten können, überlegen.

Sind diese drei Vorbedingungen zu einem Schülergespräch geschaffen, so wird sich
ganz von selbst die freie Wechselrede im Unterricht einstellen.

Doch stehen wir dabei vor der ungleich schwierigeren Aufgabe, Ordnung in diese
spontanen Mitteilungen zu bringen.

Oft entsteht anfangs ein Chaos, vor allem wenn das Überraschungsmoment bei der
Problemstellung eine große Rolle spielt; aber dieses Chaos kann auch verursacht
sein durch höchste Spannung des Interesses. Es dauert naturgemäß nur bis

zur Lösung der Spannung und unterscheidet sich dadurch sofort von der Disziplinlosigkeit (*vgl. Disziplin, Seite 247 ff.*).

Ist die Spannung im Abklingen, kommt auch die Rede der Schüler in ruhigeren Fluß. Interessant ist, hierbei das Auftreten der verschiedenen Schülertypen zu beobachten, die einander fast immer in der gleichen Reihenfolge ablösen.

Zuerst kommen häufig die oberflächlichen Schwätzer und werfen gedankenlos eine Bemerkung in die Debatte. Sie lenken leicht die Klasse durch ihr sinnloses Drauflosreden von dem richtigen Weg zur Lösung ab.

Dann bemächtigen sich die Geistesgewandten des Problems. Sie sind auch meistens zur gleichen Zeit die Phantasievollen. Sie drehen und wenden es nach allen Seiten und finden eigenartige und reizvolle Beziehungen zu anderen Fragen. Durch diese Beweglichkeit können die schwerfälligeren Denker in Verwirrung kommen und das eigentliche Problem aus den Augen verlieren.

Finden diese begabten Kinder die Lösungsmöglichkeiten, so finden die sachlichen, nüchternen Denker meistens den richtigen Weg zur Lösung. Sie sondern aus den Urteilen der großen Masse, die nun zu Wort kommt, die irrigen Ansichten von den richtigen und behalten trotz mancher gedanklichen Abschweifung ihrer Mitschüler stets das Ziel im Auge.

Endlich sind es die Kinder des „abstrahierenden Typs", die aus all den Prämissen die Schlußfolgerung ziehen, also die Lösung finden und sie begründen.

Unsinnig wäre es, ein erlöschendes Gespräch durch dauernde Ermunterungen wie „Vorwärts, redet doch!" „Weiter, weiter!" usw. künstlich verlängern zu wollen. Denn die Kinder sollen nur so lange reden, wie sie an einem Problem zu denken haben. Sind die Arbeitsmöglichkeiten erschöpft, dann hat ein weiteres Schülergespräch jede psychologische und pädagogische Berechtigung verloren und muß in leeres Schwätzen ausarten.

Es wird aus diesem Grunde auch selten möglich sein, ein Schülergespräch genau auf eine Unterrichtsstunde abzugrenzen. In unserem Schulunterricht, der praktisch auf den Wechsel von Problemstellung und -lösung aufgebaut ist, kann es demnach keine Unterrichtslektionen im alten Sinne mehr geben.

Auch davor muß gewarnt werden: das natürliche Gespräch hat nichts Gemeinsames mit der allgemein üblichen fragend-entwickelnden Lehrform. Dort wurde entwickelt – hier können wir nur entwickeln lassen. Hier kann es sich nicht darum handeln, daß wir möglichst viele methodische Kniffe und Kunstgriffe anwenden, um den Unterrichtsgegenstand im Erwachsenensinne rasch zur Klärung zu bringen, hier gibt es für uns nur eins: so natürlich wie möglich sein, d. h. unser ganzes Denken geht fortgesetzt mit dem unserer Kinder. Wir bleiben unablässig in dem Wellengang der Gedanken, die auf und nieder, sich überstürzend, stockend, einmal schnell, dann wieder langsam, dahinfließen, dabei aber stehts auf Tiefgänge, auf Stockungen achtend. Wo fehlt etwas? Wo liegt das Hauptinteresse des Kindes? Was weiß ich selbst noch nicht? Ist die Frage ein Impuls für ein längeres Unterrichtsvorhaben? Kann ich einen

Film zu Rate ziehen, um die Frage zu klären? Was ist begrifflich noch unklar? Wo müssen (vorausgesetzt, es ist ein gebundenes Gespräch) die Akzente in der späteren Erarbeitung gesetzt werden?

Solche und ähnliche Fragen müssen immer von einem Gesprächsleiter beachtet werden, wenn sich Gespräch und Arbeit fruchtbar gestalten sollen.

Aber das Schülergespräch wird so lange ein Torso bleiben, so lange sich nicht alle in der Klasse beschäftigten Lehrer zu ihm bekennen. Es wird den Kindern wirklich zu viel zugemutet, sich nach einer Stunde freier geistiger Arbeit sofort wieder unter den Zwang einer starren Autorität fügen zu müssen. Nicht jedes Kind besitzt hierzu die nötige Gewandtheit, und Kindertränen und Verzagtheit sind die Folgen eines solchen steten Systemwechsels.

Beispiel 1: Freie Gespräche auf der Unterstufe

Vorbemerkung

Schülerprotokolle können auf dieser Stufe noch nicht angefertigt werden; die folgenden fragmentarischen Aufzeichnungen aus meinen eigenen Unterrichtsprotokollen sollen nur andeuten, wie die Gespräche innerhalb eines Monats (8 Stunden) verliefen und was dabei alles gefragt wurde.

„Wie kommt es, daß ein Hund riecht, wenn ein Einbrecher in einem Haus war?"

Es kommen sofort gute Antworten: Der Hund hat einen guten Geruchssinn. – Der Einbrecher hat Spuren hinterlassen. – Der Hund hat einen besseren Geruchssinn als die Menschen. – Wenn es aber draußen regnet, wird die Spur des Einbrechers verwischt. – Günther berichtet von einem Einbruch bei ihm zu Hause. Die Polizeihunde waren im Keller angesetzt worden, fanden eine Spur, als sie aber in den Hof kamen, hatten sie sie verloren, da es geregnet hatte. Es folgen eine Reihe von Einbruchsberichten. Rembert erzählt von der Flucht seines Vaters aus der Gefangenschaft. Er hatte seine Schuhe mit Heringen eingerieben, um den Menschengeruch auszuschalten. Die auf die Spur gesetzten Hunde hätten ihn daher nicht entdeckt. Die Frage, wie Fingerabdrücke entziffert werden, wird ausführlich erörtert. Fred, der Sohn eines Kriminalbeamten, will sich bei seinem Vater noch näher darüber erkundigen.

„Gibt es Fische, die auf dem Land leben können?"

Zahlreiche Beobachtungen beim Fischfang. Der Aal kann länger leben als die anderen. Wenn er tot ist, zappelt er noch lange. Karin, deren Vater viel angeln geht, erklärt, warum die Fische noch an Land leben können. Den Unterschied zwischen Lungen und Kiemen versuche ich selbst zu klären. Karin ist in ihrem Element. Sie erzählt: Die Aale legen meistens ihre Eier in Leichen, die im Wasser liegen. Wenn die jungen Aale ausschlüpfen, dann ernähren sie sich von der Leiche. – In einer Illustrierten soll gestanden haben, daß eine Frau in Holland jeden Tag den Namen eines Fisches ruft. Er kommt und frißt ihr aus der Hand. Viele bezweifeln das. Ein anderer hat gelesen, daß ein Hund auf Skifahren dressiert wurde.

„Wie kann man Flöhe dressieren?"

Berichte von dem Flohzirkus auf der letzten Messe. Verschiedene haben einen Film gesehen, in dem Flöhe dressiert wurden. Sie erklären.

„Warum sagt man 'Kamel' zu einem Menschen?"

Solche Schimpfwörter soll man nicht sagen. Man vergleicht den Menschen mit einem Tier. Man sagt auch „Schlauer Fuchs". Vielleicht sagt man zu einem Menschen „Kamel", weil es immer schön vor sich hintrottet und sich alles gefallen läßt. Das Kamel ist geduldig.

„Warum hat das Kamel Höcker?"

Ich erzähle von meinen Erlebnissen mit Kamelen in Afrika. Ein Anschauungsbild vom Kamel wird geholt. Die Kinder finden aus Erzählung und Bild: Das Kamel ist ein ausdauerndes Last- und Reittier. Es ist sehr genügsam. Es sammelt Nahrung (Fett) in seinem Höcker an und erträgt so Notzeiten. Anna vergleicht mit dem Dachs.

„Wieso kommt es, daß sich Vögel auf den Rücken eines Elefanten setzen?"

Zuerst werden viele Vermutungen ausgesprochen. Die meisten finden es seltsam, daß sich das große Tier das gefallen läßt. Günther: Die Vögel fressen auch das Ungeziefer der Elefanten. Andere Tiere vertragen sich auch gut. Es kommen viele Ansichten dazu. Katze und Hund fressen bei Annas Großmutter aus der Schüssel. Löwe und Zebra können sich nicht riechen. Beim Brüten läßt die Henne niemand heran. Bei den Tauben ist es genau so.

„Kann man Eier nur vom Huhn oder auch von einem Heizkissen ausbrüten lassen?"

Es gibt auch Tiere, die ihre Eier im Sand ausbrüten lassen. Oder durch die Sonne. Es kommt auf die Wärme an. Die Wärme muß gleich groß sein und genau so groß wie bei der Glucke. Dieter hat schon einen Brutapparat gesehen. Er beschreibt ihn. Ich ergänze: Zur Trocknung der ausgeschlüpften Küken gibt es eine „elektrische Glucke".

„Zieht ein Magnet auch unter Wasser an?"

Einige haben noch keinen Magneten gesehen. Ich hole einen Hufeisen- und einen Stabmagneten und zeige die Anziehungskraft. Paul macht den Vorschlag, einen Versuch unter Wasser zu machen. In ein Glas Wasser wird ein Nagel geworfen. Paul probiert. Der Nagel bleibt am Magneten hängen!

Beispiel 2: Gebundenes Gespräch auf der Oberstufe.

Protokoll vom 30.5.1951
Klasse: 8. Schuljahr, Knaben.
Leiter: Der Verfasser.
Hörer: 80 Lehrerinnen und Lehrer aus Frankenthal.

Bemerkung: In der nachfolgenden Niederschrift ist auf die beobachtende Tätigkeit des Lehrers geachtet worden. Durch Sperrdruck sind die Stellen hervorgehoben, auf die sich ihre spätere systematische Arbeit aufbaut.

Lehrer:

schreibt das Thema „Unsere Kleidung" an die Tafel und wartet. (Diese Aufgabe kann die Schüler nicht überraschen. Nach dem Arbeitsplan, der am Anschlagbrett jedem in der Klasse zugänglich ist, konnte jeder schon Tage vorher seine Vorbereitungen zu dem Thema treffen. Es dauert eine kleine Weile, bis sich die ersten Schüler melden.)

Volker: Die Urmenschen trugen noch keine Kleidung.

Hans: Ja, das wissen wir aus der Bibel vom Sündenfall.

Volker: Unsere Vorfahren, die Germanen, trugen Kleider aus Bärenfell.

Horst: Die Kleidung hat sich im Laufe der Geschichte geändert.

Heinz: Heute ändert sich die Mode noch viel mehr. Und das ist ganz interessant. Da, nach dem Krieg, wie es keine Stoffe gegeben hat, hat man ausgerechnet lange Kleider getragen. Die Mode ändert sich eben fast jedes Jahr. Warum ist denn das so?

Paul: Ich denk mir das so: Die Fabriken und Kaufleute wollen damit ein Geschäft machen. Wegen der „Pinke, Pinke".

(Alle lachen.)

Lehrer: Gewiß, da ist schon etwas Wahres dran.

Anatoli: Welcher Volksstamm hat eigentlich die ersten Kleider getragen?

(Es meldet sich niemand.)

Lehrer: Nun gehört das alles, was ihr da sagt, zur Geschichte unserer Kleidung. Da kann sich nachher einmal eine Gruppe eingehend damit befassen und uns später berichten.

Karl: Der Volksstamm, der die ersten Kleider trug, war doch der, der das Weben erfunden hat.

Lehrer: Sicher! Aber wie das genau war, das soll die Geschichtsgruppe herausfinden. – Jetzt will ich euch auch einmal etwas fragen. Ich war diese Woche bei meinem Schneider. Ich will mir einen guten Anzug kaufen. Hier (*er zieht aus der Rocktasche zwei Stoffetzen*) habe ich zwei Muster, und ich weiß nun nicht, welchen Stoff ich nehmen soll.

Walter: Ich würde den grauen nehmen. Der ist am schönsten.

Paul: Es kommt doch darauf an, ob er auch gut ist.

Lehrer: Welcher ist nun der beste? (*Er gibt den Stoff an zwei Buben der Klasse, die ihn herumreichen.*) – Wer glaubt nun, daß der graue Stoff der beste ist? (*Über die Hälfte hebt die Hand.*) – Ja, da habt ihr nun falsch getippt. Der braune ist der beste und teuerste.

Eugen: Wie kann man denn feststellen, ob ein Stoff gut oder schlecht ist?

Horst: Wir wollten doch gestern mittag unser neues Thema vorbereiten. Da bin ich mit Herbert nach der Schule zu einem Schneider gegangen. Wir wollten ihn über allerhand Dinge ausfragen.

Lehrer: Bei wem war denn das?

Horst: Bei dem Schneidermeister Georg Münstermann in der Hafergasse. Der ist Obermeister von der Schneiderinnung. Den kennt mein Vater gut. Der sagte uns, man kann jeden Stoff sofort unterscheiden, ob er gut oder schlecht ist. Man nimmt ein Stück so lange in die Hand, bis es Körperwärme hat. Wenn dann der Stoff glatt auseinanderspringt, ist es ein guter Stoff. Wenn er aber zusammenkrumpelt, ist es ein schlechter Stoff. Wir können es mit dem hier einmal probieren. (*Es stellt sich heraus, daß der, der so schön aussah und sich so weich anfühlte, ein schlechter Stoff ist.*) – Die schlechten Stoffe sind aus Zellwolle. Der Schneider sagte, es gibt heute kaum noch Stoffe, die keine Zellwolle enthalten. Die ganz schlechten würde er nicht verarbeiten. Das sind die, die die Händler zu Wucherpreisen anbieten. Die Händler, die so in die Häuser gehen, würden oft 80 bis 100 Mark verlangen. Vielleicht gingen sie auch auf 40 Mark herunter. In Wirklichkeit hätten sie den Stoff für 6 Mark das Meter eingekauft.

Gerhard: Bei uns war einmal ein Händler, der hat ein Stück Stoff so hingehalten. Dann hat er ein Streichholz angesteckt und darunter gehalten. Der Stoff ist nicht angebrannt. Der ist noch nicht mal schwarz geworden. Ich möchte mal wissen, wie das ist?

Zuhörer (spontane Mitarbeit): Ich habe etwas Ähnliches wie der Junge erlebt. Vor kurzem kam ein Franzose zu mir und bot mir 3 m Stoff für 88 Mark an. Er schüttete Benzin darüber und steckte ihn an. Er brannte nicht. Dann versuchte er, den Stoff zu zerreißen; ich selbst mußte helfen. Es ging nicht. Dann drehten wir den Stoff und ballten ihn ganz zusammen. Als er auseinandergelegt wurde, war er genau so glatt wie am Anfang.

Lehrer: Haben Sie den Stoff?

Zuhörer: Ich habe ihn nicht gekauft, es war mir alles so unheimlich.

Kurt: Jeder Stoff besteht doch aus Fäden. Das ist sicher ein Faden, der nicht brennt.

Franz: So was gibt es ja gar nicht.

Dieter: Wir kennen doch nur Wollfasern, die kommen von den Haaren der Schafe, dann gibt es Pflanzenfasern, Baumwolle, Hanf, Flachs – ach, und noch Seide von der Seidenraupe.

Franz: Wie wird denn die Zellwolle gemacht?

Eugen: Nach dem Krieg haben die Leute gesagt, die Kleider würden aus Holz gemacht.

Lehrer: Das stimmt auch.

Franz: Ich habe mal eine Jacke gehabt, da waren noch ganze Holzsplitter drin.

Lehrer: Ja, da wird nachher unsere Chemiegruppe einmal probieren, wie man künstlich einen solchen Zellwollfaden herstellen kann. Die Vorbereitungen dazu sind schon getroffen.

Fritz: Ich habe noch eine andere Frage zum Thema.

Lehrer: Bitte!

Fritz: Warum ziehen wir eigentlich mehrere Kleidungsstücke übereinander an? Wir könnten doch auch einen dicken Mantel oder so etwas Ähnliches anziehen.

Lehrer: Ja, seht ihr, der Fritz kommt jetzt auf etwas zu sprechen, worüber wir uns schon lange hätten unterhalten können, nämlich auf den Zweck unserer Kleidung überhaupt.

Paul: Wir ziehen Kleidung an, damit wir uns vor der Kälte schützen.

Lehrer: Schön! Und wie ist das nun mit der Frage von Fritz.

Fritz: Die alten Germanen hatten ja auch nur ein Fell umgehängt.

Horst (stürmisch): Ja, die hatten aber auch noch viel Haare, und die halten ja auch warm.

Heinz: Wenn wir mehr Haare hätten, bräuchten wir auch nur ein Kleidungsstück.

Paul: Die Haare haben sich ja durch die vielen Kleider abgenutzt.

Alwin: Wenn wir einen Wollmantel direkt auf die Haut anziehen, dann beißt er ja so.

Lehrer: Ja, und haben die verschiedenen Kleidungsstücke, die über der Haut jetzt aufgeschichtet sind, nicht einen weiteren Vorteil? Denkt mal, was ist denn zwischen Hemd und Jacke, zwischen Jacke und Mantel? – Denkt mal an die Doppelfenster im Winter! – Na!

Paul: Ich weiß es. Die Luft dazwischen ist doch ein schlechter Wärmeleiter, und da kann also die Kleidung viel wärmer halten.

Lehrer: Fein! Nun denkt mal noch ein bißchen weiter. Denkt mal an unsere zweitägige Wanderung vor acht Tagen. Abends in der Jugendherberge, habt ihr da mal eure Strümpfe betrachtet?

Rudi: Ach, die waren ganz verschwitzt.

Lehrer: Und ...?

Friedel: Ja, und die sind ganz hart geworden und waren nicht mehr gut zu gebrauchen.

Lehrer: Die Kleidung muß doch porös sein, muß ganz kleine Löcher haben, auch wenn sie noch so fein sind. Bitte?

Ernst: Ich wollte sagen, die Haut atmet ja.

Lehrer: Fein! Und sie tut noch etwas ... Denkt an die Füße!

Kurt: Sie schwitzt immer etwas.

Lehrer: Ja, sie dünstet aus. Seht mal, die Wolle hält zwar warm, wenn wir sie aber direkt auf der Haut tragen, dann verfilzt sie sich, wie wir es bei den Strümpfen erlebt haben.

Robert: Drum müssen wir auch andere Stoffe unter der Wolle tragen.

Lehrer: Richtig! Leinen zum Beispiel verfilzt sich nicht, es geht sogar bei Feuchtigkeit noch auseinander.

Heinz: Bei der Kleidung kommt es auch auf die Farbe an. Schwarze Stoffe halten die Wärme viel länger fest.

Lehrer: Das kennt ihr von dem früheren Versuch: wir legten einen schwarzen und einen weißen Lappen eine bestimmte Zeit in die Sonne. *(Es läutet.)*

Adolf: Der weiße Lappen wurde nicht so schnell warm wie der schwarze.

Heinz: Ich habe in dem amerikanischen Heft „Das Beste" gelesen, bei dem Atombombenabwurf in Hiroshima hätten die Strahlen auf die Leute mit weißen Kleidern nicht so stark gewirkt wie auf die schwarzen. Das hat man bei den Toten genau sehen können.

Lehrer: Ihr seht, es gibt so viel interessante Dinge über unsere Kleidung zu sagen, und wir werden nach der Pause bei der Gruppenarbeit noch vieles dazu herausfinden und vortragen können.

(Zum weiteren Arbeitsverlauf siehe S. 113.)

Weitere Beispiele *freier und gebundener Gespräche siehe Seiten 80ff., 87ff..*

Die Arbeitsplanung

Die Notwendigkeit eines Gesprächs ergibt sich schon in besonderem Maße bei der Arbeitsplanung.

Im allgemeinen wird es so sein: vor Beginn eines neuen Schuljahres verschafft sich der Lehrer an Hand des Lehrplanes einen Überblick über die Stoffgebiete, die er im Laufe des Schuljahres gestalten soll. Diese Stoffgebiete, in Fächer getrennt, sind in der Regel derart vielgestaltig und beziehungslos und enthalten so viele Probleme, daß die Fülle an Lehrstoff zunächst verwirrend wirkt. Aus ihr das Wesentliche zu fassen, ist eine schwierige Aufgabe. Will man Gesamtunterricht verwirklichen, so ist allein schon die Themenwahl ein Problem. Man kann nicht immer dem toten Plan und dem Leben draußen zu gleicher Zeit dienen. So ist es vor allem unmöglich, den Arbeitsplan im voraus in Schulwochen zu gliedern (wie es leider noch vielerorts gefordert wird). Eine zeitliche Festsetzung ist schon ganz und gar sinnlos. Das Leben selbst ist die Basis, von der in einem echten Gesamtunterricht die Denk- und Gestaltungsströme ausgehen müssen.

Hier muß Spielraum sein, und wir können niemals vom Schreibtisch allein aus einen Arbeitsplan aufbauen – wir müssen ihn zumindest im Gespräch mit den Kindern zusammen entwickeln. So kann schon zu Beginn Lebendiges hineinstrahlen, so kann schon manches besprochen, angeregt und organisiert werden. Wesentlich ist, daß der Plan nach seiner schriftlichen Festlegung nicht als „Geheimsache" in unsere Aktentasche verschwindet, sondern durch Aufhängen im Klassenzimmer den Kindern als Richtschnur zur Vorbereitung der folgenden Themen dient, indem sie ihn täglich vor Augen haben.

Nur so wird Arbeitsplanung und Unterrichtsgestaltung überhaupt sinnvoll für das Kind. Was ihm als sinnvolle Arbeit erscheint, wird von ihm auch innerlich bejaht. Diese Tatsache erfahren wir immer wieder von neuem und spüren, wie dankbar die Kinder für diesen „roten Faden" sind, der ihnen die Arbeit erleichtern hilft. Sie begrüßen es auch, wenn wir auf dem Arbeitsplan eine Zusammenstellung der für sie erreichbaren Arbeitsmittel zu dem Thema geben. Sie erleben aber auch dann bei der Erarbeitung, daß eine sklavische Bindung an den Plan durchaus nicht notwendig ist, daß manche Dinge, die bei der Aufstellung wesentlich erschienen, vollkommen zurücktreten. Was vorher nicht festgelegt werden konnte, tritt auf einmal in den Vordergrund: aktuelle Ereignisse, Filme, Schulfunksendungen, Feste und Feiern.

Es steht also fest: Der Arbeitsplan hat in einem echten Gesamtunterricht wohl seine Berechtigung, er hat aber seine geheimnisvolle, diktatorische Macht, seine starre Wirkung auf den Unterricht verloren. Er ist dem Kinde zu einer Art Arbeitshilfe geworden, durch die es den inneren Aufbau und Zusammenhang seiner Arbeit erkennt.

Beispiel 1: Arbeitsplan, vom Lehrer entwickelt und mit den Kindern besprochen

Mensch und Arbeit

1. Arbeitsthema: Unsere Wohnung

Gesamtunterricht:

Berufskunde:	Bauhandwerker: Maurer, Zimmermann, Schreiner usw.
Kulturkunde:	Geschichte des Hauses von der Steinzeit bis zur Gegenwart
Geschichte:	Unsere zerstörten Städte und wie es dazu kam – Der Wiederaufbau
Erdkunde:	Wie die Menschen in den verschiedenen Gegenden der Erde wohnen
Naturkunde:	Die Hygiene in der Wohnung
Naturlehre:	Baumaterial: Naturstein, Kunststein, Kies, Sand, Kalk, Gips, Zement, Holz, Glas

Kern- und Übungsunterricht:

Rechnen:	Finanzierung eines Neubaus – Maße der Arbeit – Haushalt der Familie
Raumlehre:	Flächen und Körper am Haus: Wände, Fenster, Türen, Dach, Balken usw.
Zeichnen:	Geometrisches Zeichnen zum Hausbau – Freihandzeichnen (Häuser in der Landschaft)
Deutsch:	Schriftverkehr
Musische Erziehung:	Haus, Familie und Handwerk in der Dichtung. „Wilhelm Tell"

2. Arbeitsthema: Unsere Kleidung

Gesamtunterricht:

Berufskunde:	Schneider, Schuster, Gerber
Kulturkunde:	Vom Faden zum Gewand – Mode – Trachten
Geschichte:	Das Maschinenzeitalter – Die Not der Weber – Die deutsche Sozialreform und ihre Auswirkungen bis in die Gegenwart
Erdkunde:	Die Lieferanten für die Grundstoffe unserer Bekleidung – Die Kleidung anderer Völker
Naturkunde:	Die Rohstoffe der Textilindustrie
Naturlehre:	Die künstlichen Faserstoffe

Kern- und Übungsunterricht:

Rechnen:	Haushalt der Familie: Kleider und Schuhe
Raumlehre:	Flächenformen, Flächenberechnungen
Zeichnen:	Die Proportionen am menschlichen Körper
Deutsch:	Handwerklicher Schriftverkehr

Musische
Erziehung: Mensch und Arbeit in der Dichtung – „Hermann und Dorothea" –
                     Vorbereitung des Entlassungsspiels „Till auf dem Seil"

3. Arbeitsthema: Unsere Ernährung

Gesamtunterricht:

Berufskunde: Bauer, Metzger, Bäcker, Müller
Kulturkunde: Kulturgeschichte des Brotes
Geschichte: Steigende Sorgen um die Ernährung unseres Volkes im 19. und 20.
                     Jahrhundert
Erkunde: Unsere Erde als Nahrungsmittellieferant
Naturkunde: Nährstoffe aus Pflanzen- und Tierreich – Verdauung, Blutkreislauf
Naturlehre: Die chem. Zusammensetzung unserer Nahrungsmittel

Kern- und Übungsunterricht:

Rechnen: Aus dem Haushalt unserer Familie
Raumlehre: Flächenberechnungen – Inhalt großer Gefäße
Zeichnen: Übungen im geometrischen Zeichnen
Deutsch: Schriftverkehr der Familie und des Berufs
Musische
Erziehung: Unser täglich Brot in der Dichtung – Gemeinschaftsspiel „Till auf
                     dem Seil"

Der obige Arbeitsplan, der in den Zeiten des Übergangs zum Gruppenunterricht entstand, bleibt im Grunde logisches Kunstwerk, dessen Spannweite unkindlich ist. Die
Frage muß gelöst werden: Können wir bei der Arbeitsplanung noch einen Schritt wei-
tergehen und dem Kinde noch mehr Rechte bei der Entwicklung einräumen?

Ich habe es mehrere Male versucht. Voraussetzung dabei war immer, daß den Kindern die Technik der Aufstellung eines Planes geläufig war und ihnen schon vorher
Gelegenheit gegeben wurde, ihrem natürlichen Erkenntnistrieb Ausdruck zu geben.

Beispiel 2: Entwicklung eines Arbeitsplanes – vom Kinde aus:

a) Schwarzer Mensch – weißer Mensch

Grundlagen

Lehrplan   (in grobem Überblick): außereuropäische Länder, ausländische
                     Tiere und Pflanzen, der menschliche Körper, Geschichte des 18.
                     und 19. Jahrhunderts u. a.

Leben   (entscheidendes Gegenwartsereignis): Einschulung der ersten
                     Mischlinge nach dem Kriege.

Thema   (von mir vorgeschlagen): Schwarzer Mensch – Weißer Mensch.

Gespräch

Lehrer: Ich sehe, daß ihr euch sehr für dieses Thema interessiert, und da wollen wir
einmal unsere Arbeit ganz anders anpacken als sonst. Wie wäre es, wenn ihr dieses
Mal den Arbeitsplan für dieses Thema ganz allein aufstellt?

Karin: Das ist zu schwer, wir bringen das nicht fertig. Schlagen Sie bitte wie immer die Themen vor.

Lehrer: Nun hört mal, so schwierig ist das gar nicht. Ich helfe euch ja immer noch etwas mit. Es ist doch praktisch so: Jeder von euch arbeitet doch in seiner eigenen Mappe, er schreibt, also fast ein richtiges Buch mit dem Titel „Schwarzer Mensch – Weißer Mensch". Nun wißt ihr doch, daß ein dickes Buch, das ihr im Buchladen kauft, immer in Kapitel eingeteilt ist. Diese Einteilung nimmt doch stets der Verfasser selbst vor. Warum sollt ihr das nicht auch fertigbringen? Bis jetzt habt ihr ja auch jedesmal gesehen, wie ich es mache. Und ihr könnt es heute ganz einfach so machen, daß ihr erst überlegt, was ihr alles zu dem Thema sagen könnt. Am Schluß werden wir die Vorschläge ordnen, und der Plan ist fertig.

Annchen: Wenn ich einen Arbeitsplan aufstellen müßte, würde ich zuerst über die Kultur und Heimat des schwarzen und weißen Menschen schreiben und den Unterschied klarmachen.

Helmut: Da gehört zum Beispiel auch dazu, was die Neger essen. Sie haben doch keine Kartoffeln.

Volker: Sie essen Reis und trinken Kokosmilch.

Ursula: Das gehört doch nicht hierher. Wir wollen doch einen Arbeitsplan aufstellen. Ich meine, wir müßten in einem Kapitel schreiben, woher die schwarze Farbe kommt.

Annchen: Es gibt ja verschiedene Rassen. Wir könnten vielleicht das Thema nennen: Die Menschenrassen der Erde.

Günter erzählt von einer bestimmten Rasse in Afrika, über die er ein Buch gelesen habe. Es sei ein Zwergvolk, das im Urwald lebe. Die Leute seien nur 1,40 Meter groß und sehr flink.

Annemarie: Wir müssen auch feststellen, was die Neger am meisten arbeiten.

Volkmar: Und was sie für besondere Sitten haben. Manche tragen doch zum Beispiel ihre Kinder in einem Sack auf dem Rücken.

Karin: Kann das Kind auf dem Rücken schlafen?

Volkmar: Die Kinder sind das gewöhnt von klein auf.

Manfred: In einem Film fiel mir auf, daß die Neger besonders auf Schönheit und Frisur sehen.

Liesel: Waschen und kämmen sich denn die Schwarzen?

Manfred: Warum nicht? Die meisten Neger haben sehr kurze Haare. Es gibt auch Rassen, die längere Haare haben. Sie lassen sie wachsen und stecken sie auf.

Ingrid: Die Neger tragen ja auch viel Schmuck, zum Beispiel einen Ring durch die Nase.

Fred: Die Neger können doch auch die Lippen so lang ziehen, wie machen sie das?

Roland: Sie stecken ein Tellerchen in die Unterlippe, dann sieht es so aus, als ob sie die Lippen rollen könnten.

Helmut: In einem Buch habe ich gelesen, daß die Neger aus Gastfreundlichkeit Würmer essen. Wenn sie das nicht tun, faßt es der Gastgeber als Beleidigung auf.

Fred: Die Häuptlinge haben mehrere Frauen, nicht nur eine wie hier.

Annchen erzählt von einem Reporter, der in einen Harem wollte und nicht hinein durfte.

Lehrer: Es gibt noch viel mehr Sitten und Gebräuche in der Heimat des schwarzen Menschen. Über die können wir später sprechen. Jetzt wollen wir wieder zum Plan zurück. Unser Thema heißt „Schwarzer Mensch – Weißer Mensch".

Ursula: Wir müssen doch vor allem darüber sprechen, wie der schwarze Mensch mit dem weißen Menschen in Berührung kam.

Karin erzählt von den Missionaren, die nach Afrika reisen.

Klaus: Es wurden Kolonien in Afrika gegründet. Dadurch kamen erst richtig die weißen mit den schwarzen Menschen in Berührung.

Annchen: Es ist aber traurig, daß die Schwarzen sehr hart für die Weißen arbeiten mußten und dafür sehr schlecht bezahlt wurden. Die Schwarzen wurden die Sklaven der Weißen.

Karin: Wir müßten also ein Kapitel schreiben, wie sich die Weißen zu den Schwarzen verhalten.

Manfred: Aber auch wie sich die Schwarzen zu den Weißen verhalten. Wir können es doch jetzt bei der Besatzung so gut beobachten.

Lehrer: Ist es richtig, die Schwarzen nur als Arbeitstiere zu benutzen?

Waltraud: Sie sind ja auch Menschen wie wir. Man müßte ihnen auch die gleichen Rechte geben. Die Neger können ja nichts dafür, daß sie schwarz sind. Und die Mischlinge können auch nichts dafür, daß sie da sind. Gott hat sie ja alle gemacht, genau wie uns.

Vor Schluß der Stunde wurde noch darüber gesprochen, welche äußeren Unterschiede der Körper des Schwarzen und des Weißen aufweist.

An der Tafel lesen wir folgende Themen und notieren sie zum Nachdenken und Ordnen im Tagebuch:

Heimat des schwarzen und weißen Menschen – Woher die schwarze Farbe kommt – Die Menschenrassen der Erde – Was die Schwarzen arbeiten – Sitten und Gebräuche – Wie der Weiße mit den Schwarzen in Berührung kam: a) Die Missionen, b) Die Kolonien – Wie sich die Weißen zu den Schwarzen verhalten – Wie sich die Schwarzen zu den Weißen verhalten – Der menschliche Körper.

Am folgenden Tag werden noch zahlreiche Vorschläge von den einzelnen Gruppen eingebracht, die oft noch klarer in ihrer Formulierung sind. Der Plan der Gruppe 5 wird schließlich nach einigen Abänderungen der ganzen Arbeit zugrunde gelegt:

Begegnung mit schwarzen Menschen
Die Menschenrassen der Erde
Erste Berührung des weißen mit dem schwarzen Menschen
Die Heimat des schwarzen Menschen
Die Kolonisation
Der Weiße hilft dem Schwarzen
Der Schwarze hilft dem Weißen
Vom Sklaven zum freien Menschen

Genügt ein solch einfacher Plan, ohne Zeiteinteilung, ohne Aufgliederung in Fächer? Das Ergebnis ist entscheidend. Die Kinder waren durchaus in der Lage, an Hand dieses selbst durchdachten Planes ihre Arbeit unter der Leitung des Lehrers sinnvoll zu gestalten – sie hatten sich selbst genügend Anhaltspunkte gegeben, um ihre Forschungsarbeit nach allen Richtungen auszuweiten. Schlagen wir nur einmal die reich mit Bildern und Zeichnungen illustrierte Arbeitsmappe eines mittleren Schülers auf! Wir staunen nicht nur über die geschickte Ausführung des Titelblattes, sondern auch über die Sauberkeit und Formschönheit aller Arbeitsblätter, die durchweg sachlich einwandfrei gestaltet sind. Wir zählen allein 210 Seiten in großem Schnellhefterformat – wahrlich eine umfangreiche Hausarbeit von 3 Monaten! Das heißt also rund 70 Seiten in einem Monat bzw. mindestens 2 bis 3 Seiten an einem Tag. Wohl gemerkt: keine Pflichtaufgaben (die stehen im Übungs- und Rechenheft) – nein, freiwillige, selbsttätige Arbeit, angeregt durch Unterrichtsgespräch, Arbeitsplan, Gruppenarbeit, Buch und Arbeitsmittel. Die umfassendste Arbeit beträgt 319 Seiten – eine gewaltige Leistung!

Was hat sich doch alles aus diesem „roten Faden" ergeben: Ein Gebiet reiht sich an das andere. Wir lesen und werden gepackt von der Vielfältigkeit und Geschlossenheit dieser Arbeit. Verfolgen wir wenigstens hier einmal die Themen, wie sie der Schüler in der vorliegenden Arbeitsmappe formuliert hat:

Begegnung mit einem Neger (Erlebnisaufsatz) – So können wir Afrika zeichnen – Vergleich der Erdteile (graphische Darstellung) – Erste Berührung des weißen mit dem schwarzen Menschen (Geschichtlicher Überblick) – Erforschung des dunklen Erdteils – Querschnitte durch Afrika – Die geographische Lage des Landes – Wie die Negerkinder in ihrer Heimat leben (Auswertung des Unterrichtsfilmes „Negerkinder") – Wir reisen durch Nordafrika (Erlebnisbericht des Lehrers) – Fellachenleben in Ägypten (Auswertung des Unterrichtsfilmes) – Die Töchter des Nils (Bildbericht aus einer Illustrierten) – Das Victoria College in Kairo – Der Araber und sein Pferd (Auswertung des Lesestücks) – Das Tal der toten Könige (mit Bildbericht) – Die Baumwolle – Das Zuckerrohr – Der Suezkanal – Sandsturm – Die Sahara – Wüstentiere – Wüstenpflanzen – Das Lied der Sahara – Das Atlasgebirge – Ein artesischer Brunnen – Die Kokospalme – Negerleben in Nigeria (Auswertung des Unterrichtsfilmes) – In einem College an der Goldküste (Unterrichtsfilm) – Der Kakaobaum – Durch den Sudan – Im Hochland von Abessinien – Ober-Guinea – Der Löwe – Vogel Strauß – Elefantenjagd (Auswertung eines Unterrichtsfilmes) – Steppentiere (ein Bildbericht) – Im Urwald des Kongobeckens – Die Pygmäen – Ein Kaufladen im Urwald – Affe und Mensch (ein Vergleich) – Dr. Albert Schweizer – Frau Musika bei den Eingeborenen – Ostafrika – Die Kolonisation – Negerleben in den Sklavenstaaten von Nordamerika („Onkel Toms Hütte" als Nacherzählung) – Vom Sklaven zum freien Menschen – Benjamin Franklin – Die Französische Revolution – Die Kolonialpolitik europäischer Staaten – Das Mohrenkind in unserer Zeit – Die Geschichte von dem schwarzen Buben (nach dem Struwwelpeter) – Der menschliche Körper (Ergebnisse einer Gruppenarbeit) – Die Hautfarbe – Alle sind Brüder.

b) Mensch und Technik

In den Gesprächen der letzten freien Gesamtunterrichtsstunden meines 8. Schuljahres trat immer wieder ein besonderes Interesse für die Technik hervor. Ich entschloß mich daraufhin, diese brennenden Fragen ausführlich unter dem Gesichtspunkt „Mensch und Technik" aufzugreifen. Mein Vorschlag wurde begeistert aufgenommen, und es wurde schon bald mit der Vorarbeit begonnen.

Vorarbeit

Um bei der Aufstellung dieses Arbeitsplanes rascher voranzukommen, stellte jeder Schüler die Fragen zusammen, die ihn auf diesem Gebiet besonders interessierten. Das Ergebnis dieser Umfrage war sehr aufschlußreich und bot eine weitere wesentliche Unterlage zur Gestaltung des Arbeitsplanes.

Die Fragen der Jungen:

1. Wie entsteht der elektrische Strom?
2. Wie kann Strom ein Fahrzeug bewegen?
3. Wie wird eine Rakete konstruiert, damit sie so hoch fliegt?
4. Wodurch bekommt ein Flugzeug eine so große Geschwindigkeit, daß es die Schallgrenze erreicht?
5. Wie kann eine Antenne die Wellen auffangen?
6. Wie kommt es, daß man durch die Leitung des Telefons das Gespräch eines anderen hört?
7. Wie baut man einen Roboter, der alles wie Menschen macht?
8. Wie konstruiert man eine Rechenmaschine?
9. Wieso kann man ein Gespräch auf ein Tonband aufnehmen und nach einiger Zeit wiedergeben?
10. Wie wird ein Elektromotor hergestellt?
11. Wie wird ein Auto oder Motorrad hergestellt?
12. Wie arbeitet der Benzinmotor?
13. Mein Interessengebiet: Moderne Rechen- und Schreibgeräte in Form von Maschinen.
14. Elektro- und Benzinmotore aus alter und neuer Zeit.
15. Flugmotore?
16. Wie wird der elektrische Strom hergestellt, und wie hat er die Kraft zu leuchten und anzutreiben?
17. Wieso kann Benzin ein Auto antreiben?
18. Aus welchen Teilen besteht ein Auto?
19. Wie kommt die Stimme, die in Frankfurt gesprochen wird, in das Radio?
20. Ich würde gern einmal das Elektrizitätswerk besichtigen.
21. Wieso kann man den Blitz auffangen?
22. Wieso kann man verschiedene Sender am Rundfunkgerät einstellen?
23. Wie kommt es, daß man von einer Schallplatte Musik hören kann?
24. Wie kommt das Fernsehen zustande?
25. Woraus besteht der Schiffsmotor und der Automotor?
26. Was sind die fliegenden Untertassen?

27. Was ist das Neonlicht?
28. Wie ist der Düsenmotor gebaut?
29. Wieso wird Zement steinhart?
30. Wie wird der Elektromotor angetrieben?
31. Wie werden die Platten an einem elektrischen Herd heiß?
32. Wie wird eine Batterie geladen?

Die Fragen der Mädchen:

1. Wie sieht ein Mikrophon aus und wie funktioniert es?
2. Wie kann man ein Musikstück auf einer Schallplatte aufnehmen?
3. Wie kommt es, daß man auf der Leinwand die Menschen wie in der Wirklichkeit sehen kann?
4. Wie entsteht in der Glühbirne Licht?
5. Wieso kann durch ein elektrisches Bügeleisen ein Haus in Brand geraten?
6. Wie funktioniert ein Fön, daß man mit ihm die Haare trocknen kann?
7. Mich interessiert der Fernsehapparat.
8. Wie funktioniert eine Selbstladepistole?
9. Bei einem Radio im Auto ist doch gar kein Stecker. Läuft es mit Batterie?
10. Wieso kann man ein Gespräch aus Amerika hören?
11. Wieso kann man die Bilder in einem Fernsehapparat sehen? Es ist mir ein Rätsel.
12. Wieso können sich die amerikanischen Soldaten von Auto zu Auto verständigen, es ist doch keine Leitung da?
13. Es gibt Küchenapparate, die z. B. Kartoffeln schälen. Wie kommt das zustande?
14. Wie wirkt der Strom beim Bügeleisen?
15. Wie kommt es, daß eine Puppe singen kann (Sprechpuppe)?
16. Wie kann eine Eisenbahn elektrisch fahren (Spieleisenbahn)?
17. Mich interessiert das Uhrwerk und wenn die Uhr nicht mehr geht.
18. Wie kommt es, daß der Blitz in verschiedenen Formen beim Gewitter zu sehen ist?
19. Wenn die Bügeleisenschnur in eine Steckdose gesteckt wird, zeigen sich mehrere Funken. Was ist die Ursache?
20. Warum braucht das Rundfunkgerät, wenn es eingeschaltet wird, längere Zeit, bis die Musik zu hören ist?
21. Wieso kann man mit der Schreibmaschine auseinander und eng schreiben?
22. Wieso wird das Bügeleisen heiß?
23. Wie baut man eine Hängebrücke?
24. Mich interessiert, wie es mit dem Telefon ist, wie man durch die Leitung hört?
25. Wie ist es möglich, daß man vom Auto telefonieren kann?
26. Wie kann man aus einem größeren Rheinschiff aus dem Heck noch ein kleineres Motorschiff lassen?
27. Wie gehen die Automaten?
28. Wieso kann eine Rechenmaschine die Zahlen zusammenzählen?
29. Wieso geht die Schreibmaschine, wenn man die einzelnen Buchstaben tippt?
30. Wieso schlägt die Uhr, wenn eine Stunde um ist?
31. Wie kann man bei einer Brücke unter Wasser den Grundstein legen?

32. Mich interessiert, wie man Ferngespräche durchs Telefon erhält.
33. Wie funktioniert eine Gangschaltung am Rad?
34. Mich interessiert der Stecker und die Steckdose.
35. Wie tief kann man im Meer tauchen?

Wir stellten fest: Die meisten Fragen, die gestellt wurden, waren dem Gebiet der Elektrizität entnommen.

Es ergab sich ein vorbereitetes Unterrichtsgespräch mit dem Thema „Elektrizität im Dienste der Menschheit". Ich schilderte selbst ganz kurz den Werdegang der Elektrizität und nannte die Namen einiger Erfinder. Die Kinder berichteten von dem, was sie in Lesebüchern, Zeitschriften, Leseheften, alten Realbüchern usw. fanden, von *Edison, Faraday, Siemens* usw. Dabei wurden sie von anderen berichtigt und Angaben wurden ergänzt.

An Hand der Frageliste und dieses Gespräches gelang es mühelos, gewisse Arbeitsgebiete abzugrenzen, die uns in den nächsten Wochen beschäftigen sollten.

Arbeitsplan

A. Die großen Erfinder auf dem Gebiete der Elektrizität und ihre Zeit.

B. Wie der elektrische Strom entsteht
   Gruppe 1: Das Gewitter,
   Gruppe 2: Die Taschenbatterie,
   Gruppe 3: Der Akkumulator,
   Gruppe 4: Der Dynamo,
   Gruppe 5: Das Elektrizitätswerk,
   Gruppe 6: Was ist der elektrische Strom.

C: Elektrische Maße und ihre Anwendung im Haushalt.

D. Wir besuchen eine galvanische Anstalt.

E. Tiere, die elektrische Organe besitzen.

F. Wir besuchen das Elektrizitätswerk.

G. Wie der elektrische Strom ausgenutzt wird
   Gruppe 1: Die Glühbirne,
   Gruppe 2: Der Elektromotor,
   Gruppe 3: Elektrische Geräte im Haushalt,
   Gruppe 4: Die elektrische Klingel,
   Gruppe 5: Das Telephon,
   Gruppe 6: Der Telegraph.

H. Wir besichtigen ein Telegraphenamt.

I. Nachrichtenübermittlung ohne Draht (Radio und Fernsehen).

J. Unterrichtsfilm: Der Taucher. – Auswertung: Mensch und Technik.

K. Gedicht: Der Bohrturm. – Auswertung: Natur und Technik.

L. Verkehrsmittel im Wandel der Zeiten (Gruppenarbeit: Modelle, Skizzen usw.).

M. Der Mensch als Verkehrsmittel in der Urzeit.

N. Hemmnisse des Verkehrs (Wüsten, Gebirge . . .).

O. Dichterreisen in alter Zeit (Literatur).

P. Kosten der Reise (Gruppenarbeit: Frachtsätze, Postgebühren, Autozähler . . .).

Q. Der Verkehr im übertragenen Sinne (Gruppenarbeit: Reize, Sinne, Nerven, Stoffwechsel).

Die Arbeitsanweisung

Mit den vorgelegten Beispielen an Arbeitsplanung sollte angedeutet werden, wie sich Gespräch und Gruppenarbeit, Denken und Tun gegenseitig ergänzen. Es sollte sichtbar werden, daß ein Unterricht eigentlich nur sinnvoll fruchtbar wird, wenn die Kinder selbst an der Planung und Gestaltung mitarbeiten können.

Doch ohne eine genaue Anleitung ist das Kind selten fähig, an den Kern einer Sache heranzukommen. Durch Gespräch und Arbeitsplanung ist es zwar in hohem Maße aufgeschlossen für die angeschnittenen Problemstellungen, es fehlt ihm aber im einzelnen der klar umrissene Arbeitsauftrag.

Er folgt mündlich:

1. bei themagleichem Gruppenunterricht (*siehe Beispiele „Wir bestimmen das spezifische Gewicht" und „Wir untersuchen eine Taschenbatterie", Seite 123 ff., S. 125 ff.*),

2. *bei sehr einfachen Aufgabenstellungen im arbeitsteiligen Gruppenunterricht* (Untersuchungen im Freien, Zeichnen, Messen, leichte Werkarbeiten usw., *siehe auch „Gruppenbildung in der Heimatkunde des 3./4. Schuljahres", Seite 129 ff.*).

Handelt es sich um schwierigere Aufgaben, die längere Zeit in Anspruch nehmen und mehrere Arbeitsmittel erfordern, ist eine schriftliche Arbeitsanweisung für jede Gruppe notwendig, etwa: einen Vortrag halten, eine Zeichnung anfertigen, ein Anschauungsbild herstellen, Versuche ausführen, eine graphische Darstellung entwickeln.

Aus der Arbeitsanweisung soll das Kind außerdem ersehen können, welche Arbeitsmittel es benutzen kann und welche zur Verfügung stehen (die letzteren werden unterstrichen).

Bei Experimenten müssen oft zusätzlich besondere Anweisungen gegeben werden, die die Gruppe schon einen Tag vor der eigentlichen Arbeit zur Vorbereitung erhält.

Für Stoffgebiete der Naturlehre eignen sich besondere Anweisungen in Bildform, bei denen der Text auf ein Minimum beschränkt ist. Sie sprechen die Kinder besonders an.

Ist es das erste Mal, daß ich mit schriftlichen Arbeitsanweisungen an eine Untersuchung herangehe, so werde ich noch einiges mündlich hinzufügen: daß es nicht gleichgültig ist, wie man die Arbeit anfertigt, daß wir sachlich einwandfrei arbeiten und uns gegenseitig helfen müssen. Es geht dann leichter, und keiner wird versagen. Wir wollen es auch nicht wie Karl aus der Nachbarklasse machen: er hat aus einem Buch einfach abgeschrieben und den Text als Ergebnis der Arbeit vorgelesen. Wir wollen mehrere Bücher nehmen, aus allen das Wesentliche erkennen und mit unserer eigenen Stellungnahme zusammen verwerten. Es müssen noch weitere technische Einzelheiten geklärt werden – doch manches können wir noch während der Arbeit tun.

Beispiel 1: Schriftliche Anweisungen zu dem Thema
„Wir untersuchen die Erdrinde"

a) Arbeitsthema „Die Mineralien"

Gruppe 1

Vorträge:	a) Das Kochsalz.
	b) Die Soda.
Versuche:	Lege auf den Deckel einer abgeschnittenen Konservendose etwas Salz und erhitze von unten mit einer Spiritusflamme! Gieße in eine flache Schale etwas Wasser und gib so viel Salz hinein, daß es sich vollständig auflöst! Lasse diese Kochsalzlösung langsam verdunsten! Betrachte die zurückbleibenden Salzkristalle mit einer Lupe!
	Halte mit einer Messerspitze etwas Kochsalz in eine Spiritusflamme!
	Stelle eine starke Sodalösung her! Tauche einen fettigen Lappen hinein und erhitze stark!
Arbeitsmittel:	Anschauungsbild „Steinsalzgewinnung", Naturlehrebücher, Lexika, Film „Salzgärten in Mexiko", Filmbeiheft.

Gruppe 2

Vorträge:	a) Der Kalk.
	b) Der Gips.
Versuche:	1. Siehe Versuchskartei „Kalk".
	2. Rühre Gipsmehl mit Wasser an und gipse einen Haken in der Wand ein!
Arbeitsmittel:	Bilder von Tropfsteinhöhlen,
	Kesselstein, Muscheln,
	Naturlehre
	Kraft und Stoff, Tierkundebuch, Chemiebücher, Lexika.

Gruppe 3

Vortrag:	Der Quarz.
Beobachtungen und Versuche:	

1. Betrachte noch einmal die mitgebrachten Kieselsteine genau nach Form und Farbe!
2. Wozu wird der feine Sand im Haushalt verwendet?
3. Erkundige dich, wie man Glas herstellt.
4. Frage deine Mutter und Verwandten, welche Halbedelsteine sie besitzen! Laß dir einige zeigen!
5. Versuche, mit Feuerstein und Stahl Funken zu schlagen!

Arbeitsmittel:	Kieselsteine, Halbedelsteine, Pflanzenkunde (Ackerschachtelhalme, Riedgräser), Chemiebücher, Filme: Herstellung von Gläsern und Flaschen; Ziehen, Schleifen und Bemalen des Glases, Filmbeihefte.

Gruppe 4

Vortrag:	Der Feldspat und die Verwertung von Ton, Porzellanerde und Lehm.
Bericht:	Besichtige eine Ziegelfabrik und erkunde, wann ein Unterrichtsgang mit der ganzen Klasse erfolgen kann! Bereite ebenfalls einen Gang in eine Töpferei vor!
Zeichnung:	Querschnitt und Grundriß eines Ringofens (siehe beigegebene Vorlage!).
Arbeitsmittel:	Chemiebücher, Anschauungsbilder, Lexika, Filme mit Beiheften.

Gruppe 5

Vortrag:	Granit, Porphyr, Basalt.
Ausstellung:	Rohe, geschliffene und polierte Stücke (aus einer Bildhauerei besorgen!).
Arbeitsmittel:	Chemiebücher, Lexika.

Gruppe 6

Vortrag: Kohle, Steinöl, Bernstein.

Zeichnung: Bergwerk.

Versuch 1:   Fülle eine gut gereinigte Sidolflasche (oder sonstige Blechflasche) mit gut ausgetrockneten Holzspänen und Sägemehl! Verschließe das Gefäß mit einem Korken, durch den eine rechtwinklig nach oben gerichtete und in eine Spitze auslaufende Glasröhre führt! Erhitze die ein wenig abwärts geneigte Flasche stark! Zünde nach einiger Zeit das entweichende Gas an! Untersuche dann beim Entleeren die festen und flüssigen Rückstände! Tupfe davon auf die Zunge! Wiederhole den Versuch mit Braunkohle! Dann mit Steinkohle!

Versuch 2:   Tauche ein Stück Papier in Petroleum, zünde es an, halte ein Stück Blech darüber und beobachte!

Arbeitsmittel: Naturlehrebücher, Chemiebücher, Realbücher, Filme mit Beiheften, Lexika.

Gruppe 7

Vortrag: Graphit und Edelsteine.

Arbeitsmittel: Lexika, Chemiebücher, Film: Herstellung eines Bleistifts, Filmbeiheft.

Gruppe 8

Vortrag: Der Schwefel.

Versuch: Stecke mit einem Streichholz ein Stück Stangenschwefel an! Entzünde in einem Reagenzglas einige Schwefelstückchen! Halte in das entweichende Gas einen Streifen Lackmuspapier! Beobachte die Wand des Reagenzglases!

Arbeitsmittel: Lexika, Chemiebücher.

Gruppe 9

Vortrag: Die Edelmetalle.

Zeichnung: Gegenstände aus Gold, Silber und Platin.

Arbeitsmittel: Lexika, Chemiebücher.

a) Arbeitsthema „Die Metalle"

Gruppe 1

Vortrag: Die wichtigsten Metalle und ihre Verwendung.

Tabelle: (an der Tafel)

Metall	Verwendung

Arbeitsmittel: Naturlehrebuch, Chemie- und Realienbücher, Lexika.

Gruppe 2

Vortrag: Die wichtigsten Metalle und ihr Vorkommen.

Tabelle: (an der Tafel)

Metall	Vorkommen

Arbeitsmittel: Wirtschaftskarten, Karten mit Bodenschätzen, Lexika.

Gruppe 3

Vortrag: Vergleich der Metalle Blei, Zinn und Zink.

Versuche: Versuche ein Stückchen Blei, Zinn und Zink mit einem Hammer auf harter Unterlage breitzuschlagen.
Gib ein Stück von jedem dieser Metalle in einen Blechlöffel und erhitze bis zum Schmelzpunkt.

Arbeitsmittel: Naturlehrebuch, Chemiebücher, für die Versuche: Löffel, ein Stückchen Blei, Zinn, Zink; Hammer, Wärmequelle.

Gruppe 4

Vortrag: Das Kupfer.
1. Eigenschaften, 2. Vorkommen (beim Vortrag auf der Karte zeigen), 3. Verwendung.

Arbeitsmittel: Naturlehrebuch, Chemiebücher, Atlas, Karte.

Gruppe 5

Vortrag: Das Aluminium.
1. Eigenschaften, 2. Vorkommen (beim Vortrag auf der Karte zeigen), 3. Verwendung.

Arbeitsmittel: Naturlehrebuch, Chemiebücher, Atlas, Karte.

Gruppe 6:   Das Zinn   ⎫
                              ⎬   Anweisung wie Gruppen 4 und 5
Gruppe 7:   Das Zink   ⎭

Gruppe 8

Auftrag: Stellt eine Tabelle über Schmelzpunkte und spezifische Gewichte
der verschiedenen Metalle auf:

Metall	Schmelzpunkt	spezifisches Gewicht

Arbeitsmittel: Naturlehre- und Chemiebücher, Rechenbuch, Lexika.

Gruppe 9

Auftrag: 1. Stellt ein Anschauungsbrett mit den verschiedenen Metallen her!
2. Sucht Bilder über die Gewinnung und Verwertung von Metallen,
hängt sie im Gang auf und erklärt sie!

Arbeitsmittel: Anschauungsbilder, Metallstücke jeder Art.

---

c) Arbeitsthema „Das Eisen"

Gruppe 1

Vortrag: Die Bedeutung des Eisens für uns Menschen.

Zeichnung: „Alles aus Eisen".

Arbeitsmittel: Chemiebücher, Realienbücher, Lexika.

Gruppe 2

Vortrag: Die häufigsten Eisenerze.

Überblick: (an der Tafel)

Eisenerz	Aussehen	Vorkommen	Besonderheiten

Arbeitsmittel: Schmeil „Tierkunde", Heft 4, Lexika, Chemiebücher.

Gruppe 3

Vortrag: Wo das Eisenerz auf der Erde gefunden wird.

Skizze: Umrisse der Erdteile + Eisenvorkommen.

Arbeitsmittel: Atlas, Karte der Bodenschätze, Lexika.

Gruppe 4

Vortrag: Wir machen künstlich Eisenerz.

Versuch: Nach Arbeitsanleitung vorbereiten und durchführen.

Überblick: Das Ergebnis des Versuches (an der Tafel).

Arbeitsmittel: Atlas, Karte der Bodenschätze, Lexika.

Die folgende Arbeitsanleitung wird einen Tag vorher ausgegeben:

Arbeitsanleitung
Wir machen künstlich Eisenerz

1. Wiege 4 g Schwefelpulver und 7 g Eisenpulver ab, mische beides!
2. Vergleiche das Aussehen der ursprünglichen Stoffe und das der Mischung!
3. Versuche die Bestandteile des Gemenges wieder zu trennen:
   a) mit dem Magneten; b) durch Schütten in Wasser!
4. Lege ein Häufchen der Mischung in die Reibschale und stecke einen glühenden Draht hinein! Was geschieht?
5. Zerreibe den krustigen Rückstand nach dem Erkalten und betrachte ihn mit der Lupe! Untersuche mit dem Magnet! Farbe?
6. Vergleiche die Eigenschaften der ursprünglichen Stoffe und des neuen Stoffes! Stelle Versuch und Ergebnis im Überblick dar!

   Wenn die Ergebnisse aufgeschrieben sind, hole die Ergebniskarte beim Lehrer ab und vergleiche!

Ergebniskarte
Wir machen künstlich Eisenerz

In dem Gemenge (Schwefel + Eisen) lagen die Eisen- und Schwefelteilchen friedlich nebeneinander. Als die ersten Teilchen durch den glühenden Draht auf eine entsprechende Temperatur gebracht wurden, verbanden sie sich miteinander zu einem völlig neuen Stoff.

Die Vereinigung erfolgte unter starker Wärmeentwicklung, so daß der Stoff heiß und glühend wurde. Durch die so entstandene Wärme wurden nun die benachbarten Teilchen auf „Entzündungstemperatur" gebracht, so daß auch sie sich verbinden konnten. Die Glut schritt immer weiter, bis schließlich alle Eisen- und Schwefelteilchen verbraucht waren.

Was war geschehen? Das Eisen hatte sich mit dem Schwefel unter Wärmeentwicklung und Lichterscheinung zu einem völlig neuen Stoff chemisch verbunden. Es entstand eine chemische Verbindung: Schwefeleisen.

Gruppe 5

Vortrag: Wie aus dem Eisenerz das Eisen gewonnen wird.

Zeichnung: „Hochofen" und „Eisengewinnung"

Arbeitsmittel: Naturlehrebuch von Plöttner, Unterrichtsfilme mit Beiheften.

Gruppe 6

Vortrag: Was der Hochofen alles erzeugt.

Überblick: An der Tafel nach Arbeitsanleitung.

Arbeitsmittel: Arbeitsanleitung, Chemiebücher, Naturlehrebuch, Lexika.

Mit dieser Arbeitsanweisung wird folgende Arbeitsanleitung ausgegeben:

Arbeitsanleitung

Was der Hochofen alles erzeugt

Zunächst den Hochofen im Umriß zeichnen! Vom Hochofen gehen drei Pfeile aus. An den einen Pfeil schreibt ihr: Roheisen (das ist das Haupterzeugnis!) Was schreibt ihr an die beiden anderen Pfeile?

Vom Roheisen gehen weitere Pfeile aus: Gußeisen, Schmiedeeisen, Stahl u. a.

Was aus den beiden anderen Erzeugnissen hergestellt wird, wird ebenfalls vermerkt.

Gruppe 7

Vortrag: Die verschiedenen Eisensorten.

Überblick: (an der Tafel).

          Metall | Schmelzpunkt
        ─────────────────────────────┼──────────────────────────
                                     |

Versuch: Bestimme das spezifische Gewicht von Eisen.

Arbeitsmittel: Naturlehre- und Chemiebücher, Lexika, Geräte zur Bestimmung des spezifischen Gewichts.

Gruppe 8

Vortrag: Gußeisen, Schmiedeeisen, Stahl.

Versuch: Nach Arbeitsanleitung vorbereiten und durchführen.

Überblick: (an der Tafel).

Gußeisen	Schmiedeeisen	Stahl

Arbeitsmittel: Arbeitsanleitung, Naturlehre von Plöttner, Lexika

Die folgende Arbeitsanleitung wird einen Tag vorher ausgegeben:

Arbeitsanleitung

Gußeisen, Schmiedeeisen, Stahl

Lege dir folgendes zurecht: eine alte Rasierklinge aus elastischem Stahl, eine Wärmequelle, eine Zange, ein Glas mit kaltem Wasser!

Bringe die Rasierklinge mit der Zange in die Flamme und erhitze sie bis auf Rotglut! Tauche sie dann schnell in das Glas mit Wasser! Nimm sie heraus und versuche sie zu biegen! Ergebnis?

Nimm nun die gehärtete Klinge und bringe sie ganz langsam von oben her in die Flamme, bis sie anläuft! Nimm sie dann sofort wieder heraus, ohne sie diesmal mit kaltem Wasser zu behandeln! Versuche sie zu biegen! Vergleiche! Ergebnis!

Gruppe 9

Vortrag: Wir verbrennen Eisen.

Versuche: Nach Arbeitsanleitung vorbereiten und durchführen.

Auftrag: Laß dir von einem Schlosser das autogene Schweißen erklären und
              berichte darüber!

Arbeitsmittel: Arbeitsanleitung, Naturlehre- und Chemiebücher, Lexika.

Mit dieser Arbeitsanweisung wird die folgende Arbeitsanleitung ausgegeben:

Arbeitsanleitung

Wir verbrennen Eisen

1. Hänge einen Hufeisenmagneten mit einem Bart von Eisenpulver an eine
   empfindliche Waage! Bringe die Waage ins Gleichgewicht!
2. Entzünde das Eisenpulver, bis die Glut von selbst fortschreitet!
3. Schreibe auf, was geschieht, auch welche Veränderungen die Eisenfeilspäne
   nach dem Erkalten zeigen!

Wenn die Versuche durchgeführt und die Ergebnisse aufgeschrieben sind, hole
die Ergebniskarte beim Lehrer.

Ergebniskarte

Wir verbrennen Eisen

Die Waage senkt sich auf der Seite der Glut.

Die Gewichtszunahme zeigt, daß sich das Eisen mit einem anderen Stoff verbunden hat. Dieser Stoff aber kann nur aus der Luft stammen, da das Eisen nur mit
dieser in Berührung war.

Der Stoff, mit dem sich das Eisen verbunden hat, ist der Sauerstoff.

Das Eisen oxydierte – es fand eine Oxydation statt.

Es entstand dabei ein völlig neuer Stoff: Eisenoxyd (Rost).

Beispiel 2: Arbeitsanweisung in Bildform

Abb. 3. (Aus der „Versuchskartei", Finken-Verlag, Oberursel)

Die Arbeitsmittel

Durch die Arbeitsanweisungen erfahren die Kinder, was sie tun sollen. Anreiz und Richtung für die Arbeit sind gegeben. Sie wird aber nur gelingen, wenn dazu die notwendigen Werkzeuge, d. h. die „Arbeitsmittel" bereitstehen. Jeder Arbeiter bemüht sich in seinem Beruf, gutes Werkzeug zu erhalten, möglichst solches, das technisch vollkommen und den modernen Arbeitsmethoden angepaßt ist. Es müßte eine Selbstverständlichkeit sein, daß auch wir in der Schule uns eingehend um unser Werkzeug und um das Werkzeug unserer Kinder kümmern.

Die Umstellung von den alten Lehr- und Lernmitteln auf zeitgemäße Arbeitsmittel braucht nicht radikal zu erfolgen. Auch ein Handwerks- oder Industriebetrieb kann nicht mit einem Schlage vollkommen modernisiert werden und sämtliche alten Arbeitsgeräte abschaffen. Aus dem Beispiel „Unsere Tageszeitung" (*Seite* 27 ff.) und den angeführten Arbeitsanweisungen (*Seite* 77 ff.) geht schon hervor, daß ich für die Gruppenarbeit „Arbeitsmittel" benutzte, die aus meinem eigenen Bücherschrank, aus der Lehrerbibliothek, aus der von den Kindern aufgebauten Klassenbücherei stammten: Lehr- und Arbeitsbücher, Atlanten, Lexika usw. Ich bin mir im klaren, daß viele dieser Hilfsmittel den Anspruch auf eine vertiefte Bildungsarbeit nicht erfüllten, da sie oft ihrem didaktischen Gehalt nach zu einem Unterricht im Klassenblock gehörten.

Aber der Anfang war gemacht. Niemals war die Arbeit durch Mangel an Arbeitsmitteln zum Scheitern verurteilt. Durch guten Willen und ein bißchen Erfindergeist war dieses Problem noch immer gelöst worden. Bald traten zu den alten „Werkzeugen" neue, Unterrichtshilfen, bei denen klar zum Ausdruck kam, was ein Lehrmittel von heute sein soll: ein Ausgangspunkt, von dem der junge Mensch sein Wissen möglichst selbst erarbeitet, oder mit dessen Hilfe er zum Denken und Forschen angeregt wird, ein Werkzeug, mit dem er selbsttätig üben, Erkenntnisse festigen oder neue gewinnen kann.

Ehe ich an Hand von Beispielen noch mehr in das Problem hineinführe, möchte ich betonen, daß nicht die Vielzahl der in der Klasse vorhandenen Arbeitsmittel den zeitgemäßen Unterricht ausmacht, sondern die sinnvolle Arbeit mit solchen Mitteln. In der Benutzung des Werkzeugs muß sich auch seine Brauchbarkeit erweisen.

Nur so kann die große Gefahr der Veräußerlichung, der vielleicht die mit der Technik eng verbundenen Arbeit in besonderer Weise ausgesetzt ist, vermieden werden.

Beispiel 1: Die Arbeitsmappe

Die Arbeitsmappe ist neben dem Tagebuch das Werkzeug des Schülers, mit dem er täglich am meisten in Berührung kommt und das für ihn zu einem sehr wesentlichen Mittel der Selbstbildung werden kann.

Ergebnisse des Unterrichts und weiterführende eigene Arbeiten finden darin ihren Niederschlag. Alle Niederschriften des Tages (außer den reinen Übungen im Rechnen, in der Rechtschreibung u. ä.) kommen in diesen Schnellhefter, der auf dem Titelblatt das jeweilige gesamtunterrichtliche Thema trägt. Die Blätter können am Schluß der Arbeit nach einem Inhaltsverzeichnis geordnet, sie können aber auch am Ende des Schuljahres nach Fächern neu zusammengestellt werden.

Die Mappen werden des öfteren ausgetauscht und von einem Gruppenkameraden korrigiert. Dadurch ist die Fehlergefahr nicht so groß. Ab und zu werden sie vom Lehrer „ausgepunktet".

Mit der Arbeitsmappe soll etwas Bleibendes geschaffen werden. Jede Seite soll ein Andenken an die Schulzeit sein. Nur was gefällt, das bleibt und wird immer gern betrachtet. Darum erziehen wir uns zu Sauberkeit und Formschönheit. Voraussetzung ist sachlich einwandfreies Arbeiten.

Ein Vergleich zwischen der ersten und letzten Seite der Mappe muß ergeben, daß wir in der Arbeit gewachsen, innerlich reifer geworden sind.

Wir helfen uns gegenseitig bei der Arbeit, dann geht alles leichter, und keiner bleibt zurück. Wir lesen oft und gern in unseren Arbeitsmappen. Dabei durchdenken wir erneut den Stoff, wiederholen still und ergänzen ständig. Wir werden immer wieder zum Suchen und Forschen angeregt. Die Eltern, Verwandte und Bekannte werden „angesteckt", sie sehen oft in unsere Mappen hinein, sie verstehen unser Planen und Fragen, unser Ausschneiden und Basteln. Es wird bald ersichtlich: zum Leben gehört mehr als nur Schreiben und Lesen.

Unsere Arbeit führt uns auch zu ernsten Gesprächen. Zu manchem Thema werden gute Schülervorträge gehalten. Wir erkennen, wie wertvoll dies ist, denn wir werden im Leben noch oft vor Menschen über eine Sache ausführlich berichten müssen!

Fordern wir nach einiger Zeit unsere Kinder zur Stellungnahme an diesem neuen Arbeitsmittel auf! Die folgenden Aufsätze zu dem Thema „*Schulheft oder Arbeitsmappe*" zeigen, wie die Kinder darüber denken (*siehe auch „Kritische Stellungnahme der Kinder zur neuen Schularbeit", Seite* 243 ff.).

1. Fast bei allen Lehrern ist es Mode, in verschiedenen Fächern zu arbeiten, und deshalb braucht man für jedes Fach ein Heft. Wenn man in Arbeitsmappen schreibt, behandelt man nur ein Thema. So mußte ich sechs Jahre in Hefte schreiben, und erst im 7. Schuljahr, als wir Herrn Lehrer M. bekamen, fing der neue Unterricht an.

    Es ist schwer, eine Klasse von Heften abzubringen, denn da ist sie wie hineingewurzelt. Wenn die Klasse gut mitarbeitet, kann sie schon in ein paar Wochen umschalten. Aber immer wieder fallen einzelne in die alten Methoden zurück. Wenn man in Mappen schreibt, muß man frei arbeiten. Man kann in die Mappe Zeitungsausschnitte und Bilder einkleben, das kann man in die Hefte nicht, und der Lehrer, der nach alten Methoden arbeitet, hätte es auch nicht zugelassen. Wenn man in der Stunde einmal freie Zeit hat, kann man etwas Freiwilliges schreiben oder rechnen.

    Die Arbeitsmappen sind viel billiger als die Hefte. Wenn man später in der Berufsschule ist und z. B. über das Thema „Elektromotoren" zu sprechen hat, gehe ich an meinen Schrank, schlage Seite 24 auf und lese es durch. Die Hefte aber werden bestimmt verbrannt oder weggeworfen. Hat man seine Mappe ordentlich geführt, so kann man sie sogar einmal seinen Enkelkindern zu lesen geben.

    Heinz Schmitt, 14 Jahre)

2. Wenn man sich für jedes Fach ein Heft anschafft, verwendet man viel mehr Geld als für die Arbeitsmappe. Als ich meine Hefte vollgeschrieben hatte, legte ich sie einmal in einen Schrank, und eines Tages wurden sie verbrannt. Nach einiger Zeit wollte ich etwas nachschlagen, aber sie waren nicht mehr da.

Das ist bei einer Arbeitsmappe anders. Denn auf die werde ich sehr achtgeben. Ich habe sie wunderbar mit Bildern und Zeichnungen illustriert. Manche kleben auch Zeitungsausschnitte hinein. Das Schönste bei dieser Mappe ist, wenn sie unser Lehrer auspunktet. Die Mappe macht mir mehr Spaß als ein einfaches Heft.   (*Rudi Kittler, 13 Jahre*)

3. Ja, das ist eine Frage, die für einen Lehrer leichter zu beantworten wäre als für einen Schüler; denn viele Dinge sind darunter, die wir gar nicht zu beantworten wissen. Und doch ist diese Frage, wenn man sie von einer mehr kindlichen Seite betrachtet, auch für einen Schüler zu beantworten.

Gehen wir zunächst vom Schulheft aus. Da waren es in der 5. Klasse zwei Hefte. In diesen stand aber auch alles drin, was wir zu Hause oder in der Schule arbeiteten. Das eine trug den Titel „Schreibheft", das andere „Rechenheft". Im 6. Schuljahr gab es dann für jedes Fach ein Heft und damit auch geordnete Zustände der einzelnen Arbeiten, und nicht, daß Aufsätze und Diktate alle in dem sog. Schreibheft kunterbunt durcheinander standen.

Dann kam das, was die Klasse schon lange herbeisehnte, nämlich ein freies Arbeiten einzelner Gruppen, und daß keine Hefte, außer einem Tagebuch und einem Schnellhefter, gebraucht wurden. Die Mappen sind besser als die Hefte, das hat folgende Gründe:

a) Beim Zeichnen: Hier kann man die betreffende Zeichnung auf einem Blatt viel deutlicher und vor allen Dingen größer gestalten.

b) Bei größeren Geschichten in Kapitelform (z. B. die Nibelungensage): Wenn ich in einem Heft gerade das Kapitel „Wie Siegfried auf dem Isenstein war" geschrieben hatte und krank wurde, so daß ich „Wie Siegfried den Nibelungenhort gewann" nicht mitschreiben konnte, so ist die Sage an dieser Stelle nicht vollständig. Ich kann höchstens das Kapitel nachschreiben, was aber nicht schön aussieht. Bei dem Schnellhefter ist das viel bequemer. Hier öffne ich die Klammer und schiebe das fehlende Kapitel an der richtigen Stelle ein.
                                                                                (*Paul Lott, 13 Jahre*)

Noch ein Blick in eine solche Mappe. Sie trägt den Titel „*Meine Heimatstadt und ich*". Der Verfasser ist ein Durchschnittsschüler von 12 Jahren. Er hat in einem Vierteljahr mit viel Liebe und Fleiß auf 180 Seiten (Din A 4) die Anregungen und Aufgaben der Schule mit seinen eigenen Forschungsergebnissen in seiner Weise verarbeitet. Dazu hat er in den Ferien eine Einzelarbeit „*Meine Familienchronik*" geliefert, die er in einem Anhang beifügt. (*Vgl. auch „Rätselvolle Welt", Seite 19 ff.*).

Mit ihren Zeichnungen, Photographien, graphischen Darstellungen, Bildern, mit ihren lebendigen Berichten, durch Kunstschrift und Linolschnitt sauber hervorgehoben, ist die ganze Arbeitsmappe ein Spiegelbild selbsttätiger und froher Gestaltungsarbeit und der Stolz des jungen Verfassers. Sie legt in allen „Fächern" Zeugnis ab von der Stillarbeit in der Schule, der Weiterarbeit zu Hause, und ist nach der Schulentlassung wertvolles Nachschlagewerk und Andenken zugleich.

Beispiel 2: Der Geschichtsfries

Der Unterschied zwischen einem Lehr- und Lernmittel alter Art und einem Arbeitsmittel in unserem Sinne läßt sich am Beispiel „Geschichtsfries" sehr gut verdeutlichen.

Ich hatte lange Jahre einen alten Wandfries in meiner Schulstube, den ich in meinem
Geschichtsunterricht zum Einsatz zu bringen versuchte. Ich stellte schon bald fest,
daß er mit seinen nicht kindgemäßen Darstellungen die Schüler in keiner Weise an-
sprach. Bei notwendigen Wiederholungen und Übungen konnten die Kinder durch
seine verwirrende Überfülle von Bildern und Zeichnungen keine Klarheit gewinnen. Wir entschlossen uns, selbst einen Fries zu erarbeiten, der zu einem wirklich
brauchbaren Werkzeug werden sollte.

Zunächst müssen wir uns über die Aufgaben des einzusetzenden Arbeitsmittels im
klaren sein. In unserem Falle mußte ermöglicht werden:

1. ein klares Veranschaulichen des zeitlichen Nacheinander durch ein räumliches
   Nebeneinander,
2. eine symbolhafte, einprägsame Darstellung der bedeutendsten geschichtlichen
   Ereignisse,
3. eine klare Einordnung der bei der Unterrichtsarbeit (Gespräch und Gruppenarbeit) auftauchenden geschichtlichen Probleme,
4. die Entwicklung des Zeitgefühls und des geschichtlichen Bewußtseins,
5. eine Anregung zur kindlichen Eigentätigkeit im Geschichtsunterricht,
6. die Wiederholung und Festigung geschichtlicher Kenntnisse,
7. wenn irgendmöglich die Verwendung für weitere geschichtliche Arbeitsmittel.

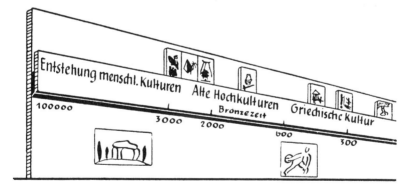

Abb. 4

Die Zeichnungen zum Geschichtsfries sind entnommen aus dem Arbeitsmittel „Der Geschichtsfries"
von Ernst Meyer / Rolf Jung, Verlag Die Egge, Nürnberg.

Der Fries als echtes Arbeitsmittel muß sich mit der unterrichtlichen Behandlung der
geschichtlichen Ereignisse entwickeln und Raum lassen für die Eigenarbeit des Kindes (Anheften von Bildern und Zeichnungen aus der Heimatgeschichte). Wir mar-
kierten deshalb nur auf unserer Wandleiste (später nahmen wir besondere Pappstrei-

Abb. 5. Symbolkarte „Tours und Poitiers"

fen, heute haben wir haltbare Hartfaserplatten) die geschichtlichen Epochen durch Farbe und Beschriftung (*genaue Werkanweisungen sind in meinem Heft „Der Geschichtsfries"* in der Reihe *„Arbeitsmittel für die Volksschule"* im Verlag „Die Egge" zu finden). Aus diesen Epochen können nach der Stofferarbeitung die wesentlichsten geschichtlichen Ereignisse herausragen. Notwendig war die Schaffung von Symbolkarten, die besonders treffend Entscheidendes charakterisieren und für das Kind auf den ersten Blick einprägsam sind.

Diese Symbolkarten – das erschien mit als das Wesentlichste – müssen aus dem Fries herausgenommen und zur Schulung des Raum- und Zeitgedächtnisses von den Kindern neu eingefügt werden können. Die Fehler, die hierbei gemacht werden, zwingen zu erneutem Nachdenken und führen zu geschichtlichen Betrachtungen, die weit wertvoller sind als ein geistloses Memorieren auswendig gelernter Geschichtszahlen. (Abb. 4).

Die Verwendung der Symbolkarten

1. *Im Fries selbst*: Durch Erzählung ist den Kindern die weltgeschichtliche Bedeutung der Schlacht bei *Tours und Poitiers* lebendig geworden. Gemeinsam erarbeiten wir uns eine textliche Zusammenfassung und stellen dabei weitere Beziehungen innerhalb der damaligen Zeitepoche (Germanenreiche) fest.

   Nun hole ich das Symbol hervor, das das Ganze treffend zusammenpackt, lasse es von den Kindern erläutern und gliedere es in den Zeitraum ein.

2. *In der Arbeitsmappe:* Die Kinder, die im Besitze der Symbolkarte sind, fügen sie hinter der schriftlichen Zusammenfassung auf ihrem Arbeitsblatt ein. Andere werden durch das Symbol angeregt, eigene Zeichnungen oder Linolschnitte anzufertigen.

Tours und Poitiers 732

Nach dem Abschluß der germanischen Völkerwanderung begann in Asien eine neue Völkerbewegung. Sie nahm ihren Ausgang von Mekka: hier hatte Mohammed die Religion des Islam gegründet (Gott: Allah – Heiligtum: Kaaba – Bibel: Koran).

Der religiöse Fanatismus spornte die Anhänger des Propheten zu erstaunlichen kriegerischen Leistungen an. So breiteten Mohammeds Nachfolger, die Kalifen, in ununterbrochenen Kämpfen ihren Glauben nordostwärts über Palästina, Syrien, Mesopotamien und Persien, westwärts über Ägypten, Nordafrika und Spanien aus. Das Westgotenreich brach unter ihrem Ansturm zusammen. Schon rückten die Araber über die Pyrenäen nach Frankreich vor.

Dort hatte *Chlodwig* alle Franken unter seine Herrschaft gebracht. Ein mächtiges Reich entwickelte sich, in dem die Hausmeier (ursprünglich Aufseher der Domänenverwaltung) zur Macht gekommen waren.

Einer von ihnen, *Karl Martell*, wurde der Neubegründer des fränkischen Einheitsstaates. Er schuf ein mächtiges Reiterheer und trat den ins Land eingefallenen Arabern entgegen. In der Schlacht von Tours und Poitiers schlug er sie vernichtend und warf sie hinter die Pyrenäen zurück. Die Gefahr, die der Islam für das Christentum bildete, war damit behoben. (Abb. 5).

3. *Als Lotto*: Eine Gruppe erhält sämtliche Symbolkarten. Sie werden gemischt. Jeder Spieler in der Gruppe erhält die gleiche Zahl von Karten. Er kann sie offen vor sich hinlegen. Der Spielführer hat nur die Abdeckkärtchen. Er nimmt ein Kärtchen heraus. Er liest z.B. „*Griechenland*". Wer die dazu-

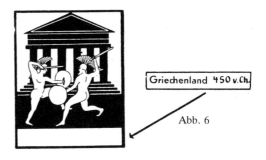

Griechenland 450 v.Ch.

Abb. 6

gehörige Symbolkarte besitzt, muß die Jahreszahl ansagen, also „*450 v. Chr.*" und kann das Abdeckkärtchen auflegen. Sagt er eine falsche Jahreszahl, so behält der Spielführer das Abdeckkärtchen, und die Symbolkarte bleibt unbedeckt oder wird herumgedreht. Wer am Schluß die meisten abgedeckten Symbolkarten besitzt, ist Sieger und wird Spielführer beim nächsten Spiel (Abb. 6).

4. *Als Lottotafel*: Je acht Symbole werden auf einer Tafel vereinigt. Zu den Tafeln gehören die entsprechenden Abdeckkärtchen, die in Zigarettenschachteln aufbewahrt werden. Nun kann jeder einzelne seine Kenntnisse selbst überprüfen. Er versucht, die Lottotafeln abzudecken. Mit Hilfe einer Lösungskarte ist er in der Lage, sich selbst zu kontrollieren und zu verbessern.

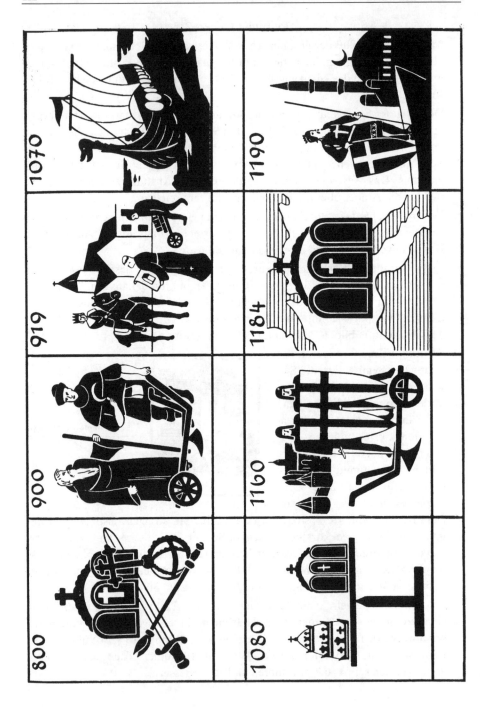

Abb. 7. *(Lottotafel, Verlag Die Egge)*

Der Arbeitsverlauf

Ist die Gruppe im Besitze der Arbeitsanweisungen und der bereitgestellten Arbeitsmittel, so beginnt sie mit der gemeinschaftlichen Arbeit.

Ihr Verlauf wird im wesentlichen von dem Arbeitsinhalt, von dem Zweck der Aufgabe und der Art der Arbeitsmittel bestimmt.

Er wird immer etwas verschieden sein. Es kommt darauf an, ob es sich um Forschungsaufträge, um Gestaltungs- oder Übungsaufgaben handelt (*siehe „Einsatz der Gruppen, Seite* 129 ff.). Es ist ein Unterschied zwischen einer rein geistigen Arbeit und einer manuellen Arbeit. In jedem Falle wird das einzelne Kind in der Gruppe von der Sache her anders angesprochen.

Das Gemeinsame an jedem Arbeitsverlauf ist das reibungslose Zusammenwirken der einzelnen Glieder, die innere Verbundenheit. Hier ist nach Überwindung der Übergangszeit unser Ziel erreicht, zu dem wir bei der Lösung der Grundprobleme unserer Schule hinsteuerten: die Klasse als echte Lebens- und Arbeitsgemeinschaft.

Hier drängt sich uns ein Vergleich auf, auf den in der pädagogischen Literatur sehr treffend *Reininger* hingewiesen hat: das Handeln von Operateur, Assistent und Pflegerin bei einer Operation. Dort haben wir den Typus einer echten Gruppenarbeit im wirklichen Leben.

Der Operateur schneidet, öffnet, der Assistent greift ein, unterstützt, ohne daß er vom Operateur durch irgendein Wort oder Zeichen veranlaßt würde. Das bloße Tun des Operateurs bedingt und steuert das Verhalten des Assistenten. Die Pflegerin beobachtet den Verlauf. Sie übernimmt Instrumente. So arbeiten die drei zusammen, ohne daß bis zum Ende auch nur ein Wort gesprochen wird.

Versucht man von diesem speziellen Fall einer lebensechten Gruppenarbeit aus – das Wesen der Gruppengemeinschaft überhaupt zu erfassen, dann läßt sich in Anlehnung an *Tönniés* und *Bühler* sagen:

Eine Gruppe ist der soziale Verband, in dem auf der Basis der inneren Verbundenheit der einzelnen Glieder das sinnvolle Verhalten jedes einzelnen sowohl vom gemeinsamen Ziel wie auch vom sinnvollen Verhalten der übrigen Gruppenmitglieder bestimmt und gesteuert wird.

Beispiel: Forschungsaufgabe „Der Faden" (aus dem Gesamtthema „Unsere Kleidung") – Protokollaufnahme des Arbeitsverlaufs

Die Klasse hatte im Gespräch (*siehe „Gebundenes Gespräch auf der Oberstufe", Seite* 81 ff.) als gemeinsames Ziel die kulturkundliche Forschungsaufgabe „Unsere Kleidung" übernommen. Die Gruppe 2 hatte folgende Arbeitsanweisung erhalten:

Gruppe 2

Vortrag: Der Faden
             a) Die verschiedenen Fasern und ihre Gewinnung
             b) Die Herstellung des Fadens früher und heute

Zeichnung: Das Spinnrad und seine Teile

Arbeitsmittel: Kulturgeschichte in Zeichnungen, Fachzeitschrift „Das Schneider-
             handwerk", Tierkunde, Pflanzenkunde, Lexikon „Von A bis Z",
             Filmbeiheft „Am Spinnrad".

Robert verliest den Auftrag im Flüsterton. Nach kurzem, stillen Überdenken gliedert sich die Gruppe in sinnvoller Weise. Der Geeignetste (Robert) beeinflußt führend die andern und setzt bestimmte Teilaufgaben an: Karl und Fritz sollen zum
Lehrmittelzimmer gehen und weitere Arbeitsmittel suchen. Mit Richard will er
selbst die vorhandenen Bücher sichten. Beide beginnen eine Analyse der Hilfsmittel
nach den Fragen: Woher kommt der Faden, und wie entsteht er?

Karl und Fritz kommen zurück. Sie bringen eine Menge von Anschauungsbildern
und -kästen (Die Entwicklung von Baumwolle, Flachs, Hanf, Schafswolle u. a.).
Robert schlägt vor, eine kleine Ausstellung auf dem Flur zu machen. Karl soll dazu
sprechen. Paul hilft den beiden, das Material zu ordnen. Er gliedert es in pflanzliche,
tierische und künstliche Fasern. In dieser Reihenfolge läßt er das Material auf dem
Flur aufbauen.

Richard hat sich inzwischen nicht stören lassen. Er hat in dem Filmbeiheft Einzelheiten über das Spinnen gefunden. Er macht sich Auszüge, bespricht seine Zusammenfassung mit dem zurückkommenden Robert. Dieser liest das Geschriebene durch
und führt dann an der Tafel die Zeichnung „Das Spinnrad" aus. Richard lernt in dieser Zeit seinen Vortrag.

Karl kommt vom Aufbau der Ausstellung zurück. Er beginnt seine Ausarbeitung
zum Vortrag. Fritz sitzt draußen im Flur und schreibt in Blockschrift auf Karton kurze Erklärungen zu den ausgestellten Gegenständen.

Der Lehrer, der vorher den anderen Arbeitsgruppen half, kommt jetzt zu Robert
herein. Er lobt seine feine Zeichnung. Er geht mit Robert zu Karl und Richard, um
festzustellen, wie weit jeder in der Arbeit vorangekommen ist. Er verbessert Rechtschreibefehler bei Karl. Der Lehrer geht zur Gruppe 3.

Alle kommen zusammen und besprechen den Arbeitsbericht. Zuerst soll Karl zur
Ausstellung sprechen „Woher die Faser kommt". Danach soll Robert das Spinnrad
an Hand der Zeichnung erklären und anschließend Richard das Spinnen.

(Siehe auch Arbeitsbericht dieser Gruppe, Seite 116).

Der Arbeitsbericht

Die forschenden, gestaltenden oder übenden Tätigkeiten des Kindes bei der Gruppenarbeit erhalten ihren besonderen Sinn, wenn es die Gelegenheit erhält, seine Ergebnisse auch den anderen mitzuteilen, sei es in Form eines Vortrages, einer Ausstellung, eines Spielergebnisses o. ä.

Was das Kind in der Gruppenarbeit beispielsweise erforscht hat, muß es lehrend seinen Klassenkameraden weitergeben.

Durch die zweifache Tätigkeit des Kindes – Forschen und Lehren – wird der Lernprozeß auf eine viel höhere Stufe gehoben.

Als Lehrer müssen wir natürlich bei den Arbeitsberichten eingreifen, wenn das Kind nicht mehr weiter kann, wenn es um Hilfe bittet, wenn sich sachliche Fehler einstellen. Es ist erforderlich, daß wir nach dem Arbeitsbericht, wenn notwendig, ergänzen und das Wesentliche klar herausstellen und zusammenfassen. Es ist selbstverständlich, daß sich die Klasse während des Vortrags Aufzeichnungen macht und anschließend Skizzen, Zeichnungen, graphische Darstellungen u. a. anfertigt, die zur Vertiefung der Hausarbeit notwendig sind. Diese ergänzenden Tätigkeiten des Lehrers und der Mitschüler sollen in dem folgenden Beispiel unberücksichtigt bleiben. Hier handelt es sich nur um den ursprünglichen Arbeitsbericht des Kindes.

Beispiel: Arbeitsberichte nach der Forschungsaufgabe „Unsere Kleidung" (Tonbandaufnahmen)

Gruppe 1

Friedel: Wir hatten den Auftrag, über die Geschichte der Kleidung zu berichten. Ich will über die ersten Kleidungsstücke sprechen, die der Mensch trug. Am Anfang der ganzen Entwicklungsgeschichte steht das Weben. Vor dem Weben aber kannte man schon das Flechten. Ein Flechtwerk entsteht, wenn man auf ganz bestimmte Weise die Fäden einmal waagrecht und einmal senkrecht legt. Ich will es euch einmal mit diesen Papierstreifen zeigen, wie man es macht. – Die Urmenschen trugen im Sommer aus Gras geflochtene Kleider und im Winter Blätter, die mit Bast verknüpft waren. Sie merkten, daß die Blätterkleidung wärmer hielt als die Graskleidung. Also war das Blatt die erste Kleidung, die gut vor Kälte schützte. Nun wird Dieter über die Entwicklung der Weberei in Deutschland berichten.

Dieter: Das Weben wurde früher von den Frauen und Töchtern an Hauswebstühlen betrieben. Zum Herstellen von größeren Mengen Webwaren richteten zuerst die Klöster Webereien ein. Die Bürger der Städte wollten natürlich nicht zurückstehen, so wurde bereits im 11. Jahrhundert am ganzen Niederrhein Wolle zu Kleiderstoffen verarbeitet. Im Jahre 1149 wurde die „Bruderschaft der Bettziechenweber" gegründet. Das war der Anfang der deutschen Textilindustrie. Aachen, Gladbach, Krefeld und Wuppertal trugen viel zur Entwicklung der Industrie bei. Aber auch in Sachsen und im bayrischen Vogtland entstanden viele Webereien. Im 17. Jahrhundert kam noch die Leinenweberei dazu. Es mußte deshalb in manchen Gegenden viel Flachs angebaut werden. Die Stadt Augsburg bekam im Mittelalter einen bedeutenden Namen. In dieser Stadt lebten die Kaufleute Fugger, die durch ihren Handel mit Leinen und Baumwollwebereien sehr reich wurden. Sie waren so reich, daß selbst der Kaiser bei ihnen Geld lieh. Mit der Zeit wurden die Webstühle immer mehr verbessert, und natürlich wurden auch dadurch die Gewebe feiner. So kam es, daß allmählich die reichen Leute viel schöner und besser gekleidet gingen als die armen. Trotzdem blieben die Weber, die sich in den Dörfern niederließen, sehr arme Leute. Ihre mühselige Arbeit, die oft bis spät in die Nacht dauerte, wurde sehr schlecht bezahlt, hauptsächlich die der Leinenweber. Dabei mußten ihre Frauen noch fleißig mithelfen, damit sie nur satt wurden. Leinenweber gab es im Riesengebirge, Fichtelgebirge und in Schlesien. „Rübezahl" galt als der Schutzherr der Leinenweber. Ende des 19. Jahrhunderts und Anfang des 20. Jahrhunderts gab es durch die Erfindung des mechanischen Webstuhls eine Wendung für die Weber und auch für die Schneider. Die Menschen trugen auch nicht mehr die alten Trachten, sondern kleideten sich jeweils nach der Mode. Dadurch war der Verbrauch sehr gestiegen. Alle Weber hatten große Aufträge, ihr Verdienst war gut, und allmählich entstanden große Webereien.

Gruppe 2

Karl: Unsere Gruppe soll darüber berichten, woher der Faden kommt und wie er entsteht. Er entsteht durch das Spinnen der Faser. Darüber wollen nachher Robert und Richard sprechen. Wir haben hier an der Wand (des Ganges) eine kleine Ausstellung gemacht. Sie soll euch zeigen, wo die Faser herkommt. Gerhard und ich gingen ins Lehrmittelzimmer und holten uns dort die Bilder und Kästen. Hier links seht ihr die pflanzlichen Fasern, in der Mitte die tierischen und rechts die künstlichen Fasern. Wie ihr seht, gehören zu den pflanzlichen Fasern Flachs, Hanf und Baumwolle. Wenn man von Hanf und Flachs den Faden spinnen will, darf man nicht die Frucht nehmen, sondern die Pflanze. Bei der Baumwolle werden nicht die Pflanzenfasern, sondern die Samenhaare zu Stoff verarbeitet. Bei den tierischen Fasern wird hauptsächlich die Schafwolle und Angorawolle zur Kleidung verarbeitet. Zur Herstellung der Kleidung gehören noch hier die Pelztiere. Ihr seht den Fuchs, den Marder, den Iltis und Maulwurf. Aus diesen Pelzen werden hauptsächlich Pelzmäntel hergestellt. Der Rohstoff für die künstliche Faser kann Holz sein, das chemisch und maschinell zu Fasern verarbeitet wird. Hier hängt auch noch das Bild von der Motte. Die Kleidermotte ist ein sehr gefährlicher Feind unserer Kleidung.

Robert: Hier habe ich euch das Spinnrad angezeichnet. Ich habe mit dem Lehrer gesprochen, wir werden uns auch noch einen Film darüber ansehen. Der Lehrer hat mich auch auf das Sprichwort aufmerksam gemacht „Spinnen am Morgen bringt Kummer und Sorgen". Es weist so auf die armen Leute hin, für die das Spinnen ein Lebensunterhalt ist. Das andere Sprichwort „Spinnen am Abend erquickend und labend" erinnert uns demnach an die reichen Leute, die nur zum Zeitvertreib spinnen. Das Spinnrad wurde erst am Ausgang des Mittelalters erfunden. Es erleichtert die Arbeit und verbessert die Leistung. Die Formen des Spinnrades sind verschieden.

Im Süden Deutschlands und in den Alpenländern findet man das liegende Trittrad, bei dem sich Schwungrad und Spule nebeneinander befinden. Im Osten Deutschlands finden wir das hochaufgerichtete, stehende Spinnrad, bei dem das Rad unter der Spule liegt. In Mitteldeutschland wird das schräggestellte Trittrad bevorzugt, bei dem das Schwungrad durch eine doppelte Schnur die halbschräg über ihm sitzende Spinnvorrichtung in Bewegung setzt.

Richard: Ehe das Spinnen beginnen kann, muß zunächst in das messingne Netztöpfchen Wasser gegossen werden. Mit dem Wasser wird der zupfende Finger angefeuchtet. Hier (an der Zeichnung) ist die Spule und der Wirtel. Beide werden mit zwei Schnüren mit dem Schwungrad verbunden. Bevor man spinnt, muß man den Knecht herauslösen – der Knecht ist hier – und mit einer Feder die Lager des Rades ölen. Das Rad darf nämlich nicht quietschen, und der Knecht darf nicht klopfen.

Gruppe 3

Fritz: Heinz und ich bekamen den Auftrag, eine Reportage in der Handweberei des Fräuleins Zeh zu machen. Das ist in der Ruine des Heylshofes. Wir gingen die Marmorstufen hinauf, die schon halb zerstört waren, und kamen durch einen zerfallenen Gang in die Handweberei. Das war nur ein Raum. Überall hingen selbstgewebte Waren, vor allem Teppiche. An den Wänden sind auch noch Regale, auf denen Keramikwaren, wie Terra Sigillata, stehen. In der Mitte stehen zwei Handwebstühle, der kleinere wurde von Fräulein Zeh bedient, der größere von einer Gehilfin. Als wir kamen, fing die Gehilfin gerade einen Teppich an, und wir konnten vom Auflegen der Kette bis zum Weben noch alles mitkriegen. Wir haben auch ausgemacht, daß die Klasse morgen hinkommen kann.

Hier an der Zeichnung seht ihr, wie das Weben vor sich geht. Die Kettenfäden – das sind die Längsfäden im Gewebe – werden vom Schleifrahmen auf den Kettenbaum gebracht. Dort werden sie aufgewickelt und über den Streichbaum zu den Schäften mit Litzen geführt. (Er erklärt nochmals und zeigt dabei die Einzelteile an der Tafelzeichnung.) Jeder Kettfaden wird mit einem Einziehhäkchen durch eine Litze gefaßt. Das gleiche wiederholt sich beim Kamm oder Blatt. Durch wechselseitiges Treten der Tritte werden die zwei Schäfte auch wechselseitig gehoben, so daß sich die Fäden verkreuzen und das Fach entsteht. Durch dieses Fach wird dann das Schiffchen mit dem Schuß – das ist der Querfaden im Gewebe – geschoben. Nun wird der Schuß mit dem Kamm angedrückt. Die fertige Ware wird über den Brustbaum auf den Warenbaum gewickelt.

Hans: Paul, Fritz und ich sollten hier an dem Webrahmen weben lernen. Wir haben den Webrahmen von der Pädagogischen Akademie geholt und haben zu einer Studentin gesagt, sie solle so gut sein und uns einmal das Weben zeigen. Fräulein Müller hat es uns auch schön erklärt, und das ganze Stück hier haben wir allein gewebt. Es ist ganz einfach. Der Bastfaden kommt in den Kettenbaum, durch den Kamm oder das Blatt und dann in den Warenbaum. Das Blatt geht einmal nach oben und einmal nach unten. Da hindurch geht das Schiffchen oder der Schütze mit einem Bastfaden. So entsteht ein Flechtgewebe. Mit einem Webstuhl geht es schneller und besser.

Gruppe 4

Rainer: Horst und ich gingen gestern zu einem Schneider. Es war der Obermeister der Schneiderinnung Georg Münstermann in der Hafergasse. Horst hat ja schon von ihm erzählt. Wir erkundigten uns auch, was die billigsten und teuersten Preise für die Stoffe sind. Der Schneider zeigte uns noch alle Stoffarten und gab uns von jeder einen kleinen Fetzen. Die Gruppe 5 hat sie dort an der Tafel angemacht und dazu geschrieben, was es ist. Über den Schneiderberuf will Horst noch einiges sagen.

Horst: Der Schneiderberuf ist eigentlich ein Frauenhandwerk, doch auch viele Männer üben den Beruf aus. Der Schneiderlehrling muß, wenn er geprüft wird, folgendes können: Das Zuschneiden von Werkstoffen, er muß einen Anzug nach Maß bauen können. Das ist nicht so leicht, denn es können oft körperliche Mängel an einem Menschen sein, zum Beispiel eine hängende Schulter, zu breite Hüften oder zu kurze Arme. Das alles muß ein gutes Kleidungsstück verbergen. Es spielen weiter Farbe, Muster und Schnitt der Stoffe eine große Rolle. Nebenbei muß er die Stoffe unterscheiden können nach der Art und Qualität.

Kurt: Meine Aufgabe war, das Schnittmuster einer Jacke herauszuschneiden. Ich fragte meine Mutter, wie man so etwas anfängt, und ließ mir die nötigen Geräte dazu geben. Vor allem brauchte ich ein Rädelchen, eine Schere und einen Schnittmusterbogen. Hier habe ich bis jetzt den Ärmel und ein Vorderteil ausgeschnitten.

Gruppe 5

Anatoli: Wir sollen über die Stoffsorten sprechen. Wir haben uns einige mitgebracht. Horst und Herbert haben uns auch noch welche gegeben. Hier sind sie an der Tafel untereinandergeklebt. Es gibt natürlich auch künstliche Stoffarten. Die künstlichen sind aus Zellstoff. Bei den natürlichen gibt es Seiden-, Woll- und Baumwollstoffe. Besondere Arten seht ihr hier: Kammgarn, Cheviot, Kattun, Flanell, Twill, Moleskin, Roßhaar, Popelin und Gabardin. Hier ist die Seide. Sie ist das feinste Gewebe. Die Preise sind hauptsächlich bei der Wolle und Seide gestiegen. Beim Kaufmann sind die ganzen Stoffarten meistens billiger als beim Schneider. Die Anzüge aus den Geschäften sind aber ganz knapp genäht, so daß man sie nicht mehr verändern kann. Der Schneider läßt immer noch etwas drin, und wenn man dicker wird, kann man die Kleidung verändern. Wie man die Stoffe grob unterscheiden kann, soll Alfred erzählen.

Alfred: Man nimmt zum Beispiel ein Stück Stoff und brennt es an. Riecht es nach verbranntem Papier, dann ist es Baumwolle. Wolle riecht nach verbranntem Horn. Ein Stück reine Seide rollt sich nach hinten in kleine Knollen zusammen und brennt nicht. Kunstseide dagegen brennt wie Papier. Es gibt aber auch Stoffe, die nicht brennen. Man kann sie mit Benzin übergießen und anstecken, sie brennen nicht. Ich habe einen Schneider gefragt, was das ist. Er sagte, das sei Glaswolle. Die Anzüge, die aus Glaswolle sind, werden aber später leicht brüchig.

Walter: Friedel und ich haben die Preistabelle gemacht. Zur Vorbereitung gingen wir in mehrere Kleidergeschäfte. Leider erfuhren wir dort nichts. Ein Geschäftsmann schickte uns aber auf die Preiskontrollstelle. Dort wurden wir freundlich empfangen und bekamen über alles gute Antwort. Der Herr sagte uns auch die Preise von früher, also vor der Währungsreform, so daß wir diese Tabelle aufstellen konnten:

Ware	Preis	
	früher	heute:
Sportanzug	40– 80 RM	80–140 DM
Anzug	80–120 RM	120–220 DM
kurze Hosen	10– 15 RM	18– 25 DM
lange Hosen	15– 35 RM	25– 65 DM
Arbeitshose	5– 13 RM	17– 25 DM
Sportjacke	25– 30 RM	65–120 DM
Perkalhemden	3– 8 RM	7– 15 DM
Popelinehemden	10– 20 RM	20– 30 DM

Gruppe 6

Gerhard: Unsere Gruppe hatte den Auftrag, eine Brennprobe von den verschiedenen Stoffen zu machen und einen Faden künstlich herzustellen. Franz und ich machten die Brennprobe. Ich will sie noch einmal vormachen. Ich rupfe aus dem Stoff einen Faden heraus und halte ihn in eine Streichholzflamme. Der hier ist nur kurz aufgeflammt und riecht nach verbranntem Papier. Das ist Baumwolle. Ich will es noch einmal vormachen. Nun nehme ich einen Faden von diesem Stoff. Der hinterläßt schwarze Knollen und riecht nach verbranntem Haar. Das ist Wolle. Hier bei diesem Seidenfaden sehen wir dasselbe. Es gibt auch schwarze Knollen und riecht nach verbranntem Haar. Die Kunstseide verhält sich ganz anders. Hier können wir es sehen. Sie brennt rasch mit heller Flamme und riecht nach verbranntem Papier. Franz hat die Ergebnisse hier an der Tafel zusammengestellt.

Heinz: Rainer, Volker und ich haben den künstlichen Zellwollfaden hergestellt. Dazu nahmen wir 1 g Filtrierwatte und zerzupften sie zu ganz kleinen Stückchen. Diese taten wir in eine Reibschale, nahmen 6 ccm Natronlauge und verstampften alles mit dem Mörser. Die Natronlauge hatte die Aufgabe, die Watte aufzuquellen. Dann haben wir ungefähr 2 g Kupfervitriol pulverisiert und in die aufgequellte Watte hinzugetan. Wieder wurde die Masse zerstampft, und laufend kam jetzt Salmiakgeist dazu. Der hatte die Aufgabe, die ganze Watte aufzulösen. Das dauerte ziemlich lange. Hier haben wir diese Lösung. Hier steht nun noch ein Glas mit Wasser, da gießt Volker Schwefelsäure hinein. Dieses Röhrchen hier ist unten zu einer Düse zugespitzt. Mit dem saugen wir jetzt einen Teil der Lösung auf und blasen ihn langsam in die ver-

dünnte Schwefelsäure hinein. Jetzt kann man ganz deutlich die kleinen Fäden sehen, die sich in der Säure bilden. Wie der Faden in der Fabrik hergestellt wird, hat
Norbert an der Tafel 5 angezeichnet.

Gruppe 7

Schriftlicher Arbeitsbericht eines Schülers in der Klassenzeitung: „Wie sich die anderen Völker kleiden." Dieses Thema mußte unsere Gruppe bearbeiten. Wir stellten
dazu ein großes Anschauungsbild für die Schule her. Auf einem Bogen Zeichenpapier, der größer als eine Schultafel war, hatte Adolf den Erdumriß mit den einzelnen
Ländern mit Tusche gezeichnet. Aus alten Büchern und Illustrierten hatten wir Bilder herausgeschnitten und gesammelt. Wir klebten sie jetzt an die richtige Stelle. Wir
hatten den Papierbogen dabei an die Wand geheftet und klebten die Bilder fest an.
Bei Amerika fingen wir im Wilden Westen an. Dort kam ein Indianer hin. Es war ein
Häuptling. Er saß da in seinem stolzen Federschmuck, der ledernen Jacke und den
leichten Mokassins. Dann kam ein Einwohner von New York. Er schritt elegant mit
Spazierstock, Hut, Lackschuhen und steifem Kragen zwischen den Wolkenkratzern
dahin. Es kamen Bilder von Afrika: eine dicke Köchin mit Turban und buntem
Hemd. In Nordafrika kam eine Araberin hin, die ihr halbes Gesicht mit einem weißen Tuch verdeckt hatte. Auf der Malakkahalbinsel sahen wir, daß die Menschen
ganz bunte Kleidung trugen. Zu jedem Land konnten wir so etwas Besonderes einkleben.

Die Arbeitsform

Gruppenarbeit kann niemals Schablone sein. Sie wird in einem echten Gesamtunterricht so organisiert werden müssen, daß sie der gegebenen Unterrichtssituation in natürlicher Weise gerecht wird. Die Form der Arbeit ist in erster Linie abhängig von der Problemstellung und der Anzahl der Arbeitsmittel.

Wir können – abgesehen von Übergangsformen – zwischen der differenzierten und themagleichen Gruppenarbeit unterscheiden.

1. Die differenzierte Gruppenarbeit

Als die geläufigste Arbeitsform, die allein schon durch den Mangel an Arbeitsmitteln bedingt ist, wird die differenzierte Gruppenarbeit angestrebt werden. Hier wird eine Hauptaufgabe in eine Anzahl von Unterthemen aufgegliedert, die von der Klasse bzw. vom Lehrer an die zur Verfügung stehenden Einzelgruppen verteilt werden. Dabei ist es von vornherein allen Beteiligten bekannt, welche Bedeutung die beabsichtigten Ergebnisse der Teilarbeiten für das Gesamtziel haben. Jeder fühlt sich verantwortlich für das Gelingen seiner Arbeit, weil die Teilergebnisse nach Abschluß der Gruppenarbeiten zu einem Gesamtbild des betreffenden Unterrichtsgegenstandes zusammengeschlossen werden sollen (*vgl. Arbeitsbericht, Seite 115 ff.*). Die klare Einsicht in den Sinn der Teilarbeit ist eine Voraussetzung für die Qualität des Arbeitsergebnisses.

Beispiel: Der Regenwurm

Anlaß:

Auf einer Wanderung hat eine Gruppe die kleinen Erdhügelchen entdeckt, die der Regenwurm anlegt. Wir beobachten, wie er Blätter und Halme in seine Gänge zieht. In der Schule entspinnt sich darüber ein Gespräch. Ich entschließe mich zu einer naturkundlichen Forschungsarbeit in differenzierter Form.

Arbeitsmittel:

Es waren vorhanden: 8 Tierkundebücher, 4 Lupen, 1 Mikroskop mit Zubehör, 4 Lexika, einige Realienbücher, die das Thema enthielten.

Ablauf der Arbeit:

Der Regenwurm

Einzelthemen	Teilergebnisse (stichwortartig zusammengefaßt)
Gruppe 1: Der Name	Regenwurm kommt zum Vorschein, wenn es regnet – liebt feuchte Luft, feuchtes Erdreich. Zusammenstellung: Wortfamilie „Wurm".
Gruppe 2: Körperbau	Weiche, nackte Haut – Gefahr der Austrocknung – Schutz durch Schleimabsonderung bis 10–20 cm lang – walzenförmig = Hautmuskelschlauch. Querschnitt unter dem Mikroskop.
Gruppe 3: Nahrung	Faulende Tier- und Pflanzenstoffe – frißt sich durch die Erde – die Erde scheidet er wieder aus und baut daraus die Erdhügelchen.
Gruppe 4: Fortbewegung	Ring- und Längsmuskeln – Borsten. Versuch: Regenwurm kriecht über Papier. Wir hören das Geräusch der Borsten. Veranschaulichung an der Tafel.
Gruppe 5: Sinne	Keine Augen – lichtempfindliche Haut – feines Gefühl. Versuch: Bodenerschütterung – hat Geruch und Geschmack, findet aus größerer Entfernung seine Lieblingsnahrung (Sellerie, Kohl, Meerrettich, Salbei).
Gruppe 6: Bedeutung	Schädlich: frißt Salatpflänzchen. Nützlich: lockert den Boden (1 ha: 100000 Regenwürmer, jährlich 30000 kg = 10 Wagenladungen Erde an die Oberfläche). Sehr fleißig. Nicht vernichten!

2. Die themagleiche Gruppenarbeit

Die themagleiche Gruppenarbeit (in der Literatur finden wir auch die Begriffe „abteilende", „arbeitsgleiche", „thematisch übereinstimmende", „Gruppenarbeit in einer Front") weist jeder einzelnen Gruppe das gleiche Problem zu. Es bemühen sich also alle Gruppen um das gleiche Ergebnis. Sie stehen in gewissem Sinne in Wettbewerb miteinander (aus diesem Grunde spricht *Witak* auch von einem „konkurrierenden" Verfahren).

Diese Arbeitsform hat ihre Berechtigung in Raumlehre, Rechnen und vor allem in naturwissenschaftlichen Fächern, wenn es sich um die Ableitung eines wichtigen Gesetzes handelt. Voraussetzung dazu ist das Vorhandensein von Arbeitsmitteln.

Bei der themagleichen Gruppenarbeit arbeiten also alle Gruppen in edlem Wettstreit miteinander. Die Arbeitsanweisungen werden dabei in den meisten Fällen vom Lehrer mündlich gegeben. Um der Ökonomie willen wird man dieses Verfahren nur dann anwenden, wenn es sich um die Erarbeitung eines besonders wichtigen Stoffgebietes handelt, das von allen Schülern gründlich und gleichmäßig beherrscht werden muß. Ebenfalls ist es notwendig bei der Einübung von Grundtechniken (z. B. Nachschlagen im Wörterbuch, Fahrplanlesen).

Beispiel 1: Wir bestimmen das spezifische Gewicht (Ablauf und Analyse)

Vorbereitungen
1. Einteilung der Klasse in Arbeitsgruppen
2. Bereitstellung der Arbeitsmittel:
   Jeder Schüler bringt mit: Lineal, Bleistift, Heft
   Jede Gruppe (verantwortlich ist der Gruppenleiter) bringt mit: eine Waage (möglichst Briefwaage)
   Jede Gruppe erhält vor der Arbeit: ein prismatisches Stück Holz (gleich große Satzbauklötze eignen sich gut), ein Stück ungespitzte, ungebrauchte Kreide

Unterrichtsgespräch

(Zusammenfassung eines Unterrichtsprotokolls in einem 7. Schuljahr).

Fritz gibt jeder Gruppe einen Satzbauklotz und ein Stück Kreide. Die Kinder sehen sich an. Karl fragt: „Was sollen wir mit dem Holz und der Kreide?" Lehrer: „Darüber wollen wir uns kurz unterhalten." Einige sprechen über die Gewinnung der Kreide und über die Verarbeitung des Holzes. Bald werden Vorschläge gemacht, Holz und Kreide zu messen und zu wiegen. Es erhebt sich die Frage: Was ist schwerer, das Stück Holz oder das Stück Kreide? Eigentlich sind beide ziemlich gleich schwer, wenn man sie in der Hand wägt. Doch das Kreidestück ist kleiner. Die Fragestellung wird genauer:

Was ist schwerer, Holz oder Kreide?

Wir müssen wissen, wie schwer gleiche Raummengen sind.

Arbeitsablauf (nach mündlichen Arbeitsanweisungen)

Methodischer Hinweis:

Bei den folgenden Übungen wird innerhalb jeder Gruppe das Prinzip der Arbeitsteilung angewandt. Der eine Schüler führt die Messungen usw. durch, der zweite beaufsichtigt den ersten, ein dritter rechnet. Nachdem die Rollen mehrfach vertauscht worden sind, werden die gewonnenen Ergebnisse verglichen, der Mittelwert wird berechnet. Dabei wird ausgeschlossen, daß der einzelne für sich aus egoistischen Motiven handelt. Der einzelne muß sich einfügen in die Gruppe, muß helfen, den Schwächeren belehren und erlebt in der Gemeinschaft Erfolg oder Mißerfolg.

1. Wir wiegen den Holzquader:
   An der Tafel beginnt der Lehrer die Gruppentabelle, die zum Vergleich der Gruppenergebnisse und zum Errechnen des Klassenmittels dienen soll.

HOLZ	*Gr. 1*	*Gr. 2*	*Gr. 3*	*Gr. 4*	*Gr. 5*
Gewicht des ganzen Quaders					

Jeder Gruppenleiter trägt das Ergebnis selbständig ein.

2. Wir wiegen das Stück Kreide:
   Neben der Tabelle für Holz entsteht die gleiche für Kreide.

3. Wir messen Länge, Breite und Höhe des Holz- und des Kreidestückes und tragen den errechneten Rauminhalt in die Tabellen ein.

HOLZ	*Gr. 1*	*Gr. 2*	*Gr. 3*	*Gr. 4*	*Gr. 5*
Gewicht des ganzen Quaders	… g	… g	… g	… g	… g
Rauminhalt	… ccm	… ccm	… ccm	… ccm	… ccm

Die „KREIDE"-Tabelle wird in gleicher Weise ergänzt.

4. Wir rechnen aus, wieviel g ein ccm wiegt. (Beispiel: 60 ccm Holz wiegen 30 g. 1 ccm Holz wiegt 30 : 60 = 0,5 g.)
   Die gefundenen Werte werden in einer neuen Spalte eingetragen.

HOLZ	Gr. 1	Gr. 2	Gr. 3	Gr. 4	Gr. 5
Gewicht des ganzen Quaders	… g	… g	… g	… g	… g
Rauminhalt	… ccm	… ccm	… ccm	… ccm	… ccm
Gewicht von 1 ccm	… g	… g	… g	… g	… g

Ergebnis

Wir sehen uns die entstandene Gruppentabelle an. Es sind kleine Unterschiede beim Wiegen und Messen vorhanden. Die Endergebnisse stimmen nicht ganz überein. Woran mag das liegen? Vielleicht wurde nicht genau gemessen, oder es wurde ungenau gewogen. Wir prüfen nach, wiegen auf einer anderen Waage. Das Ergebnis stimmt. Also sind es andere Gründe? Es kann eine andere Sorte Holz oder Kreide sein! Das Holz ist vielleicht naß, die Kreide ist körniger.

Wir vergleichen nun das Gewicht von Holz und Kreide:

    1 ccm Holz   wiegt 0,7 g
    1 ccm Kreide wiegt 1,2 g

Gleiche Raummengen können demnach verschieden schwer sein. Jeder Stoff hat sein eigenes Gewicht.

Das E i g e n g e w i c h t eines Stoffes hat einen bestimmten Namen. Es heißt: *„Spezifisches Gewicht"* (auch „Artgewicht"). Wir hängen eine Tabelle auf mit dem spezifischen Gewicht der wichtigsten Stoffe. Die Kinder erklären selbst.

Beispiel 2: Wir untersuchen die Taschenbatterie

Vorbemerkung

Mit der „Taschenbatterie" kommt ein grundlegendes Thema zur Behandlung, das sich zur Einführung in die Elektrizitätslehre am besten eignet. Geht es doch hier um ein Objekt, das im täglichen Leben der Kinder und Erwachsenen oft eine große Rolle spielt. Zudem ist die Batterie zusammen mit der Taschenlampe die Miniaturausgabe eines vollständigen Stromnetzes. Im Vergleich zu diesem stellt sie den wichtigsten Teil dar, das „Kraftwerk", von dem der Strom über die Leitung (die beiden Messingstreifen) zum Glühbirnchen „fließt". Dieser Strom kann mit Hilfe des Knopfes ein- und ausgeschaltet werden.

Das Problem für das Kind liegt vor allem darin, die Ursache für das Zustandekommen des elektrischen Stromes in der Batterie zu ergründen.

Hier zeichnet sich auch unsere unterrichtliche Aufgabe ab, dem Kinde Gelegenheit zu geben, mit dem Unterrichtsgegenstand in engste Berührung zu kommen. Da bei diesem Thema die Beschaffung der notwendigen Materialien keinerlei Schwierigkeiten bereitet, kann zur Lösung der sich ergebenden Probleme eine themagleiche Gruppenarbeit durchgeführt werden.

Vorbereitungen (nach einem Unterrichtsgespräch)

1. Einteilung der Klasse in Arbeitsgruppen.
2. Bereitstellung der Arbeitsmittel. In einer kurzen Besprechung am Vortage wird klargestellt:

   Jeder Schüler bringt mit: Bleistift, Notizheft, Schere oder Messer, ein Stück Pappe als Unterlage.

   Jede Gruppe (verantwortlich ist der Gruppenleiter) bringt mit: eine ausgebrannte Batterie (Fahrradhandlungen sind gerne bereit, Batterien für Schulzwecke abzugeben), eine funktionsfähige Batterie, ein Glühlämpchen, zwei Heftklammern, zwei kurze Stückchen Leitungsdraht, ein Trinkglas, Salmiak oder Kochsalz (beides kann auch vom Lehrer oder von einem einzelnen Schüler der Klasse mitgebracht werden – es kommt dann zum gegebenen Zeitpunkt zur Verteilung an die Gruppen).

   Der Lehrer stellt bereit: einen Voltmeter.

Arbeitsablauf nach mündlichen Arbeitsanweisungen

1. Wir untersuchen die ausgebrannte Batterie.
   Arbeitshinweise des Lehrers: Wir schneiden vorsichtig mit Messer oder Schere von unten her die Batterie auf und legen die drei becherförmigen Gefäße (die Elemente) frei.
2. Wir zeichnen die geöffnete Batterie. (Tafelzeichnung des Lehrers oder eines Schülers.) Wichtig: Die Verbindung der einzelnen Teile muß ein Schüler aus seiner Beobachtung heraus einfügen. (Die drei Elemente sind hintereinandergeschaltet!)
3. Wir untersuchen ein einzelnes Element. Gleichzeitiger Auftrag an einen einzelnen Schüler: Herstellung einer Tafelzeichnung „Element aus einer Taschenbatterie" an Hand eines Naturlehrebuches.
   Arbeitshinweise: Die einzelnen Teile, die sich beim Aufschneiden des Zinkbechers loslösen, werden getrennt auf die Pappunterlage gelegt. Die Hauptfrage ist: Um welche Stoffe handelt es sich hier im einzelnen. Zur Feststellung wird nicht nur Gesichts- und Tastsinn, sondern auch Geruchs- und Geschmackssinn beansprucht (Prüfung der Säure!). Schwierigkeit bietet naturgemäß die Bestimmung des Braunsteins.
4. Wir vervollständigen die Tafelzeichnung.

Erste Klärung

Nach der Untersuchung und Skizzierung treten erfahrungsgemäß zahlreiche Schülerfragen auf, die zum Teil eine begriffliche Klärung verlangen, ehe die Arbeit fortgesetzt werden kann. Der Braunstein in dem Säckchen sieht aus wie Kohle. Was ist eigentlich Braunstein? Braunstein ist das Erz des Mangans. Man braucht es bei der Verarbeitung des Eisenerzes. Es gibt leicht Sauerstoff ab. Hier in der Batterie ist der Braunstein noch mit Graphit gemischt. Warum ist überhaupt Braunstein notwendig? Wir haben gesehen, daß das Zink ganz „zerfressen" ist. Es wurde von dem Salmiakkleister (= säureähnlich) angegriffen. Bei der Zersetzung entsteht Wasserstoff. Dieser setzt sich an der Kohle fest und schwächt dadurch den chemischen Vorgang und damit auch die Elektrizität. Um die Kohle vor dem Wasserstoff zu schützen, umschließt man sie mit einem Säckchen voll Braunstein. Dieser gibt leicht Sauerstoff ab, der sich mit dem Wasserstoff zu Wasser verbindet.

Warum ist das Element mit Pappdeckel und einer asphaltähnlichen Verschlußmasse und nicht mit Zinkblech abgedeckt? Pappdeckel und Asphalt verhindern, daß die Metallbecher und -streifen einander berühren (Begriffe: isolieren, Isolator!).

Wie entsteht der Strom?

Fortsetzung der Forscherarbeit

Zur Klärung der letzten Frage geben wir noch folgende Arbeitsaufträge für jede Gruppe:

1. Wir stellen ein elektrisches Element zusammen.

   Arbeitshinweise: Von dem aufgeschnittenen Element schneiden wir einen Streifen Zink heraus und machen an ihm mit Hilfe einer Heftklammer ein Stück Leitungsdraht fest, das vorher an beiden Enden mit dem Messer oder der Schere blankgescheuert wurde. Auf die gleiche Weise wird mit dem Kohlestab verfahren. Zink und Kohle stellen wir in das Trinkglas mit Wasser. (Das Wasser wird in einem Gefäß von einem Jungen geholt und an alle Gruppen verteilt.) Kann jetzt der Strom fließen? Mit Hilfe des Glühlämpchens ausprobieren lassen! Wir setzen dem Wasser 4–5 Teelöffel Kochsalz oder 1–2 Teelöffel Salmiak zu.

2. Wir überprüfen Element und Batterie.

   Arbeitshinweise: Wir halten die Zunge an beide Pole des hergestellten Elementes. Wir halten die Zunge an die Messingstreifen der guten Batterie. Wir vergleichen! Wir halten ein Glühlämpchen an die Leitungsdrähte des Elementes (Gewinde an dem einen Pol, Knöpfchen an dem Fuß des Birnchens an dem anderen Pol). Das ganz schwache Aufleuchten des Birnchens zeigt einen Strom an. Wir überprüfen auf gleiche Weise die Batterie. Der Elektrotechniker prüft die Batterie mit einem Voltmeter. (Demonstration durch den Lehrer!) Mit dem Voltmeter mißt man die Spannung des Stromes. Bei einer neuen Batterie, die aus drei Elementen besteht, beträgt die Spannung etwa 4,5 Volt.

Ergebnis

Ein Gruppenleiter erläutert die Teile der Batterie und des Elementes an Hand der Skizzen. Ein anderer berichtet in zusammenhängendem Vortrag. „Wie der elektrische Strom entsteht, konnten wir nicht genau sehen", erklärt Heinz seinen Kameraden *(Protokollaufnahme in einem 7. Schuljahr)*, „wir können es uns aber vielleicht so erklären: Wir haben gesehen, wie sich das Zinkblech zersetzt. Die Säure übt vielleicht eine Kraft auf das Zink aus. Durch den Druck kommen die kleinsten Teilchen des Zinks in Bewegung. Diese Teilchen heißen Elektronen. Davon ist das Wort Elektrizität abgeleitet. Die Elektronen werden von dem Zink weggedrückt. Deshalb bekommt das Zink das Minus-Zeichen und den Namen „Negativer Pol". Durch den Druck, der auch Spannung heißt, fließen die kleinen Teilchen weiter zum Kupfer. Das Kupfer wird dadurch positiv geladen und bekommt das Plus-Zeichen. Der Strom kann aber erst fließen, wenn die Messingstreifen miteinander verbunden werden. Wir spüren das Fließen, wenn wir die Zunge zwischen die Pole halten, wir sehen die Wirkung des Stroms, wenn wir ein Birnchen dazwischenschalten. Wir messen den Druck, wenn wir einen Voltmesser anbringen."

Das weitere Ziel muß nun sein, Wesentliches zu klären und zu ergänzen und in klarer Gliederung so zusammenzufassen, daß die Heimarbeit vertiefend und weiterführend das Thema vollenden kann. Nach dieser themagleichen Gruppenarbeit in der Schule genügt das Aufnotieren folgender Disposition (durch mündliche Erklärungen des Lehrers unterstützt) für die Hausarbeit in die Arbeitsmappe:

Wir untersuchen eine Batterie

1. Teile der Batterie (mit Zeichnung)

2. Teile des Elementes (mit Zeichnung)

3. Entstehung des Stromes (chemischer Vorgang – Zink = negativ elektrisch oder Minuspol, Kohle = positiv elektrisch oder Pluspol – Druck = Spannung, gemessen in Volt, Voltmeter – durch Hintereinanderschaltung Spannung erhöht – ein Element = 1,5 Volt – durch Spannung Fließen der Elektronen, innerhalb des Elements von − zu +, außerhalb von + zu −; Kohle und Zink = Leiter, Papier und Asphalt = Nichtleiter, Isolatoren).

Neue Problemstellung (aus dem Protokoll)

Heinz: „Bei meiner Fahrradlampe habe ich keine Batterie. Da wird der elektrische Strom im Dynamo erzeugt. Wie geht das vor sich?"

Eine solche Schülerfrage (oder ein ähnlicher Anstoß durch den Lehrer) kann Ausgangspunkt zu neuer Arbeit sein: Elektromagnet, Dynamo und Elektromotor.

Der Einsatz der Gruppen

Wo können die Schülergruppen mit Erfolg ihre Tätigkeit aufnehmen?

Dies ist nur dort möglich, wo besonders geeignete Stoffe und Aufgaben vorliegen. Aus der Analyse des Arbeitsverlaufs ging schon hervor, daß es sich im wesentlichen um drei Verwendungsgebiete handeln kann:

1. beim Forschen
2. beim Gestalten
3. beim Üben.
   Vgl. Arbeitsverlauf, Seite 113 ff.)

1. Forschen

Jedes Kind besitzt – wie wir immer wieder gesehen haben – ein natürliches Erkenntnisstreben. Dies wird besonders in bestimmten Entwicklungsstufen deutlich, wo das Kind eine große Bereitschaft zeigt, selbständige Forschungsarbeiten zu übernehmen (*siehe „Aufbau der Gruppen", Seite 47 ff.).*

Die Aufgaben können sich im Rahmen des gegebenen Lehrstoffs halten. Der Lehrplan bietet dazu genügend Stoffgebiete: Heimat, Erde und Kultur, Natur, Technik. Eine Sonderstellung nimmt die Religion ein.

a) Heimat

Grundsätzliches

Umfassendstes und naheliegendstes Forschungsgebiet für das Kind ist der Heimatraum. Er liefert mit den ihm entnommenen Vorstellungen Ausgangspunkte und Apperzeptionsmöglichkeiten. Unser geistiger Besitz wurzelt in ihm, und darum ist die Heimat das Fundament aller weiterführenden Bildung. Als anschauliche Ganzheit läßt sie die Ordnungen des Lebens und die mannigfaltigen Beziehungen von Menschen und Dingen erkennen. So ist sie auch das Ordnungsprinzip in unserem Unterricht, ohne das alles Dargebotene völlig beziehungslos und bruchstückhaft bliebe. Die Heimat ist aber auch die Trägerin lebhaft wirkender Gemütswerte und schenkt uns mit ihnen für Unterricht und Leben eine Fülle von gefühlskräftigen Apperzeptionen. Hierauf beruht vor allem ihre erziehende Macht. Diese Feststellungen betreffen die formalen Zwecke der Heimaterforschung. Ihre materialen Zwecke ergeben sich aus den Forderungen des Lehrplans.

Das Ziel muß sein, daß die Kinder ihre Heimat einmal mit Bewußtsein geschaut haben und Einzelheiten benennen und beschreiben können. Diese Aufgabe beginnt mit dem ersten Schuljahr und schließt mit dem letzten.

Eine Gefahr bei unserer Arbeit besteht darin, daß wir leicht der Begriffssucht verfallen können. Wir können sie dadurch eindämmen, daß wir nicht auf die Systematik des Faches „Heimatkunde", sondern auf die Kinder sehen. Die Frage im Auge oder auf den Lippen des Kindes zeigt uns den notwendigen Umfang und das erforderliche

Tempo unserer Forschungsarbeit sehr genau an. Zwischen dem Kind und der Welt stehen wir selbst gleichsam als Transparent, durch das hindurch Heimat und Volk sichtbar werden.

Eine in diesem Sinne betriebene Erforschung der Umwelt entspricht den Interessen und Bedürfnissen unserer Kinder.

Beispiel: Gewässer der Heimat

Gespräch (Inhalt)

Ausgangspunkt war das letzte Hochwasser in unserer Heimatstadt Worms am Rhein. Fast alle wissen etwas beizutragen: Der große Strom, in dem wir sonst friedlich baden konnten, war plötzlich angeschwollen. Mit seinen gelben, schmutzigen Wassermassen, die alles am Ufer mitrissen, war er nicht wiederzuerkennen. Welche Schwierigkeiten entstanden? Die Fähre mußte ihren Betrieb einstellen. Die Arbeit im Hafen lag still. Die Häuser am Ufer mußten teilweise geräumt werden, Nachbarn mußten Hilfe leisten. Das Alltagsgesicht der Heimat war verwandelt.

Einige berichten über Hochwasserkatastrophen in anderen Ländern. Sie haben davon gehört oder in der Zeitung gelesen. Wir malen uns aus, wie Leute davon hören, Geld, Kleidungsstücke, Nahrungsmittel usw. an Sammelstellen abliefern, wie Hilfszüge alles hinbringen, welche Freude die Beiträge verschaffen.

Wir sprechen darüber, wie man solche großen Katastrophen durch Flußregulierungen, Damm- und Talsperrenbauten zu bannen sucht. Dann erörtern wir den Gedanken der menschlichen Zusammenarbeit, der gegenseitigen Hilfeleistung, die Bedeutung von Wasserstandsmeldungen. Am Ende des Gesprächs gebe ich einigen Gruppen den Auftrag, Hochwassermarken an Häusern zu suchen und sich von älteren Leuten über Katastrophen aus vergangenen Zeiten berichten zu lassen.

Forscherarbeit (Ablauf)

Nach einem starken Regen gehen wir hinunter auf eine Wiese in der Nähe der Schule und bleiben an einem Abhang stehen. Wir beobachten eine Regenrinne. Wie nahe liegt es, sie mit unserem großen Fluß zu vergleichen. Wir sehen uns genau das Bett an, das sie sich gegraben hat, und durch das das Wasser nun läuft. Dort oben, am Anfang, wo das stärkste Gefälle ist, erkennen wir den Oberlauf. Das Bett ist dort tiefer eingegraben. Deshalb werden dort auch größere Steine, Geröllstücke, fortbewegt, die in dem breiten, langsamer fließenden Mittellauf bereits abgesetzt werden. Erst im verzweigteren Unterlauf kommen feinere Schlammteilchen auf flacherem Gelände zum Absetzen. Wir sehen bei Stauung oder vor dem Abfließen in den Seitengraben das Bild des Deltas vor uns.

An einem anderen Tag gehen wir an die Stelle, an der unser großer Fluß seinen „Mund" aufreißt und ein Nebenfluß hineinfließt. So können wir es uns auch vorstellen, wie das riesengroße Meer seinen Mund aufmacht und wie dort der große Fluß ins Meer „mündet".

Bald gehen wir daran, das Bett des Nebenflusses gründlich zu erforschen. Die Aufteilung in Arbeitsgruppen erweist sich bei dieser Untersuchungsarbeit als unbedingt erforderlich. Jede Gruppe erhält ihre klare mündliche Arbeitsanweisung: Tierleben im Bach – Pflanzen am Ufer – Formen des Ufers (Prallhang durch Abnagung, Flachhang durch Anschwemmung) – die verschiedenen Absetzungen von Geröll, Kies und Sand. Mit Hilfe des Lehrers beginnen die Gruppen ihre Arbeit. Sie sammeln, messen, malen und notieren. Die Auswertung erfolgt zu Hause und in der Schule. Hier berichten die einzelnen Gruppen über ihre Untersuchungen, stellen ihre Sammelergebnisse zur Schau. Ein Aquarium wird aufgestellt, eine Gruppe für die Pflege der Tiere verantwortlich gemacht. Eine Ausstellung wird vorbereitet, die auf einem Tisch alle Gesteinsarten zeigen soll, die wir in unserer Gegend finden. Wir vergleichen die Ergebnisse unserer Forscherarbeit mit unseren früheren gemeinsamen Beobachtungen und stoßen auf das Problem der Verwitterung. In einer Kiesgrube, wo sich das gleiche Bild von Ablagerung ergibt, suchen es dieselben Arbeitsgruppen zu lösen.

Siehe auch: Gruppenbildung in der Heimatkunde des 3./4. Schuljahres, Stoffgebiet Bodenerhebungen, Seite 52 ff.).

b) Erde und Kultur

Vorbemerkung

Schon in den letzten Jahren der Grundschule kommt das Kind von sich aus auf die Fragestellung, die das Wesen erdkundlicher Betrachtung und Forschung kennzeichnet. Die moderne Erdkunde darf sich nicht damit begnügen, feststellen zu lassen, aus welchen Staaten sich Mittelamerika zusammensetzt, wie die Hauptstädte heißen, was in diesen Ländern angepflanzt wird usw. – nein, sie muß nach der Gesamtheit der Erscheinungen fragen – die Erd„kunde" muß zur Erd„forschung" werden. Es ist also wichtiger, daß das Kind versteht, warum sich in Mittelamerika viele kleine Staaten bildeten, warum gerade an dieser Stelle die Hauptstadt Mexikos entstand, daß es spürt, wie dieser Teil der Erde den weißen Menschen anlockte, daß es erkennt, welche wirtschaftlichen und bevölkerungspolitischen Wirkungen sich hieraus ergaben.

Aus dieser Sicht heraus wird schon ganz klar der eigentümlich verknüpfende Charakter der Erdkunde und damit ihre Mittelstellung im Gesamtunterricht erkennbar. Bei der Planung zeigt sich außerdem, wie sehr wir uns hier bei der erdkundlichen Forschungsarbeit auf die Ergebnisse zahlreicher Einzelwissenschaften stützen müssen, so besonders der Biologie, der Geologie, Klimatologie, Physik und Chemie. Auch die Geschichte und Volkswirtschaft liefern wichtige Unterlagen. Für jeden natürlich Denkenden ergibt sich daraus: Von der Erdkunde her müssen die Schranken der Unterrichtsfächer fallen! Es ist ein didaktischer Irrsinn, in einer Schulwoche im Fach Erdkunde Alaska, im Fach Naturkunde den Elefanten, in Naturlehre den Dynamo zu behandeln. Wir wollen doch endlich auf der Oberstufe eine Gesamtschau der Natur und der Arbeit des Menschen vermitteln!

Unsere Arbeitsplanung muß dieses Ziel berücksichtigen. Es liegt dabei oftmals an der Formulierung der Themen, ob uns dies gelingt. Das Thema „Afrika" wird wohl kaum das umschließen, was wir unter Gesamtunterricht verstehen. Es verleitet zu einer systematischen Betrachtung und kann das ursprüngliche Verlangen des Kindes nicht ganz befriedigen. Denn das Kind denkt zunächst nicht systematisch, es sucht nach der räumlichen Zuordnung und Abhängigkeit. Die schwarzen Menschen in Deutschland, die Mischlinge in der Schule erwecken sein Interesse. Formuliert man das Thema etwa „Schwarzer Mensch – Weißer Mensch", so wird sich alles in einer ganz natürlichen Weise zu einem sinnvollen Ganzen verknüpfen (*vgl. Arbeitsplanung, Seite 85 ff.*).

Hier wird der Zusammenhang der Erscheinungen viel klarer erkannt werden, und es wird die Frage verstummen: „Wozu lernen wir das eigentlich?" Hier liegt ein Grund dafür, daß das Forschungsgebiet „Erde" von den Kindern besonders geliebt wird, ein anderer liegt wohl darin, daß die Möglichkeit gegeben ist, nicht nur etwas Neues und Interessantes kennenzulernen, sondern nach Erwerb von bestimmten Techniken auch fähig zu sein, in freier Arbeit selbst Erkenntnisse zu gewinnen.

Wie gelingt es nun, von der einengenden wissenschaftlichen Systematik loszukommen und in Überwindung eines starren Lektionismus zu einem wirklich kindgemäßen, natürlichen Gesamtunterricht zu gelangen? Es läßt sich hierzu kein Rezept verabreichen, kein Schema aufstellen. Es soll aber in den folgenden Arbeitsberichten (die im Stenogramm aufgenommen wurden) aufgezeigt werden, wie erdkundliche Erforschung im Rahmen eines gesamtunterrichtlichen Themas verlief, so daß aus den Ergebnissen wesentliche Anregungen für Planung, Stoffgestaltung und Arbeitsweise bei ähnlichen Themen gewonnen werden können. Besonders hervorgehoben sind in den Beispielen die Ergebnisse des einführenden Gespräches, die Verwendung der Arbeitsmittel und die Ergebnisse der kindlichen Forschungstätigkeit.

Beispiel 1: Mittelamerika

Situation bei Unterrichtsbeginn

Wir befinden uns in einer gemischten Klasse, 8. Schuljahr. Während sich die 18 Mädchen und 16 Jungen mit ihren Stühlen, mit Tagebuch und Bleistift kaum hörbar im Halbkreis um die Amerikakarte gruppieren, wollen wir uns noch einmal rasch in der Schulstube umsehen. Die langen Tafelflächen sind in neun gleich große Flächen eingeteilt, jede mit der Nummer der dazugehörigen Gruppe versehen. In den niederen Gruppenschränken, die zum Teil schon offen stehen, liegen neben Zeichenpapier Hefte, Arbeitskarten, Bastelmaterial, vor allem zahlreiche Erdkunde- und Naturkundebücher, Atlanten, Wörterbücher und Lexika. An der Fensterseite fällt uns ein Sandkasten auf, der zur Arbeit vorbereitet ist. Der Sand ist durchfeuchtet, glattgestrichen, die Konturen der amerikanischen Land- und Inselbrücke heben sich ab, mit dünnen Holzstäbchen sind die Haupthöhen markiert.

Das Thema ist jedem Kind in der Klasse bekannt, denn der zu erarbeitende Stoff ist aus dem großen Arbeitsplan ersichtlich, der an der gegenüberliegenden Wand befestigt ist.

Gespräch

Heute beginnt der Lehrer. Bei seiner einleitenden Erzählung benutzt er ab und zu die Karte, um neue geographische Begriffe zu erklären.

Lehrer:

„Im Westen lockt eine neue Welt", so haben wir unser Thema genannt. Wir haben gesehen, wie immer wieder Menschen auf die See hinausgefahren sind, um diese neue Welt zu entdecken. Kolumbus hatte von dem Goldland Indien gehört. Er wollte es erreichen. Wir sind an Hand unseres Leseheftes (*Morison, Mit Kolumbus an Bord, Brunnen-Verlag, Hamburg-Wohldorf*) mit ihm gefahren und haben erlebt, wie er auf der kleinen Insel Guanahani landete und damit eigentlich die sogenannte „Neue Welt" entdeckte. Er war aber damit nicht zufrieden. Ihn lockte weiterhin Reichtum, Gold und Silber. Das hatte er auf der Westindischen Insel nicht gefunden. Darum fuhr er noch dreimal nach Westen, um das Goldland zu entdecken. Auf seiner letzten abenteuerlichsten Reise hätte er diese Entdeckung machen können. Als er auf dieser Fahrt mitten im Westindischen Meer segelte, tauchte vor dem Bug der spanischen Karavelle ein mächtiges Boot auf. Es wurde von Segeln und 50 Ruderern bewegt. Unter einem Zeltdach von riesigen Blättern lagerten indianische Frauen und Männer. Kolumbus war beim Anblick dieses Eingeborenenschiffes sehr überrascht, denn er beobachtete dabei noch recht seltsame Dinge. Die Indianer auf dem Schiffe waren nicht unbekleidet wie sonst die Wilden auf den Westindischen Inseln. Sie trugen reiche und farbig gemusterte Umhänge. Als einige Indianer eingeladen wurden, an Bord zu kommen, traten sie sehr selbstbewußt auf und machten den Eindruck von richtigen Kulturmenschen. Von Gestalt waren sie klein und stämmig, die runden, kurzen Schädel saßen auf merkwürdig niedrigen Hälsen, die Gesichter waren dick überschminkt.

Noch mehr waren die Spanier erstaunt über die Waren, die sie auf dem Boot gestapelt hatten: schön gefärbte Baumwolltücher, ärmellose Kittel, hübsch gemusterte Schürzen, praktisches Geschirr, Bronzebeile, Glöckchen und Schmuckstücke aller Art. Vergebens spähten die Spanier nach Goldgegenständen aus. Die Indianer taten, als ob sie nicht verständen, als sie danach gefragt wurden; stumm wiesen sie immer wieder nach Westen. Dort lag offenbar das Land, aus dem sie hergekommen waren.

Da die Fremden von Gold nichts zu verstehen schienen und ihr Land deshalb auch nicht das Paradies sein konnte, nach dem Kolumbus seit 10 Jahren suchte, wandte sich das Interesse der Spanier bald von ihnen ab. Man entließ sie, und sie ruderten weiter ihres Weges. Nie ist Kolumbus seinem Ziele, ein großes Reich zu entdecken, näher gewesen als bei dieser Begegnung! Wäre er dem Boot der Indianer gefolgt oder hätte er einen Lotsen von den Indianern genommen, so hätte er ein reiches, mächtiges Kulturland aufgefunden.

Ingrid: Das waren doch Indianer. Und Kolumbus hat sie doch so genannt, weil er glaubte, das wäre Indien.

Regina: Das Land, das er vorher entdeckt hat, heißt ja auch deshalb Westindien.

Helmut: Wenn man sich das an der Karte betrachtet *(geht an die große Landkarte)*, meint man, daß die Inseln früher einmal mit dem Land zusammenhingen.

Karin: Das sieht man genau an Haiti.

Helmut: Ja, ich glaube, das war ein Gebirgszug.

Gerda: Mittelamerika ist sicher ein Einbruchsgebiet wie das Mittelmeer in Europa.

Annchen: Das kann man sich gut denken. Auf den Inseln sind Vulkane, und da sind sicher ganze Gebiete ins Meer gesunken.

Regina: Es ist eine sehr heiße und feuchte Gegend.

Else: Es sind aber nicht nur Berge dort, es gibt auch Tiefebene. Hier zum Beispiel die Halbinsel Yukatan.

Lehrer: Auf dieser Halbinsel lebte damals ein Kulturvolk. Ich will euch jetzt den Namen dieses Volkes anschreiben. Es war das Volk der Maya.

Volkmar: Gab es da nicht auch ein Volk der Azteken?

Lehrer: Richtig! Die waren mit den Maya verwandt und lebten etwas weiter nördlich in Mexiko.

Volkmar: Die Azteken waren doch ein großes Kriegervolk.

Ingrid: Nein, ich habe gelesen, es wären in der Hauptsache Ackerbauern gewesen. Auch die Maya waren Bauern. Sie bauten schon feste Straßen, hatten große Tempel und dienten den Göttern.

Klaus: Ich habe gelesen, daß sie ihren Göttern Menschen opferten.

Rembert: Vor kurzem war ein Bericht in einer Illustrierten mit Bildern von den Tempeln und Pyramiden der Maya. Sie durchforschen jetzt auf Yukatan die ganzen Urwälder danach.

Günter: Ich habe gelesen, daß ein Spanier namens Cortez in das Land eingedrungen ist und den König Montezuma ermordete. Er fand dort die beiden Kulturvölker und hat sie besiegt.

Ingrid: Die Frauen trugen damals schon Kleider, die mit Edelsteinen besetzt waren.

Volkmar: Die Ägypter haben in den Pyramiden ihre Könige begraben. Die Maya haben die Menschen in den Pyramiden geopfert.

Harald: Einmal im Jahr fand ein Totenfest statt. Dabei haben sie Tische gedeckt und geglaubt, die Seelen der Verstorbenen kämen zu ihnen.

Volkmar: Die Pyramiden und Tempel wurden von den Spaniern ausgeraubt und fielen dem Urwald zum Opfer. Heute sucht man wieder nach ihnen.

Am Schluß der Stunde stellen wir fest, warum das Land auch heute noch so verlokkend ist: Es ist reich an Schätzen. Mexiko ist das 1. Silberland der Erde. Es werden dort viele Südfrüchte angebaut, die z. B. in den USA nicht wachsen. Infolge der Vulkane ist der Erdboden sehr fruchtbar. Auf der Inselwelt wachsen in der Hauptsache Zuckerrohr und Tabak. Ein ganz seltsamer Vogel lebt dort, den man Kolibri nennt. Klaus hat darüber etwas gelesen. Der Kolibri sei nur so groß wie eine Hummel und könne in der Luft durch seinen schnellen Flügelschlag stehen. Auch hat er ein ganz buntes Gefieder. Viele Orchideen soll es dort geben. In ihren großen Blüten leben winzige Schlangen, die giftig sind. – Das Land besteht aus vielen kleinen Staaten. Einige von ihnen sind nicht selbständig, sondern stehen unter der Verwaltung der USA, von England und Frankreich. Die USA haben auch den Panamakanal im Besitz, der eine wichtige Verbindung zwischen dem Atlantischen und Großen Ozean ist.

Ergebnis des Gespräches

Während des Gespräches zeigte es sich, mit welch großem Interesse die Kinder an den geographischen Stoff herangehen, den sie dabei schon über ein bloßes Registrieren hinaus zu einer zusammenfassenden Schau erweitert wissen wollen. Die Kinder erkennen Zusammenhänge, sie fragen nach räumlichen, zeitlichen und kausalen Ordnungen. Im Hintergrund stehen immer die Fragen „Warum" und „Wozu".

Diese Fragen voll und ganz zu klären, ist ursprüngliches Anliegen des Kindes. Wir müssen ihm nur Zeit lassen, ihm Mittel und Wege zeigen, damit es weiter forschen und suchen und ganz in die Geheimnisse des fremden Landes eindringen kann. Zu diesem Zwecke geben wir den Kindern am nächsten Tag die notwendigen Arbeitsanweisungen und Arbeitsmittel in die Hand.

Arbeitsanweisungen

Gruppe 1	
Vortrag:	Mittelamerika wird entdeckt und erobert
Zeichnung:	Spanier und Portugiesen erobern die Neue Welt
Arbeitsmittel:	Erdkunde-, Geschichts-, Biologiebücher, Atlanten, Lesehefte über die Entdeckung Amerikas, Beihefte zu Unterrichtsfilmen, Zeitschriften.

Gruppe 2	
Vortrag:	Die Kultur der Ureinwohner Mittelamerikas
Zeichnung:	Lage des Mayareiches, Tempel der Maya, Schriftzeichen und Zahlensystem der Maya
Arbeitsmittel:	Erdkunde-, Geschichts-, Biologiebücher, Atlanten, Lesehefte über die Entdeckung Amerikas, Beihefte zu Unterrichtsfilmen, Zeitschriften.

Gruppe 3

Vortrag: Die Schätze des amerikanischen Mittelmeeres

Zeichnung: Schätze des amerikanischen Mittelmeeres

Arbeitsmittel: Erdkunde-, Geschichts-, Biologiebücher, Atlanten, Lesehefte über die Entdeckung Amerikas, Beihefte zu Unterrichtsfilmen, Zeitschriften.

Gruppe 4

Vortrag: Die Schätze der amerikanischen Inselbrücke

Zeichnung: Die Westindische Inselbrücke und ihre Erzeugnisse

Arbeitsmittel: Erdkunde-, Geschichts-, Biologiebücher, Atlanten, Lesehefte über die Entdeckung Amerikas, Beihefte zu Unterrichtsfilmen, Zeitschriften.

Gruppe 5

Vortrag: Die Schätze der amerikanischen Landbrücke

Zeichnung: Die amerikanische Landbrücke und ihre Erzeugnisse
Die drei Klimastufen Mexikos

Arbeitsmittel: Erdkunde-, Geschichts-, Biologiebücher, Atlanten, Lesehefte über die Entdeckung Amerikas, Beihefte zu Unterrichtsfilmen, Zeitschriften.

Gruppe 6

Vortrag: Land der Vulkane

Zeichnung: Die amerikanischen Mittelmeerländer und ihre höchsten Vulkane, Querschnitt durch einen Vulkan

Arbeitsmittel: Erdkunde-, Geschichts-, Biologiebücher, Atlanten, Lesehefte über die Entdeckung Amerikas, Beihefte zu Unterrichtsfilmen, Zeitschriften.

Gruppe 7

Vortrag: Land der Revolutionen

Sandkastenbau: Lage der amerikanischen Mittelmeerländer (Landschaftsformen, Grenzen und Staaten)

Arbeitsmittel: Erdkunde-, Geschichts-, Biologiebücher, Atlanten, Lesehefte über die Entdeckung Amerikas, Beihefte zu Unterrichtsfilmen, Zeitschriften, dazu: Sandkasten

---

Gruppe 8

Vortrag: Die Herren der reichen amerikanischen Mittelmeerländer

Zeichnung: Die Staaten Mittelamerikas und ihre Besitzer
Erdkunde-, Geschichts-, Biologiebücher, Atlanten, Lesehefte über die Entdeckung Amerikas, Beihefte zu Unterrichtsfilmen, Zeitschriften.

Arbeitsmittel: Erdkunde-, Geschichts-, Biologiebücher, Atlanten, Lesehefte über die Entdeckung Amerikas, Beihefte zu Unterrichtsfilmen, Zeitschriften.

Gruppe 9

Vortrag: Der Panamakanal und seine Bedeutung

Zeichnung: Schematischer Schnitt durch den Kanal, Skizze vom Kanal, Seewegverkürzung durch den Kanal

Arbeitsmittel: Erdkunde-, Geschichts-, Biologiebücher, Atlanten, Lesehefte über die Entdeckung Amerikas, Beihefte zu Unterrichtsfilmen, Zeitschriften.

Arbeitsverlauf

Die Gruppen begeben sich mit ihren Arbeitsanweisungen und den vom Lehrer bereitgestellten Arbeitsmitteln an ihre Arbeitstische. Zusätzliche Atlanten, Bücher, Nachschlagewerke werden aus den Gruppenschränken geholt. Der Gruppenleiter liest leise seiner Gruppe die Aufgabe vor, er bestimmt den Tafelzeichner, verteilt Vorträge und Sonderaufgaben.

Die Tafelzeichner haben bald mit großem Eifer ihre Aufgabe in Angriff genommen. Einige Male werden sie von Gruppenkameraden kontrolliert und ergänzt. Auch der Lehrer legt ab und zu Hand an, um Fehler zu korrigieren oder neue Hinweise zu geben. Der andere Teil der Gruppe arbeitet mit Hilfe der vorhandenen Arbeitsmittel den Vortrag aus. Schwächere Schüler machen zunächst einen Entwurf

im Tagebuch. Er wird später von einem rechtschreibsicheren Kameraden nachgese-
hen. Die flotten und sicheren Arbeiter benutzen sofort ihre Arbeitsmappe.

Während schon ein paar Eifrige damit beschäftigt sind, die inzwischen entstandenen
Tafelskizzen in die Arbeitsmappe zu übertragen, haben sich einige stillschweigend in
eine Ecke abgesondert – vier sind auch, um ganz ungestört zu sein, an die Arbeitstische draußen auf dem Korridor gegangen – und arbeiten dort mit Hilfe der Bücher
und Lexika ihren Vortrag aus. Zwei Schüler der Gruppe 7 formen am Sandkasten
die Gebirgsformen Mittelamerikas; einer schneidet kleine Zettelchen, versieht sie
mit Städtenamen und steckt sie in abgebrannte Streichhölzer. Er stellt auch schon
die mit feinem, trockenem Sand vermischten Pulverfarben bereit, die der andere mit
Hand und Sieb auf die entsprechenden Landschaftsformen aufträgt. Mit blauen
Wollfäden werden die wenigen Hauptströme gelegt; die mit einem roten Punkt versehenen Städte werden mit den beschrifteten Streichholzfähnchen besonders einprägsam markiert. Die Besiedlungsdichte wird dadurch schon im Überblick leicht
ersichtlich. Ein klares, plastisches Bild des Landes ist entstanden, das sich dem jungen Former und Beschauer unvergeßlich einprägt.

Am Anschlagbrett haben schon vor einiger Zeit zwei Schülerinnen Ausschnitte
aus der Illustrierten „Kristall" und anderen Zeitschriften und Zeitungen besonders
eindrucksvoll angebracht. Ab und zu hebt ein Schüler die Hand, der Lehrer geht zu
ihm und springt helfend ein. Auch er redet wie die Kinder nur im Flüsterton.

Die Arbeitsberichte

Die folgenden Vorträge sind wortwörtlich wiedergegeben. Unberücksichtigt blieben
neue Fragen, die vom Lehrer oder Mitschüler Beantwortung fanden oder sich zu einem Lehrgespräch erweiterten. Die Arbeitsberichte der Schüler verteilten sich auf
einen Zeitraum von etwa 10 Unterrichtstagen. Die Arbeit nahm erst dann ihren
Fortgang, sobald im ergänzenden Gespräch alle Fragen geklärt und die dazugehörigen Skizzen nachgearbeitet waren. Zeit dazu fand sich auch in anderen Unterrichtsstunden, nach Diktat- und Aufsatzverbesserungen, nach Rechenübungen.

Abb. 8 Spanier und Portugiesen erobern die Neue Welt

Gruppe 1

Karin: Unsere Gruppe soll über die Entdeckung und Eroberung Mittelamerikas berichten. Auf unserer Zeichnung seht ihr den Seeweg von Christoph Kolumbus, der
die Westindischen Inseln entdeckte. Hier ist der Weg des Ferdinand Cortez, der 1519
Mexiko eroberte. Er landete mit einigen hundert Mann und 14 Geschützen und be-
siegte das große Reich der Azteken für Spanien. Wir haben ja gestern schon davon
gehört. Cortez gründete den Hafen Vera Cruz und zog dann nach Süden bis Honduras. Er wollte eine Meeresstraße zum Großen Ozean finden. Er rüstete dann eine
Expedition aus und entdeckte die Südspitze der Halbinsel Kalifornien. (Abb. 8)

Wir haben ein kleines Buch über Cortez gelesen. Darin wird erzählt, was er bei seiner Eroberung alles sah. Da wird zum Beispiel geschildert, wie er und seine Soldaten
zu dem großen Tempel in Mexiko gehen. Sie waren dabei ganz erstaunt über den riesigen Platz, auf dem gerade Markt war, und über das Gedränge der Leute und über

Abb. 9 Tempelpyramide der Maya

die Ordnung, die dort herrschte. Es wird berichtet, was sie dort auf dem Markt alles sahen: Gold, Silberarbeiten, Juwelen, Decken und Stoffe. Sklaven und Sklavinnen gab es auch. Sie wurden von Sklavenhändlern angeboten. Daneben trafen sie Stände mit Seilerwaren, Schuhen und Fellen in gegerbtem und ungegerbtem Zustande, auch mit Gemüse, Kräutern, Geflügel und Wild. Das ganze Leben und Treiben erinnerte Cortez an seine Heimat. Es war ja auch fast ein Markt, wie er heute noch bei uns ist. Als Cortez und seine Soldaten alles gesehen hatten, gingen sie auf den Tempel zu. Der war von gewaltigen Höfen umgeben, die doppelte Mauern aus Kalk hatten. Der Boden war mit gewaltigen weißen Platten bedeckt. Als Cortez im Hofe stand, schickte ihm der König der Azteken sechs Priester und zwei vornehme Leute entgegen, die Cortez begleiten sollten. Sie mußten nämlich jetzt 114 Stufen hochklettern, um auf die Höhe der Tempelpyramide zu kommen. Ich stelle mir das so vor, wie es die Gruppe 4 hier an die Tafel gezeichnet hat. (Abb. 9) Oben sahen die Spanier eine große Opferplatte. Auf der wurden die armen Indianer getötet, das sah man auch noch am geronnenen Blut. Dahinter stand ein großes Götterbild, das wie ein Drache geformt war. Sie konnten von hier über das ganze Land sehen. Sie erblickten drei große Dammstraßen, die nach Mexiko führten. Sie sahen auch eine große Wasserleitung, die die Stadt mit Trinkwasser versorgte, und viele Brücken, die die Dämme durchbrachen und unter denen das Wasser hindurchströmte. Auf dem Wasser fuhren viele Kanus, die mit Fracht beladen waren. Die Häuser waren auch rings mit Wasser umgeben. Ich stelle mir das so wie in Venedig vor. Und überall gab es glänzende Tempel und Heiligtümer.

Altes Reich v. 1.—8. Jh. n. Chr.
Neues Reich ab 8. Jh. n. Chr.
● ● Bisher bekanntgewordene Städte

Abb. 10 Lage des Maya-Reiches

Gruppe 2

Annchen: Ich will nun noch etwas näher über die Azteken und Maya berichten.
(Abb. 1O) Diese Ureinwohner des heutigen Mexiko standen auf einer hohen Kulturstufe; denn sie bauten ja schon märchenhaft schöne Tempel und stattliche Pyramiden. Ich will einmal ein Haus beschreiben, wie es aussah. Es war ein einstöckiges Haus, aus Stein gebaut, mit vielen rätselhaften Dämonen. Auf einer schmalen Treppe kam man in das Haus hinein. Das Seltsame war die Tür. Sie war immer nach der westlichen Seite des Hauses gebaut. Das schreibt der Glaube den Maya und Azteken vor, denn es heißt bei ihnen, wo die Sonne untergeht, ist die Finsternis, und der Gott des Bösen hat da seinen Sitz. Sonderbar ist auch noch, daß die Häuser keine Fenster

haben. Auch gibt es bei ihnen keine Stühle, denn sie sitzen auf dicken, handgeweb-
ten Teppichen. Die Azteken haben schon Schriftzeichen gekannt. Es waren meistens
Bilder. Sie waren schwer zu entziffern. Ich habe hier einige angemalt. (Abb. 11)

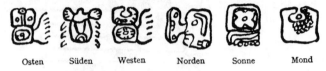

| Osten | Süden | Westen | Norden | Sonne | Mond |

Abb. 11 Schriftzeichen der Maya

Viel einfacher als die Schrift waren die Zahlen der Maya. Sie machten sie mit Punkten und Strichen. Die ersten vier Zahlen wurden durch Punkte, die fünf durch einen
Strich dargestellt. Das sah dann so aus:

$$\overset{\cdot}{1} \quad \overset{\cdot\cdot}{2} \quad \overset{\cdot\cdot\cdot}{3} \quad \overset{\cdot\cdot\cdot\cdot}{4} \quad \overset{—}{5} \quad \overset{\cdot}{\underset{6}{—}} \quad \overset{\cdot\cdot}{\underset{7}{—}}$$

Wie würde man zum Beispiel die Zahl 18 schreiben?

(Dieter schreibt richtig an: $\overset{\cdots}{\underset{=}{}}$ *)*

Die Maya und die Azteken waren also schon ein richtiges Kulturvolk, so wie es Ingrid gestern schon gesagt hat. Auch hatte sie recht, als sie behauptete, sie hätten in
der Hauptsache Ackerbau getrieben.

Karin hat uns nun vorhin berichtet, wie im Jahre 1519 Ferdinand Cortez in das Land
eindrang und es eroberte. Ich will das noch etwas ergänzen. Er landete mit nur 450
Mann an der Ostküste Mittelamerikas. Zuerst konnte er keine Menschen sehen,
dann kam ihm eine Gruppe rotgelber Männer mit sehr runden Köpfen entgegen. Ja,
warum haben die Azteken so runde Köpfe? Wenn ein junger Azteke geboren wird,
so drückt die Mutter ihrem Kind den Kopf zusammen, denn ein kurzer Schädel galt
als besonders schön. Auch Schielen war ein Zeichen von Schönheit; deshalb kämm-
ten die Maya und Azteken ihren Kindern das Haar in die Mitte des Gesichts, damit
sich ihre Augen frühzeitig ans Schielen gewöhnten. Cortez fragte die Männer, ob er
einen Rundgang durch die Stadt machen könne. Das bekam er von dem König Montezuma bewilligt. Er wurde in einer Sänfte durch die Stadt getragen und beobachtete
alles, was Karin vorhin erzählt hat. Er sah den Glanz der Stadt mit gierigen Augen,
und er faßte den Plan, alle Schätze in seine Heimat zu bringen.

Gruppe 3

Gerda: Unser Thema hieß: „Die Schätze des amerikanischen Mittelmeers". Wie ihr
an unserer Skizze seht, findet man neben den Fischen auch sehr viel Schwämme und
Perlen. (Abb. 12) In der vorigen Woche wurde ja gefragt, woher die Schwämme
kommen, und so will ich zunächst über den Schwamm berichten, der hier an der mit-
telamerikanischen Küste im Wasser lebt.

Abb. 12 Schätze des amerikanischen Mittelmeeres

Hier an die Tafel habe ich euch einen Schwamm gezeichnet, so wie er lebend aussieht. Es ist ein richtiges Tier. Auch wenn ihr euch darüber wundert, es ist doch so. Der Badeschwamm ist ein Tier, das fest auf dem Grund des Meeres sitzt und sich nicht vom Platz bewegen kann. Im Innern des Tieres ist ein Hohlraum. Zu diesem Hohlraum führen kleine Kanälchen. Außerdem werden die Weichteile durch ein Gerüst gestützt. Das Gerüst ist gerade der Schwamm, den wir hier in der Schule und im Haushalt benutzen.

Das Schwammtierchen nimmt durch die Kanäle Wasser in sich auf und scheidet es dann wieder aus. Die Kanäle bilden runde Kammern, die mit Haaren versehen sind. Diese sind ständig in Bewegung und treiben das Wasser in den Hohlraum der Tiere.

Du fragst, warum das so ist? Ja, erstens bringt das Wasser Sauerstoff mit, den das Tierchen ja braucht, und zweitens kommen mit dem Wasser kleine Tiere oder Pflänzchen in den Hohlraum. Dort werden sie von den Zellen als Nahrung aufgenommen.

Interessant ist die Fortpflanzung. Sie geschieht durch Knospung. Der alte Schwamm bekommt mit der Zeit Knospen. Diese sind kleine Tierchen, die aber mit dem Schwamm verbunden bleiben. So entsteht nach und nach ein ganzer Stock.

Wie kommt man nun zu den Schwämmen? Das machen die Taucher. Sie haben lange Stangen, an denen Haken befestigt sind. Oder man holt sie mit Schleppnetzen vom Meeresgrund herauf. Das Skelett wird durch Pressen und Quetschen von den Weichteilen befreit. Dann werden sie noch einmal in Süßwasser ausgewaschen, bis alles außen herum entfernt ist. Das Skelett, das übrig bleibt, kommt dann als Badeschwamm in den Handel.

Helmut: Gerda berichtete soeben über den Schwamm, ich will kurz über die Perlen und Austern sprechen, die man ebenfalls in großen Mengen im amerikanischen Mittelmeer findet. Die Austern sind Muscheln, die am Boden des Meeres liegen. Die Eingeborenen essen diese Muscheln oder Austern roh. Es gibt auch Leute, die sie züchten, weil ihr Fleisch so gut ist. Sie vermehren sich schnell, denn so eine Muschel legt Millionen von Eiern. In der Muschel finden wir die Perlen. Sie werden als Schmuck getragen. Hier habe ich euch einige echte Perlen mitgebracht. Die Japaner haben es fertiggebracht, daß die Muschel eine Perle entwickelt. Man nimmt eine Muschel, öffnet ihr die Schale und legt ein Sandkörnchen hinein. Wenn sie es nicht herausbringt, schleimt sie das Körnchen ein, und es entsteht eine neue Perle.

Gruppe 4

Alma: Unsere Gruppe hatte den Auftrag, über die Schätze der Westindischen Inselbrücke zu sprechen. Die Westindische Inselbrücke seht ihr hier auf der Karte. (Abb. 13) Sie verbindet Nordamerika mit Südamerika. Es ist ein sehr heißes Gebiet, denn wir kommen dem Äquator immer näher. Die Durchschnittstemperatur beträgt 24–28 Grad. Es gibt reichliche Niederschläge, dadurch gedeihen sehr gut Zuckerrohr, Bananen und Tabak.

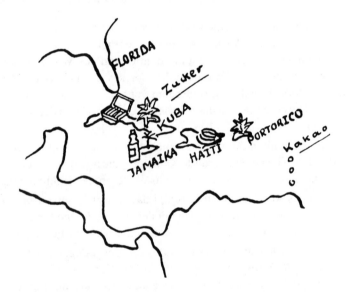

Abb. 13 Die Westindische Inselbrücke und ihre Erzeugnisse

Auf der großen Insel Kuba wird Zuckerrohr und Tabak angepflanzt. Dort gibt es den bekannten Havanna-Tabak. Hier habe ich eine Zigarrenkiste, auf der der Name draufsteht. Mein Vater sagte, das wären sehr teure Zigarren. Auf Jamaika gedeihen Bananen und Zuckerrohr. Aus dem Zuckerrohr wird der bekannte Rum gewonnen. Auf Haiti werden in der Hauptsache Bananen angepflanzt.

Nun spricht Annemarie im einzelnen über Tabak, Zuckerrohr und Bananen.

Annemarie: Ich habe euch drei Bilder aufgehängt. Das erste ist die Tabakpflanze, die ihr ja alle kennt. Verwendet werden die Blätter. Sie sind sehr groß. Wenn sie gelbe

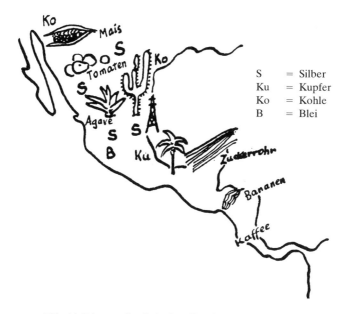

Abb. 14 Die amerikanische Landbrücke und ihre Erzeugnisse

oder braune Flecken bekommen, werden sie abgemacht. Danach werden sie ge-
trocknet und in den Handel gebracht. Bevor man aber die Blätter verarbeitet, müssen sie in saure Gärung getan werden. Dadurch wird ein Teil von dem Tabakgift getötet. Man stellt entweder Rauchtabak oder Schnupf- oder Kautabak her.

Auf dem zweiten Bild seht ihr das Zuckerrohr. Es sieht aus wie unser Schilf am Altrhein. Es ist aber viel höher und dicker. Es kann 3–6 Meter lang und 2–3 cm dick
werden. Die Halme des Zuckerrohrs sind grün, gelb, rotbraun oder schwarz. Sie
werden jedes Jahr abgeschnitten, sie treiben aber wieder neue Stengel. Wenn der
Stengel zu reifen beginnt, werden die untersten Blätter entfernt, damit der Stengel
mehr Zucker bilden kann. Dann werden die Stengel geschnitten und in der Zucker-
mühle ausgepreßt. Der Saft enthält 14–20 % reinen Zucker. Der Saft wird dann geklärt und durch Schleudermaschinen von der Melasse befreit, ähnlich wie wir es neulich in der Zuckerfabrik gesehen haben. Aus dieser Masse wird Kunsthonig und
Rum gewonnen.

Hier auf dem dritten Bild seht ihr die Bananenbäume. Sie haben einen kurzen
Stamm und große Blätter. Es hängen viele Bananen darauf. Es ist ein tropisches Ge-
wächs, und die Früchte werden nach den USA und nach Europa verkauft.

Gruppe 5

Günter: Wir sollen über die Schätze berichten, die wir auf der Landbrücke zwischen
Nord- und Südamerika finden. Wir haben dazu diese Skizze gemacht, aus der man

alles klar erkennen kann. (Abb. 14) Ihr seht, das wichtigste ist das Silber. Mexiko ist
das erste Silberland der Erde. Man findet natürlich daneben noch andere Erze, wie
Blei, Kupfer und auch Kohle. Morgen werden wir einen Film sehen. Er heißt „Ein
Markttag in Toluca". Wir haben schon in dem Beiheft gelesen, was da alles auf den
Markt kommt. Es sind Tomaten, Obst und vor allem die Erzeugnisse der Agave. Die
Agave ist eine ganz besondere Pflanze, die gerade in Mexiko wächst. Hier auf diesem Bild könnt ihr sie sehen. Aus den dickfleischigen Blättern gewinnen die Mexika-
ner eine starke Faser, aus der sie Stricke, Matten, Hüte und Stoffe herstellen. Aus
dem Saft machen sie ein alkoholisches Getränk, das sie gerne trinken. Es ist der Pul-
que. Auch hierüber sehen wir noch einen Film. Auf der Skizze seht ihr, daß es auch
noch viel Kakteen gibt. Die sind aber nicht so klein wie hier die zwei am Fenster, sondern die sind oft 2–3 Meter hoch. Weiter wird noch viel Mais angebaut, hier gibt es
viel Kaffee und hier Bananen. Alles ist natürlich stark vom Klima abhängig. Wir
können in der Hauptsache drei Klimastufen unterscheiden. Ich will es euch hier an
der Skizze klarmachen (Abb. 15):

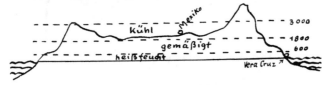

Abb. 15 Die drei Klimastufen Mexikos

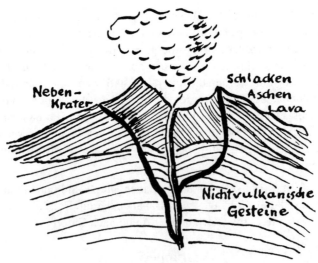

Abb. 16 Querschnitt eines Vulkans

Gruppe 6

Volkmar: Unsere Gruppe sollte etwas über Mittelamerika als „Land der Vulkane"
aussagen. Ich erkläre erst einmal das Bild 1. (Abb. 16) Wir sehen hier einen Längs-
schnitt durch einen Vulkan. Die Röhren, die ich angezeichnet habe sind Lavakanäle.
Aus dem Erdinnern wird die Lava durch die Kanäle an die Oberfläche gestoßen. Ich
will dazu noch etwas vorlesen, und zwar über die Geburt eines Vulkans in Mittelamerika.

„Man schrieb das Jahr 1943. Ich erinnere mich noch ganz genau: es war am 2. Februar, in der ganzen Welt verzeichneten die Erdbebenwarten Erdstöße, besonders stark
in Mittelamerika. Im 'Tal der Adler' war ein neuer Vulkan ausgebrochen. Am Morgen dieses Tages entdeckte ein Indio auf seinem Maisfeld einen schmalen Spalt in der
Erde, aus dem Rauch quoll. Nach ein paar Stunden begann plötzlich der Boden unter ihm zu schwanken und zu wanken. Stöße erschütterten die Erde, lautes Getöse
setzte ein. Wieder ein paar Stunden, und der Spalt war schon bedeutend größer. Feine Asche kam aus ihm. Nach ein paar Tagen hatte sich ein Vulkan gebildet, der Feuer
und Asche spie, und die Lava wälzte sich unaufhaltbar bergab. Nach vier Wochen
hatte der Feuerspeiende eine Höhe von 400 Meter erreicht."

Auf dem zweiten Bild sehen wir Mittelamerika mit seinen vielen Vulkanen.
(Abb. 17) Wir konnten sie natürlich nicht alle einzeichnen. Es sind ja ungefähr 88.
Nr. 1 ist der Popocatepetl, Nr. 2 der Pik von Orizaba und Nr. 3 der Mont Pelé auf
der Insel Martinique.

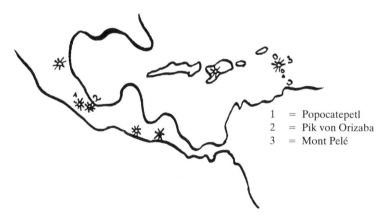

1 = Popocatepetl
2 = Pik von Orizaba
3 = Mont Pelé

Abb. 17 Die amerikanischen Mittelmeerländer und ihre höchsten Vulkane

Die Vulkane haben eine große Bedeutung für das Land, weil der Boden rings um
den Vulkan sehr fruchtbar ist. Das kommt von dem lockeren Boden. Aber es ist auch
sehr gefährlich für die Bewohner, denn wenn plötzlich ein Vulkan ausbricht, müssen
sie fliehen, und ihr Hab und Gut wird von der Lava verschüttet. Aber immer wieder
lockt der fruchtbare Boden. Der Name Vulkan ist von dem römischen Feuergott Vul-
kanus abgeleitet. Die Lava ist auch noch nützlich, sie wird zu Pflastersteinen verar-

beitet; denn was der Vulkan ausstößt, wird Basalt, und der ist sehr hart. Ein Vulkan ist meist kegelförmig, an der obersten Spitze befindet sich der Krater, aus dem dauernd Rauchpilze emporsteigen. Die meisten Vulkane haben noch einen Nebenvulkan, wie uns das Bild auch zeigt.

Gruppe 7

Liesel: Volkmar hat uns über das Land der Vulkane berichtet. In Mittelamerika gärt aber nicht nur die Erde, auch die Menschen waren hier dauernd in Gärung. Es ist das Land der Revolutionen. Und darüber sollen wir sprechen. Das ist gar nicht so leicht. Und ich kann euch nur das bringen, was wir in verschiedenen Lexika darüber gelesen haben. In der Hauptsache spielen sich die Bürgerkriege und Revolutionen in Mexiko ab. Das Land wurde, wie wir schon gehört haben, 1519–1521 von dem spanischen Heerführer Cortez erobert. Während der nächsten 300 Jahre wurde so Mexiko ein spanisches Königreich. Die Indianer machten aber immer wieder Aufstände. Ihre Anführer waren meistens Priester. Die eingewanderten Spanier schlossen sich auch der Unabhängigkeitsbewegung an. Auch war Mexiko einmal ein Kaiserreich gewesen. Es dauerte aber nur ein Jahr. Die inneren Kämpfe führten dann zu Bürgerkriegen. Es ging dabei auch um eine neue Verfassung. Diese Verfassungskämpfe lösten 1846 den Krieg gegen die USA aus, an die Mexiko 1848 die Hälfte seines Staatsbesitzes abtreten mußte. Die Franzosen, die unter Napoleon III. ebenfalls das Land besetzten, wurden von den USA zur Räumung gezwungen, und der eingesetzte Kaiser Maximilian wurde von den Aufständischen erschossen. Mit dem Ende von Maximilian, der ein absoluter Herrscher war, setzten wieder Revolutionen ein, die das Land in neue Verwirrungen stürzten. Die USA mischte sich 1914 wieder ein und besetzte die Hafenstadt Vera Cruz. Im ersten Weltkrieg blieb Mexiko neutral. Zwischen dem 1. und 2. Weltkrieg gab es weitere Kämpfe.

Auf unserem Sandkasten seht ihr, wie ganz Mittelamerika aus einer Menge von ganz kleinen Staaten besteht. Ein großer Teil von ihnen steht unter fremder Herrschaft.

Gruppe 8

Günter: Unsere Gruppe hatte den Auftrag erhalten, nachzuforschen, welche Menschen in diesem Gebiete wohnen. Die Ureinwohner Mittelamerikas – das haben wir schon gehört – waren wie in Nordamerika Rothäute. Ihre Herrschaft wurde durch die Weißen abgelöst. Das kommt daher: Die Weißen standen auf einer höheren Kulturstufe und waren in der Übermacht. Mit der Herrschaft der Weißen begann auch die Sklaverei. Neger aus Afrika wurden als billige Arbeitssklaven verwendet. Wir müssen nun folgendes unterscheiden: Anglo-Amerika und Spanisch-Amerika. Zu Anglo-Amerika gehören die USA und Kanada. Dort sind in der Hauptsache Engländer eingewandert, die Hauptsprache ist dort auch englisch. Süd- und Mittelamerika aber ist Spanisch-Amerika, weil die ersten Eroberer und die nachfolgenden Einwanderer in der Hauptsache von Spanien kamen.

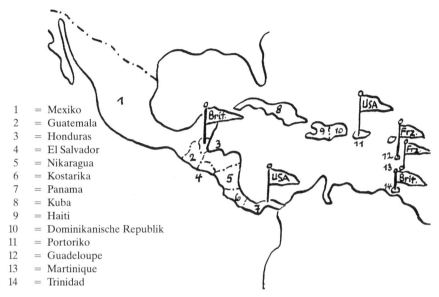

1 = Mexiko
2 = Guatemala
3 = Honduras
4 = El Salvador
5 = Nikaragua
6 = Kostarika
7 = Panama
8 = Kuba
9 = Haiti
10 = Dominikanische Republik
11 = Portoriko
12 = Guadeloupe
13 = Martinique
14 = Trinidad

Abb. 18 Die Staaten Mittelamerikas und ihre Besitzer

In zwei Punkten unterscheiden sich nun die Anglo-Amerikaner von den Spanisch-Amerikanern:

1. In Anglo-Amerika sind die indianischen Ureinwohner fast alle ausgerottet; in Spanisch-Amerika dagegen gibt es noch viele Indianer, die in dem Gebirge und in der Tiefebene hausen.

2. Die Nordeuropäer, die das Gebiet von Anglo-Amerika besiedelten, haben eine Vermischung mit der Urbevölkerung vermieden. In Spanisch-Amerika dagegen sind sehr viele Mischlinge. Einen Mischling aus Rot und Weiß nennt man Mestize. In Mittelamerika sind von je 100 Einwohnern 15 % Indianer, 40 % Mestizen, 30 % Weiße, 15 % Schwarze und Mulatten.

Die Gesamtzahl der Deutschen, die als Einwanderer in das Gebiet von Spanisch-Amerika zogen, ist geringer als die Zahl der Deutschen in Anglo-Amerika. Es sollen heute etwa 1,25 Millionen Deutsche in ganz Mittel- und Südamerika leben.

Mittelamerika setzt sich aus vielen kleinen Staaten zusammen, die heute sehr unter dem Einfluß der USA stehen. Manche stehen ganz unter der Verwaltung der USA, zum Beispiel Portoriko und Panama. Andere Staaten gehören zu England, zum Beispiel Britisch-Honduras und Trinidad. Auch die Franzosen haben kleine Kolonien dort. Wir haben hier die ganzen Gebiete aufgezeichnet und in jedes Land die zugehörige Flagge gesteckt. (Abb. 18)

Gruppe 9

Ursula: Wir haben gehört, daß Panama den Vereinigten Staaten gehört. Dieses ganz kleine Ländchen ist deshalb so wichtig, weil es die schmalste Stelle zwischen Nord- und Südamerika ist und sich dort der Panamakanal befindet. Wir hatten den Auftrag, über den Panamakanal zu berichten. Er verbindet den Atlantischen Ozean mit dem Großen Ozean und ist der verkehrsreichste Kanal der Welt geworden. Er wurde 1881 nach den Plänen des Erbauers des Suezkanals, Ferdinand von Lesseps, von einer französischen Gesellschaft begonnen. Das schlechte Klima forderte bei dem Bau Tausende von Toten. Das Unternehmen mußte auch wegen Geldmangel abgebrochen werden. 1900 kaufte die USA den Landstreifen für 500 Dollar. Es wurden Schleusenkammern angelegt und Berge abgesprengt. Im Jahre 1914 konnte der Kanal benutzt werden. Er beginnt bei Colon und endet bei Panama. (Abb. 19)

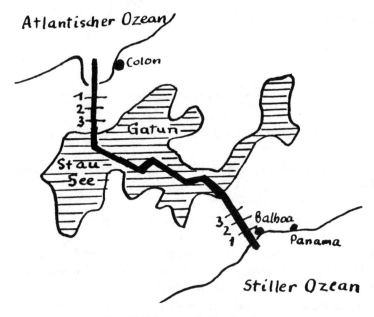

Abb. 19 Skizze vom Panamakanal

Nun will ich euch etwas diktieren, was man sich merken kann: Länge 80 km, Tiefe 13,7 m, Sohlenbreite 91 m, Spiegelbreite 100,4 m, Schleusenlänge 305 m.

Will ein Schiff nämlich vom Atlantischen zum Großen Ozean, so muß es sechsmal geschleust werden, dreimal hoch, und zwar immer 26 m bis zum Gatun-See, und dreimal 26 m runter zum Ozean. An der Zeichnung könnt ihr das besser sehen. Ich will es noch einmal erklären (Ausführung). (Abb. 20)

Abb. 20 Schematischer Querschnitt durch den Panamakanal

Am meisten wird der Panamakanal von den Vereinigten Staaten benutzt. Die Durchfahrt durch den Kanal dauert ungefähr 11–12 Stunden. An dieser Zeichnung seht ihr den Weg, wie er früher war und wie er heute ist. Der Kanal bedeutet also eine wesentliche Erleichterung des Seeverkehrs zwischen der atlantischen und pazifischen Küste. Der Verkehr ist so umfangreich, daß die USA einen zweiten Schifffahrtsweg durch den See von Nikaragua planen. (Abb. 21)

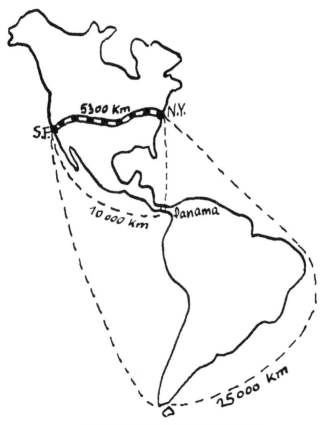

Abb. 21 Bedeutung des Panamakanals

Beispiel 2: Vorderindien

Unterrichtssituation

Das große gesamtunterrichtliche Thema, an dem die Klasse arbeitet, heißt „Eine Reise nach dem Osten" (*vgl. Vorbemerkung zu „Erde und Kultur" Seite 131, Beispiel 1, Seite 132*). In einem *kulturkundlichen* Gesamtunterricht werden die geographischen, geschichtlichen und wirtschaftlichen Probleme dieses Themas aufgerollt. In dem ersten Abschnitt „Von Berlin bis Korea" lesen wir Themen wie Berlin, ein Stadtschicksal – Kolonisation des Ostens – Hanse – Das russische Land und Volk – Napoleon in Rußland – Vergleich Napoleon / Hitler – Spannungen Ost/West usw.

Daneben ist ein *naturkundlicher* Gesamtunterricht in kleinere Ganzheiten zerlegt: Vom Verkehr – Atomenergie, eine neue Kraft – Vom Eise – Kältetechnische Fragen – Moose und Flechten im Haushalte der Natur usw. Auch die „Kernfächer" (Deutsch, Rechnen, Raumlehre) und die musischen Fächer stehen möglichst im Einklang mit den Themen des Gesamtunterrichts.

Die Klasse ist in ihrer Arbeit in das südasiatische Gebiet vorgestoßen.

Gespräch

Der Lehrer zeichnet auf der Asienkarte mit weißer Kreide ein Dreieck um das Gebiet Vorderindiens. Er sagt kein Wort und sieht die Kinder an. Mehrere Finger gehen in die Höhe.

„Das ist Vorderindien", sagt einer. „Auf unserem Arbeitsplan steht aber nicht Vorderindien, sondern Land der Monsune", wirft ein anderer ein. Der Lehrer nickt. Einer meldet sich und fragt: „Was sind Monsune?" Der Lehrer zuckt kurz mit der Schulter und setzt sich mitten unter die Kinder.

„Monsune sind Regen." – Nein, ich habe gelesen, daß Monsune Winde sind." – „Ja, das stimmt auch, Monsune sind Winde." – „Wie entstehen denn die Monsune?" – "Die entstehen sicher wie andere Winde auch. Ich stelle mir das so vor. (Der Schüler geht an die Tafel.) Hier ist Indien und hier das Meer:

Darüber liegen Luftschichten, die sich bei Erwärmung nach oben ausdehnen. Wenn das Land Indien stärker erwärmt wird, und das ist sicher im Frühjahr der Fall, denn das Meer erwärmt sich nicht so rasch wie das Land, dann steigt nur auf dem Land die Luft nach oben. Sie muß dann oben nach der Meerseite herunterfallen, denn die Luft muß dorthin fließen, wo sich wenig Luft befindet. Und das ist über dem Land." (Er hat bei seinen Erklärungen seine Skizze vollendet.)

Nun greift zum ersten Male der Lehrer ein: „Das hast Du wirklich gut dargestellt. Nur möchte ich jetzt einmal von den anderen wissen, wo jetzt der Wind oder Monsun zu spüren ist." – Es wird erklärt. – Lehrer: „Monsun und Regen hängen aber auch zusammen ..." – einige heben den Finger, der Lehrer winkt ab –, „wir wollen dieses Problem nachher von zwei Gruppen lösen lassen." – „Ich kann noch mehr über Indien sagen!" – Lehrer: „Bitte!" – „Indien ist eine Halbinsel (der Schüler geht zur Karte) – sie wird begrenzt vom Arabischen Meer, Indischen Ozean und Bengalischen Meer. Im Norden ist ein Hochgebirge." – „Das ist der Himalaja." – „Da habe ich ein Buch darüber gelesen. Da sind Bilder vom Mount Everest drin. Das bringe ich morgen mit." – „Es gibt doch bengalisches Feuerzeug. Hängt das mit dem Bengalischen Meer zusammen?" – „Da steht auch Bengalen!" (Einer zeigt die Landschaft auf der Karte.) – „Das ist eine Landschaft an dem Delta des Ganges." – Ein Junge hat im Lexikon nachgeschlagen und liest über Bengalisches Feuerzeug, Bengalisches Meer und Bengalen. – „Am Ganges ist es sehr fruchtbar." – „Es gibt dort viel Reis." – „Der König der Tiere ist dort der Tiger, wie in Afrika der Löwe der König der Wüste ist." – „Ja, ich habe gemeint, in Indien gäbe es vor allen Dingen Elefanten." – „Die gibt es auch, die werden als Lasttiere benutzt." – „Gibt es auch weiße Elefanten?" – „Es gibt ja auch weiße Mäuse, da kann es doch auch weiße Elefanten geben." – „Es gibt auch viele Schlangen." – „Und Schlangenbeschwörungen gibt es dort auch." – Dieses Thema interessiert sehr stark. Es wird darüber gesprochen, daß es ein Trick sei, bei dem das Gift künstlich den Schlangen entzogen werde. – Ein Junge steht auf und zeigt auf der Karte Allahabad. „Die Stadt ist mir vorhin schon aufgefallen. Sie heißt Allahabad. Hängt die mit Allah zusammen? Gibt es in Indien Mohammedaner?"

Das Gespräch dreht sich nun um die Religion. Begriffe wie Buddhismus, Benares als heilige Stadt, Ganges als heiliger Strom sind einigen schon bekannt. Ein Junge ahmt auf dem Lehrertisch eine Buddhastatue nach, die er in einer Illustrierten gesehen hat.

Lehrer: „Nun wollen wir unser Gespräch abbrechen. Das Protokoll vorlesen!"

Ein Junge, der während des Gesprächs Protokoll geführt hat, liest seinen Entwurf vor. Einige Punkte werden von den anderen noch ergänzt.

Arbeitsanweisungen

Gruppe 1	
Vortrag:	Der Entdecker Indiens
Zeichnung:	Landschaften und Begrenzung
Arbeitsmittel:	Lexika, Atlas, Erdkundebücher, Lernhefte zum Thema, Zeitungsausschnitte, Karten

---

Gruppe 2

Vortrag: 1. Pandit Nehru
                    2. Indische Schlangenverehrung
Zeichnung: Politische Gliederung und Städte
Arbeitsmittel: vgl. Gruppe 1

Gruppe 3

Vortrag: Die Monsune
Zeichnung: Monsune und Regenmengen zur Regenzeit
Arbeitsmittel: vgl. Gruppe 1

Gruppe 4

Vortrag: Indiens Bewohner
Zeichnung: Monsune und Regenmengen zur Trockenzeit
Arbeitsmittel: vgl. Gruppe 1

Gruppe 5

Vortrag: Der Himalaya
Zeichnung: 1. Vegetationszonen am Himalaya
                    2. Bodenbedeckung und Flüsse Vorderindiens
Arbeitsmittel: vgl. Gruppe 1

Gruppe 6

Vortrag: Die Erzeugnisse
Zeichnung: Erzeugnisse
Arbeitsmittel: vgl. Gruppe 1

Arbeitsberichte

Der Entdecker Indiens

Vasco da Gama ist der Entdecker des Seeweges nach Ostindien. Er war ein Portugiese und umschiffte im November 1497 die Südspitze von Afrika und gelangte nach schwieriger Fahrt am 20. Mai 1498 in Kalikut an. Das ist eine größere Stadt und liegt an der Malabarküste. Später machte er dieselbe Reise noch einmal und gründete dann eine portugiesische Faktorei. Er erschloß einen Weg zu einem regelmäßigen Handelsverkehr nach Indien. Dann wurde er nach 21 Jahren mit 16 Schiffen nach Indien als Vizekönig eingeführt, wo er auch am 24. Dezember 1524 in Kotschin starb.

Und nun einiges über seine Entdeckungsreise. Es war ungefähr am 18. April, als er von Malinde – das liegt in Britisch-Ostafrika – mit einem Lotsen abfuhr. Der Lotse wurde ihm von dem König mitgegeben. Er wollte nach einer Stadt, die an der Malabarküste liegen sollte und Kalikut heiße. Von dieser Stadt wußte der König, daß sie existierte. Und so fuhr Vasco da Gama in Richtung Osten davon, um sie zu erreichen. Und am Freitag, es war der 17. Mai, sahen sie ein hohes Land. Und es waren 32 Tage her, daß sie kein Land mehr gesehen hatten. Sie hatten im ganzen 600 Leguas zurückgelegt. Ein Legua ist drei Seemeilen.

Pandit Nehru

Ich las einen Bericht über Pandit Nehru in der Zeitung. Er wurde 1891 in Kaschmir geboren. Er war der Sohn eines sehr bekannten Rechtsanwaltes. Nehru war sehr früh schon ein Anhänger Gandhis. Er leitete einen Feldzug Gandhis gegen die damalige Herrschaft Englands. Ihm ist es zu verdanken, daß Indien sich von England unabhängig machen konnte. Seit 1947 regiert er als Ministerpräsident das Land. Er will zwischen Ost und West vermitteln und versucht, eine Verständigung herbeizuführen, er will aber auch den Bolschewismus von seinen Grenzen fernhalten. Auch scheut er sich heute vor militärischen Verpflichtungen. Hoffentlich bringt er es fertig, zwischen Ost und West zu vermitteln.

Indische Schlangenverehrung

An der Küstengegend von Malabar findet man Scharen von Schlangen. Sie werden dort in großen Mengen in Tempeln gehalten. Diese Schlangen werden von den Gläubigen und Pilgern hoch verehrt. Es werden sogar große Feste zu Ehren der Schlangen abgehalten. Dem Gläubigen ist daher verboten, die Schlangen zu töten, denn wer eine Schlange tötet, wird von Unglück und Krankheit heimgesucht. Wird ein Mensch von einer Schlange gebissen, so haben die Götter die Vernichtung des Menschen beschlossen. Man versucht, den Menschen vom Tode zu retten, indem man ihm auf die Wunde heilige Kräuter und Kuhdung legt. Im Jahre kommen so 18000–21000 Menschen ums Leben. Draußen auf den Feldern findet man überall das Denkmal der Heiligen Schlange, das mit Opfern geschmückt ist. In Indien gibt es auch Schlangenbeschwörer. Ihr Körper und ihre Fingerfertigkeit ist sehr zu bewundern. In kleinen Körben bewahren sie die Schlangen auf. Wenn die Schlangen den Ton der Flöte ihres Herrn hören, so fangen sie an zu tanzen. Die Schlangenbeschwörer lassen sich sogar den tödlichen Biß der Schlange beibringen. Er hat aber keine Wirkung, denn die Drüsen sind vorher künstlich zur Entleerung gekommen.

Der Himalaya

In einem Buche habe ich über das höchste Gebirge der Erde gelesen. Es ist das Himalayagebirge. Der höchste Berg ist der Mount Everest. Er ist rund 8800 m hoch. Durch den Regen sind viele Flüsse entstanden. In engen Tälern stürzen sie schnell zu Tal. Wenn man da hinaufgeht, sind viele Höhenstufen. (Die Erklärung erfolgt jetzt an Hand der Tafelzeichnung.)

Wo das Gebirge anfängt, ist tropischer Regenwald. Dann weiter oben ist Laub- und Nadelwald. Es folgt Bergwald mit Roßkastanien. Dann kommen Bergwiesen mit Schlüsselblumen und Alpenrosen. In 5000 m Höhe ist dann Schnee und Eis. Weiter unten in Dardschiling, das 2200 m hoch liegt, ist der Sommersitz der Engländer.

Nach den Vorträgen will ein Schüler noch einen interessanten Bericht vorlesen über das Erscheinen und die Wirkung der Monsune. Dabei kommt auch die Sprache auf die sogenannten Chapper-Bands, die bekannte Einbrecherkaste, die in dieser Zeit ihr Handwerk fast gefahrlos ausüben kann. Ebenfalls wird der Wunsch geäußert, einmal ganz eingehend die Entstehung der Winde und ihren Zusammenhang mit anderen klimatischen Erscheinungen zu besprechen. Der Lehrer notiert sich dieses Thema für den naturkundlichen Gesamtunterricht. Dort sind auch noch folgende Themen für die nächsten Tage vorgesehen: Lufthülle der Erde, Reis, Gewürzpflanzen.

Ein besonderes Interesse hat der Vortrag über den Himalaja erweckt. Der Lehrer vertieft an einem folgenden Tag dieses Thema mit Hilfe eines kurzen Diktates, das nach der Korrektur fehlerlos hinter die Skizze der Vegetationszonen des Himalaja nachgetragen werden kann. In dem Text, den er sich selbst zusammenstellt, treten vor allem Wörter auf, die in den letzten Diktaten falsch geschrieben wurden. Sie sind hier gesperrt gedruckt:

Vom Himalaja

Wie eine riesenhafte Mauer steigt der Himalaja, das höchste Gebirge der Erde, aus dem nordindischen Tiefland auf. Über zahllosen, schneebedeckten Gipfeln erhebt sich der höchste Berg unserer Erde, der jetzt erst erstiegene Mount Everest, zu 8882 m Höhe. Groß ist die Anzahl der Flüsse; in engen, steilwandigen Tälern stürzen sie ins Tiefland nieder. Reich und üppig ist die Pflanzenwelt, vom immergrünen tropischen Regenwald über den subtropischen Bergwald bis hinauf zu dem Blumenteppich der Almen. In 5000 m Höhe folgt die Grenze des ewigen Schnees.

Von der weiteren Arbeit an diesem Thema hören wir noch folgendes: Der Zufall will es, daß an einer anderen Schule der Stadt die Enkelin des bekannten verstorbenen Höhenforschers Professor Berson unterrichtet. Sie wird zu einem Vortrag eingeladen, bringt eine große Menge Bildmaterial mit und fesselt die Schüler zwei Stunden lang so stark, daß es ein unvergeßliches Erlebnis für sie wird. Die schriftliche Gestaltung des Themas „Frau Berson berichtet von der Höhenforschung ihres Großvaters" ergibt sich ohne Zwang, und die Ausführung erfolgt freudig und willig.

Nach der Erforschung anderer Länder hatte der Lehrer R ä t s e l über den erarbeiteten Stoff hergestellt, die er dann den einzelnen Gruppen zum Lösen gab. Bald kamen die Kinder und brachten selbstverfertigte Rätsel mit. Nun ist es soweit, daß jeder in der Klasse ein Rätsel als Hausaufgabe anfertigen kann. Am nächsten Tage wird es den Gruppenkameraden zum Lösen mitgebracht.

Selbstverfertigtes Silbenrätsel „Vorderindien" (Paul Lott, 12 Jahre)

a – al – ag – bad – bet – brah – bar – baum – dit – er – fer – hi – ha – ja – la – la – la – le – ma – ma – ma – na – ne – neh – pan – pu – radsch – ra – roh – ri – ru – ta – ti – u – wol.

Die Anfangsbuchstaben ergeben einen Strom in Vorderindien.

			(Lösung:)
1.	Angehöriger einer indischen Religion	B	rahmane
2.	Indische Provinz	R	adschputana
3.	Heilige Stadt	A	llahabd
4.	Gebirge	H	imalaja
5.	Küstengebiet	M	alabar
6.	Von wem stammen die Inder ab?	A	rier
7.	Ministerpräsident	P	andit Nehru
8.	Flußrand	U	fer
9.	Grenzgebiet	T	ibet
10.	Ausfuhrprodukt	R	ohbaumwolle
11.	Stadt in der Gangesebene	A	gra

c) Natur

Vorbemerkung

Naturkundliche Kenntnisse können nur für das Leben nutzbar gemacht werden, wenn sie e r w a n d e r t und e r f o r s c h t werden.

Wir dürfen dieses Ziel nicht aus den Augen verlieren, es muß durch unsere ganze Unterrichtsarbeit hindurchschimmern. Besonders in den oberen Jahrgängen der Stadtschule müssen die Verbindungsbrücken zwischen Natur und Menschenleben geschlagen werden.

Mittel der Naturerforschung im einzelnen sind B e o b a c h t u n g und V e r s u c h.

Ausgangspunkt der Forscherarbeit ist die Natur selbst. Durch gelegentliche oder planmäßige Beobachtungen auf unseren Wanderungen, im Schulgarten, auf der Straße, an Zimmerpflanzen, an Tieren und Pflanzen des Aquariums, an unserem Beobachtungstisch (für den abwechselnd eine Gruppe verantwortlich ist) usw. schaffen wir uns einen Schatz, von dem die Arbeit ständig gespeist werden kann.

Im Laufe der Forschungsarbeit entwickeln sich dann weitere Arbeitsmittel. Manche Lebensvorgänge lassen sich nicht in ihrem Ablauf, sondern nur in ihrem Endeffekt erkennen und beobachten. Hier muß zum Experiment angesetzt, zur Skizze und zum Modell gegriffen werden. Es kann sich dabei nicht nur um ein Zeigen und Vor-

machen von seiten des Lehrers handeln, auch die Schülergruppen müssen experi-
mentieren, ein einfaches Modell herstellen, Skizzen anfertigen und erläutern oder
durch das Mikroskop sehen.

(Vgl. auch „Der Regenwurm", Seite 122, „Wir gestalten eigene Arbeitsmittel, Seite 106 ff..)

Beispiel: Der Frühling erwacht

Tiefer Schnee liegt draußen. Auf den Gruppenschränken ist der Frühling eingezo-
gen. Wir sitzen staunend davor. In mehreren Einmachgläsern stehen die Zweige von
Kirsch-, Pfirisch, Apfel-, Birn- und Kastanienbäumen in voller Blüte.

Dieter, der Gärtnersohn, hatte vor Weihnachten im freien Gesamtunterricht den
Vorschlag gemacht, Zweige ins Wasser zu stellen, um das Aufblühen genau beobachten zu können. Einige Gruppen hatten diese Aufgabe übernommen, hatten unter
seiner Leitung Zweige gesammelt, etikettiert, jeden Tag das Wasser in den Gläsern
erneuert und mit einem Körnchen Salz versehen. Täglich beobachteten sie, maßen
die Längen der Knospen, verglichen mit Zweigen, die sie neben das Wassergefäß gelegt hatten.

Beobachtungsergebnisse der Gruppe 5

Die Knospen der Kastanie

	Knospe mit Wasser	*Knospe ohne Wasser*
27. Januar	2,1 cm lang	1,2 cm lang
28. Januar	2,5 cm lang	1,8 cm lang
29. Januar	2,8 cm lang	1,9 cm lang
30. Januar	3,1 cm lang	1,9 cm lang
31. Januar	4,1 cm lang	1,9 cm lang
1. Februar	4,4 cm lang	Beobachtungen einge-
	An einer Knospe guckt etwas Wolliges heraus, die Schuppen sind leicht zurückgebogen, die unteren Schuppen sind zurückgeschlagen	stellt, da Knospe fast unverändert bleibt
2. Februar	4,6 cm lang	
	Die braunen Schuppen stehen waagrecht ab	
3. Februar	5,1 cm lang	
	Knospe gliedert sich in zwei Blätter, die noch zusammengefaltet sind. Die Knospe an der Spitze ist am weitesten vor, die unteren sind noch geschlossen	
4. Februar	5,8 cm lang	
	Braune Schuppen haben sich ganz zurückgeklappt, die Blätter legen sich auseinander, sie haben kleine Stiele	

Unsere Beobachtungen lehrten uns Verschiedenes: In den Zweigen sind Vorratsstoffe aufgespeichert. Es wird schon frühzeitig (im Herbst) für den kommenden Frühling gesorgt. Wir wissen nun, wie die jungen Blättchen vor Kälte und Feuchtigkeit geschützt werden. Die Schutzeinrichtungen werden eingehend besprochen. Wir wissen weiter, warum an den Bäumen verschieden starke Knospen vorkommen (Blatt- und Blütenknospen). Daß die Versuche Anregungen zu eigenem Forschen gaben, bewiesen die Mitteilungen der Kinder, zu Hause mit anderen Pflanzen ähnliche Versuche angestellt zu haben.

Ein Erlebnis wurde aber die wundervolle Blütenentfaltung an allen Zweigen, während draußen unter dem Schnee noch alles schlief. Der Anreiz war gegeben, in diesem Frühjahr auch einmal draußen das Erwachen der Natur bis ins einzelne zu verfolgen.

Die ersten warmen Strahlen der Februarsonne lockten uns hinaus. Das Ergebnis: Zwei kleine Sträuße mit „Kätzchen", die wir draußen am Ufer des großen Stromes geschnitten hatten. Es waren fast die einzigen Vorboten des Frühlings gewesen. Der eine Strauß stand in einem dunklen Glas auf dem Klavier, der andere in einem hellen am Fenster. Ich hatte mit Absicht diese Anordnung getroffen, um den Kindern die hemmende Wirkung des Lichts in der Wurzelausbildung deutlich zu machen.

Nach dem Morgenlied meldete sich Helmut aufgeregt: „Habt ihr schon gesehen, da sind ja Wurzeln dran!" Er holte die Weidenkätzchen aus dem dunklen Glas auf dem Klavier. „Und die Kätzchen blühen ja auch!"

Ich bemerkte, daß alle sehr erstaunt waren und mit großem Interesse den Strauß herumreichten. Liesel stellte fest, daß der andere Strauß am Fenster keine Wurzeln hatte.

Wir setzten uns im Halbkreis, die beiden Weidensträuße standen vor uns auf dem Tisch. Ich mußte zunächst den Kindern klarmachen, daß die Pflanzenwurzeln lichtscheu sind. Ich erzählte, daß wir vor zwei Jahren einen ähnlichen Versuch mit einem jungen Keimpflänzchen vom Senf gemacht hatten. An einem Korkstückchen hatte ich es befestigt und auf dem Wasser eines Einmachglases schwimmen lassen. Über das Ganze stülpte ich einen Kasten, in den durch ein Loch Licht hineinfiel. Nach kurzer Zeit war der Stamm zum Licht hin-, die Wurzel aber vom Licht abgekehrt. Eine Zeichnung, die ich dabei ausführte, veranschaulichte den einfachen Versuch. Die Gruppe 5 erbot sich, dieses Experiment in den nächsten Tagen einmal selbst auszuführen und der Klasse zu zeigen. Liesel: „Wenn die Weidenzweige jetzt Wurzeln gezogen haben, kann man sie dann in den Garten pflanzen? Gehen sie dann an?"

Diese Frage war der Anstoß zu einem längeren Gespräch, dessen Hauptgedankengang ich kurz andeute:

1. Die Weiden können sich durch Stecklinge vermehren.

2. Es gibt auch Treibhausweiden oder Zuchtweiden, die schönere Kätzchen haben als die wilde Weide. Es gibt mehrere Weidenarten.

3. Wachsen die Weiden nur am Wasser und auf dem Friedhof (Trauerweide)?

4. Es gibt zwei Sorten von Blüten, männliche und weibliche Blüten. Der Haselstrauch hat auch zwei Sorten.

5. Die Weide wird von der Biene befruchtet. Wird sie auch vom Wind befruchtet?

6. Die Pappelbäume haben auch weidenähnliche Zweige.

7. Wie sieht der Same der Weide aus? Ist er so ähnlich wie die Haselnuß?

Der Anstoß für die Arbeit in Gruppen war damit gegeben:

Gruppe 1: Das Vorkommen der Weiden,

Gruppe 2: Die Bedeutung der Weiden,

Gruppe 3: Die Weidenarten,

Gruppe 4: Die Vermehrung der Weiden,

Gruppe 5: Die Befruchtung der Weiden,

Gruppe 6: Der Same und die Frucht der Weiden,

Gruppe 7: Unterschied Haselstrauch – Weiden,

Gruppe 8: Unterschied Pappel – Weiden.

Arbeitsmittel: Lehrbücher zur Pflanzenkunde, Lexika

Die *Gruppenberichte* waren alle äußerst interessant und lösten zum Teil sehr lebhafte Diskussionen aus. Zu einem Schülergespräch von etwa 45 Minuten kam es bei dem *Vortrag der Gruppe 5* über die Befruchtung. Wie es sich entwickelte, möge das folgende Stenogramm zeigen.

*Volkmar:*Unsere Gruppe hatte den Auftrag, über die Befruchtung der Weide zu sprechen. Wir wissen schon, daß es zwei verschiedene Blüten gibt, nämlich die männliche Blüte und die weibliche Blüte. Hier ist eine männliche – bitte herumgeben! – und hier eine weibliche. Ich will euch den Unterschied an unserer Zeichnung klarmachen. Die weiblichen Blüten oder Fruchtblütenkätzchen erkennt man vor allem leicht an den gelbgrünen Narben. Ihr müßt nun wissen, daß die Weide eine zweihäusige Pflanze ist.

Helmut: Was ist eine zweihäusige Pflanze?

Volkmar: Das wollte ich jetzt erklären. Sind auf einer Pflanze die zwei Geschlechter, also männliche und weibliche Blüten zusammen, so nennt man diese Pflanze einhäusig. Bei der Weide aber sind die zwei Geschlechter getrennt, das heißt auf dem einen Baum gibt es nur männliche Blüten, und auf dem anderen Baum gibt es nur weibliche Blüten. Das nennt man zweihäusig. Es ist klar, daß sich Pflanzen, die zweihäusig sind, nie selbst bestäuben können. Und wenn in einer Gegend nur Fruchtblütenbäume vorkommen, dann ist die Befruchtung meistens ausgeschlossen. Auf jeden Fall kann es auch nicht der Wind machen. Die Befruchtung oder Bestäubung erfolgt deshalb durch die Biene. Das geht so vor sich: Hat eine Biene eine männliche Blüte besucht, so bleibt der Blütenstaub an den Beinen kleben.

Liesel: Wieso bleibt der kleben?

*Volkmar:*Die Beine der Biene sind an manchen Stellen behaart, besonders die Hinterbeine. Wenn die Biene eine Blüte besucht, so streift sie mit ihren Hinterbeinen den Blütenstaub in das Pollenkörbchen, das sich an den Hinterbeinen befindet. Nun kommt sie zu einer weiblichen Blüte und streift dort den Blütenstaub ab. Nun ist die weibliche Blüte befruchtet und kann die Frucht entwickeln. Die Befruchtung kann nur bei Sonnenschein stattfinden, sonst lassen die männlichen Staubgefäße keinen Blütenstaub gehen.

Annchen: Warum nicht?

Volkmar: An den männlichen Staubgefäßen befindet sich ein vorgebildeter Spalt, der sich nur bei Sonnenschein öffnet. Bei kalter Witterung bleibt er geschlossen, und so kann die Biene nicht den Blütenstaub sammeln. Bei der Weide besitzt nur die weibliche Blüte Nektar.

Helmut: Mich würde jetzt einmal interessieren, wie die Biene den Honig erzeugt. Dein Vater ist doch Imker, du mußt das doch wissen.

Volkmar: Ich kann es dir genau erklären. Aber ich will zuerst einmal mein Thema kurz zusammenfassen. Ihr könnt mitschreiben. Die Weide ist ein zweihäusiger Insektenblütler. Die gelbe Farbe der Staubblüten und der Honigduft der Fruchtblüten locken die Bienen an. Sie übertragen den Blütenstaub (Pollen) der männlichen Blüte auf die Narbe der weiblichen Blüte. Diese Bestäubung oder Befruchtung kann nur bei Sonnenschein stattfinden.

Nun zu der Frage, wie die Biene den Honig macht. Das ist so: Kommt die Biene von ihrem Ausflug zurück, so ist sie mit Blütenstaub und Nektar reichlich beladen. Sie frißt vor allen Dingen den Nektar. In ihrem Körper wird er durch Zusatz von Körpersäften umgewandelt und wieder ausgeschieden. Diese Ausscheidung nennt man Honig. Der Honig dient der Biene als Nahrung für ihre Brut. Der übrige Honig wird in den Zellen für den Winter aufgespeichert.

Karin: Wie bauen die Bienen ihre Waben?

Volkmar: Die Biene frißt nicht nur allein Blütenstaub und Nektar sondern auch Harz. Ihr Körper ist so geschaffen, daß sie das Harz mit Hilfe von anderen Stoffen in Wachs zu verwandeln versteht. Nach einer bestimmten Zeit scheidet die Biene kleine Wachsplättchen aus.

Helga: Wo kann die Biene die kleinen Wachsplättchen ausscheiden?

Volkmar: Der Hinterleib der Biene besteht aus kleinen Chitinringen. An der Stelle, wo zwei Ringe aneinanderstoßen, kann man einen kleinen Spalt erkennen. Dieser dient zur Ausscheidung der Wachsplättchen. Diese Plättchen werden von der Biene so gesetzt, daß sie lauter sechseckige Zellen bilden. Viele solcher Zellen ergeben eine Wabe. Es gibt verschiedene Waben, nämlich Brut- und Honigwaben. Die Brutwaben sehen anders aus wie die Honigwaben. Die Honigzelle wird nicht wie die Brutzelle mit einem Wachsplättchen verschlossen.

Helmut: Wer legt von den Bienen die Eier?

Volkmar: In einem Bienenvolk legt nur die Königin die Eier. Das macht sie so: Kommt sie an einer leeren Honigzelle vorbei, so legt sie ein Ei in die Brutzelle hinein. Diese Zelle wird dann von einer Arbeiterin mit einem Wachsplättchen geschlossen. Nach acht Tagen schlüpft aus dem Ei eine Larve. Wenn diese Larve älter ist, frißt sie sich durch das kleine Wachsplättchen hindurch. Nun wird sie von den Arbeiterinnen zu einer Jungbiene erzogen. Diese Jungbiene bleibt noch ungefähr acht Tage in ihrem Stock. Danach unternimmt sie den ersten Ausflug. Züchten die Arbeiterinnen aber eine junge Königin, so verläßt entweder die alte oder die junge Königin ihren heimatlichen Stock. Das nennt der Imker mit dem Fachausdruck „Das Volk schwärmt". Wenn das Volk schwärmt, wird es zuvor im Stock unruhig. Diese Unruhe warnt den Imker vor überraschenden Ausflügen des halben Bienenstaates. Daher nimmt er sein Fanggerät und paßt auf, wo sich die Bienen niederlassen. Hat sich der Schwarm an einem Baum festgesetzt, so ist er völlig erschöpft, und der Imker kann ihn beruhigt einfangen. Er läßt ihn dann noch ein bis zwei Tage im Keller stehen, bis er sich noch völlig beruhigt hat. Dann nimmt er ihn und setzt ihn ein einen neuen Kasten. So hat der Imker wieder ein Volk mehr.

Was ein tüchtiger Imker sein will, pflanzt vor allem in seinem Garten ein paar Weidenbäume an, damit die Bienen früh Nahrung haben. Und dann fährt er mit seinen Völkern an die Stellen, wo es die meisten Blüten gibt. Jetzt zum Beispiel im Frühling fährt mein Vater an die Bergstraße. Dort blühen die Mandeln, Aprikosen und Pfirsiche. Im Frühsommer wird er an die Stellen fahren, wo es Klee gibt. Im Spätsommer stellt er seinen Bienenstock in den Schwarzwald; denn dort gibt es viele Nadelwälder, die den Bienen reichlich Nektar liefern. Der Schwarzwälder Honig ist der meistgekaufte in Deutschland, denn er enthält reichlich Vitamine.

Karin: Wie kann der Imker den Honig aus den Zellen herausholen?

Volkmar: Wenn die Waben voll Honig sind, so nimmt der Imker mit Hilfe eines Stemmeisens die Waben aus dem Kasten, denn die Bienen haben mit Wachs die Waben fest eingekittet. Nun nimmt er die Waben und spannt sie in eine Schleudermaschine. Durch die schnelle Drehung wird der Honig an die Seiten der Schleudermaschine geworfen. An dem Boden der Schleudermaschine ist ein Hahn, mit dem man den geschleuderten Honig abfüllen kann.

Die Ergebnisse der anderen Gruppen habe ich nicht selbst protokolliert. Ich habe mich aber einmal dafür interessiert, wie jeder einzelne den Vortrag seines Mitschülers aufnahm und ihn verarbeitete. Die *Niederschriften* waren durchweg befriedigend und brachten das Wesentliche. Sie bewiesen, daß jeder mit großer Aufgeschlossenheit und Aufmerksamkeit den Berichten seiner Mitschüler folgte und meine eigenen Ergänzungen mit hinein verarbeitete.

Einige Auszüge mögen dies verdeutlichen.

Regina:

Das Vorkommen der Weiden

Die Weide hat vielverzweigte Wurzeln, die den feuchten Boden suchen. Drum finden wir die Weide am Bache, am Fluß oder Teich, wir finden sie auf der feuchten

Wiese in Gruppen oder einzeln. Bei manchen Weiden hängen die langen Zweige tief in das Wasser hinein. Auch im lockeren Sande der Dünen wandern die Wurzelstöcke der Weide dahin. Auf den norwegischen Gebirgen findet man große Weidengebiete. In den Alpen erscheinen als dürftiges Gesträuch verschiedene Arten von Weiden. An der Südküste Grönlands wachsen an Stelle von Wäldern die Weiden in dichten Büschen. Mit Zwergweide und Wacholder sind die nordischen Moore durchsetzt. In den kalten Gebieten der Arktis finden wir viel Weidegestrüpp. Es sind ganz kümmerliche Formen. Der Stamm kriecht auf dem Boden und die Zweige ragen nur wenige Zentimeter empor.

Alma:

Die Bedeutung der Weiden

Wenn wir eine Weide ausgraben, so sehen wir, daß das Wurzelwerk sehr kräftig ist, weiter ist eine dicke Filzschicht an den Wurzeln. Diese starken Wurzeln halten die Ufer und die Dämme fest und schützen das Land vor Überschwemmungen. Die Dünen am Meer werden mit Weidepflanzen festgelegt. Aber auch die Äste der Weiden sind sehr wichtig. Sie werden von Zeit zu Zeit abgeschnitten. Die starken verwendet man für die Korbmacherei, mit den dünnen bindet der Winzer die Weinstöcke an den Pfahl. Wir haben hier in der Nähe, bei Hamm am Altrhein, eine große Korbindustrie, die viele Menschen beschäftigt. Es werden aus Weiden nicht nur Wäsche-, Obst-, Blumen-, Reise- und Papierkörbe hergestellt sondern auch Tische, Stühle, Reisekoffer und Kinderspielwaren. Die Weide hat aber auch ihre besondere Bedeutung, wenn sie, wie eben im Frühling, blüht. Der Blütenstaub der männlichen und der Nektar der weiblichen Blüten sind das „Brot" der Bienen.

Schon in ganz alten Zeiten war die Weide für die Menschen ein ganz besonderer Baum. Die alten Germanen konnten sie nicht leiden, weil sie so gespensterhaft aussah. Sie meinten, es sei der Unterschlupf der Geister (Erlkönig!). Die Weide galt als Sinnbild des Totenreiches. Wenn ein Mörder erhängt wurde, benutzte man hierzu einen Weidenstrick. Die Kriegsknechte haben Jesus mit Weidenruten geschlagen, und Judas hat sich an einem Weidenbaum erhängt. Heute pflanzt man noch die Trauerweide auf den Friedhof.

Rudi:

Die Weidenarten

Die Gruppe 3 hat festgestellt, daß es verschiedene Sorten von Weiden gibt. In Deutschland gibt es etwa 60 verschiedene Arten. Die Naturwissenschaftler haben auf der Erde etwa 180 Arten festgestellt. Sie unterscheiden sich in ihrer Gestalt. Es gibt große Bäume und kleines Gestrüpp. Sie unterscheiden sich weiter durch die Form der Blätter und Blüten. Ein paar wichtige Sorten:

Salweide, Ohrweide, Silberweide, Trauerweide, Korbweide, Gletscherweide, krautige Weide.

Karin:

Die Vermehrung der Weiden

Wenn die Weide geblüht hat, entwickelt sich der Same. Er hat eine federartige Krone, ähnlich wie beim Löwenzahn. Diesen Samen trägt der Wind leicht fort. Er fällt dann auf die Erde und wird vom Erdboden zugedeckt. Nun fängt er an, Wurzeln zu ziehen.

Es gibt noch eine zweite Art der Vermehrung. Diese geschieht durch Stecklinge. Schon ein abgerissener Zweig schlägt auf feuchtem Boden Wurzeln und kann zu einem neuen Baum werden. Das hat sich der Mensch zunutze gemacht. Er schneidet stärkere Zweige von den Weiden und steckt sie in den Boden. Werden die Stecklinge von demselben Baume genommen, so sind später die Blüten nur von einem Geschlecht. So kommt es auch, daß an einem Ufer entlang nur Staubblüten- oder nur Fruchtblütenbäume stehen.

Nach all den neuen Erkenntnissen, die wir durch unsere Forschungsarbeit gewonnen hatten, war der Drang noch stärker, die Entwicklung draußen in der Natur weiter zu beobachten.

Zwei Tage später standen wir drüben am anderen Ufer des Stromes auf einem erhöhten Punkt. Die Gruppen hatten sich gut ausgerüstet. Im ganzen waren dabei: 3 Pflanzenbestimmungsbücher, 8 Lupen, Einmachgläser, Messer, Pinzetten, Ferngläser, Photos, Tagebücher, Schreibzeug.

Ich hatte schon am Nachmittag vorher mich an Ort und Stelle selbst darüber unterrichtet, was am anderen Vormittag sehr wahrscheinlich anfallen würde. Ich wußte, alles lockte. Doch sollte die Arbeit einigermaßen organisiert verlaufen. Ich wies daher nach meinem Plan die Gruppen ein: drei Gruppen am Ufer des Altrheins (stillstehendes Gewässer), zwei Gruppen drüben zu den Bewohnern der großen Hecke, zwei Gruppen auf die Wiese.

Treffpunkt in einer Stunde an der hohen Pappel! Dort setzen wir unsere Exkursion durch ein Waldstück fort. Wir wollen keine Naturplünderer sein! Wir wollen es nicht wie unvernünftige Sonntagsausflügler machen, die ganze Büsche von Zweigen und Blumen mitschleppen! Uns geht es darum, das langsame Erwachen der Natur zu beobachten und neue Erkenntnisse zu sammeln. Wenn wir etwas Merkwürdiges finden, bringen wir es mit, damit wir es gemeinsam klären können!

Mit welchem Ernst und Eifer diese Arbeit im Freien durchgeführt wurde, zeigten die Gruppenergebnisse, die ich nach folgendem Schema zusammenstellen ließ:

1. Was die Gruppe fand
2. Was die Gruppe darüber wußte
3. Was die Gruppe durch Bücher, Mitschüler und Lehrer darüber erfuhr

Diese Form der schriftlichen Aufzeichnungen nach einer Exkursion hat sich gut bewährt. Sie bietet eine vorzügliche Grundlage für die weitere Unterrichtsarbeit auf naturwissenschaftlichem Gebiet. Das zusammengefaßte Ergebnis der Gruppe 2 möge dies aufzeigen:

Fund	Bisheriges Wissen	Neue Erkenntnis
Wasser-schwertlilie	schwertförmige Blätter	starke Knollenwurzel, Blätter 2–3 cm breit, 90 cm hoch, die Spitze gespalten. Blütezeit: Mai und Juni
12 Weidenarten	60 Weidenarten in Europa	Fast jedes Kätzchen hat eine andere Farbe und eine andere Form. Alle sind verschieden entwickelt. Viele Stämme waren hohl
Wildenten	leben in sumpfigen Gewässern, können schnell schwimmen, grauschwarze Farbe	ängstlich, schneller Flügelschlag, legen Eier wie gewöhnliche Enten, können gut tauchen, kleiner als gewöhnliche Enten
Eingesponnene Blätter und Zweige	Hunderte von Raupen, die Bäume gehen später zugrunde, denn die Raupen fressen die Blätter ab	Die Raupen haben viele Ein- und Ausgänge
Distelähnliche Pflanze	Blätter gezackt mit ganz dünnen Fläumchen	–
Schwarzdorn	–	stachlige Hecke, winzige Knospen, weiße, kleine Blüte, Blütezeit im April und Mai, kugelige, schwarzblaue Beerenfrucht
Efeu	Schlinggewächs, das immer grün ist	fünfeckige Blätter, Blütezeit im August, süßlicher Geruch, giftig
Gänseblümchen	Blüte weiß, sternförmig, rötliche Spitzen, Mitte gelb – wächst auf Wiesen und an Wegen	zwischen den Wurzeln sind Knöllchen, das sind Speicherräume für Nahrungsstoffe

Zehn Tage später unternahmen wir einen Lehrgang in das gleiche Gebiet und erlebten dabei viele Überraschungen. Die einzelnen Erlebnis- und Forschungsberichte der Gruppen faßte ich dieses Mal in einem eigenen Aufsatz für die Schülerzeitung zusammen, für die Kinder ein anregendes Beispiel, für die Eltern ein Einblick in die Arbeit des vergangenen Monats.

Der Frühling erwacht

An einem sonnigen Märztag wandern wir dem Frühling entgegen. Wir wollen sein Erwachen beobachten. Auf dem Altrhein liegen und schwimmen im braunen Wasser weiche Ballen, die an Pflanzenstengeln, an Steinen und am Schilf anhaften und mitfluten. Wir haben hier einen Boten des Frühlings gefunden, eins der zartesten Wesen, eine Alge. Das Mikroskop zeigt uns am nächsten Tag zu Hause, daß die braunen und grünen Knäuel aus Tausenden von Fäden und Fädchen bestehen. Dazwischen liegen grüne, halbmondförmige Gebilde, zierliche Sternchen und gläserne Schiffchen, lauter Wesen der Kleinwelt.

Die vielen Weidenbäume am Ufer haben heute noch mehr Besuch als das letztemal. Überall hört man das Summen der Bienen. Wir wagen es nicht, sie zu stören.

Drüben an der großen Hecke wuchert saftiggrünes, kleinblättriges Gekräut, das mit gelben Sternen reichlich geschmückt ist. Es ist das Scharbockskraut. Zwischen seinen Wurzeln finden wir keulenförmige Knöllchen. Das sind Speicherräume für Nahrungsstoffe. Die Vorratskammern werden aufgeschlossen, wenn die Würzelchen noch kein Bodenwasser trinken können. Die Nahrungsstoffe, die nicht zum Aufbau des Stengels, der Blätter, Blüten und Früchte gebraucht werden, wandern in die Keulen im Boden, um der Tochterpflanze im nächsten Jahr die erste Nahrung zu bieten.

Dort leuchten aus dem Dunkel weiße Tellerchen, deren feine Porzellanfarbe außen rosarot angehaucht ist. Das Buschwindröschen, das wir hier vor uns haben, hat auch eine Vorratskammer im Boden, nämlich einen Wurzelstock, der wandern kann.

Am Rand der Hecke wiegen sich goldgelbe Sternchen im Sonnenlicht. Scharbockskraut kann es nicht sein, denn die Blätter sind linearisch. In der Erde sitzen auch keine Knollen, sondern jedes Pflänzchen entspringt aus einer Zwiebel und heißt – Goldstern.

Die Heckenbewohner, die wir hier kennengelernt haben, stimmen darin überein, daß sie unterirdische Nahrungsspeicher haben. Wenn sie blühen, ist der Boden noch nicht richtig durchwärmt, und das Wasser hat seine Tätigkeit als Lebensstrom noch nicht begonnen. Aber die kleinen Frühlingsboten müssen jetzt blühen; denn später ist die Hecke belaubt, und es fehlt an Licht. Wo aber die Sonne fehlt, da herrscht der Tod – im Pflanzen- und im Menschenleben.

Der Kampf ums Dasein und ums Dableiben zwingt also die Pflanzen dazu, in der nahrungsreichen Zeit, in den wenigen Frühlingstagen, Vorräte zu sammeln. Die Boten des Lenzes erfreuen uns nicht nur, sondern sie können uns auch lehren, wie man die Sonnentage seines Lebens in rechter Weise genießt und ausnutzt.

Nun gehen wir über die Wiese, wo das Licht in breiten Wellen über Gras und Blumen flutet. An feuchten Stellen finden wir die Sumpfdotterblume mit ihren großen, saftigen Blättern. Die gelbe Blüte, die „Butterblume", ist am Aufspringen. Der Wurzelstock ist befestigt wie ein Zirkuszelt. Wasser ist genügend da, die Wurzeln brauchen es nicht aus der Tiefe zu holen, sie breiten sich nahe an der Erdoberfläche aus.

Zwischen den Grasspitzen tauchen überall die Blütentrauben des Wiesenschaumkrautes auf. Da die einzelnen Blüten klein sind, haben sie sich zusammengestellt und laden die durstigen Insekten zum Besuch ein.

Langsam steigt die Wiese zum Damm hin an. Das Gelände wird trockener. Die saftstrotzenden Gewächse werden verdrängt. Es stehen hier besonders Rosettenpflanzen: Wegerich und Gänseblümchen. Auf Maulwurfshaufen und kleinen Erdhügeln scheinen sich manche Frühjahrsblumen ganz besonders wohl zu fühlen. Die etwas erhöhten Stellen bieten der Sonne größere Angriffsflächen und werden deshalb auch besser und schneller durchwärmt als der übrige Boden.

Gegen Abend machen viele Blumen ihre Läden zu. Die Blütenblätter rücken näher zusammen, die Tellerchen, Glöckchen und Schüsselchen neigen sich nach unten. Tau und Regen können den Blütenstaub und Honig nicht verderben.

Ein Blick vom hohen Damme aus über große Obstgärten zum nahen Wäldchen hin läßt uns einen violetten Farbton erkennen, der anzeigt, daß bald Millionen von Knospen aufbrechen werden. Bald wird sich überall in den Feldern und Wäldern der duftige Schleier des Laubgrüns ausbreiten. Dann sterben viele Boten des Frühlings, die wir auf unserer Wanderung beobachten konnten, und treten ihre Herrschaft ab an Pflanzen, die den Reigen des Lebens weiterführen.

Dieser Arbeitsbericht war von einer Fotogruppe mit prächtigen Nahaufnahmen, von den besten Zeichnern mit passenden Skizzen und von den eifrigsten Botanikern mit den entsprechenden gepreßten Blatt- und Blütenformen ergänzt worden. Er wirkte so stark auf die Kinder, daß sie nach einer späteren Wanderung einen Gemeinschaftsaufsatz selbst in Angriff nahmen.

(Siehe „Schriftliche Sprachgestaltung", Beispiel „Der Herbst zieht ins Land", Seite 180 ff.)

d) Technik

Von der rechten Eingliederung

Schon tagelang arbeiten Hermann und Fritz an ihrem „Wagen". Ihr heißer Wunsch ist in Erfüllung gegangen: sie dürfen am „Seifenkistlrennen" teilnehmen. Es war nicht ganz leicht, die einzelnen Teile zusammenzunageln, das Hauptproblem aber war, die Räder einwandfrei an den Achsen zu befestigen. Aber was ist das schon für solche „Fachleute"! Haben sie nicht schon unter den Wagen ihrer großen Kollegen gelegen und mit kritischem Blick Bereifung, Chassis und Getriebe überprüft? Kennen sie nicht sämtliche Automarken und Flugzeugtypen? Wissen sie doch jetzt schon, wie ein Vergaser arbeitet, wie die Zündung funktioniert! Fragen wir sie doch einmal, was sie werden wollen, wenn sie aus der Schule sind!

Was möchten sie aber trotzdem noch alles wissen! Im Vordergrund steht das technische Interesse. Eine Rundfrage in mehreren Oberklassen ergab in der Auswertung folgendes Bild: 65 % sind am stärksten für die Technik interessiert, Natur und Sport folgen an zweiter Stelle. Auch bei den Mädchen stehen die technischen Fragen im Vordergrund (*vgl. „Mensch und Technik", Seite 91 ff.*).

Es muß daher eine unserer wesentlichsten Aufgaben sein, dem Kind, das in vielen Fällen später einen technischen Beruf ergreift, schon in der Schule Zeit und Möglichkeit zu geben, technische Probleme selbständig zur Lösung zu bringen.

Dabei kommt es wiederum weniger darauf an, was gelernt wird, sondern wie gelernt wird. Gerade auf dem naturwissenschaftlich-technischen Gebiet haben wir Gelegenheit, dem Kinde die notwendigen Arbeitsmethoden zu vermitteln, die es im späteren Leben braucht. Hier muß endlich Schluß gemacht werden mit unmöglichen dogmatischen Unterrichtsformen.

Nur in elastischer Arbeitsweise, im Gespräch und differenzierter Arbeit, durch handwerkliche Tätigkeit, durch ergänzende Lehrversuche, Besichtigungen und Filme, können wir zur Lösung eines Problems vorstoßen. Auch unter den schwierigsten Verhältnissen ist hier eine Auflockerung möglich.

Nur so erhält unser naturwissenschaftlicher Unterricht einen hohen Wert für die Erziehung und Bildung unserer Jugend; nur so kann ihr Denken und Urteilen geübt, ihre Beobachtungsgabe geschult werden, nur so können sie lernen, die Kausalzusammenhänge der Erscheinungen zu erkennen! Nur im Gesamtunterricht ist es möglich, das notwendige Gleichgewicht zwischen den gegebenen Fächergruppen herzustellen, die Grenzen der Technik erkennen zu lassen, den Zusammenhang zwischen Technik und Kultur herauszuarbeiten. Die moderne Dichtung und Kunst können uns hierbei manches klären helfen (*z. B. Löns: Der Bohrturm*).

In solchem Unterricht wird von der Klärung der einfachsten technischen Zusammenhänge aus der Blick geweitet und führt letzten Endes zur Betrachtung der Erde als gemeinsame Wohnung aller Bewohner. Der junge wissenshungrige Mensch erkennt das Gemeinsame in Kultur und Technik. Vor allem aber wird ihn die verbindende Betrachtung dahin führen, sein Interessengebiet „Technik" nur zum Aufbau seiner Welt, nicht zu ihrer Zerstörung einzuspannen.

Durch diese rechte Eingliederung der Technik in unseren Unterricht können wir erreichen, daß die Schüler ihren tatsächlichen Stellenwert begreifen: Sie soll nicht mehr sein als ein Hilfsmittel, das den Menschen ein besseres Leben ermöglicht.

e) Sprache

Die Sprache ist von den Erwachsenen grammatikalisch eingeteilt und geordnet worden. Wir haben uns in der Schule nicht viel Gedanken gemacht, wie sich der Geist des Kindes zu dieser Einteilung verhält. Wir haben angenommen, was für Bücher gut ist, das ist in derselben Form und in derselben Reihenfolge auch für den Kopf des Schülers gut. So wurde die Sprache in ihren Gesetzen „behandelt", in dem Glauben, daß das Kind durch die Aneignung sprachlicher Regeln richtig sprechen lernt.

Man übersah dabei, daß das Sprachgesetz vom Kinde längst befolgt wird, ehe es die Regel denken und aussprechen kann. Berthold Otto weist in seinen Untersuchungen mit Nachdruck darauf hin: „Alle Kategorien der Grammatik sind in der Sprache des 6–7jährigen Kindes vollkommen, wenngleich auf einer anderen Entwicklungsstufe als beim Erwachsenen, vorhanden." Unsere Aufgabe kann zunächst nur sein, das Kind zu veranlassen, sein eigenes Sprechen, also die Sprache, soweit sie ihm selbst lebendig geworden ist, zu „betrachten". Planmäßige Spracherziehung und -bildung darf somit nicht gedächtnismäßige Übermittlung fertigen Wissens sein, sondern erkenntnisfreudige Erforschung der lebendigen Sprache.

Durch ein Gemeinschaftserlebnis, eine bewußt herbeigeführte Erlebnislage, ein Versagen bei einer schriftlichen Arbeit u. ä., wird der sprachliche Boden zunächst aufgelockert. Die Kinder gewinnen dadurch die notwendige innere Bereitschaft. Sobald die Motivation da ist, setzt das Forschen und Sammeln in den einzelnen Gruppen ein. Beim gemeinsamen Ordnen und Durchdenken des Sprachstoffes folgt aus der vollen Sprachschau das Erkennen und Entdecken, Vergleichen und Beobachten. Ordnung und Gesetzmäßigkeit leuchten auf. Nur so wird das nachfolgende anwendende Üben „Sprachgestaltungsarbeit" aus der freudigen Eigentätigkeit der Kinder heraus. (*Vgl. „Schriftliche Sprachgestaltung", Seite 179 ff.*).

Beispiel 1: Forschungsaufgaben in der planmäßigen Spracherziehung und -bildung für differenzierte Gruppenarbeit

Wir setzen Wörter zusammen

Gruppe 1:	Hauptwort + Hauptwort
Gruppe 2:	Hauptwort + Hauptwort + Hauptwort
Gruppe 3:	Eigenschaftswort + Hauptwort
Gruppe 4:	Tätigkeitswort + Hauptwort
Gruppe 5:	Zahlwort + Hauptwort

Wir suchen Dingwörter, vor denen ein Mittelwort steht

Gruppe 1:	in der Küche
Gruppe 2:	im Hof
Gruppe 3:	auf der Straße
Gruppe 4:	im Garten
Gruppe 5:	im Wald

Wir suchen andere Wörter

Gruppe 1:   für „gehen"
Gruppe 2:   für „machen"
Gruppe 3:   für „sagen"
Gruppe 4:   für „sehen"
Gruppe 5:   für „geben"

Wir stellen Wortreihen zusammen

Gruppe 1:   aus „Erde" (irden, geerdet, Erdkunde, usw.)
Gruppe 2:   aus „Stein"
Gruppe 3:   aus „Holz"
Gruppe 4:   aus „Glas"
Gruppe 5:   aus „Gold"

Wir erforschen eine Wortfamilie

Gruppe 1:   bauen
Gruppe 2:   schneiden
Gruppe 3:   malen
Gruppe 4:   mahlen
Gruppe 5:   trinken

Wir suchen Dinge und ihre Oberbegriffe

Gruppe 1:   im Haus (Bruder + Schwester = Geschwister)
Gruppe 2:   im Hof
Gruppe 3:   auf der Straße
Gruppe 4:   im Feld
Gruppe 5:   im Wald

Beispiel 2: Forschungsaufgaben in der planmäßigen Spracherziehung und -bildung für themagleiche Gruppenarbeit

Wir sammeln Sprichwörter
Wir sammeln Wetterregeln
Wir suchen Fremdwörter und verdeutschen sie
Wir sammeln Abkürzungen und deuten sie.

f) Religion

Eine besondere Stellung nimmt der Religionsunterricht ein. Die Frage, inwieweit hier Gruppenarbeit angängig ist, wird immer gegensätzliche Beantwortung finden. Wer der Meinung ist, daß die Religion ein Kraftborn im Kampf ums Dasein und zum höchsten Lebensgut werden muß, wird erkennen müssen, daß es in der Schule nicht nur um ein Vermitteln und Unterweisen gehen kann, sondern auch um ein ernsthaftes gemeinsames Arbeiten, Suchen und Forschen.

Wenn wir die Kinder auf den Weg stellen wollen, auf dem sie später als Erwachsene reife Christen werden können, so müssen wir mit diesem ersten Ziel auch ein zweites verfolgen: sie heranführen an die Tatsachen und Quellen des Christentums. Für dieses zweite Ziel liegen genug geeignete Stoffe zur gemeinsamen Forscherarbeit bereit. Es bedarf aber gerade hier einer sehr s o r g f ä l t i g e n V o r b e r e i t u n g, um einen dogmatischen Religionsunterricht zu vermeiden. Ordnungen und Formen, wie sie in der Kirche vorgeschrieben sind, können auf keinen Fall in die Schulstube übertragen werden: natürliche Unterrichtssituationen und ein enger Kontakt zwischen Lehrer und Schüler führen zu einer stärkeren Aufnahmebereitschaft der kindlichen Seele für das religiöse Gut.

Es soll hier nicht die Bedeutung abgeschwächt werden, die der beseelte Lehrervortrag im Religionsunterricht besitzt. Er ist und bleibt das Kernstück in der religiösen Unterweisung; nur er führt zur teilnehmenden Hingabe und kann Tore öffnen, die den Kindern von sich aus verschlossen wären. Doch Gespräch und Gruppenarbeit sollten als zusätzliche Arbeitsformen hinzukommen.

Ansätze zur Gruppenarbeit

Selbsttätigkeit kann in jedem Unterricht durch Erzeugung von D e n k s p a n n u n g e n hervorgerufen werden (*vgl. Erste Begegnung, Seite 10 ff.*). Im Religionsunterricht können „Denkspannungen" vor allem durch ernsthaftes und williges „Nach-Denken" der in der Bibel uns geoffenbarten „heimlichen, verborgenen Weisheit Gottes" gelöst werden.

In den folgenden Beispielen soll gezeigt werden, wie wir solche „Denkspannungen" bewußt erzeugen können.

Beispiel 1: Wir lassen die Kinder fragen

Innerhalb des Religionsunterrichtes gehen Kinderfragen oft nur auf Kleinigkeiten anschaulicher Art. Aber auch diese äußeren Fragen haben einen guten Sinn, wenn sie aus echtem Interesse stammen. Sehr häufig verbirgt sich hinter ihnen eine viel innerlichere Frage, die das Kind nur nicht recht formulieren kann.

Nehmen wir daher auch hier jede echte Frage ernst und beantworten sie mit Freundlichkeit oder lassen sie von den anderen Kindern beantworten! Als Beweis für das Vorhandensein echter religiöser Fragen soll im folgenden aus dem Religionsunterricht eines dritten Schuljahres (Mädchen) ein Auszug aus einem Unterrichtsprotokoll vorgelegt werden:

Gehorcht der Teufel Gott? – Ja, der Teufel muß da sein, damit Gott die Menschen prüfen kann. – Wenn aber der Teufel dem lieben Gott gehorcht, dann hätte Gott keinen Teufel erschaffen brauchen, er könnte selbst seine Stimme verstellen. – Woher wissen die Menschen, die noch nie im Himmel waren und Gott noch nie gesehen haben, daß es einen Gott gibt? – Jesus selbst ist von Gott gesandt und gibt uns Kunde von ihm. – Wohin gehen die Seelen nach dem Tod? – Sie schlafen bis zum Jüngsten Tag.

Beispiel 2: Wir stellen die Kinder vor Probleme

Wir stellen den Kindern mehrere geeignete „Probleme", durch deren selbständige Lösung sie das erarbeiten, was wir für das Verständnis des Stoffes am wichtigsten halten. Statt fünfzig Einzelfragen zu stellen, werfen wir fünf Probleme auf! Die richtigen und fruchtbaren herauszufinden, das ist die eigentlich methodische Aufgabe eines Stundenentwurfs.

Beispiel: *„Der Mensch in der Versuchung. "*

Ausgangspunkt: „Seid nüchtern und wachet; denn der Widersacher, der Teufel geht
                   umher wie ein brüllender Löwe und sucht welchen er verschlinge."

1. Problem: Was ist der Teufel?

2. Problem: Was will der Teufel?

3. Problem: In welchen Formen tritt die Versuchung an uns Menschen heran?

4. Problem: Können wir das Böse in der Welt besiegen?

5. Problem: Was tun wir, wenn wir in Versuchung kommen?

Selbstverständlich sind diese „Probleme" nicht mit einem Wort zu beantworten. Je reicher vielmehr die Antworten sind, desto besser. Wenn die Kinder auf solche Fragen nicht gleich antworten können, so wird man natürlich mit Zwischenfragen helfen – selbstverständlich stellt man also, äußerlich gesehen, mehr als fünf Fragen! Aber da diese Zwischenfragen auch im Bewußtsein der Kinder nur „Denkanstöße" sind, werden sie von ihnen nicht formal beantwortet – sondern inhaltlich auf die größere Frage bezogen. Es ist gut, unter Benutzung der Tafel die Hauptfragen stark hervorzuheben, so daß der Gang der Stunde, der durch sie bestimmt ist, den Kindern bewußt wird.

Beispiel 3: Wir lassen die Kinder Konflikte lösen

Zweifellos kann eine anschauliche Erzählung allein schon eine geistige Selbsttätigkeit schaffen. Sie wird aber noch verstärkt, wenn man ab und zu mitten im anschaulichen Schildern abbricht und das Kind selbst einen Konflikt lösen, zumindest die verschiedenen Lösungsmöglichkeiten durchdenken läßt. Die schriftliche Darstellung zwingt jedes Kind in der Klasse, seinen eigenen Weg zu gehen. Wir sprachen beispielsweise im 7. Schuljahr über die „Christianisierung Deutschlands". Wir schilderten ausführlich Glauben und Sitten der Germanen und erlebten nun das Eindringen der christlichen Welt. Ob das so einfach war, daß die Germanen den Glauben der römischen Priester annahmen? Die Kinder verstanden es ohne weiteres, daß dies einen schweren Kampf gekostet habe, nicht einen Kampf mit Schwert und Spieß, einen viel schwereren Kampf im innersten Herzen. Hier erscheint an der Tafel zur Besinnung der Kinder das Thema: *„Der Kampf im Herzen der Germanen. "*

In diesem Rahmen würde es zu weit führen, all die vielgestaltigen Niederschriften anführen zu wollen. Doch um einen kleinen Einblick zu erhalten, seien wenigstens zwei wiedergegeben:

Dieter schreibt: „Als die Mönche in ihren Mönchskutten erschienen und das Christentum verkünden wollten, wußten die Germanen nicht recht, an wen sie glauben sollten. Da dachten sicher viele, wenn diese nur nicht gekommen wären. Aber als die Mönche von der Heilung der Kranken und von der Liebe Jesu zu den Kindern erzählten, da fühlten sich manche zu dem neuen Glauben hingezogen. Als sie jedoch von Frieden hörten, da fingen sie wieder innerlich an zu kämpfen. Ich kann mir vorstellen, daß die, die Christen geworden sind, Angst vor den Heiden hatten. Es gab immer noch viele, die von ihrem Heidentum nicht lassen wollten. Sie fürchteten, von dem Donnergott bestraft zu werden, wenn sie Christen würden. Die Mönche aber hatten durch ihren festen Glauben an Jesus die Kraft, die Germanen von der richtigen Lehre zu überzeugen."

Horst schreibt: „Die Germanen glaubten an viele Götter. Sie opferten und hatten Ehrfurcht vor ihnen. Da kamen auf einmal die Mönche mit dem Christentum. Da muß man sich mal so richtig in das Herz eines Germanen hineindenken. Da spielten sich innere Kämpfe ab. Es gab Zwiespalte oder Zweifelungen, ob Jesus oder ihr Gott stärker wäre. Aber die Mönche sind daran schuld, daß sie sich bekehren ließen, denn sie verzagten nicht, sondern predigten immer mehr."

Diese Niederschriften zeigen in der pädagogischen Auswertung, wie eine Reihe von Motiven ohne Hilfe der Erwachsenen von den Kindern richtig erfaßt wurden: Anhänglichkeit an die alte Lehre, Zweifel am Glaubensgut, Vorliebe für Macht und Kampf, Furcht vor den alten Göttern, die Angst vor den Mitmenschen usw. Es ist doch verständlich, daß eine solche Versenkung in einen Konflikt weit mehr für die Bildung und Erziehung der Kinder bedeutet, als wenn man nur erzählt, das Erzählte abfragt und sich mit solcher Behandlung zufrieden gibt. Die auf Selbsttun der Kinder aufgebaute Stunde gibt nicht nur geschichtliche Belehrung – eine Gefahr, die durchweg bei der Kirchengeschichte auftritt –, sie läßt auch religiöses Leben nachfühlen und begreifen, daß es sich bei der Religion um mehr als bloß natürliche Erkenntnis handelt. Wenn die Kinder sich so tief in das Denken und Fühlen der Germanen hineinversenkt haben, dann verstehen sie – und das müssen wir in der Auswertung der eigenen Ergebnisse klären –, daß über die Lehre hinaus bei den Missionaren noch etwas anderes wirken mußte: die Kraft der Überzeugung, die Macht des Beispiels, vor allem die Kraft des Gebets und die Gnade.

Die Versenkung in einen Konflikt setzt schon in gewissem Sinne das Einfühlen in die Helden einer Erzählung voraus. Dieses Einfühlen wird sich noch leichter vollziehen, wenn es sich um *gegenwartsnahe Situationen* handelt, die aus dem Kinderleben herausgegriffen sind.

Wir stellen die Kinder in eine gegenwartsnahe Situation durch eine kurze Erzählung, die wir ihnen diktieren oder vervielfältigt vorlegen. Diese Erzählung endet mit einer Frage, auf die sie schriftlich antworten müssen. Die Antworten werden dann vorgelesen. Sie lauten in der Regel sehr verschieden, und wir müssen sie mit den Kindern eingehend besprechen und sie in der Aussprache, an der durchweg alle interessiert sind, an die richtige Stelle führen.

Ein 7. Schuljahr, Knaben, wurde in die folgende Situation gestellt:

„Zwei Jungens, 13 Jahre alt, Hans und Peter, wetteiferten immer miteinander, wer von ihnen in der Klasse der Erste werde, einmal war es der Hans, ein andermal der Peter.

Nun hat Peter das Bein gebrochen, muß in der Schule aussetzen, und Hans hat es jetzt leicht, der Erste zu sein. Was wird jeder der Buben dabei denken und fühlen?"

Das ist eine Lage, wo die Gefühle der Überlegenheit, des Triumphes über den andern einerseits, andererseits diejenigen der Ohnmacht, des Neides, der Benachteiligung sich äußern können. *(Vgl. Baumgartner, Die psychischen Voraussetzungen der Erziehung zum Frieden.)*

Einige Antworten:

„Hans denkt: Jetzt habe ich meinen Gegner ausgeschaltet und habe das Ziel erreicht. Peter denkt: Warte nur, wenn ich wieder nach Hause komme, geht es wieder von Anfang an. Da machst du keinen Ersten mehr, da bin ich noch da. Peter versäumt nichts, er läßt sich von der Mutter Bücher bringen und lernt fleißig daraus."

„Peter: Ich bekomme ja die Aufgaben jeden Tag gebracht, und was sie aufhaben, das kann ich alles lernen, denn ich habe mehr Zeit als Hans. Zum Glück hatte ich mir in der Schule noch unseren Plan angeschaut, und da kann mir meine Mutter immer Bücher bringen, und da kann ich sogar vorlernen. Wenn ich wieder in die Schule gehen kann, werde ich bestimmt der Erste werden. Hans: Wenn Peter nur noch lange im Krankenhaus bleiben muß. Ich kann jetzt ruhig mittags ein bißchen baden gehen und brauche nicht mehr so viel zu lernen, denn so schnell macht mir keiner Konkurrenz."

„Hans denkt: Jetzt kann ich mich ungehindert an die Spitze der Klasse setzen, und der Peter wird große Augen machen, wenn er wieder gesund ist. Anderseits aber denkt er: Wenn ich ein guter Klassenkamerad zu Peter wäre, so brächte ich ihm das während seiner Abwesenheit Gelernte nachher bei. Und jedesmal fühlte er bei diesem Gedanken Mitleid mit Peter."

In der Auswertung sämtlicher Arbeiten stellten wir fest, daß am häufigsten gesagt wurde: Hans wird sich freuen, der Erste zu sein. Peter wird sich grämen, jetzt nicht mehr Erster sein zu können. Einige Antworten aber stachen gewaltig von der Mehrzahl ab, und zwar lauteten sie dem Sinne nach: Hans wird jeden Tag zu dem kranken Freund kommen, ihm immer die Aufgaben zeigen, damit er nichts versäumt, und er auch einmal wieder der Erste wird, und so werden sie noch bessere Freunde.

An solchen Antworten können wir den Kindern klarmachen, was wahre Nächstenliebe ist, wir werden ihnen zum Bewußtsein bringen können, daß man aus fremder schlimmer Lage keinen Vorteil ziehen darf, und daß solche Lage dazu dienen kann, die gegenseitigen Beziehungen enger zu knüpfen, die Freundschaft zu stärken, statt zu zerstören. Es fällt nicht schwer, die Kinder von hier aus zu einem Bibelwort zu führen.

Ein anderes Beispiel:

„Während der Abwesenheit der Mutter ist der dreizehnjährige Hans trotz Verbot ins Kino gegangen, und die siebzehnjährige Schwester hat eine kostbare Vase, die anzurühren ihr verboten war, zerschlagen. Nach ihrer Rückkehr fragt die Mutter die beiden, ob etwas passiert sei. Was werden Hans und seine Schwester antworten?"

Einige Antworten aus der vorgenannten Knabenklasse:

„Hans wird sagen, daß die Schwester die Vase heruntergeworfen habe, so daß der Verdacht nicht gleich auf ihn fallen wird. Und die Schwester wird dann auch verraten, daß Hans im Kino gewesen ist, damit sie nicht allein Schläge bekommt."

„Die Schwester sagt vielleicht der Mutter, die Vase hat Hans zerschlagen. Hans erwidert, das konnte ich gar nicht gewesen sein, denn ich war ja im Kino. So hatte er sich verraten."

„Hans sagte: Ich will die Wahrheit sagen, denn da komme ich besser davon. Die Schwester aber sagte: Ich habe die Vase nicht zerbrochen, und sie nahm sich als Ausrede: Die Vase hat zu nahe am Fenster gestanden, da kam ein Windstoß, und schon war es geschehen."

„Wenn es anständige und gut erzogene Kinder sind, werden sie der Mutter das Verbotene berichten. Andernfalls haben sie das 4. und 9. Gebot nicht beachtet: Du sollst Vater und Mutter ehren, du sollst nicht falsches Zeugnis reden. – Lügen haben kurze Beine."

Es braucht wohl nicht weiter ausgeführt zu werden, wie fein man diese Antworten auswerten kann.

In einer solchen Arbeit erkennen wir sehr wesentliche Vorteile: Es wird keine fertige Belehrung erteilt, sondern jedes einzelne Kind muß erst selbst seine Stellungnahme zu einer Situation darlegen, die dann im gemeinsamen Gespräch, zuerst innerhalb der Gruppe und dann in der Klasse, beurteilt wird.

Gruppenarbeit

Schon bei der vorbereitenden Arbeit konnte erkannt werden, daß auch bei der religiösen Unterweisung eine innere Verschiebung und Umstellung des Arbeitsverhältnisses zwischen Kind und Lehrer eine unbedingte Notwendigkeit ist. Das Kind, hinter dem nur noch selten ein wirklich christliches Elternhaus steht, muß gerade hier natürlich und echt fragen dürfen. Es muß „vor dem Problem stehen". So wird es nicht Worte nachsprechen, die Gefühle nur vortäuschen. So wird es auch „wollen" und sein Wollen in die Tat umsetzen.

Beispiel 1: Liebet eure Feinde

Mündliche Arbeitsanweisung

Wir wollen uns das Jesuwort Matthäus 5, Vers 44, näher ansehen. Jede Gruppe fragt sich: Handeln die Menschen nach diesem Jesuwort oder nicht! Sie sucht Beispiele aus dem Leben oder in der Literatur, bei denen sich 1. Das Wort bewahrheitet, 2. nicht bewahrheitet hat.

Arbeitsmittel: Neues Testament

Aus dem Arbeitsbericht einer Gruppe:

Franz: Das Jesuwort heißt: „Liebet eure Feinde; segnet, die euch fluchen; tut wohl denen, die euch hassen; bittet für die, so euch beleidigen oder verfolgen." Es stammt aus der Bergpredigt.

Wir haben zunächst festgestellt, daß die Menschen nicht immer danach handeln. Würden sie sich nach diesem Wort richten, so gäbe es sicherlich keinen Krieg mehr. Es kommt aber immer wieder in der Welt zu Kriegen. Schon im Leben der Familie denken die Menschen nicht immer daran, sich zu lieben.

Dieter: Ich kenne zwei Bekannte, die haben immer Streit. Der eine haßt den andern. Manchmal ist es so, daß sie sich eine Zeitlang vertragen, aber auf einmal fängt der Streit wieder von vorne an.

Paul: Ich las eine Geschichte. Da war ein Bauer, der hatte einen sehr geizigen Nebenbuhler. Sie lagen immer im Streit. Der Geizhals fügte seinem Nachbarn sehr viel Schaden zu.

Günter: Selbst beim Fußballspiel hassen sich die Menschen. Wenn eine Mannschaft, die gegen uns spielt, mit den Toren im Rückstand ist, so kann man den Spielern direkt den Haß aus den Augen lesen. Ich selbst mache es so: Wenn ich merke, daß ich einen anständigen Gegenspieler vor mir habe, so tröste ich ihn mit den Worten: Na ja, es ist doch nicht so schlimm, daß ihr verliert, dafür gewinnt ihr das nächste Mal. Ganz selten wirken aber meine Worte. Haben sie aber Wirkung, so kommen wir ins Gespräch. Und wenn wir den Platz verlassen, so ist er wenigstens getröstet.

Franz: Im Krieg ist es am schlimmsten. Da hassen sich die Feinde. Wenn sie sich mit den Gewehren und Kanonen gegenüberstehen, dann kennen sie keine Liebe. In einer Geschichte, die ich vor kurzem in einem Heftchen las, wäre es aber beinahe anders gekommen. Es war im ersten Weltkrieg. Die Front war ruhig, in einem Dorf läuteten die Glocken. Auf seiten der Deutschen und Franzosen wurde nicht geschossen. Da kam einem Soldat der Gedanke, daß es sehr schön sei, wenn man sich frei bewegen könne, ohne daß man dauernd auf den Feind aufpassen müßte. Er besprach sich mit seinen Kameraden, und bald lief ein Bote zu den Franzosen. Die Franzosen nahmen den Vorschlag an und waren auch sehr froh. Nun lebten die Feinde in Freundschaft, wer sich zuvor haßte, liebte sich jetzt. Niemand beleidigte einen andern oder verfolgte ihn. Die Franzosen waren bei den Deutschen und die Deutschen bei den Franzosen. Sie fühlten sich alle sehr wohl. Leider blieb es nicht so. Die Kompanie der Franzosen wurde abgelöst, und die neue wußte von dem Abkommen nichts. Nun wurde wieder auf beiden Seiten geschossen. Jetzt wurde wieder gehaßt, beleidigt und verfolgt.

Günter will ein Beispiel aus dem 2. Weltkrieg erzählen, das sein Vater erlebt hat.

Günter: Es war an der Ostfront. Die Deutschen griffen an. Ein junger Leutnant hatte die Führung. Es war in den Abendstunden. Da war der Leutnant plötzlich verschwunden. In dem Schlachtgetümmel kam plötzlich auf die deutschen Stellungen etwas zugekrochen. Die Deutschen schossen heftig drauf, ohne aber zu treffen. Die Gestalt kam immer näher, und da erkannten die Deutschen, daß es ein Russe war, der eine Gestalt über seinem Rücken hatte. Es war der Leutnant. Sofort wurde mit Schießen aufgehört. Sie stellten fest, daß der Leutnant schwer verwundet war und nötigten den Russen zum Bleiben. Der Russe aber war plötzlich wieder verschwunden. Der Leutnant wurde bald wieder gesund. Seinem Retter konnte er aber nicht mehr danken.

Paul: Als ich noch im Jahre 1944 bei meinen Eltern im Saarland war, spielte sich folgendes ab: Das Dörfchen Gersweiler wurde ziemlich von den Bomben verschont. Oft flogen viele Flugzeuggeschwader über unser Dörfchen, und eines dieser Flugzeuge wurde abgeschossen. Ein Pilot konnte sich retten und kam mit seinem Fallschirm auf einen Baum. Mein Vater sah es gerade von seiner Fuchsfarm aus. Er kletterte auf den Baum hinauf und holte den Franzosen herunter. Er hatte ein Bein ge-brochen und konnte so nicht laufen. Mein Vater half ihm beim Gehen und brachte ihn in unser Haus. Er versteckte ihn dort. Meine Mutter und meine Schwester ver-sorgten ihn. Der Franzose war ihr Feind, aber sie taten es aus Nächstenliebe.

Dieter: Ich will zum Schluß auch noch ein Erlebnis erzählen, bei dem ein Mann so handelte, wie es Jesus fordert.

In einem Dorf bei Frankfurt war ich in Ferien. Da erlebte ich, wie ein Bauer mit ei-nem Knüppel auf einen alten Mann schlug. Der alte Mann war in das Haus des Bau-ern hineingegangen, um etwas Brot zu betteln. Darauf war der Bauer so wütend ge-worden, daß er auf den Alten wild einschlug. Die Leute, die dem Schauspiel zusa-hen, empörten sich alle und rieten dem Alten, sich das nicht gefallen zu lassen. Der Alte aber sprach: „Ich habe nicht das Recht, mich an diesem Bauern zu rächen. Das überlasse ich Gott!"

Beispiel 2: Der reiche Jüngling, Markus 10, 17–31

(Nach Arbeitsanweisung aus Prelle / Schipper: Biblische Geschichten. Kaiser Ver-lag, München)

Arbeitsverlauf in einer Gruppe (Protokollaufnahme):

Die Gruppe (Alma, Liesel, Günter, Dieter) begibt sich an ihren Arbeitsplatz. Die beiden empfangenen Arbeitsanweisungen werden von je zwei Schülern bis zum er-sten Arbeitsauftrag durchgelesen. Jeder schlägt den angegebenen Bibeltext auf. Günter gibt die Anweisung, den Text zu lesen und danach mit eigenen Worten zu er-zählen. Alle lesen selbständig.

Alma erzählt die Geschichte. Liesel ergänzt und faßt die einzelnen „Bilder" an Hand der Anweisung mit eigenen Worten zusammen.

Günter teilt für die Arbeit an der Auslegung die Gruppe. Mit Dieter zusammen will er selbst die erste Hälfte, die Mädchen sollen den zweiten Teil übernehmen.

Die beiden Jungen unterhalten sich. (Das Gespräch wurde anfangs so leise geführt, daß es nicht aufgenommen werden konnte.) Sie machen sich Notizen, überlegen, sprechen miteinander, schreiben. Einige Gesprächsfetzen:

Günter: Es gibt viele Menschen, die die Gebote nicht halten.

Dieter: Das dritte Gebot zum Beispiel halten nur wenige Menschen. Die meisten Leute schaffen sonntags, anstatt sich von der Arbeit auszuruhen. In vielen Fabriken und Betrieben wird sogar sonntags geschafft. Jeder will gern Geld verdienen, damit er sich viele schöne Sachen anschaffen kann. Die Menschen sind ja so verdorben durch die vielen Luxusgegenstände.

Günter: Also ist eigentlich der Reichtum schuld daran, daß die Gebote nicht gehal-ten werden können.

Dieter: Ein Reicher stirbt auch nicht gern. Ein Armer wird viel leichter sterben als einer, der eine Villa, ein Auto und viel Geld zurücklassen muß.

Günter: Der Reiche tut sich aber im Leben immer besonders groß nach außen hin.

Dieter: Der Pharisäer hat auch erst allen sein Goldstück gezeigt, ehe er es opferte.

Günter: Es gibt aber auch heute Reiche, die werfen in der Kirche Knöpfe in den Klingelbeutel.

Dieter: Mancher vertraut mehr auf Hab und Gut als auf Gott.

Günter schlägt nach einigem Überlegen und nach Durchsicht der Arbeitsanweisung Markus 8, 34 – 36 auf und liest den letzten Vers laut vor: Was hülfe es dem Menschen, wenn er die ganze Welt gewönne, und nähme an seiner Seele Schaden?

Günter und Dieter schlagen zusammen laut Anweisung Lukas 12, 33 – 35 auf. Sie kommen nicht auf den Sinn; sie sehen den Schatz im Himmel zu real.

Günter: Das geht ja nicht mit dem Schatz im Himmel – vielleicht, wenn man auf Erden alles hergibt.

Dieter: Gott ist die Treue lieber als der Schatz. Vielleicht ist es so gemeint, daß man durch Dienen bei ihm einen Schatz erwirbt.

Die Mädchen haben inzwischen ihre Auslegungsversuche selbständig niedergeschrieben. Sie vergleichen jetzt. Eine Unklarheit besteht bei Vers 30. Sie fragen die Jungen.

Dieter: Frag doch mal den Lehrer!

Günter: Ach, laß doch! (Er versucht selbst hinter den Sinn zu kommen.) Es ist wieder das Problem mit dem Schatz.

Der Satz bei der Auslegung des Verses (in der Arbeitsanweisung) „Der Dienst im Reiche Gottes wird reich belohnt" beschäftigt jetzt die ganze Gruppe. Die Kinder sitzen einige Zeit wortlos da und überlegen. Alma hebt die Hand. Der Lehrer kommt und klärt mit Hilfe eines aktuellen Beispiels.

Lehrer: Ihr habt in der letzten Woche sicher in den Zeitungen gelesen, wie wieder viele Geistliche verfolgt werden. Ihr könnt euch sicher vorstellen, welche Entbehrungen die Verfolgten um des Evangeliums willen auf sich nehmen. Sie werden von ihrer Familie getrennt, in die Gefängnisse geworfen – und bleiben doch ihrem Gott treu. Das ist doch wirklich ein Dienst im Reiche Gottes. Und dieser Treuedienst wird reich belohnt.

Dieter: Ja, aber wie denn? Die sitzen doch im Gefängnis!

Lehrer: Nun, das ist für uns nicht ganz leicht zu verstehen. Der Lohn besteht aber allein schon darin, daß diese Menschen mitten unter Verfolgungen schon jetzt die Gemeinschaft und die Hilfe der Gemeinde erfahren. Sie spüren doch, wie wir sie unterstützen, wie wir ihnen mit Liebesgaben und mit Worten helfen wollen. Das gibt ihnen Kraft und Mut und zeigt ihnen, daß sie nie verlassen sind. Und darüber hinaus werden sie beim Weltgericht den größten Lohn empfangen. Dann sind ja, wie es hier auch so schön im letzten Vers heißt, vor Gott die Letzten so viel wie die Ersten und die Ersten so viel wie die Letzten.

Die Kinder machen sich noch einige Notizen, lernen die Zusammenfassung (Matth. 6, 24) auswendig, lesen Gebet und Lied durch.

Bericht (2. Stunde)

Kurze Angabe des Gesprächsinhalts:

Kind erzählt die Geschichte in den einzelnen Bildern. Der Kern wird herausgestellt: Geld oder Gott. – Vielen gilt das Geld mehr als Gott. – Sie denken ans Vergnügen (Beispiele). – Manche arbeiten am Sonntag wegen des Geldes. – Lehrer weist auf die Zusammenfassung hin: Ihr könnt nicht Gott dienen und dem Mammon. – Kinder bringen Beispiele: Kunstspringer setzen für 300,— DM ihr Leben ein. Fallschirmspringer in Ludwigshafen verunglückt. Dagegen: Jesus am Kreuz. Sein Opfer für uns! Was die Geschichte vom reichen Jüngling bewirkt hat: Menschen gehen ins Kloster. – Der Weg ins Kloster fällt einem älteren Manne leichter als einem jungen. Der ältere Mensch erkennt besser die Nutzlosigkeit des Reichtums. – Gegenargument: Der ältere Mensch hat sich an den Reichtum gewöhnt. Darum wird es ihm schwer fallen, sich davon zu lösen. – Entstehung des Mönchtums: Antonius. – Auswirkungen auf Augustin – Was will nun Jesus mit seiner Forderung von uns? Was können wir in unserem Leben verwirklichen? Echte Nächstenliebe soll im Vordergrund stehen! (Beispiele.)

Lied und Gebet.

2. Gestalten

Gestaltung ist im wesentlichen schöpferischer Natur. Sie gründet sich auf ein ursprüngliches Bedürfnis der Kinder, gemeinsam ein Ganzes zu leisten.

Die Arbeit an einem „Vorhaben" kann sich aus dem Einbruch der Lebenswirklichkeit in den Unterricht ergeben: Gemeinschaftsaufsätze, Bastelwettbewerbe.

In vielen Fällen wird sie unmittelbar der Schule dienen: Herstellen von Arbeitsmitteln, Elternabende. Werkschaffen und dramatische Sprachgestaltung stehen dabei im Mittelpunkt.

Der Wert solcher Gestaltungsarbeiten beruht in der Eingliederung der schöpferischen Einzelleistung ins Ganze. Die im Geistigen zurückstehenden, aber praktisch veranlagten Kinder können ihre Stärke zur Geltung bringen.

a) Schriftliche Sprachgestaltung

In den ersten Schuljahren eignen sich zu einer gemeinsamen Klassenarbeit nur manuelle Arbeiten im Ausschneiden oder Zeichnen. Alle bearbeiten Einzelheiten zu einem Kranz oder einem Weihnachtsbaum, einem Markt, einem Bahnhof usw.

Vom 3. und 4. Schuljahr an reicht aber die Gestaltungsarbeit auch schon in das geistige Gebiet. Ein „Kasperlebuch", ein „Märchenbuch", ein „Reisebuch" kann entstehen. Wichtig ist dabei, daß der Aufbau des „Buches" vorher besprochen, dann in einzelne Kapitel aufgeteilt und später zusammengefaßt wird.

Beispiel: Gemeinschaftsaufsatz „Der Herbst zieht ins Land"

Anstoß

Ein schriftlicher Gestaltungsvorgang sollte nicht aufgenötigt werden – er muß erwachsen aus einer Unterrichts- und Lebenslage, in der das Kind etwas Eindrucksvolles und Anregendes, Hörens- und Sehenswertes erkannte und erlebte. Eine gemeinsame, gut durchorganisierte Unterrichtsfahrt kann z. B. ein solcher Anstoß sein.

Ergebnis

Wir schlagen die Klassenzeitung auf, einen sauber eingebundenen Schnellhefter. Unser Blick fällt auf ein buntes Aquarell, das auf den Inhalt hinweist: Zwei lachende Kinder bei der Traubenernte. Darunter in Druckschrift: „DER SPIEGEL", *Schülerzeitschrift der Klasse 7, Nibelungenschule Worms. Heft 9/10 (Doppelnummer) – September/Oktober 1950 – Schriftleitung: Paul Lott, 13 Jahre.*

Die nächste Seite kündigt das Motto des ganzen Heftes an: *„DER HERBST ZIEHT INS LAND!"* Darunter ein feiner Scherenschnitt: Ein Junge schüttelt einen Apfelbaum, drei andere fangen und lesen die Äpfel auf. In kleiner Druckschrift folgt dazu das passende Gedicht „Obstbaum im Herbst".

Der jugendliche Schriftleiter erläutert anschließend das Thema des Gemeinschaftsaufsatzes: *„42 Schüler berichten von der Unterrichtsfahrt am 2. Oktober 1950. Die Berichte sind in einem Gemeinschaftsaufsatz zusammengefaßt."*

Die nun folgenden Aufsätze der Gemeinschaftsarbeit sind ohne Ausnahme mit einer Zeichnung versehen, die für das jeweilige Thema charakteristisch ist. Formulierung und Reihenfolge der Themen wurden in einem Unterrichtsgespräch gemeinsam nach Vorschlag der Kinder, nach Beratung und Lenkung durch den Lehrer, entwickelt. Schreib- und Ausdrucksfehler wurden durch Selbstkorrektur (Wörterbuch, Frage an den Lehrer) und Gruppenkorrektur (Austausch der Blätter und Korrektur mit gegenseitiger Verständigung) ausgeschaltet.

Zur Einleitung erhalten wir einen Überblick über die Herbstfahrt an Hand einer klaren Skizze, auf der die Fahrtwege mit Richtungspfeilen hervorgehoben sind. In der nun folgenden ersten Arbeit schreibt Rainer ausführlich über die Organisation und über die *„Abfahrt".* Er erzählt von der Freude der Klasse, endlich einmal mit dem Rade gemeinsam in die nähere Heimat fahren zu können, *„um die Natur und die Arbeit des Menschen in der herbstlichen Jahreszeit zu beobachten"* – von den Überlegungen, was alles zur Fahrt benötigt wurde: Tagebuch, Blei- und Buntstifte, Verpflegung, Karte, Kompaß, Fernglas, Fotoapparat. *„Endlich war es dann soweit. Wir versammelten uns morgens um 8 Uhr auf dem Schulhof. Unser Lehrer sah unsere Räder genau nach. Paul wurde in eine Reparaturwerkstatt geschickt. ... In der Zwischenzeit sprach unser Lehrer über das Verhalten während der Fahrt. Wir sollten beim Fahren nicht sprechen, wir sollten nicht nebeneinander, sondern hintereinander fahren, nicht nach hinten schauen, sondern immer nach vorne ... Als Paul zurückkam, machten wir uns noch ein paar Zeichen aus. Unser Lehrer gab das Zeichen, um auf das Rad zu steigen. Und in schöner Ordnung fuhren wir los. In der Marienstraße verlor Fritz seine Pedale, und er mußte heimfahren."*

Wetterkundliche Beobachtungen

Physikalische Experimente

Manuelle Gestaltungsarbeit

Geschichtliche Wiederholung

„*Der erste Aufenthalt*" – von Gerhard geschildert – konnte dazu benutzt werden, ein besprochenes Ereignis aus der Heimatgeschichte in Erinnerung zu bringen (Die Wiedergabe ist hier stark gekürzt): „*. . . Nachdem wir Herrnsheim verlassen hatten, wo uns das verlassene Storchennest im herbstlich gefärbten Schloßpark besonders auffiel, ging kurz vor Abenheim das Zeichen 'Stop' durch unsere Reihe (siehe Skizze!). Die Räder wurden zu zweit gegeneinandergestellt. Als dies geschehen war, kam noch ein Nachzügler, der einen kleinen Schaden am Rad gehabt hatte. Wir stellten uns im Halbkreis um den Lehrer, und es wurde gefragt und erklärt. Wir beobachteten dabei die Leute bei der Rüben- und Kartoffelernte. Auf der Karte stellten wir fest, daß der kleine Bach, über den wir gerade gefahren waren, Flutgraben hieß. Und an diesem Flutgraben entlang – erklärte der Lehrer – zogen damals im Bauernkrieg die Bauern über unbestellte, verwahrloste Felder bis nach Dalsheim. Damals konnten die Menschen nichts ernten, und viele mußten verhungern. In Dalsheim lagerten die Bauern mit 8 000 Mann, und als Ludwig V. mit seinem Heer kam, flüchteten sie nach Pfeddersheim zurück, wo wir später noch hinkommen werden.*"

Die Fahrt ging weiter, nachdem eine genaue Orientierung an Hand der Karte erfolgt war. Friedel aber erhielt den Auftrag, die Klasse selbständig vom Flutgraben bis nach Gundheim zu führen. Wir erfahren aus seinem Bericht, daß es ein besonderes Erlebnis für ihn war *(Ich führte die Klasse)*: „*Da ich den Weg nicht kannte, bekam ich die Karte des Lehrers und mußte die Klasse vom Flutgraben nach Gundheim führen. Die Straße war sehr schlammig, und das Fortkommen war durch sehr starken Gegenwind noch erschwert. Es hatte die letzten Tage viel geregnet, und fast jeden Morgen ist dichter Nebel. Jetzt fegte der übliche Westwind über die Stoppelfelder. Unterwegs sahen wir wieder Bauern, die bei diesem unerfreulichen Wetter Trauben lasen und Zuckerrüben ausmachten . . . Ich verfolgte unseren Weg immer auf der Karte und gab das Tempo an. Bald mußten wir in Gundheim sein.*"

Vor Gundheim aber erlitt die Fahrt „*Eine interessante Unterbrechung*". Das kam so: „*Ein Junge sagte schon unterwegs, in der Nähe von Gundheim sei eine Silberfuchsfarm, die könnten wir doch einmal besichtigen. Als wir davor standen, war das Tor mit einem großen Schloß zugemacht. Wir rüttelten an dem Tor. Ein Mann erschien, den der Lehrer fragte, ob wir die Silberfuchsfarm einmal besichtigen könnten. Der Mann sagte, es müßten zwei Jungen zu dem Züchter fahren, damit er die Erlaubnis bekäme, uns zu den Silberfüchsen zu führen. Horst und Volker erhielten diesen Auftrag. Nach einer Weile kamen sie mit der Genehmigung zurück, und der Wärter konnte uns ins Innere führen. Zuerst sahen wir drei riesige Wachhunde, die uns anbellten . . . In den ersten Käfigen waren Junge vom April. Die Silberfüchse waren in Holzkisten, die Klappen hatten, damit sie im Käfig herumlaufen konnten. Im allgemeinen waren die Silberfüchse abgemagert, und einer lag tot in seinem Käfig. Er hatte von dem Holzkasten das Bein abgenagt, weil er so hungrig war. Die meisten lagen ganz zusammengekauert. Das Unkraut stand in manchen Käfigen. Dann kamen wir an einen Fuchs, der eine ganz helle Farbe hatte . . . Der Wärter zeigte uns noch das Innere eines Kastens. Er sieht so aus: (Zeichnung!)*" – Reinhold erzählt dazu noch ergänzend, was er von dem Wärter gehört hat: „*. . . Die Tiere werden erst im Winter getötet; denn die Winterpelze* *sind mehr wert als die Sommerpelze. Ein Pelz kostet ungefähr 200–230 DM. Die Tö-tung der Füchse geht so vor sich: Dem Fuchs wird das Maul zugehalten und mit dem Fuß auf das Herz getreten. In fünf Minuten ist er tot. Gefüttert werden die Tiere nur einmal am Tag, und zwar abends zwischen 4 und 6 Uhr."*

Fritz bringt zu dem Thema „Silberfüchse" noch einen interessanten Bericht *„Wie ich in meiner Erholung eine Silberfuchsfarm besuchte".*

Zufällig konnten wir in der Nähe der Farm auch eine Rebschule besuchen. Die *„Ar-beit der Rebschule"* hat besonders Eugen interessiert. *„... Dann gingen wir hinüber ins Treibhaus, wo die Reben gezogen werden. Der Mann sagte: Zuerst muß man eine Wärme von 25 Grad haben. Dann nimmt man das Rebenmesser und schneidet von ei-ner Rebe ein Stück ab und veredelt sie mit einer amerikanischen Rebe. Wenn das alles geschehen ist, nimmt man eine Kiste und schüttet Sägemehl hinein, so daß der Boden bedeckt ist. Darauf werden die Reben gelegt, und wieder kommt eine Schicht Säge-mehl darüber. Nur noch ein kleines Stück dürfen sie herausschauen. Sie werden im Treibhaus feucht gehalten. Wenn sie dann Blätter haben, kommen sie heraus an die Luft und werden verkauft ... Die Fahrt ging dann weiter durch Gundheim und Mör-stadt nach Pfeddersheim."*

Vorher gab es aber noch eine *„Eine Panne": „Kurz vor Pfeddersheim, an einer Kur-ve, gab es hinter mir einen Schlag, als wenn eine Flasche zerplatzt wäre. Aber zur glei-chen Zeit rutschte ich mit dem Rad auf die Fahrbahn. Da wußte ich gleich, was gesche-hen war: ich hatte eine Panne! Gleich rief ich den anderen nach, und es kamen zwei Kameraden, die Flickzeug hatten. Wir stellten das Rad um, machten den Schlauch raus und flickten das Loch ..."*

Pfeddersheim ist erreicht. Der Kampf und das Sterben in der Natur – auf dieser Fahrt durch herbstliches Land vielfach sichtbar und spürbar geworden – erinnert plötzlich an Kampf und Tod um diesen alten Marktflecken. Große geschichtliche Er-eignisse werden beim Anblick der noch erhaltenen Stadtmauer in die Gegenwart ge-rückt. Heinz greift zur Feder, um noch einmal die *„Bedeutung des Bauernkrieges"* und die *„Schlacht bei Pfeddersheim"* herauszuheben: *„... Eine Ursache, die zu den Bauernkriegen führte, war eigentlich das Geld. Die Bauern mußten zu hohe Steuern bezahlen und wurden von den Städtern verachtet. Sie schlossen sich in Heeren zusam-men, stürmten Städte, plünderten und steckten sie in Brand. Aber immer hatten sie große Verluste. So kam es auch bei Pfeddersheim zu einer blutigen Schlacht, die ich jetzt ausführlich wiedergeben will: 8000 Bauern versammelten sich in der Gegend von Dalsheim. Als Ludwig V. davon hörte, zog er mit einem kleineren Heer von Mainz nach Worms. Sein Heer war schwer bewaffnet, auch führte er ein paar Geschütze mit sich. Die Bauern zogen sich hinter die Stadtmauern von Pfeddersheim zurück. Am 24. Juni 1525 ließ Ludwig V. vom Georgenberg aus die Stadt beschießen. Dies hatte aber keinen Zweck. Da schickte der Pfalzgraf einen Teil seines Heeres über die Pfrimm (sie-he Skizze!). Die Bauern verließen die Stadt, um sich auf die Reiter, die sie für die einzi-gen Feinde hielten, zu stürzen. Jetzt brach der Kurfürst mit dem anderen Teil aus seiner Stellung hervor. Es entstand ein großer Kampf, bei dem die Bauern unterlagen. Die übrigen Bauern flohen in die Stadt. Ludwig V. beschoß sie von neuem. Die Bauern ba-ten um Gnade. Sie öffneten die Tore und kamen entwaffnet heraus. Doch außerhalb* *der Tore machten sie einen Fluchtversuch. Die Soldaten stürzten sich auf sie, und es entstand wieder ein fürchterliches Blutbad. Das Blut soll bis nach Pfeddersheim hineingeflossen sein. Am Abend wurde die Stadt besetzt. 36 Rädelsführer wurden erhängt. Nach der Schlacht von Pfeddersheim fanden nur noch einige Zusammenstöße statt, dann waren die blutigen Kriege zu Ende."*

„Vor der Pfeddersheimer Stadtmauer" aber standen jetzt, im Jahre 1950 die 42 Jungen und vor ihren Augen stieg bei der Schilderung des Lehrers noch einmal im Schein der Herbstsonne das Bild eines grauenhaften Kampfes lebendig vor ihnen auf. *„ . . . Jetzt sahen wir einen mit Efeu umrankten Turm der Stadtmauer, vor der einst diese blutige Schlacht stattgefunden hatte . . . Wir zeichneten uns während der Pause einen Turm und ein Stück von der Stadtmauer ab. Vor der Mauer ist ein Wallgraben, der heute noch ein Stück zu sehen ist. Die Stadtmauer ist schon sehr alt und schwach. Sehr lange und breite Risse sind darin . . . "*

Was lag nun näher, als einmal diesen Graben und einen solchen alten Turm genau zu erforschen. Einige Gruppen gingen mit einem bestimmten Auftrag an die Arbeit. Hier nur ein Ergebnis dieser *„Untersuchungen an der Pfeddersheimer Stadtmauer":* *„ . . . Meine Gruppe wurde zu dem Turm geschickt, der etwas abseits lag; wir sollten den Turm etwas näher betrachten . . . In den Turm ging eine Tür, die mit Eisenbändern beschlagen war. Mein Blick fiel auf die Türschwelle, da stand das Datum der Erbauung des Turmes: Anno 1571. Innen war es ziemlich dunkel. Ein wenig Licht kam durch ein kleines Fenster herein, das wahrscheinlich als Schießluke benutzt worden war. Es fiel uns aber auf, daß kein Eingang zur oberen Plattform ging. Heinz sagte, ich sollte einmal versuchen, ob ich über die Mauer schauen könnte. Es gelang mir auch. Dann sah ich, daß oben auf der Plattform noch ein Fenster war, also mußte irgendein Geheimgang vorhanden sein."*

In dieser lebendigen, vielgestaltigen Weise folgen noch eine Reihe weiterer Beobachtungen und Fahrterlebnisse, die vor allem das begonnene Gesamtthema weiterführen und abrunden, u. a.: Ein Blick vom Georgenberg über die herbstliche Landschaft – Eine Stunde Erntehilfe – Bei einem lustigen Winzer

Aber auch Fritz, der wegen seiner Pedale wieder nach Hause fahren mußte, liefert stolz seinen Beitrag zum Gemeinschaftsaufsatz ab. Er hatte sich daheim eingehend mit dem Thema *„Von der Traube zum Wein"* befaßt und gibt jetzt seinen Kameraden das Ergebnis bekannt: *„ . . . Sicherlich kam die Klasse auf ihrer Herbstfahrt auch an Weinbergen vorbei. So möchte ich hier einmal den Vorgang 'Von der Traube bis zum Wein' ausführlich erzählen. Im März wird der Wingert gedüngt. Wenn sich dann im Mai die ersten Blüten zeigen, beginnen die Sorgen des Winzers im Kampf gegen das Ungeziefer. Die Reben werden mit Schwefel, Nikotin und Vitriol gespritzt, um die Feinde der Trauben Sauerwurm, Reblaus und Pilzkrankheiten fernzuhalten. Wenn die Trauben dann reif sind, werden sie 'gelesen'. Die Leserinnen schneiden die Trauben in die Eimer. Diese werden den Trägern in die 'Butten' geschüttet. Dann werden sie auf den Wagen getragen und heimgefahren. Die Beeren kommen dann sofort in die Traubenmühlen, in denen sie mit Stumpf und Stiel gemahlen werden. Von da aus kommen sie in große Gärbottiche, in denen es nun etwa 4 Tage lang brodelt. Alle 3 – 4 Stunden müssen die gärenden Trauben durchwühlt werden, damit sie an der Oberfläche nicht*

*trocknen und säuern. Ist die Hauptgärung vorüber und das Faß abgekühlt, wird es zu-
gedeckt und bleibt 8–10 Tage ruhig stehen. Der Saft, der frische Most, fängt dann zu
gären an, wonach man ihn Bitzler oder Rauscher nennt. Bei dieser Gärung strömen
aus dem Faß Kohlendioxydgase heraus, und der Bauer kann nicht in den Keller. Die
Gärung geschieht so: Auf den Trauben sitzen Hefepilze, die bei der Gärung den Zuk-
ker, der in der Traube ist, in Kohlendioxyd und Alkohol zersetzen. Die Pilze setzen
sich dann als Hefe ab. Der Alkohol ist das, was einem beim Trinken in den Kopf steigt.
Die darauffolgende zweite Gärung ist ruhiger, färbt aber den Most trüb, er heißt Feder-
weißer. Erst nach diesem letzten Akt klärt sich die Flüssigkeit zu Wein unter Zurücklassen der Hefe und des Weinsteins. Die Hefe wird zu Branntwein und der Weinstein zu
Back- und Brausepulver verwendet. Der klare, edle Wein wird zur weiteren Behandlung dem Kellermeister übergeben. Ich will schließen mit einem Lied über den Wein:
Am Rhein, am Rhein, da wachsen unsere Reben, gesegnet sei der Rhein. Da wachsen
sie am Ufer hin und geben uns den Labewein. So trinkt ihn denn und lasset allewege
uns freun und fröhlich sein (Matthias Claudius)."*

b) Manuelle Gestaltungsarbeit

Jede Werkarbeit ist schöpferische Gestaltungsarbeit und kommt dem Schulganzen
zugute. Sie wird in unserem Unterricht immer wieder eingesetzt, wenn es die Situation erfordert, und trägt wesentlich zur Verwirklichung einer natürlichen Lebens- und
Erziehungsschule bei. Durch sie erscheint der Lehrstoff nicht mehr als trockenes
Buchwissen, sondern lebensnah und fesselnd. Zugleich schafft die manuelle Arbeit
Verständnis, Achtung und Urteilsvermögen für jede Art von Handwerk. Die Zusammenarbeit in Gruppen, die sie naturgemäß in den meisten Fällen verlangt, erzeugt gerade hier durch die Zusammenarbeit soziale Tugenden.

Hinter der Forderung nach Werkbetätigung stehen aber auch grundlegende psychologische und didaktische Erkenntnisse:

Eine klare Begriffsbildung ist in vielen Fällen nur durch Umgang mit dem Werkstoff
oder mit sinnvollen Arbeitsmitteln möglich. Die Betätigung mit der Hand fesselt
und übt die Aufmerksamkeit, fördert die Genauigkeit der Auffassung und wirkt so
verdeutlichend und klärend auf die Vorstellungen. Das Werken gibt aber auch Anlaß
zu reichlicher Ausdruckspflege. Es fördert die Entwicklung der Sinne, die Entwicklung der Ausdrucksfähigkeit. Dadurch schafft es neue Gefühlslagen und führt so zu
einem echten Erlebnisunterricht. Daneben wird die „Ausdruckshand" durch ständige technische Schulung zur „Arbeitshand" entwickelt.

Diese Erkenntnisse zeigen uns die enge, organische Verknüpfung des Werkens mit
dem gesamten Unterricht. In der Volksschule ist es mit einem Fach „Werken" allein
nicht getan. Neben die freie Werkarbeit in dem obligatorischen Werkunterricht
muß sinnvolles, zweckgebundenes Werken als Prinzip im gesamten Unterricht
treten.

Freies und zweckgebundenes Werken

Gemeinsame Werte:

Entfaltung der schöpferischen Kräfte
Steigerung der Aktivität und Initiative
Erziehung zur Arbeit durch Arbeit
Einstellung des Körpers und Geistes
auf praktische Arbeit
Erziehung zu technisch richtiger Handbetätigung,
zu Genauigkeit, Sparsamkeit, Ordnungsliebe,
Ausdauer
Gegenwirkung gegen theoretische Einseitigkeit
Entwicklung sozialer Tugenden, der Achtung
vor der Arbeit

Freies Werken	*Zweckgebundenes Werken*
Im Rahmen des Zeichenunterrichts als Fach	Im Zusammenhang mit dem gesamten Unterricht als Prinzip
Ästhetische Ziele (Geschmacksbildung)	Unterrichtspraktische Ziele (verstandsmäßige Erziehung)
Erkenntnis des Formell-Schönen	Erkenntnis des Funktionell-Schönen
Herstellung von brauchbarem Spielzeug und praktischen Geräten	Herstellung von Anschauungs- und Arbeitsmitteln, die durch Klärung, Vertiefung, Kontrolle und Festigung der Unterrichtsergebnisse den Lernvorgang unmittelbar unterstützen
Voraussetzung für sinnvolle Handbetätigung im gesamten Unterricht (Voraussetzung d. zweckg. Werkens)	
Ausbildung der Hand an verschiedenen Werkstoffen: Papier, Ton, Stroh, Holz, Metall u. a., dabei Erziehung zu technisch richtiger Handbetätigung	Ausführung der Arbeiten und Werkstoffe in erster Linie durch die unterrichtlichen Zwecke bedingt: Verwendung von billigen, vielseitigen, haltbaren Werkstoffen (Plastilin, Jolo, Hartfaser, Maché, Kitt, Sand, Blech u. a.)
Themagleiche Gruppenarbeit	Differenzierte Gruppenarbeit

Vorschläge für die einzelnen Schuljahre

1. Schuljahr

Papier:
    Faltarbeiten:
    Schiffchen
    Geldbörse
    Pfeil
    Hut
    Sternformen
    Windrädchen

Ton, Knetwachs:
    Kugel, Männlein, Weiblein,
    Würstchen, Backwerk,
    Platten, Backsteine

Früchte:
    Arbeiten aus Nußschalen,
    Eicheln, Roßkastanien

Rechnen:
    Einfache Zählmaschinen
    Einfache Rechenspiele

Gesamtunterricht:
    Einfache Darstellungen im
    Sandkasten

2. Schuljahr

Papier:
    Falten, Schneiden, Kleben:
    Christbaumkette, Federhut
    Papiergeflecht
    Einbinden von Heften

Ton, Knetwachs:
    Ente, Entenfamilie
    Vogel, Vogelnest

Stroh:
    Sterne, Laternchen
    Girlanden

Kastanien und Zündhölzer:
    Igel und andere Tiere

Garnrollen:
    Fahrzeuge

Rinde:
    Schiffchen

Rechnen:
    Einfache Rechenspiele
    Ziffernblatt, Uhr
    Papier- und Holzmaßstäbe

Gesamtunterricht:
    Bilderbuch (Buntpapier):
    Die Jahreszeiten (Osterhase,
    Korb mit Eiern, Maibaum,
    Fruchtformen, Nikolaus,
    Schneemann, Christbaum,
    Glocke, Narrenmütze usw.)
    Häuschen für den Sandkasten
    (Ton)
    Geburtstagskalender
    Sandkastenarbeit:
    Einfache Erdformen

3. Schuljahr

Papier, Pappe:
    Briefumschläge, Tüten
    Masken, Drachen

Ton, Knetwachs:
    Tiere

Holz:
    (halbes Rundholz):
    Kuhherde

Rechnen:
    Bandmaß
    Einfache Waagen

Heimatkunde:
    Arbeitsmaterial für den
    Sandkasten
    Modelle:
    Schulsaal, Schulhaus
    Umgebung des Schulsaales
    Windrose

Sprachlehre:
    Satzbaukasten

4. Schuljahr

Papier, Pappe, Leder:
    Kofferanhänger
    Schattenfiguren
    Kasperlefiguren

Ton, Knetwachs:
    Hohlgefäße

Jungholz:
    Wäscheklammern, Briefhalter
    u. ä. Hausrat
    Krippe als Blockhütte
    Satzbaukasten

Rechnen:
    Lernspiele

Heimatkunde:
    Sandkasten: Freihandreliefs
    Reliefs aus Maché, Kitt, Jolo
    (Heimat und Umgebung)

Sprachlehre:
    Satzbaukasten

Singen:
    Weidenpfeife

5. Schuljahr

Papier, Pappe:
    Stundenplan, Osterkörbchen
    Spiele (Quartette u. a.)
    Schachteln

Ton, Knetwachs:
    Schafhirte, Schäfchen

Jungholz:
    Stiefelknecht, Schuhlöffel

Rechnen:
    Preistafel, Zirkel
    Arbeitsmittel für Bruchrechnen

Erdkunde:
    Reliefarbeiten
    Umrißschablonen
    Verkehrszeichen

Singen:
    Pfeifen, Okarina

6. Schuljahr

Papier, Pappe:
Kasperletheater, Puppenstuben
Faltschnitte

Ton, Knetwachs:
Krippe mit Figuren

Stroh:
Leichte Flechtarbeiten
Federtäschchen
Untersetzer

Holz:
Einfache, bewegliche Spielzeuge
Nußknacker
Kleiderhalter

Raumlehre:
Winkelmesser, Körpermodelle

Erdkunde:
Umrißschablonen

Naturkunde:
Schichtenmodelle:
Bewegliche Flügel
Scharr-, Schwimmfüße
Füße von Säugetieren
Füße von Vögeln, Schnabel
Futterhäuschen

Naturlehre:
Lot, Pendel
Schwerpunktscheiben
Hebel, Waagen, Fallschirm
Papierschlangen
Hörrohr, Schalleitung

Singen:
Holzspiele

7. Schuljahr

Papier, Pappe:
Mappen, Scherenschnitte

Linol:
Schnitte

Blech:
Ausstechformen, Kerzenhalter
Christbaumschmuck
falsche Schalen

Holz:
Puppenwagen, Puppenbettchen
Puppenstuben, Bilderrahmen
Schlüsselbrett, Kerzenleuchter

Stroh, Bast:
Brillenetui, Taschen
Körbchen

Raumlehre:
Parallelogramme aus
Pappstreifen, Körpermodelle

Geschichte:
Fries, Lernspiele

Erdkunde:
Umrißschablonen, Lernspiele

Naturkunde:
Bewegung des Tierbeines
Bestäubung des Salbei
Blumenkästen, Nistkästen

Naturlehre:
Wärmeausdehnung
Kolbenbewegung, Farbkreisel
Sehrohre, Sonnenuhr, Kompaß

Singen:
Holzspiele

8. Schuljahr

Papier, Pappe:
    Buchbinden

Holz:
    Geräte zum Buchbinden
    Einfacher Webrahmen

Stroh, Bast:
    Flechtarbeiten
    Webarten

Raumlehre:
    Körpermodelle
    Geräte für geometrische
    Übungen im Freien

Geschichte:
    Modelle zur Kulturgeschichte
    Lernspiel, Siedlungsmodelle
    Geräte, Häusertypen

Erdkunde:
    Lernspiel

Naturkunde:
    Gelenke, Gebisse
    Nistkästen, Blumenkästen

Naturlehre:
    Elektromotor, Schaltungen
    Telegraph, Klingel, Telefon

Singen:
    Metallspiele
    Schlagzeug, Gitarre

Beispiel 1: Wir basteln für Weihnachten (Freies Werken)

Anstoß

Am 14. Oktober hatte ich vor der Zeichenstunde ein Plakat am Anschlagbrett befestigt. In einfachen roten und schwarzen Druckbuchstaben stand es da: (Abb. 22)

Abb. 22

Gespräch (Ausschnitt)

„Für wen basteln wir diese vielen Sachen!" – Immer noch warten viele Kinder auf die Rückkehr ihres Vaters aus dem Krieg. – 25 % der Klasse sind vaterlos. Die Mutter steht allein mit ein paar Mark Unterstützung. – Flüchtlingskinder sind gekommen. – Die Weihnacht naht – die Kleinen wollen Spielzeug.

„Bringen wir das fertig? – Auch Puppenstuben? – Und das Material? – Fangen wir gleich an?"

1. Stunde

Für ein Kasperltheater braucht jeder drei gleichgroße Pappkartons (1, 2 und 3). (Abb. 23)

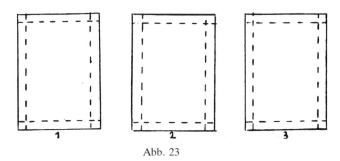

Abb. 23

Nr. 1 soll die Rückseite des Theaters geben. Sie wird zuerst bearbeitet. Eine Kulisse soll aus Buntpapier aufgeklebt werden. Ich zeichne eine als Beispiel an die Tafel, isoliere dabei die einzelnen Teile, die sauber auszuschneiden sind und gebe die Maße an. Am unteren Teil wird eine Öffnung für die Handhabung der Puppen ausgeschnitten. (Abb. 24)

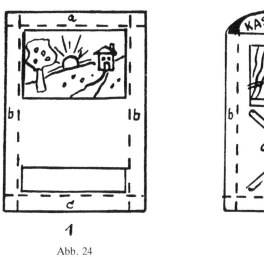

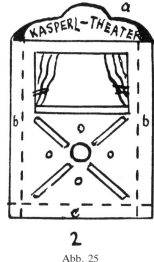

Abb. 24   Abb. 25

2. Stunde

Nr. 2 soll die Vorderwand mit dem Bühnenausschnitt geben. Wir messen mit größter Genauigkeit ein Rechteck aus und schneiden es sauber heraus. Nun werden, wie bei jedem großen Puppentheater, Verzierungen angebracht. Mit Schere und Buntpapier geht es an diese lustige Arbeit.

Nr. 1 und Nr. 2 werden bei *b* eingeklappt und wie ein Kästchen zusammengeklebt. Bei *a* muß man darauf achten, daß die Vorderseite hochsteht. Sie wird von hinten versteift. Die Laschen *c*, die nach unten frei stehen, werden später in den Boden eingesteckt. (Abb. 25)

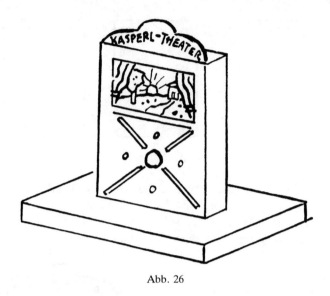

Abb. 26

3. Stunde

Nr. 3 ist der Boden des Theaters. Es bekommt die Einsteckritzen für die Laschen *c*.
Sie werden genau nach Maß eingeschnitten. Die Laschen *c* von Nr. 1 und Nr. 2 werden eingeschoben, umgeschlagen und angeklebt. So hat das Ganze einen Halt. Die
Laschen *a, b, c* von Nr. 3 werden nach unten umgeknickt, an den Ecken festgeklebt,
und das Theater steht fertig da. (Abb. 26)

4. Stunde

Wir stellen die Puppen her: Sie werden auf schmalen Pappstreifen gezeichnet, ausgeschnitten, beklebt, bemalt und mit Hilfe der Streifenenden von der Rückwand aus
bedient.

Erstes Ergebnis

Das entstandene kleine Theater sollte nur eine Anregung für die Klasse sein. Es sollten Möglichkeiten aufgezeigt werden, die jedes einzelne Kind dann in freier, selbständiger Heimarbeit je nach Begabung ausgestalten konnte. Es mußte ja noch ein
zweites Theater nach diesem Muster geschaffen werden.

Drei Wochen waren vergangen. Ich frage manchmal: „Wie weit seid ihr? Braucht ihr
noch Material? Denkt ihr auch an sauberes und exaktes Arbeiten? Schafft ihr auch
etwas Besonderes, Originelles?"

Weiterer Arbeitsverlauf

Eines Morgens stand unter dem Plakat ein Tisch und darauf eine einfache Puppenstube aus Pappe. Meine Frau hatte kunstvoll das Puppentischchen aus Garnrolle
und Pappe geklebt, ein Deckchen aus weißem Papier ausgeschnitten, Stühlchen und

Bänkchen gefaltet, aus Streichholzkästchen und Perlen Bettchen, Kommoden und Schränkchen gebaut, aus Papier, Streichhölzern und etwas Stoff ein Püppchen genäht. Um die ganze Einrichtung stand die geschmackvolle Wand der Puppenstube, ein zweimal geknickter Pappdeckel, mit Tapete überzogen, mit Fenstern und Bildern.

Ich wollte mit diesem aufgestellten M u s t e r nur zeigen, wie man es machen kann. Das Material sollte sich jeder selbst beschaffen. Einzelne drücken ihren Zweifel über das Gelingen einer solchen Arbeit aus. Doch andere zeigen auf das Plakat: Die Preise . . . ! Jeder will einen Preis erringen, und jeder fühlt es jetzt: Ohne Fleiß – kein Preis! Jetzt gilt es!

Gerhard berichtet ganz offen: „ . . . *Manchmal sitze ich dann den ganzen Mittag, wenn ich meine Schulaufgaben gemacht habe, und bastle. Bis jetzt habe ich sechs Arbeiten fertig. Das sind zwei kleine Puppentheater, eine Puppenstube und drei selbsterdachte Geschenke. Das eine Theater ist nicht so schön, das kommt eben halt mal vor, daß nicht alles so wird, wie man will. Ich muß mich nochmal hinsetzen und versuchen, es besser zu machen . . .* "

Es ist ein Wettbewerb, ein Spiel, in dem der sportliche Ehrgeiz, der Beste zu sein, zunächst den Ausschlag zu geben scheint. Aber die Kinder wissen schon: es ist mehr. Das Ziel wird hier noch höher gesteckt. Alle Arbeiten, die sie mühsam und mit großer Geduld anfertigen, haben einen großen Zweck. Sie sollen als Geschenk zu Weihnachten den Kindern, die infolge des Krieges keinen Vater mehr haben, der ihnen Spielzeug bastelt, zur schönsten Freude werden.

„ . . . *Ich freue mich jetzt schon auf die Weihnachtsfeier* ", – schreibt einer – „*bei der die Geschenke verteilt werden. Zu der Feier spielen wir unser schönstes Märchenspiel in unserem Puppentheater, das jetzt schon nach der Schule mit aller Sorgfalt eingeübt wird. Wenn ich dann so zu Hause sitze und bastele, denke ich immer daran, welches Kind wird einmal damit spielen, und ich hoffe, daß es sich auch darüber freut . . .* "

Endergebnis

Der Termin der Ablieferung ist herangerückt. Am 18. Dezember sind alle schon lange vor Schulbeginn im Saal. Mit Körben, Kästchen und Säcken kommen sie an. Auf langen Tischen werden die Arbeiten aufgebaut. Jeder hat sein Werk mit einer Kennziffer versehen, damit die Auspunktung vollkommen unparteiisch geschehen kann. Sieben Arbeiten hat jeder einzelne abgeliefert. Gewiß, es sind auch unbrauchbare darunter, die später ausgeschieden werden – aber es ist eine gewaltige Leistung. Andere Lehrer kommen und bewundern die Arbeiten, der Schulrat erscheint und spricht sein Lob aus. Die Klasse ist stolz auf ihre Ausstellung.

Sie weiß aber: es ist noch viel Arbeit zu leisten. Wenn alle Arbeiten ausgepunktet sind, müssen Papier und Band beschafft werden, es muß jedes Geschenk sorgfältig gepackt werden, mit einem Tannenzweig und einem selbstgefertigten Stern versehen.

Die geplante Weihnachtsfeier, bei der dann auch für jeden Bastler ein kleiner Preis unter dem Christbaum liegen wird, schlägt die Kinder schon Tage vorher in Bann. Es ist nicht so, daß dadurch der Rahmen der Schule gesprengt wird. Im Gegenteil: durch geschickte Führung erreiche ich in den Zeiten, in denen sich meine Kinder um ein gemeinsames Werk scharen, eine noch größere Lernfreudigkeit und bessere Erfüllung der Aufgabenpflicht.

Wie aufgeschlossen ist die Klasse in ihrer Begeisterung bei der Vorbereitung und Durchführung ihrer Feier! Wieviel Gutes wird gesät und gepflegt! Wenn die Kleinen mit leuchtenden Augen ihre Geschenke in Empfang nehmen, dann spüren es die Großen: Unser Wettbewerb, unsere Arbeit hat einen Sinn gehabt – sie empfinden es unausgesprochen schon in ihrer Jugend: Geben ist seliger denn Nehmen!

Beispiel 2: Wir gestalten eigene Arbeitsmittel (Zweckgebundenes Werken)

Herstellung von Zahlenbändern für die Unterklassen durch die oberen Jahrgänge

Material: weiße oder graue Zeichenblätter, etwa 29 × 21 cm (für ein Band sind 20 Blätter notwendig, Preis etwa 0,50 DM) – Wasserfarbe (10 Farbtönungen) – Tusche – Klebstoff.

Aufträge für die einzelnen Gruppen:

Gruppe I: Auf jedem Blatt (Querformat) werden oben und unten 20 cm abgemessen, die Markierungsstriche werden verbunden. An diesen Strich anschließend wird das nächste Blatt aufgeklebt. Um einwandfrei auf einer Bank oder auf einem Tisch arbeiten zu können, werden zunächst nur fünf der vorbereiteten Blätter zu einem Band zusammengeklebt (= 1/4 des gesamten Bandes).

Gruppe 2: Auf das 5 × 20 cm lange Band werden waagerechte, parallel laufende Linien gezogen. Der Abstand vom unteren Rand beträgt 6,8 und 15 cm. Das Feld, das von den beiden oberen Parallelen begrenzt wird, wird mit Senkrechten im Abstand von 4 cm ausgefüllt, so daß rechteckige Felder (7 × 4 cm) entstehen. Jedes 10. Feld wird 3,5 cm höher gezeichnet. (Abb. 27)

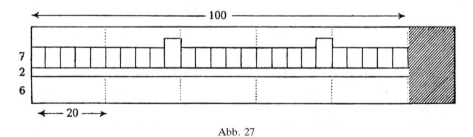

Abb. 27

Gruppe 3: Die Felder werden mit Wasserfarben (helle Tönungen) ausgemalt. Jeweils 10 Felder (Zehnerräume) bekommen die gleiche Farbe. Die Farbtönung wird vom Lehrer bestimmt.

Gruppe 4: In jedes Feld wird mit Tusche die in der Zahlenreihe folgende Zahl einge-schrieben. Musterziffern werden zuerst vom Lehrer vorgeschrieben. In der Arbeits-anweisung muß klar angegeben werden:

(etwa) rot = Zahlenraum von 1–10
         gelb = Zahlenraum von 11–20
         grün = Zahlenraum von 21–30 usw.

Gruppe 5: Die mit Bleistift von der Gruppe 2 vorgezeichneten waagerechten und senkrechten Linien werden mit Tusche ausgezeichnet.

Gruppe 6: Vier fertige Streifen werden zu einem Band (1–100) zusammengeklebt.

Gruppe 7: Die fertigen Zahlenbänder werden in dem vom Lehrer bestimmten Klas-sensaal mit Reißbrettstiften an die Wand geheftet.

Herstellung eines Freihandreliefs

Arbeitsanweisung (für eine Gruppe)

1. Säge eine Grundplatte (Hartfaser) von ca. 75 × 100 cm!

2. Stelle aus Leisten einen Rahmen in gleicher Größe her und nagele ihn auf die Unterseite des Grundbrettes!

3. Projiziere den Umriß des geplanten Erdteiles auf das Grundbrett! Deute dabei auch die Hauptgewässer und die Lage der Haupthöhen an!

4. Bestimme das Überhöhungsverhältnis und errechne für die Haupthöhen die Maße! (Suche eine einfache Errechnungsform zu erreichen, etwa: 1000 m = 1 cm, 1000 m = 0,5 cm!)

5. Schneide für jede errechnete Höhe ein dünnes Stäbchen in der entsprechenden Länge!

6. Bereite die Formmasse vor:
   Schnitzele Zeitungspapier (besser noch: Eieruntersetzer vom Eier- und Butter-geschäft, alte Bierdeckel u. ä.) in einen alten Kochtopf! Schütte Wasser hinzu und koche! Nach einer halben Stunde stampfe und rühre dabei mit einem Koch-löffel noch kräftig mit! Koche die Masse so lange, bis sie vollkommen geschmei-dig ist! Lasse erkalten und gieße das Wasser ab! Drücke den Papierbrei noch kräftig mit den Händen aus! Rühre nach Rezept Kleister oder Kaurit (Härter nicht vergessen!) an und setze ihn dem Papierbrei zu (nur so viel ansetzen als voraussichtlich zu dem Relief benötigt wird!). Mischungsverhältnis: Kleister : Papierbrei = (etwa) 1 : 5. Menge beides kräftig durcheinander! Die Formbar-keit der Masse kann durch einen Zusatz von Roggenmehl (bestes Verhältnis 1 : 1) wesentlich erhöht werden.

7. Bringe an Hand der Karte kleine Mengen der vorbereiteten Formmasse an die Stellen des Grundbrettes, an denen die Haupthöhen markiert sind!

8. Setze an diesen Stellen die zurechtgeschnittenen Höhenstäbe in das Maché ein und umkleide sie bis zur Spitze mit der Formmasse!

9. Forme nach der Karte von diesen Haupthöhen aus die Landschaft aus! Achte dabei besonders auf die Taleinschnitte für die großen vorgezeichneten Ströme!

10. Lasse trocknen! Sind kleine Risse entstanden, so übergieße mit etwas Gipswasser (2 Eßlöffel Gips in etwa ½ l Wasser gelöst).

11. Verbessere! Mit Messer oder Feile lassen sich Teile wegnehmen, mit Gipsbrei (4–5 Eßlöffel Gips auf ½ l Wasser) kleinere Teile ergänzen.

12. Bemale mit Tempera- oder Plakatfarbe (notfalls auch mit Wasserfarbe) das trockene Modell an Hand der Karte! Achte darauf, daß immer die gleichen Höhenschichten mit der gleichen Farbe bearbeitet werden!

13. Überziehe das Modell mit farblosem Lack!

c) Dramatische Gestaltung

Bei der dramatischen Gestaltung wird der ganze Mensch angesprochen. Nicht nur seine Begabung, sondern auch sein Verhalten zu andern und zu sich selbst tritt hierbei in Erscheinung.

Dramatische Gestaltung bietet Gelegenheit zu erzieherischer Sprecharbeit und zu echter Kritik. Durch die Entfesselung des Spielerisch-Schöpferischen wird die ganze innere Kräftewelt in Bewegung gesetzt, und so werden solche Stunden zu unvergeßlichen Höhepunkten, deren Ertrag für das ganze Leben entscheidend sein wird *(vgl. dazu „Das Puppenspiel", Seite 193 ff)*.

Beispiel 1: Die Scharade

Die Scharade ist ein Ratespiel ohne Worte, bei dem Anfangsbuchstaben von Tätigkeitswörtern oder Silben, die selbständige Wörter darstellen, zu erraten sind. Es verlangt eine selbständige, phantasievolle Spielgemeinschaft, die in geschickter Zusammenarbeit eindeutige Handlungen ausspielt. Vom Zuschauer erfordert sie ein aufmerksames Mitgehen, sowie Kombinations- und Beurteilungsfähigkeit.

Ich hatte der Klasse nur einmal von einer Scharade erzählt, die ich auf einer Geburtstagsfeier gesehen hatte – und schon war sie mit Begeisterung dabei. Wir beschlossen, daß jede Gruppe einmal bei der Morgenfeier eine kleine Scharade spielen dürfe. Voraussetzung war eine gute Vorbereitung und ein flotter Ablauf des Spiels.

Scharade der Gruppe 5 (Protokollaufnahme)

Friedel sagt die Scharade an: „Wir spielen eine Scharade mit vier Buchstaben." Günter steht an der Tafel und schreibt den Anfangsbuchstaben zu den erratenen Szenenbildern auf.

Bild 1

Die vier Spieler kommen zur Tür herein und stellen sich in einer Linie, Front zur Klasse, auf. Sie ziehen ihre Westen und Jacken aus, krempeln die Ärmel hoch und stellen sich in zwei Mannschaften gegeneinander. Ein Ruck – und hoch – ein spannender Kampf der beiden Mannschaften mit einem Gegenstand, der gar nicht vorhanden ist. Als die eine Mannschaft die andere förmlich mit zur Tür hinauszieht, wird es allen klar, daß es sich hier ohne Zweifel um Tauziehen handeln muß. Günter schreibt den Buchstaben T an die Tafel.

Bild 2

Friedel und Heini kommen herein. Sie scheinen etwas in der Hand zu tragen, sie gehen langsam und vorsichtig. Sie schauen gespannt auf den Boden. Friedel setzt sich auf den Tisch und läßt die Beine baumeln. Heini stellt sich auf einen Stuhl daneben. Beide halten die Arme und Hände so, als ob sie eine Stange festhielten. Sie starren unentwegt vor sich hin. Ihr Blick geht jetzt von links nach rechts. Dabei gehen auch die Arme und der Oberkörper mit. Da – Friedel reißt die Arme mit einem Ruck hoch. Mit der linken Hand faßt er nach vorne. Sie schnappt nach etwas, man sieht, wie es in seiner Hand zappelt. Inge kommt vorsichtig von hinten herangepirscht und schaut zu, wie Friedel das zappelnde Etwas in ein Gefäß legt. Wir schauen alle den beiden noch drei Minuten zu, wie sie in einer ergötzlichen Weise a n g e l n.
(Lösung: A)

Bild 3

Inge scheint jetzt eine Mutter zu sein. Sie steht allem Anschein nach vor dem Spiegel, kämmt ihre Haare, macht sich zum Ausgang zurecht. An der Tür lauschen Ursula und Friedel. Die „Mutter" zieht ihren Mantel an, nimmt ihre Tasche und geht hinaus, nachdem sie sich vergewissert hat, ob der Schrank auch abgeschlossen ist. Auf den Zehenspitzen schleichen die beiden Kinder mit ihren pfiffigen Gesichtern herein. Ursula schaut durch das Fenster der Mutter nach. Wie freuen sich die beiden! Sie müssen wohl etwas vorhaben, was die Mutter nicht wissen darf. Ganz vorsichtig versuchen sie den Schrank zu öffnen. Friedel hat einen Schlüssel in der Tasche. Und jetzt können wir es alle sehen, wie die beiden heimlich – n a s c h e n.
(Lösung: N)

Bild 4

Während die Spielgruppe noch draußen ist, versuchen wir schon den 4. Buchstaben zu erraten. Fritz meint, die Lösung könne jetzt eigentlich nur noch „TANZ" heißen. Also müssen sie in der neuen Szene etwas mit Z spielen. Wir sind alle gespannt, wie sie es anpacken. Da kommt auch schon die „Mutter" von der Stadt zurück und hat die beiden Kinder Ursula und Friedel am Kragen. Mit furchtbar strenger Miene stellt sie die beiden vor sich hin, öffnet den Schrank und fängt an, wild gestikulierend, auf die beiden loszureden. Sie schimpft. Annchen findet das Wort mit Z: z a n k e n.
(Lösung: Z)

Wir sind nun gespannt, ob wir die einzelnen Szenen richtig erraten haben. Das Lösungswort muß zur Kontrolle von der Spielgruppe dargestellt werden.

Richtig: paarweise kommen sie herein und t a n z e n uns einen Reigen.

Beispiel 2: Das Dramatisieren von Balladen

Schon aus dem stummen Scharadenspiel wird ersichtlich: Kinder spielen nicht – sie sind, wenn sie spielen, das, was sie darstellen.

Eine sehr dankbare Aufgabe ist daher für die Oberstufe das Dramatisieren von Balladen, vor allem von solchen, die dem Kinde rhetorische Schwierigkeiten bereiten. Ich erwähne nur zwei: *„Der getreue Eckart"* und *„Der Zauberlehrling"*.

Man kann den Kindern durch eigenen Vortrag alles Geschehen in einer Ballade zu einer solchen Anschaulichkeit und Lebhaftigkeit bringen, daß sinngemäßes Sprechen sich als natürliche Folge einstellt. Schwächere Kinder aber finden in kleinen Spielgruppen leichter den Weg zu einer Dichtung, wenn sie sie zunächst mit eigenen Worten darstellen dürfen.

Die folgenden Ausschnitte aus dem improvisierten Spiel vom „Zauberlehrling" durch eine Gruppe zwölfjähriger Jungen, die sprachlich sehr unbeholfen waren, lassen einige Wesenszüge einer solchen Dramatisierung erkennen.

Meister: Ich gehe jetzt in die Stadt und kaufe ein neues Zauberbuch. Stelle ja nichts an! Setze dich hier auf den Stuhl und warte, bis ich komme.

Lehrling: Gehen Sie nur, ich mache nichts.

Meister: Ich will es hoffen, andernfalls mußt du dir die Knochen numerieren lassen. Auf Wiedersehen!

Lehrling: So, mein Alter ist jetzt endlich fort. Hach, jetzt kann ich endlich einmal allein zaubern. Pst! Ich will erst mal gucken, ob er auch nicht zurückkommt. Eben ist er um die Ecke. Nun kann's losgehen! Aber was? Mal überlegen! Da sagt doch der immer so einen Spruch – wie heißt er denn? – und dann holt der Besen Wasser. Wart mal! Wie heißt das noch? Walle . . . Halt ein – halt, du alter Besen, du Teufelskerl, du! Meine Füße sind ja schon ganz naß! Ach, wie heißt denn nur die Formel? Oh, du Höllengeist, bleib stehen! Steh doch, ich ersaufe ja! – So viel Wasser ist hier. Hilfe, Hilfe! Warte, jetzt halte ich dich fest! Wart! – Au, au! – Himmel hilf – was der für ein gräßliches Gesicht macht! Ach, da liegt ja ein Hackbeil – (er nimmt einen Griffelkastendeckel). – Wenn er jetzt kommt, hacke ich ihn mitten durch . . .

Ist das Gedicht in dieser lebendigen Weise einmal von verschiedenen Gruppen dramatisiert worden, wird auch ohne weiteres ein sinngemäßer Gedichtvortrag voll sprühendem Leben mit seinen steten Schwankungen von Tonhöhe, Tonstärke und Tonfarbe gelingen. Darüber hinaus erfaßt das Kind schneller den ethischen Wert der Dichtung. Die Größe der Sprache des Dichters wird ihm bewußt.

Das Dramatisieren auf jeder Unterrichtsstufe erhält aber seine höchste Bedeutung, wenn man es als sprachlichlogische Übungsarbeit auswertet. Die zuhörende und zuschauende Klasse wird mit ihrer Kritik bei undeutlich und matt gesprochenen Rollen nicht zurückhalten und nur der einwandfreien, lebendigen sprachlichen Darstellung ihren Beifall zollen. So wird dramatische Gestaltung beste Gelegenheit zu erzieherischer Sprecharbeit.

Der Arbeitsbericht

Frohes Musizieren

Besuch in einer Handweberei

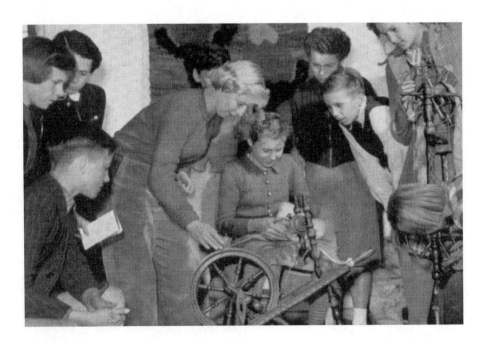

Beim Spinnen

Beispiel 3: Der Elternabend

Aus der inneren Problematik unserer Schule ergab sich diese Aufgabe: mehr denn je eine enge Zusammenarbeit zwischen Schule und Elternhaus herbeizuführen, den Eltern die tiefere Kenntnis des Kindes auf taktvolle Weise nahezubringen und ihnen Wege zu zeigen, mit der Schule aufbauend und gemeinschaftsbildend zu wirken. Der Elternabend mit der dramatischen Gestaltungsarbeit kindlicher Spiel-, Musik- und Werkgruppen ist ein Weg zum Herzen der Elternschaft.

Hier soll nur von der Gestaltung die Rede sein.

Arbeitsverlauf

1. Wir lassen uns von einem Spielverlag eine Auswahl von Textbüchern kommen.

2. Jede Gruppe erhält ein Textbuch zur Beurteilung. Diese muß schriftlich abgefaßt werden und die Beantwortung folgender Fragen enthalten:
   a) Welche Handlung enthält das Stück?
   b) Spricht der Inhalt an oder nicht? (Begründung!)
   c) Wie könnten die Rollen besetzt werden?
   d) Wie lassen sich die Bühnenbilder gestalten?

3. Die Beurteilungen werden bei mir eingereicht. Ich erhalte durch sie ein klares Bild von der Meinung der Kinder, die bei der endgültigen Auswahl des Spieltextes entscheidet.

4. Wir sprechen gemeinsam über die Beurteilungen. Ich lese das ausgewählte Heft vor. Wir besprechen die Rollenbesetzung.

5. Wir senden die übrigen Textbücher zurück und lassen die Rollenhefte kommen.

6. Wir besetzen die Rollen und geben die Hefte aus. Kleinere Rollen müssen abgeschrieben werden. Da es sich bei den Spielen um Gemeinschaftsspiele handeln muß, werden alle in der Klasse daran beteiligt. Es bilden sich an Hand des Textes Spielgruppen, Musik-, Tanz-, Artistengruppen, Werkgruppen für die Bühnen- und Raumgestaltung.

7. Wir lesen mit verteilten Rollen. Ich gebe einige Hilfen.

8. Wir lernen den Text und gestalten ihn frei um, d. h. wir passen ihn den örtlichen Verhältnissen an und verbessern matte Stellen. Wir proben innerhalb der Spielgruppen unter Ausnutzung aller Räumlichkeiten (Gänge, Lehrmittelzimmer, Turnhalle, Speicher, Keller usw.). Gleichzeitig proben die anderen Gruppen (Musik-, Tanzgruppen usw.).

9. Die Werkgruppen erhalten ihre genauen Aufträge: Programmgestaltung, -druck und -vervielfältigung, Bühnenaufbau, Kulissen, Beleuchtung, Saalschmuck, Aufbau einer kleinen Ausstellung usw.

10. Alle Spielgruppen proben abschnittsweise auf der Bühne. Es ergeben sich meist zahlreiche Abänderungen und Verbesserungen.

11. Wir bereiten die Kostüme vor. Die Handarbeitslehrerin und einzelne Mütter unterstützen uns.

12. Wir proben das Ganze (mit Musik, Gesang, Beleuchtung, Kostüme usw.).

13. Wir laden einige Klassen zu einer Hauptprobe ein (Kritik!).

14. Die Programme werden an die Eltern ausgegeben.

15. Eine Generalprobe findet statt.

Ergebnisse

Die erwachsenen Zuschauer spüren es, daß eine solche dramatische Gestaltungsarbeit eines der wesentlichen Lösungs- und „Erlösungsmittel" ist. Hier gerät der vereinsamte Einzelne in die Verzauberung der Gruppe mit hinein. Hier wird er frei! Hier kommt es vor, daß gerade die Gehemmten in einem erstaunlichen Maße wachsen und solche prachtvollen, einmaligen Typen hinstellen, daß man es kaum fassen kann, daß die Gruppe stumm wird bei der Gewalt und Echtheit dessen, was da plötzlich in dem Kameraden aufbricht.

Auswahl gut gelungener Programmgestaltungen:

Im Sommer

Motto: *„Froher Klang und heiter Spiel"*

Programmfolge:

Kanon: In ihm sei's begonnen	Singgruppen
Hofballmenuett	Musiziergruppe
Begrüßung	
Horch, was kommt von draußen 'rein	Singgruppe

DIE GESCHICHTE VON DEN SIEBEN SCHWABEN

Eine lustige Pantomime

Spielgruppe 1

Schottisch	Musiziergruppe
Schicktanz	Musiziergruppe

DIE SIEBEN PRAHLHÄNSE

Ein heiteres Spiel mit tiefem Sinn (*Laienspiel-Verlag*)

Spielgruppe 2

Die sieben Jungen:	Die sieben Prahlhänse:
später als	sie heißen
Drei Zeitungsreporter	Hans Großmaul
	Emil Schrecklich
	Karl Groß

Mikromann	Max Klein
	Paul Fürchterlich
Tonfilmmann	Kurt Grausig
Lebensversicherungsagent	Fritz Lautsprecher
Appenzeller Ländler	Musiziergruppe
Und als die Schneider Jahrestag hatten	Singgruppe
Walzer	Musiziergruppe
Es schienen die Sternlein so hell	Singgruppe

Zur Weihnachtszeit

1. Motto: *Wir singen und spielen zur Weihnachtszeit*

Programmfolge:

Ehre sei Gott in der Höhe	Singgruppe
Tochter Zion	Singgruppe
Begrüßung	
Weihnachtsmusik	Musiziergruppe
„Vorweihnacht"	Horst Schmidt
Weihnachtliche Klänge	Musiziergruppe
Gemeinsames Lied	
Weihnachtslied von Theodor Storm	Alfred Hottenträger
„Laternen-Kantate"	Sing- und
	Musiziergruppe
Unsere Weihnachtsgeschichte	Spielgruppe

DER CHRISTMARKT

Ein frohes, festliches Spiel (*Laienspiel-Verlag*)

Es spielen mit:

Hans	Ilse
Zuckerbäckerin	Sieben Gesellen
Klempnersfrau	Mutter
Schutzmann	Liesel
Pächter Krautmann	Christmarktbesucherinnen

Gemeinsames Lied	
Schlußchoral	Singgruppe

2. Motto: *Komm nun, weihnachtlicher Geist*

Programmfolge:

Komm nun, weihnachtlicher Geist (Kanon) . . . .   Singgruppe
Es blühen die Maien . . . .   Singgruppe
Der erste Schnee . . . .   Gedicht

„AKTION SANKT NIKOLAUS"

Ein fröhliches und doch besinnliches Spiel (*Laienspiel-Verlag*)
Spiel-, Sing- und Tanzgruppe

Es spielen, singen und tanzen:
Nikolaus
Engelchen Putz
Klaus, ein Schuljunge
Klaus' Mutter
Hein
Wolfgang
Pitt
Dieter   Mitschüler von Klaus
Ilse
Edith
Marianne
Sechs Schneemänner
Sechs Zwerge
Das rote Tintenmännchen
Das schwarze Tintenmännchen
Das Fehlerteufelchen
Der Geist des Geschichtsbuches
Der Geist des englischen Wörterbuches
Der Geist des deutschen Lesebuches
Der Geist des Rechenbuches
Der Geist der Musik

Weihnachtszeit . . . .   Gedicht
Macht hoch die Tür . . . .   Singgruppe

Zur Fastnachtszeit

Motto: *Mach es wie
die Sonnenuhr"*

Programmfolge:

Lustiger Aufzug der Uhren . . . .   Spielgruppe 1
Hab Sonne im Herzen . . . .   Gedicht
Ha, ha, ha (Kanon) . . . .   Singgruppe
Auf einem Baum ein Kuckuck . . . .   Singgruppe

Jetzt fahrn wir übern See . . . .   Singgruppe
Volkstanz: Gretchen, Pastetchen . . . .   Tanzgruppe
Die musikalische Familie . . . .   Musizier- und
                                                             Singgruppe
Lustiger Marsch auf dem Klavier . . . .   Musiziergruppe
Volkstanz: La, la, la . . . .   Tanzgruppe
Kasperles neueste Abenteuer . . . .   Spielgruppe 2
Volkstanz: Wir wollen diesen Sommer mal
nach Holland gehn . . . .   Tanzgruppe
Bill Jenkings Traum (Akrobatischer Sketch) . . . .   Artistengruppe
                                                             Musikgruppe
Der kleine Mann steht auf (Lustige Szene) . . . .   Spielgruppe 3
Walzer   . . . .   Musizier- und
                                                             Tanzgruppe
Indianertanz   . . . .   Musizier- und
                                                             Tanzgruppe

Zur Schulentlassung

Aus dem Programm:

Volkslied-Kantate von Armin Knab   . . . .   Musizier- und
                                                             Singgruppe

Die Spielgruppe ver-
abschiedet sich mit
der heiteren Eulen-
spiegelei

TILL AUF DEM SEIL

(Laienspiel-Verlag)

Sprecher
Ein vornehmer Herr
Ein Diener
Till Eulenspiegel
Breithand, ein Gendarm und Stehschläfer
Schippchen, ein halbes Mädchen und ein halber Junge
Frau Bosse, eine ältere Frau
Stietz, ein redegewandter Junge
Bohnsack, ein Fettwanst
Rost, ein sommersprossiger Bäckerjunge
Halbsieben, ein Leisetreter
Latte, ein dünner Schlacks
Elefant, ein Junge mit großen Ohren
Kinder, Männer und Frauen

„Till auf dem Seil" gehört zu den Spielen, die nicht nur heute, sondern die immer not sind!

Wir brauchen nicht mehr nach dem Zeitstück zu rufen – hier ist es!

Wenn ihr die Aufführung erleben könnt, dann hört einmal richtig hinein in diese Eulenspiegelei, in der es gar nicht so arg von Streichen wimmelt. Gewiß, die Streiche sind da, aber doch nicht so, wie wenn man einen Witz erzählt.

Es ist kein Erwachsenen-Theater, keine Schauspieltruppe auf unserer Bühne – dafür aber ist viel Wärme darin und Treue und ... Jugend!

Und diese Jugend, die in einigen Tagen von unserer Schule ins Leben hinausgeht, ist das Tragende und Schöne und Überzeitlich-Gültige an diesem Spiel, das ohne große Moralpredigt lachend seine Weisheit verkündet.

3. Üben

Ein sehr wesentlicher Teil unserer Unterrichtsarbeit wird immer darin bestehen müssen, erworbene Fähigkeiten und Fertigkeiten zu üben, das Wissen durch Wiederholungen zu vertiefen. Denn die Schule unserer Zeit muß dem Schüler auch ein festes und gesichertes Wissen, das jederzeit griffbereit ist, mitgeben, sie soll das Kind leistungsfähig für Beruf und Leben entlassen.

Jede Leistung aber setzt Übung voraus. Nicht nur der schwach Begabte, sondern auch der Tüchtige kommt nur dann zu ansprechenden Leistungen, wenn er übt.

Wir müssen allerdings in unserer Schule scharf die „Übung" vom „Drill" und „Pauken" absetzen. So wie der Sportsmann „trainiert" und nicht drillt, d. h. planvoll und streng gewählt wiederholt, so muß auch die Übung geistiger Tätigkeiten und Arbeitsweisen als „Training" gestaltet werden.

Sehr wirkungsvoll werden Übungsformen sein, die auf dem kindlichen Spieltrieb beruhen. Im Gruppenspiel werden gesunder Ehrgeiz und Wetteifer zu mächtigen Triebfedern und fördern die Leistungssteigerung. Die Funktionslust, die jedes sportliche Training begleitet, wird dadurch in starkem Maße eingespannt.

a) Rechnen

Unterstufe

Schon beim Schulanfänger wird die Notwendigkeit, mit Zahlen zu arbeiten, nur in geringem Maße auftreten. Daher ist die Gefahr sehr groß, daß der Unterricht in reinen Mechanismen ausartet. Kommen wir dagegen von einer durchgearbeiteten Sachgruppe unseres Gesamtunterrichts her und schließen daran die verschiedensten rechnerischen Aufgaben und Übungen, so ist die Gefahr schon gebannt. Der Zusammenhang mit dem Leben und das Bedürfnis zu rechnen sind gegeben. Wir können dann jede Gelegenheit wahrnehmen, die zu Zähl- und Rechenübungen Anlaß geben kann. Freilich muß man auch nachhelfen und künstlich Gelegenheit schaffen.

Oft steht die Rechenübung nur unter den Gesetzen der Rechenfunktion. Dieses Üben ist bis zur Schulentlassung täglich nötig. Es ist auch den Kleinen gar nicht fremd, wenn es „spielend" in Gruppen vor sich geht.

Beispiel: Übungsspiele für die Unterstufe

Kartenspiel

10 Karten (5 × 7 cm). Auf jeder Karte ist ein Zahlbild (in Punkten, Kreisen, Kirschen usw.) im Raum 1–10.

Arbeitsweise: Der Spielführer hat alle Karten und läßt jedes Kind der Gruppe eine Karte ziehen. Jeder gibt seine Zahl an. Wer die meisten Punkte hat, wird Spielführer, mischt und läßt wieder ziehen.

Zählrad

Eine Scheibe (Holz oder Pappe) ist in 10 Felder geteilt. Jedes Feld zeigt Zahlbilder und Ziffern. In der Mitte ein drehbarer Zeiger.

Arbeitsweise: a) Ein Kind dreht den Zeiger. Wer zuerst die Zahl sagt, darf drehen.
b) Soviel wie der Zeiger angibt, wollen wir klopfen, klatschen, Arm hochheben und dgl.
c) Zahlen schreiben.

Säulenspiel (Säulen aus Karton)

10 kantige Säulen (10 cm lang) werden entweder mit Zahlbild oder Ziffer beschriftet.

Arbeitsweise: a) Kinder rollen die Säulen auf dem Tisch und benennen laut die Zahl der Augen.
b) Die Ziffernsäule wird gedreht, die Anzahl der Punkte gemalt.
c) Zahlbildsäule wird gedreht, die entsprechende Zahl wird aufgeschrieben.

Würfelspiel

2 Würfel, auf dem einen die Ziffern 1–6, auf dem andern die Ziffern 1, 2, 3, 4, 3, 4. Die Kinder würfeln mit den beiden Würfeln. Wer zuerst die Antwort sagt, darf das nächste Mal würfeln.

2 Würfel mit den Zahlen bis 10 (1–6 und 5–10). Die kleinere Zahl von der größeren abziehen.

Lotto

Die Aufgaben auf den Täfelchen werden gerechnet und die Kärtchen auf die Antwortzahl der Lottotafel gelegt. Auf der Rückseite der Täfelchen befinden sich wie an den Feldgrenzen der Antworten Strichmarken, die nur dann aufeinanderpassen, wenn die richtige Antwort gefunden ist.

Spielweise: a) Ein Aufgabentäfelchen wird hingelegt. Wer zuerst die richtige Antwort sagt (durch Auflegen des Täfelchens auf die Antwortkarte nachzuprüfen), darf das Täfelchen behalten. Sieger ist, wer die meisten Täfelchen hat.

b) Dasselbe Spiel. Dieses Mal werden die Aufgaben aufgerufen (Kopfrechnen).

c) Die Kinder rechnen nach der Reihe. Wer richtig gerechnet hat, darf so lange weiterrechnen, bis er eine falsche Antwort sagt. Dann geht die Reihenfolge an das nächste Kind. Gewonnen hat, wer zuerst alle Täfelchen abgelegt hat.

Anmerkung: Die Täfelchen werden in Streichholzschachteln aufbewahrt. Jedes Stück trägt die gleiche Bezeichnung wie die Lottokarte.

Rechenrad

Am Rande einer Scheibe aus Pappe befinden sich 12–15 Zahlen. Eine zweite drehbare Scheibe darauf (diese Scheibe ist 2 cm geringer im Durchmesser). Auf die zweite Scheibe sind 6 Fenster in spiraler Anordnung eingeschnitten (Größe der Fenster $1 \times 0,5$ cm). Über diesen Fenstern am Rand der zweiten Scheibe sind auch Zahlen. Beide Zahlen werden addiert oder subtrahiert. Das Ergebnis steht am Fenster.

Arbeitsweise: a) Die Scheibe wird beliebig gestellt und die Zahlen am Rand der Drehscheibe mit einer Zahl am Tellerrand addiert. Das Ergebnis wird aufgeschrieben. Kontrolle: Drehung der Scheibe bis zur Zuordnung der Zahlen: Antwort im Fenster.

b) Wettrechnen um die Scheibe herum. Antworten aufschreiben. Ergebnis durch Scheibendrehung prüfen.

Reisespiel

Auf einer Papptafel ist das Bild einer Landstraße gezeichnet. Die Kilometersteine tragen die Ziffern 1–10. Die Spielregel sagt etwa: Bei Kilometerstein 3 darfst du 2 vorlaufen, bei Kilometerstein 6 mußt du vier zurück usw. Es wird gewürfelt. Kleine Figuren, Wanderer usw. werden verwendet.

Kaufmannspiel

Auf Papptäfelchen sind Gegenstände (mit Preisangabe). Die Bilder erhält der Kaufmann. Der Käufer erhält die Zettel, auf welchen die Namen der Gegenstände geschrieben sind. Es wird mit Pappgeld bezahlt und herausgegeben. Der Käufer erhält nach Bezahlung das Bild, der Kaufmann den Zettel.

Rechenschnapp

Viele rote Kärtchen sind mit je einer Aufgabe im Raum bis 20 beschrieben. Zu jeder Aufgabenkarte gehört eine blaue Antwortkarte.

Spielweise: Die Aufgabenkarten werden unter die Spieler verteilt. Die Antwortkarten liegen auf einem Haufen in der Mitte. Es werden nur so viele Antwortkarten offen hingelegt als Kinder mitspielen. Jedes Kind rechnet nun still seine Aufgabenkarten und vergleicht mit den aufliegenden Antwortkarten. Stimmen beide zueinander, so darf es beide wegschnappen. Es dreht dann eine neue Karte von dem Haufen um. Am Schluß wird gezählt, wer die meisten Kartenpaare weggeschnappt hat. Die Gruppe prüft aber alle Paare nach. Die falsch zusammengelegten Paare werden davon abgezogen.

Quartettspiel

3–6 Spieler. Die Karten werden ausgeteilt. Je 4 zusammengehörige Karten geben ein Quartett und dürfen abgelegt werden, wenn alle 4 Karten in der Hand eines Schülers sind. Schüler A möchte z. B. das 5er Quartett haben, da er schon die Karten hat: $5 \times 4 = 20$ und $5 \times 7 = 35$.

Was ihm noch fehlt, steht auf seinen Karten, aber ohne Lösung. Er verlangt also von einem Mitschüler, von dem er vermutet, daß er eine fehlende Karte hat, dieselbe, indem er Aufgabe mit Lösung sagt, z. B.: Bitte, gib mir $5 \times 9 = 45$. Verlangt er die richtige Aufgabe aber mit falschem Ergebnis, so sagt der Mitspieler „Falsch" und darf dann selber ihm fehlende Karten verlangen. Jeder darf so lange verlangen, bis er bei einem Mitspieler entweder die Antwort bekommt „Falsch" oder „Tut mir leid, habe ich nicht". Wer die meisten Quartette hat, hat gewonnen.

Postspiel

Kästchen mit alten Briefmarken, geordnet nach Markenwerten. (2-, 3-, 4-, 5-, 6-, 8-, 10-Pf.-Marken.) Die Kinder kaufen Marken vom Spielleiter und bezahlen mit dem Pappgeld.

Einmaleinsspiel

Jedes Kind in der Gruppe erhält ein Papptäfelchen, auf dem eine Einmaleinsaufgabe steht, die das Kind aber nicht lesen darf. Deshalb legt es sie umgedreht auf die Tafel. Der Reihe nach nimmt jeweils ein Kind sein Papptäfelchen in die Hand und liest die daraufstehende Aufgabe vor. Wer zuerst die Antwort weiß, ruft sie und bekommt als Lohn das Täfelchen mit der Aufgabe. Zum Schluß zählen die Kinder die Ergebnisse der Täfelchen, die sie gewonnen haben, zusammen. Sieger ist, wer die höchste Summe erreicht. Beispiel: Hans wußte als erster folgende Lösungen: $3 \times 9 = 27$, $2 \times 5 = 10$, $3 \times 8 = 24$ (Summe 61). Fritz wußte: $9 \times 8 = 72$. Fritz ist Sieger, weil er die höchste Summe erreicht hat.

Legespiel für Zweiergruppen

Bestes Material: unbedruckte Fahrkarten.

Jede Gruppe erhält eine Grundkarte (zweifarbig umrändert) und jeder Spieler ca. 10 Spielkarten. Die Spielkarten enthalten auf der einen Seite die Antwort der Aufgabe, auf der anderen Seite eine neue Aufgabe.

Kontrolle: Die Endergebnisse von rot und blau sind gleich.

Die Aufgabenstellung kann beliebig variiert werden: Addition, Subtraktion, Multiplikation, Division, Prozentaufgabe, Dreisatz usw.

Rechenrätsel (Übung der 4 Grundrechenarten)

Das Alphabet wird an die Tafel geschrieben und fortlaufend durchnumeriert: $A = 1$, $B = 2$, $C = 3$ usw. Nun werden Aufgaben untereinandergeschrieben. Die Ergebnisse der einzelnen Aufgaben müssen so abgestimmt sein, daß sie – in Buchstaben übersetzt – hintereinandergelesen ein Wort oder einen Text ergeben.

Beispiel: 8 + 8 = 16   = P
              10 − 9 = 1   = A
              3 × 7 = 21   = U
              38 : 2 = 19   = S
              5 in 25 = 5 × = E

Die Aufgabenreihen werden auf Rechenkärtchen gegeben. Sehr schnell erfinden die Kinder selbst solche Rätselaufgaben.

Oberstufe

Während in der Grundschulzeit das unbekümmerte Verlorensein in der frühkindlichen Spielwelt zurückgedrängt wird und langsam die Arbeit in Gestalt der Aufgabe in den Vordergrund tritt, gehört es zu den Merkmalen der Vorreifezeit, daß das Selbstbewußtsein einen neuen Auftrieb bekommt. Dies wirkt sich besonders auf den Spieltrieb aus. Ein gewaltiger Geltungsdrang bei Sport und Spiel macht sich vor allem bei den Knaben bemerkbar. Der Drang, die eigenen Leistungen mit anderen zu vergleichen und das Bedürfnis nach gerechter Wertung entstehen in zunehmendem Maße. Diese Symptome sind in erster Linie zu beachten, will man auf der Oberstufe in Gruppen üben lassen.

Beispiel: Übungen auf der Oberstufe

1. Das Schulzimmer wird zum Sportfeld. Je zwei Gruppen (= Mannschaften) stehen sich gegenüber. Sie stellen jeweils einen Tormann, der an die Gruppentafel tritt. Der Ball wird den Mannschaften zugeworfen, d. h eine Aufgabe wird gestellt. Die Mannschaften „spielen" mit, sie rechnen. Es kommt aber in erster Linie auf die Tormänner an. Derjenige, der zuerst die Aufgabe richtig gerechnet hat, bekommt einen Punkt. Es treten zwei neue Tormänner vor. Eine andere Aufgabe wird gestellt. In der Pause hört man dann: „Unsere Gruppe hat heute 2 : 3 gewonnen." Am nächsten Tag „spielen" die Gruppen in anderer Reihenfolge.

2. Wir zeichnen an die Tafel soviel Tüten (oder Schubladen) als Gruppen vorhanden sind. Die Aufgabe wird gestellt. Die Gruppe, von der das Ergebnis zuerst in die Klasse gerufen wird, erhält ein „Bonbon", d. h. ein kleiner Kreis wird in die Tüte (oder Schublade) gemalt. Wer am Schluß die meisten Bonbons hat, oder wessen Tüte zuerst voll ist, hat gewonnen. Besonders gute Rechner können dadurch ausgeschaltet werden, daß man sie zum Beobachten und Mitkontrollieren der richtigen Ergebnisse einteilt. Zur Erhöhung der Aufmerksamkeit kann man erschwerend einfügen, daß der Gruppe, von der eine falsche Lösung zugerufen wird, ein bereits erworbenes Bonbon abgenommen, d. h. ausgelöscht wird.

3. Jede Gruppe erhält einen schriftlichen Rechenauftrag (auf einem Zettel, Ergebnis zur Kontrolle auf der Rückseite). Die Gruppe erhält einen Punkt, bei der jeder einzelne dem Lehrer den richtigen Rechenweg und das richtige Ergebnis in einwandfreier Form vorweisen kann. Sie erhält dann einen neuen Rechenauftrag. Sie-

ger ist die Gruppe, die am Ende der Übung die meisten Punkte hat. Bemerkt sei, daß hierbei die guten Rechner genötigt sind, den schwächeren zu helfen, bis auch sie die Aufgabe verstanden haben (Flüsterton!).

Schriftliche Rechenaufträge zu einer Übung mit 5 Gruppen:

1. Ein Eisenbahndamm hat die Länge von 900 m.
   Sohlenbreite unten: 20 m
   Sohlenbreite oben: 8 m
   Höhe: 6 m
   Wieviel cbm Erde mußte angefahren werden?
   Lösung *(Rückseite):* 75 600 cbm.

2. Wir kommen an einem Kanal vorbei.
   Obere Breite: 65 m
   Untere Breite: 23 m
   Tiefe: 9 m
   Wieviel cmb Erde mußten auf eine Länge von 100 m ausgehoben werden?
   Lösung *(Rückseite):* 39 600 cbm.

3. Eine hölzerne Ackerwalze ist 3 m lang.
   Durchmesser: 0,6 m
   Spezifisches Gewicht des Holzes: 0,7
   Mit welchem Gewicht drückt sie auf den Boden?
   Lösung *(Rückseite):* 593,46 kg.

4. Ein Brunnen ist 5,5 m tief.
   Durchmesser: 1 m
   Wieviel cmb Wasser gehen hinein?
   Lösung *(Rückseite):* 4,3175 cbm.

5. Wir öffnen eine Konservendose.
   Höhe: 20 cm
   Durchmesser: 12 cm
   Wie groß ist der Rauminhalt?
   Lösung *(Rückseite):* 2260,8 ccm.

b) Musik

Die entscheidende Aufgabe auf diesem Gebiet liegt für uns darin, den jungen Menschen die in ihm schlummernden Kräfte entdecken zu lassen, sie zu aktivieren und ihn in eine echte Begegnungshaltung mit musikalischen Formen zu führen.

Allein die Frage: Mit welchen Dingen kann man Musik machen? führt zum Entdecken und Forschen. Es ist eine feine Aufgabe für den Einzelschüler und für die Gruppe, allen „toten" Gegenständen den Klang abzulauschen: Gläsern, Löffeln, Schreibfedern, Tischplatten, Stuhllehnen, Blumentöpfen usw. Hier schon ergeben sich die vielfältigsten Such- und Spielmöglichkeiten, und der Forschertätigkeit ist keine Grenze gesetzt.

Auch im Klatschen, Stampfen, Patschen entdecken wir „Musik". Sie ist vorwiegend rhythmisch orientiert.

Das Forschen und Entdecken führt zum Gestalten: Einfache Musikinstrumente werden gebastelt (Holz- und Metallspiele, Gläserspiele, Pfeifen, Trommeln, Rasseln usw.), Rhythmen werden erfunden, auf den Instrumenten zur Darstellung gebracht und in Bewegung (Schreiten, Hüpfen, Laufen, Tanz) umgesetzt.

Zu den rhythmischen Spielen tritt bald das Bedürfnis nach Melodie. Erst später schreiten wir zur bewußteren Beurteilung der musikalischen Einzelheiten im Zusammenhang eines Ganzen und schließlich zur Gesetzlichkeit der Musik.

In einer solchen Musikerziehung, die das gesamte schulische Leben durchdringen muß und sowohl Singen wie Spielen und Körperbewegung in ihren Bereich zieht, kann eine öde Paukerei keinen Platz finden. Ein gewisses Maß handwerklichen Könnens und verfügbarer Kenntnisse wird in gelockerter Übungsarbeit erworben. Bei diesem „Training", das in Gruppen erfolgt, ist das stoffliche Wissen nicht Selbstzweck – es ist die Frucht, die in dem musikalischen Tätigsein langsam heranreift.

Beispiel: Wir üben die Tonzeichen

Vorbereitung

Jedes Kind oder jede Gruppe erhält als Arbeitsmittel eine Notenlegetafel und ein Streichholzkästchen mit Legenoten, Schlüssel, Pausenzeichen, Taktstrichen.

Notenlegetafel (selbstgefertigt aus Pappe, etwa 60 × 20 cm)

a) Vorderseite mit 5 schwarzen Notenlinien und roter oder gestrichelter C-Hilfslinie

b) Rückseite mit 2 und 3 schwarzen Notenlinien

Legenoten (aus Pappe) in einem Kästchen:

15 Stück	●	Viertelnoten	(schwarz)
8 Stück	○	Halbe Noten	(weiß)
10 Stück	●	Achtelnoten	(schwarz oder farbig und kleiner)

Schlüssel (aus Pappe):   2 Stück

Pausezeichen (aus Pappe):   3 Stück

3 Stück

3 Stück

Taktstriche: angebrannte Zündhölzer

D e r L e h r e r oder e i n S c h ü l e r hat als Instrument ein Xylophon, für die Kontrolle bei den Übungen Notenlineatur an der Tafel, eine Wandernote (eine Legenote wird in den Schlitz eines dünnen Stabes gesteckt), Kreide.

Übungen

1. Wir machen uns auf dem Xylophon das Steigen und Fallen der Töne bewußt. Wir ahmen mit Hand und Arm in der Luft, mit der Wandernote auf der Tafel nach.
   Wir tragen die Tonzeichen an der Tafel ein.
   Wir hören und vergleichen.
   Wir legen die Noten auf der Legetafel und benennen sie.

2. Wir spielen die große Tonleiter und singen sie im Dreitakt.
   Wir hören, daß sie aus zwei Hälften besteht.
   Wir entdecken den Halbtonschritt.
   Wir hören und erfassen die Töne der ersten Hälfte.
   Wir schlagen sie in verschiedener Reihenfolge an und legen sie.
   Die gleiche Übung führen wir mit der zweiten Hälfte durch.
   Wir schlagen vier Töne aus der ganzen Tonleiter an.
   Beim Legen helfen wir uns gegenseitig.
   Wir kontrollieren durch Nachsummen und Nachschreiben an der Tafel.

3. Wir spielen den Beginn einer einfachen Melodie.
   Wir legen die Noten auf der Legetafel, verbessern uns gegenseitig in der Gruppe, kontrollieren.
   Wir setzen in gleicher Weise die Melodie fort.
   Wir benennen dabei immer wieder die Tonzeichen und achten dabei auch auf ihre Länge und Kürze.
   Wir üben die verschiedenen Notenformen (Hören – Erfassen – Legen).

4. Wir entwickeln in ähnlicher Weise die Pausenformen.

5. Wir legen die Noten, die wir selbst zu Reimsprüchen, Rechenversen, Abzählreimen usw. erfunden und auf dem Xylophon gespielt haben.

6. Wir erfinden die zweite Stimme zu einer einfachen Melodie und legen sie auf der Notenlegetafel zu der ersten.

c) Stoffgebiete des Gesamtunterrichts

Bei der Durcharbeitung jedes gesamtunterrichtlichen Themas tauchen neue Namen und Begriffe auf. Wie sollen die Kinder die vielen fremdländischen Wörter behalten, die Namen der Länder und Berge, der Flüsse und Seen, der Tiere und Pflanzen? Es wäre geisttötend und abstumpfend, würden sie immer wieder in dem gleichen Zusammenhang geübt und wiederholt. Ganz anders ist es, wenn die Kenntnisse in freier, natürlicher Art und in anderen eindrucksvollen Zusammenhängen wiederholt werden. Neue Erzählungen, aktuelle Zeitungsberichte, Hörspiele im Schulfunk,

Filme, Rätsel, Frage- und Antwortspiele u. a. sind Möglichkeiten, die bekannten Stoffe ohne unmittelbar anschließendes Repetieren zum geistigen Eigentum werden zu lassen.

Beispiel: Denkfix)

Ein Schüler wird beauftragt, jeden neu auftauchenden Begriff, jedes schwierige Wort aufzuschreiben und zu sammeln. In einem Heft notiert er ständig diese Wörter und überträgt sie nach einer gewissen Zeit einzeln auf kleine Zettel. Die mit dem Stichwort versehenen Karten kommen in ein Kästchen, das als Beschriftung das Gesamtunterrichtsthema trägt. Bald wird die Klasse von selbst noch weitere solcher „Geistessparbüchsen" füllen, wenn sie einmal erkannt hat, was hinter dieser Vorbereitungsarbeit eigentlich steckt.

„Nun wollen wir doch morgen einmal sehen", sage ich eines Tages, „ob ihr noch wißt, was eure gesammelten Wörter bedeuten. Damit es recht schön und spannend wird, darf dann jeder von euch drei Karten ziehen und erklären." Am nächsten Morgen werden, wie zu jedem Spiel, die genauen Regeln bekanntgegeben. Jeder, der am Denkfix teilnehmen will (die Erfahrung zeigt, daß bald alle stürmisch danach verlangen), zieht nacheinander drei Karten. Sobald er eine Karte gezogen hat, muß er sofort das darauf stehende Wort mit drei Sätzen erklären. Wer alle drei Karten in dieser Weise einwandfrei erläutern kann, erhält einen kleinen Preis. Die Preise werden von den Kindern selbst gerne mitgebracht: Obst, Brötchen, Lebkuchen, Bonbons, Lesehefte, Zeitschriften u. a. m.; Punkte spornen in gleicher Weise an.

Ein Beispiel:

Gerhard ist der erste. Er springt auf den Tisch, der heute vor der Klasse aufgebaut ist. Dort steht Paul, der Klassensprecher, mit dem Denkfixkasten „Amerika". Gerhard zieht eine Karte, liest laut: „Appalachen." Er darf sich nicht besinnen, denn die Klasse wird schon unruhig. „Fix" muß es gehen. Er sieht im Geiste das Bild des Gebirges im Sandkasten vor sich. Er hat ja selbst beim Bauen geholfen. Schnell sagt er: „Die Appalachen sind ein Gebirge im Osten der Vereinigten Staaten. Es hat sich dort eine große Industrie entwickelt. Hier heißt der Sommer Indianersommer." Die Klasse klatscht. Gerhard zieht die zweite Karte: „Broadway." Er sagt: „Broadway ist die größte Geschäftsstraße der Welt. Sie führt durch New York. Ihre Länge beträgt 27 km."

Wenn nur jetzt noch die letzte Sache klappt! Wird es schwer sein? Er zittert beim Ziehen. „Cowboy." Gerhard atmet erleichtert auf, auch die Klasse. Das war leicht zu beantworten. „Cowboys sind berühmt durch ihre Reitkunst. Es sind Bewohner der Prärie. Auf Deutsch heißen sie Kuhjungen." Glückstrahlend begibt sich Gerhard auf seinen Platz. Jetzt kommt Willi dran.

Das Urteil der Kinder möge im folgenden über diese Wiederholungsart entscheiden:

„Wir haben am Nikolaustag ein Rätselraten gehabt. Ich weiß nicht, ob man das so nennen kann. Wir nennen es jetzt Denkfix. Es sind Fahrkarten, auf denen ein Wort steht, das wir schon kennen, das wir aber erklären müssen. Die Wörter, die sehr interessant

sind, hat Bruno jeden Tag aufgeschrieben. Zu jedem Wort mußten wir drei Sätze sa-
gen. Wer alles richtig beantwortete, der bekam als Belohnung einen Apfel oder eine
kleine Tüte Lebkuchen, die Karl und Otmar mitgebracht hatten . . .

. . . Es ging nach dem ABC. Es war kein Zwang. Jeder konnte sich drei Fragen ziehen
oder nicht. Es kam auch vor, daß manche nicht alle Fragen beantworten konnten. Das
Spiel war sehr lustig. So mußte Willi, wenn die Antwort gelten sollte, einen Giraffen an
die Tafel malen. Als ich hinausging und mir die Frage zog, verwechselte ich Pampa mit
Campo und mußte mich setzen. Als alle gezogen hatten, durften die „Durchgefalle-
nen" noch einmal ziehen. Jetzt zog ich Mexiko, Mac Kinley und Große Antillen . . .

. . . Wie ich merkte, daß er es geschafft hatte, nahm ich mir Mut und konnte es gar nicht
mehr abwarten, bis ich dran kam. Nachher in der Pause sagte Otmar: „Ich schaffe es
auch!" Er ging hinaus und zog den Zettel, worauf Pampas stand. Er konnte diese Frage
nicht beantworten und mußte sich setzen. Ich an seiner Stelle hätte gesagt: „Die Pampa
ist der mittlere Teil Argentiniens. Sie ist sehr fruchtbar. Sie ist die Korn- und Fleischkam-
mer Argentiniens." Ein ganz Gerissener sagte, der Meeresspiegel würde über uns liegen.
Wenn ja der Meeresspiegel über uns liege, würden wir alle ertrinken . . .

. . . Leider überlegte ich zu lange, und deshalb fiel meine Hoffnung ins Wasser. Ich bin
nur froh, daß ich nicht der einzige war, der nichts bekommen hat. Nun setze ich mich
aber auf die Hosen und lerne und wiederhole immer, damit ich es besser behalte und
bei unserem nächsten Denkspiel etwas gewinne . . ."

Einzelne Gruppen gehen bald daran, sich das Denkfixspiel zu kopieren und es selbständig in ihrer Gruppe durchzuspielen.

Bald werden auch die Denkfixkarten nutzbringend zur Stillarbeit verwendet. Ich gebe jeder Gruppe eine bestimmte Anzahl Karten in die Hand und lasse die darauf stehenden Themen schriftlich ausarbeiten. Zur Behebung der Rechtschreibeschwierig-
keiten lasse ich von jedem ein besonderes Heft anlegen, in dem die erarbeiteten Begriffe, karteimäßig geordnet, mit laufender Nummer erscheinen. (Rechtschreibe-
spiel: Fritz diktiert, Karl schreibt an der Tafel so lange, bis er einen Fehler macht.
Die Klasse schreibt in das Denkfixheft und vergleicht das geschriebene Wort mit
dem an der Tafel. Wer bei Karl zuerst einen Fehler entdeckt, darf ihn ablösen.)

Eine weitere Übung: Bei dem im Denkfixheft erfaßten Namen werden die Städte
rot, die Flüsse blau, die Berge braun unterstrichen, alle geographischen Bezeich-
nungen eines erarbeiteten Landes werden in eine Umrißkarte eingetragen. Als
Hausaufgabe werden mehrere schwere Nummern mit drei Sätzen erklärt.

Der Wert dieses „Spieles" liegt darin, daß die Kinder in ihrem natürlichen Wissensdrang noch mehr angefeuert und zu großen Denkleistungen ermutigt werden. Sie
wollen sich selbständig ein eigenes Lexikon schaffen und arbeiten ununterbrochen
daran, mit allen ihnen zugänglichen Hilfsmitteln die Welt zu enträtseln.

„Eine Wirksamkeit hebt sich durch die andere – ei-
ne entwickelt sich aus der anderen ... das Wesentli-
che unseres Lebens ist nie Genuß, sondern immer
Progression. "   *(Herder)*

C. AUSWIRKUNGEN

Die Erfolge, die sich aus der Anwendung des Gruppenunterrichts ergeben, werden
nicht durch diese Methode allein garantiert. Im Gegenteil, bei falscher Verwendung
kann sie großen Schaden anrichten. Ich habe nicht ohne Grund stets versucht, mit
der Darstellung der Hauptprobleme bei der praktischen Verwirklichung auch die
Hauptgefahren und die Grenzen aufzuzeigen. Viele Beispiele zeigten, daß es mit der
Gruppenbildung allein nicht getan ist.

Wo Gruppenbildung ein Mittel ist, um durch einen ständigen Konkurrenzkampf die
Anstrengungen der Schüler zu steigern, wird „kollektiver Egoismus" erzeugt, aber
niemals Duldsamkeit, Achtung vor dem Nächsten oder gar uneigennützige Hilfe.
Das gleiche tritt ein, wenn die Schüler hasten müssen, wenn Lehrpläne und Prüfun-
gen die Klasse in Atem halten. In solchen Lagen kann gegenseitiges Befragen und
Helfen nicht zur Geltung kommen.

Aber die Ziele, die wir uns zur Lösung der Grundproblematik unserer Schule gesteckt haben, lassen sich mit Hilfe des Gruppenunterrichts, auch bei der heutigen
Schulorganisation, erreichen, wenn wir uns mit den aufgezeigten Kernproblemen
auseinandersetzen, dabei die Gefahren und Vorzüge erkennen und die notwendige
Vorbereitungs- und Übergangsarbeit nicht scheuen.

Seien wir uns bewußt, daß Gruppenarbeit auch niemals die ausschließliche didaktische Form unserer Schulen werden kann; denn nach *Scheibner* müßte selbst die
beste Unterrichtsform zu Geplapper führen, wenn sie ausschließlich gelten würde.

Deutlich erkennbare positive Wirkungen einer solchen Unterrichtsweise, wie ich sie
an Hand von Berichten und Beispielen zu schildern versuchte, zeigen sich nach dem
entscheidenden Schritt von der Schule ins Leben.

Wie leuchten die Augen auf, wenn die früheren Schüler mir auf der Straße begegnen! Wie glücklich sind sie, wenn sie einmal eine Freistunde haben und uns in der
Schule besuchen können! Wie reißen sie sich darum, wieder einmal eine Arbeit mitschreiben zu dürfen, um ihre Leistungen von neuem zu überprüfen oder ihren jungen Kameraden zu helfen!

Ihre Freude kommt am besten zum Ausdruck, wenn sie der Klassensprecher jedes
Jahres durch einen Rundbrief zu einem Klassentreffen einlädt. Immer wieder kommen wir bei einem solchen Zusammensein, das auf ihren Wunsch auch der geistigen
und beruflichen Fortbildung dienen soll (Besuche von großen Industriewerken, von
Kulturdenkmälern, besonderen Naturlandschaften), im Gespräch auf „unsere
Schule", auf die Bildungs- und Erziehungsstätte, wie wir sie gemeinsam erstrebten,
wie wir sie zum Teil auch verwirklichten. Alle kommen – wenn sie nur können – im-

mer wieder zu ihr zurück, sie wollen nachspüren, ob sie noch so schön, so interessant, so bedeutungsvoll ist und wollen mithelfen, das Zukunftsbild weiter zu verwirklichen.

An der sauberen Haltung, an dem guten Benehmen, an der ganzen feinen Art ihres Zusammenseins – so ganz im Gegensatz zu dem rüpelhaften Angebertum, der hemmungslosen Vergnügungssucht Gleichaltriger – erkenne ich mit Freude, daß wir mit unserer Mühe unendlich mehr erreichen, als wenn wir den Kindern in starrer Form nur Rechnen, Lesen und Schreiben und den vorgeschriebenen Stoff „beibringen". Eine solche Arbeit kann allerdings in den Prüfungen, wie sie heute leider noch üblich sind, niemals gemessen werden.

Die tiefsten Nachwirkungen einer solchen Bildungs- und Erziehungsarbeit werden sich aber erst nach vielen Jahren zeigen, oder sie bleiben uns sogar ganz verborgen.

Im folgenden können nur die Einflüsse und Ergebnisse des Gruppenunterrichts niedergelegt werden, wie sie während und nach der eigentlichen Arbeit nachweisbar sind.

Der Einfluß auf die verschiedenen Kinder

Es geht im wesentlichen um die Frage: Gelingt es uns, durch den Gruppenunterricht alle zu packen, gelingt es, jedem einzelnen Kind zu Möglichkeiten zu verhelfen, sich als brauchbares und nützliches Glied in der Gemeinschaft zu zeigen?

Bei der gemeinsamen Arbeit innerhalb einer kleinen Gruppe sind – wie wir gesehen haben – so vielfältige Einzeltätigkeiten zu verrichten, daß jedes Kind sich an irgendeiner Stelle bewähren kann. Wir müssen aber lenkend eingreifen, denn ungeschickte und scheue Kinder oder solche, die überhaupt nur über ein beschränktes Können verfügen, halten sich anfangs meist passiv im Hintergrund. Es gilt, sie dort in den Vordergrund zu stellen, wo sie wirklich etwas zu leisten vermögen. Dies wirkt nicht nur ermutigend auf das betreffende Kind, sondern auch auf die anderen, die nun zu ihm Stellung nehmen müssen.

Wie einfach ist es, schwachen Kindern ab und zu kleinere Aufträge zu geben, etwa in Nachschlagewerken Ereignisse und Daten zusammenzustellen, von denen sie schon früher gehört haben und die nun im Gedächtnis aufgefrischt werden, indem sie in einem neuen Zusammenhang erscheinen.

Sicher gibt es Kinder, die scheinbar im Unterricht überhaupt nichts Positives zu leisten vermögen. Und doch ist immer eine Stelle zu finden, wo das Kind über gutes oder brauchbares Können verfügt. Man darf als Erwachsener nur nicht zuviel verlangen. Und wenn es die einfachsten Dinge sind, die diese Kinder mit der gemeinsamen Arbeit in Beziehung bringt.

Wenn da ein solches Kind mit Pünktlichkeit und Sorgfalt für reine Klassen- oder Gruppentafeln sorgt, wenn es die Tische glänzend wachst, verantwortlich ist für das Schließen der Schränke und Türen, sich um Kalender oder Lüftung sorgt, sich um

Ordnung im Gruppen- oder Lehrerschrank kümmert, so genügt das, um es zu einem brauchbaren Glied der Gemeinschaft werden zu lassen und damit zu verhindern, daß es sich selbst ausschaltet, unter dem Druck seiner Unzulänglichkeit leidet und so nie dazukommt, das Brauchbare in sich zu entfalten und zu üben.

Umgekehrt finden die Begabteren in der gemeinsamen Arbeit immer wieder neue Betätigungsfelder. Durch Sonderaufträge, die sie gemäß ihrem meist rascheren Arbeitstempo zusätzlich ausführen können, werden sie weiter emporgehoben und wesentlich gefördert. Auch fordern die Gruppenarbeiten immer wieder neue Impulse, die zur Fortsetzung der Arbeit anregen und die allmählich von selbst zur Arbeitsteilung führen. Hier wird dann Initiative verlangt, und es werden gerade den gut Begabten Situationen geboten, in denen sie sich entwickeln und bewähren können.

Dies ist auch entscheidend im Hinblick auf die Berufswahl. Die Kinder werden dann nicht mit dunklen Neigungen aus der Schule entlassen, sondern es ist ihnen bei der gemeinsamen Arbeit aufgegangen, wo ihre Stärke liegt, und ob sie selbständig oder unter Führung anderer produktiv zu arbeiten vermögen.

Beispiel 1: Der „dumme" Albert

In der Gruppe 3 eines 6. Schuljahres fanden sich Ursula, Fred, Renate und Albert zusammen.

Ursula: ein sehr begabtes, willensstarkes, lebhaftes Mädchen. Es zeigt vorzügliche Leistungen in Deutsch und Rechnen, ist an allen Fragen interessiert, gewandt, phantasievoll und fügt sich gut in die Klassengemeinschaft ein.

Fred: ein Durchschnittsschüler, still, gutmütig, willensschwach, ein ausgezeichneter Zeichner und Rechner.

Renate: ein eigenwilliges Kind, eine flotte und fleißige Arbeiterin, schwach im Rechnen, phantasievoll-künstlerisch, an der Klassengemeinschaft zunächst wenig teilnehmend.

Albert: er hätte früher in der Schule auf dem letzten Platz gesessen, in allen Geistesfächern ungenügend, während des Unterrichts scheu und ängstlich, im Sport flink und draufgängerisch.

Diese Kinder bilden heute eine organisch gewachsene Arbeitsgruppe. Das Stiefkind schien Albert zu sein. Doch Ursula nahm sich täglich seiner an. Selbst in den Pausen sah ich sie oft zusammen, hörte, wie sie ihn das Einmaleins oder ein Gedicht abhörte, bemerkte, wie sie seine Rechtschreibefehler in der Arbeitsmappe verbesserte und Ratschläge gab.

Eines Tages hatte die Gruppe den Auftrag, Alkohol herzustellen. Zu dem Versuch war eine Flasche notwendig, die oben mit einem Kork, in den eine Glasröhre eingepaßt war, abgeschlossen werden mußte. Einen Kork und ein Glasröhrchen hatte die Gruppe dazu erhalten. Aber es fehlte das passende Loch im Korken. Ich sah im Vorübergehen, wie sich Renate und Fred mit einem Messer abquälten. Der Kork brach durch. Ursula bat um einen neuen. Auch sie brachte es nicht fertig. Sie hatte gar keine Geduld dazu. Den nächsten Kork gab ich Albert. Die anderen schauten zu, wie er es anpackte. Er schaffte es auf Anhieb. Das Glasröhrchen saß wie angegossen.

Dieser Junge empfand: ohne seinen Beitrag hätte die Forschungsaufgabe nie gelöst werden können.

In einem mechanischen Klassenunterricht, der sich nur nach dem Klassendurchschnitt richtet, wäre die Mitarbeit Alberts kaum möglich gewesen. Hier in der kleinen Gruppe fiel sie auf und wurde geschätzt. Kinder wie er erleben durch ihre Mithilfe eine wohltuende Steigerung ihres Selbstbewußtseins.

Beispiel 2: Der „faule" Georg

Vor mir liegt der Schülerbogen von Georg. Die Eintragungen meines Vorgängers über Charakter, Intelligenz, Umwelteinflüsse u. a. sind sehr aufschlußreich. Bei Georg fallen, besonders kräftig unterstrichen, zwei Worte auf: f a u l   u n d   u n a u f m e r k - s a m.

Kann ich das heute nach 1 1/2 Jahren noch bestätigen? Kann ich diesen stillen und zurückhaltenden Jungen, der mir neulich stolz seine Arbeitsmappe mit 123 ausgearbeiteten und sauber illustrierten Blättern zeigte, der sich in der letzten Woche meldete und sagte, er könne die Ballade „Die Füße im Feuer" der Klasse auswendig vortragen, der beim letzten Weihnachtsspiel die Rolle des plötzlich erkrankten „Herodes" in letzter Minute übernahm und zur vollendeten Darstellung brachte, als Faulenzer bezeichnen?

Im Laufe der letzten Jahre ist mir eines klar geworden: Faulheit und Unaufmerksamkeit sind entweder pathologischen Ursprungs, oder sie entstehen einzig und allein durch die Art des Unterrichts. Denn Unaufmerksamkeit entspringt oft einer zu großen Beweglichkeit der Vorstellungen. Es genügt dann der leiseste Anstoß, um eine Vorstellungsreihe, die dem gerade dargebotenen Unterrichtsgebiet ganz fernliegt, hervorzurufen. Das geschieht in einem mechanisierten Klassenunterricht allzu oft. Faulheit entspringt aber in den seltensten Fällen wirklicher Vorstellungsträgheit. Wir sehen das an den Spielen. Hier sind oft die „faulsten" Kinder intelligenter als die sogenannten Musterschüler. In solchem Falle liegt die Sache doch so, daß die vorhandene Vorstellungsbeweglichkeit für die Schule nicht nutzbar gemacht wird.

Wie sich auch die inneren Vorgänge abspielen mögen: unter dem Einfluß der Gruppe wurde Georgs Interesse auf einmal geweckt, sein Wille gestärkt, und er begann mitzuarbeiten. Ja, er drängte sich bald zu Sonderaufgaben, wenn es sich um besonders interessante Arbeitsgebiete handelte.

Cousinet in Frankreich bestätigt ebenfalls, daß er niemals faule Kinder im Laufe seiner Gruppenversuche angetroffen habe *(„L'enfant, par sa nature, est actif et se dépense continuellement")*.

Beispiel 3: Die „passive" Ingrid

In der Charakteristik von Ingrid finden wir folgende Bemerkung: sehr still, scheint während des Unterrichts zu schlafen, zeigt nur passives Verhalten.

Gewiß gibt es Kinder, die äußerlich nicht sehr aktiv erscheinen. Aber es muß doch gesagt werden, daß es eigentliches passives Verhalten bei Gruppenarbeiten nicht mehr gibt. Da dem Kinde die Möglichkeit gegeben ist, sich dem Gebiet zuzuwenden, das ihm besonders liegt, da ihm Freiheit und Initiative gelassen werden, gliedert es sich bald in die aktive Gemeinschaft ein.

Ingrids Passivität wich zunächst einer interessierten Teilnahme, in der Atmosphäre der Arbeitsfreude ging sie aus ihrer Apathie heruas, sie begann zu handeln. Sie bekam sichtbar Selbstvertrauen und wurde zu einer anerkannten Mitarbeiterin in der Gruppen- und Klassengemeinschaft.

Beispiel 4: Die „Unruhigen und Zerfahrenen"

Helmut und Roland waren sehr unruhige, zerfahrene Kinder. Man brauchte es nicht erst im Schülerbogen nachzulesen. Man hörte es aus ihren Antworten, aus ihren Unterhaltungen mit den Kameraden, man merkte es aus ihrem ganzen Benehmen.

Ich gliederte sie solchen Gruppen zu, in denen Kinder saßen, die eine besondere Ruhe und Sicherheit ausstrahlten. Ich selbst behandelte sie immer sehr väterlich und mit großem Takt und Feingefühl. Denn jedes ungeschickte Wort brachte sie anfangs sofort in Erregung. Das suchte ich auf jeden Fall zu vermeiden und bat ihre Gruppenkameraden, doch diesen beiden besonders zu helfen.

Das Ergebnis: Helmut und Roland wurden ruhiger und ausgeglichener. Sie begannen systematisch und mit einer gewissen Zielstrebigkeit zu arbeiten. Oft gingen sie sogar mit einem inneren Schwung und einer großen Sicherheit an die Arbeit und erreichten beachtliche Resultate. Mehrere Male fielen sie in ihren alten Zustand zurück. Doch nach und nach wurde ihr Verhalten beständiger, die Zerfahrenheit verlor sich bis auf ein Mindestmaß, sie glichen sich in Selbstdisziplin voll und ganz dem sozialen Leben ihrer Gemeinschaft an.

Beispiel 5: Die „verschwätzten" Kinder

Bei einigen Kindern fand ich als negative Anmerkung im Schülerbogen: verschwätzt.

Solchen Kindern hilft nur eines: anregende und ausfüllende Beschäftigung. Diese fanden sie zweifellos bei uns. Anfangs arbeiteten sie freilich auch noch sehr geräuschvoll und störten die anderen. Zu allem mußten sie etwas sagen. Niemals überlegten sie, was sie redeten.

Nach einigen Monaten änderten sie sich. Sie schränkten sich langsam ein und lieferten manchmal ausgezeichnete Arbeiten. Allmählich merkten sie, daß man doch weit mehr erreichen kann, wenn man in Ruhe methodisch arbeitet, und das Beispiel der Kameraden überzeugte sie von der Notwendigkeit der Konzentration und Selbstbeherrschung. Eigentlich wurden alle „Schwätzer" recht gute Schüler, besonders als ich ihnen nach und nach eine größere Verantwortlichkeit überließ. Sie hielten sehr gute Vorträge, versuchten, die schnellsten und geschicktesten zu sein. Sie suchten sich Kameraden, die sich anleiten ließen und vergrößerten so ihren eigenen Wirkungsbereich.

Beispiel 6: Die „Ängstlichen und Schüchternen"

Sie werden meist nicht an den Platz gesetzt, der ihrer Intelligenz entspricht. Sie leiden unter dieser Ungerechtigkeit und verzagen. Sie ziehen sich in sich selbst zurück und schlucken ihren Groll in sich hinein. Bei der Gruppenarbeit werden sie wieder ermutigt, und schon nach kurzer Zeit konnte ich bemerken, wie jede Schüchternheit und Ängstlichkeit verschwand, wie diese Kinder normal mit ihren Kameraden zusammenarbeiteten.

In diesem Zusammenhang einen interessanten Fall: Günter und Willi waren zwei starke Stotterer. Sie verloren beide im Laufe von 1 1/2 Jahren ihre sprachliche Hemmung, hielten vollkommen freie Vorträge, wirkten bei jeder dramatischen Gestaltung in großen Sprechrollen mit. Der eine besucht heute mit Erfolg die höhere Handelsschule, der andere bestand als einziger von 30 Bewerbern die Aufnahmeprüfung zu einer begehrten Stellung als kaufmännischer Lehrling in einem modernen Unternehmen.

Es zeigt sich klar:

Durch die Gruppenarbeit wird für jedes Kind die Atmosphäre geschaffen, in der es rasch seine Schwächen und seine besondere Begabung erkennt. Gerade in kleinen Arbeitsgruppen, wo jeder den anderen genau kennt und mit ihm in engster Verbindung bleibt, lernt es bald, seine tatsächlichen Fähigkeiten in den Dienst seiner Gemeinschaft zu stellen. Jeder findet dabei die *natürlichen Grenzen seiner Freiheit.*

Das *Besinnen auf den anderen* durchdringt in diesen natürlichen „Tischgemeinschaften" immer wieder die geringfügigsten Gegebenheiten. So wirkt sich der Einfluß der Gruppenarbeit auf die *äußeren Umgangsformen* jedes einzelnen positiv aus. Aber der Vorteil zeigt sich auch im Blick auf die *geistige Haltung*, da eben nur bei dieser Unterrichtsform die Aufgaben so bemessen werden können, daß die Schüler um des Resultats willen sich in die Hand arbeiten müssen.

Die Erfahrungen haben gezeigt, daß diese Art der inneren Verbundenheit jedenfalls in weit höherem Maße möglich ist, als man zunächst anzunehmen geneigt ist. Freilich gibt es G r e n z e n. Je älter und reifer die Kinder werden, desto mehr trennende – statt verbindende – Momente beginnen zu wirken. Wenn wir bei den jüngeren noch ziemlich leicht das Trennende ausschalten können, wird das späterhin vielfach nicht mehr gelingen. Hier muß dann zur inneren Verbundenheit die äußere kommen. Die Gemeinschaft der Schüler erhält Züge der Gesellschaft, ohne freilich deswegen in ihrem Bestande bedroht zu sein (*Tönnies*).

Lernprozeß und Leistung

Die darbietenden und entwickelnden Methoden lassen in vielen Kindern nur zur Hälfte Erfaßtes oder gar Unverstandenes zurück. Die Kinder werden innerlich oft unruhig und unsicher; denn während sie Halbverstandenem noch nachsinnen, geht ihnen ein Teil der weiteren Entwicklung und schließlich auch der Gesamtzusammenhang verloren.

Bei der Gruppenarbeit besteht diese Gefahr nicht, da im Interesse des gemeinsamen Zieles eine wechselseitige Kontrolle möglich ist. Damit sind auch die natürlichen Voraussetzungen zu einer Intensivierung des Lernprozesses gegeben. Schon an anderer Stelle deutete ich an, daß bei der gemeinsamen Lösung der meisten Probleme allein schon durch die Notwendigkeit einer zweifachen Tätigkeit, nämlich durch Forschen und Lehren, der Lernprozeß auf eine höhere Stufe gehoben wird.

Bei der Arbeit in Gruppen entstehen naturgemäß verschiedene Auffassungen. Dadurch wird jeder einzelne vor ständig wechselnde Situationen gestellt und gewinnt dabei an Wendigkeit und Anpassungsfähigkeit.

Die Folge ist eine Arbeitswilligkeit im Unterricht, die die Schulresultate durchweg positiv beeinflußt (*siehe Beispiel 1 und 2*). Nur ein Beweis: Schon vor der Schulentlassung traten trotz größter Überfüllung von Lehrstellen Meister und Lehrherren persönlich an mich heran, um sich Lehrlinge aus der sogenannten Reformklasse zu holen. So kam es, daß meist schon kurz nach der Entlassung alle Schüler meiner Klasse „unter" waren, während ein Großteil der im Vorjahre abgegangenen Schüler noch auf Zuteilung von Stellen wartete.

Oder: In der Maschinenfabrik einer Nachbarstadt wurden trotz schwierigster Aufnahmeprüfungen alle Prüflinge der Klasse eingestellt.

Mehrere Jungen und Mädchen fanden nach fünftägigen Prüfungen Aufnahme in einem staatlichen Pädagogium.

Bei Preisausschreiben des Ministeriums, der Sparkasse und der Zeitung wurden sehr viele selbständige Arbeiten mit Preisen ausgezeichnet.

Lehrherren, die längere Zeit die von mir entlassenen Schüler bei ihrer Arbeit beobachten konnten, stellten als ausschlaggebenden Faktor fest: *Der Junge denkt sich etwas bei der Arbeit – er weiß sich zu helfen!*

Ein Hauptgewinn aber liegt schon in der Schule in einer guten Geisteshaltung und im Wunsche, gut und recht zu arbeiten. Er liegt in der Gewinnung einer gesunden Urteilskraft.

Die elastische Form des Gruppenunterrichts, bei der die Begründung des eigenen Urteils immer notwendig ist, verhindert ein gedankenloses Schwatzen und führt die Kinder zu überlegtem Abwägen der Tatsachen, zu konzentrierter Denkarbeit.

Hier gewöhnt sich das Kind daran, seine Meinung in überlegter Offenheit und in einer Form zu sagen, die den andern nicht kränkt. Hier wird dann Kritik nie als Überheblichkeit, sondern als Hilfe empfunden.

Die Gewinnung einer gesunden Kritikfähigkeit führt dazu, daß das so häufige „Nachbeten" fremder Meinungen eingedämmt wird. Erst durch die Verteidigung der eigenen Meinung fremder Kritik gegenüber entwickelt sich in den Kindern ein Persönlichkeitsbewußtsein.

Um die Auswirkungen in dieser Richtung deutlich zu erkennen, ist es notwendig, die Kritik mit ihrer Begründung auch des öfteren schriftlich darstellen zu lassen, sei es über die Handlungsweise einer Person, über die Arbeit eines Schülers, über ein Leseheft oder ein Bild, über die Schularbeit, über das eigene Verhalten. (*Vgl. Beispiel 3 und 4*).

Beispiel 1: Selbständige Einzelarbeit: Südamerika (Analyse und Leistungsvergleich)

Im gesamtunterrichtlichen Thema „Im Westen lockt eine neue Welt" sind wir zunächst gemeinsam mit Jürnjakob Swehn (*Gillhoff, Jürnjakob Swehn, der Amerikafahrer*) ausgewandert, haben alle Probleme kennengelernt, mit denen man „drüben" fertig werden muß. Wir haben einen Landstrich nach dem anderen gemeinsam „erarbeitet". Nun konnte ich versuchen, bei Mittelamerika Gruppenarbeit mit Arbeitsanweisungen, mit selbständiger Forschungsarbeit und abschließendem Gruppenbericht anzusetzen.

Sie war so gut gelungen, daß ich nach den Ferien es wagte, noch einen Schritt weiterzugehen.

Bei dem nächsten Teilgebiet „Südamerika" sollte jeder einzelne, ohne wesentliche Lehrer- oder Kameradenhilfe, ohne Korrektur während der Arbeit, zum Ziele kommen.

Die Kinder, die ein halbes Jahr vor der Entlassung standen, sahen ein, daß sie später im Leben auch oft alleine stehen würden – ohne Lehrer, ohne Gruppe. Sie waren gespannt, ob ihnen diese Aufgabe gelänge und gingen mit großem Ernst an die Arbeit.

Die gesamte Arbeit wurde in ihrem ganzen Verlauf von anwesenden Studenten und von mir protokolliert und soll in dieser Form auch wiedergegeben werden. Bei den Tagesprotokollen bleiben die Kernfächer, die vor und nach der selbständigen Arbeit lagen, unberücksichtigt.

9. Januar

Die neue Gruppeneinteilung (*nach dem soziometrischen Test von Helen Hall Jennings, siehe Seite 59ff.*) wird von allen bejaht.

Ich gebe die neue Arbeitsweise für das Thema „Südamerika" bekannt. Es soll eine Hochform der bisherigen Arbeit sein, mit selbständiger Aufgliederung des Themas in Teilaufgaben, selbständiger Beschaffung des Arbeitsmaterials, selbsttätiger Erarbeitung des Wissens. Zum ersten Male wird jetzt auch die Zeit dabei berücksichtigt.

Wir bleiben selbstverständlich in Gruppen sitzen. Aber der Gruppenkamerad und der Lehrer werden nur dann beansprucht, wenn sie andere Bücher und Arbeitsmittel besitzen, wenn vermutet wird, daß sie etwas Besonderes über eine Sache wissen, zum Nachsehen der schriftlichen Arbeiten und zum Austausch von Bildern.

Die Arbeit muß nach 8 Tagen, also am 17. Januar, beendet sein. Jeder muß dann

1. schriftliche Arbeiten (Zusammenfassungen, Zeichnungen usw.) in seiner Arbeitsmappe nachweisen,

2. mündlich einen Vortrag über ein Teilgebiet ohne Vorankündigung halten,

3. sich einer eingehenden Prüfung unterziehen.

Hausaufgaben in diesen 8 Tagen gibt es nur in den Kernfächern. Zu Hause kann dann an dem Thema weitergearbeitet werden.

Jeder einzelne muß sich aber täglich Rechenschaft über seine geleistete Arbeit geben können. Bei Unterrichtsbeginn gibt er deshalb einen kurzen Arbeitsbericht ab. Er sieht so aus (ich erkläre an der Tafel):

Arbeitsbericht des Schülers .... *vom ... 1953*

1. *Art der Arbeitsleistung*
       In der Schule | Zu Hause

2. *Arbeitszeit*
       In der Schule | Zu Hause

3. *Arbeitsmittel*

„Nach 8 Tagen beginnen zuerst die Vorträge. Jedem steht dazu die Tafelfläche seiner Gruppe zur Verfügung, an der er Zusammenfassungen, Zeichnungen, graphische Darstellungen usw. anbringen kann. Günter teilt nachher neun Flächen ein. Ich selbst hole in der Bücherei noch 24 gute Harms-Atlanten, damit wirklich kein Mangel an brauchbarem Arbeitsmaterial herrscht."

Ursula: Sollen wir uns von Südamerika nur eigendein Thema herauswählen?

Lehrer: Nein, so ist es nicht gemeint. Es ist ja keine Gruppenarbeit wie seither. Jeder einzelne muß sofort über das ganze Land Südamerika Bescheid wissen. Ihr sitzt nur in der Gruppe, um euch gegenseitig noch ein klein wenig unterstützen zu können. Wenn ihr in ein paar Monaten ins Leben hinausgeht, findet ihr oft gar keine Unterstützung. Wir haben ja jetzt schon so viele Länder zusammen „durchwandert" und erarbeitet, daß es doch bald jeder allein können muß.

Erste Wirkung: Lexika werden geholt, jeder legt seine Bücher zurecht. Der Lehrer verläßt den Saal, um die Atlanten zu holen. Als er nach 10 Minuten zurückkommt, herrscht vollkommene Stille. Günter markiert die Einteilung an der Tafel.

Wir beschließen noch auf den Vorschlag des Klassensprechers hin, jeden Tag nur eine Pause zu halten und zwischen den anderen Unterrichtsstunden durchzuarbeiten, um keine Zeit zu verlieren.

Nur wenige Sachfragen werden an mich gerichtet: Von welchem Meer wird Südamerika im Süden begrenzt? Wieviel Staaten hat Südamerika? Stimmt es, zehn? Wie heißt die Hauptstadt von Brasilien?

Großes Bedauern über das Ende der Arbeitsstunde.

Arbeitszeit: 90 Minuten.

10. Januar

Dieter sammelt die Arbeitsberichte ein. Es stellt sich heraus, daß sich einige nicht genau an das gegebene Schema gehalten haben.

Volkmar macht den Vorschlag, die Arbeitsberichte in gekürzter Form herauszubringen. Er geht an die Tafel und zeigt, wie er es gemacht hat:

Arbeitsbericht von Volkmar Deboben vom 9.1.1953

	Schule	*Haus*
Geschrieben:	Tagebuch: Lage von USA	Arbeitsmappe: Lage von USA
Gelesen:	–	Tellusbogen
Gezeichnet:	–	Querschnitt Anden
Gelernt:	–	Staaten
Zeit:	90 Min.	130 Min.
Arbeitsmittel:	Atlas, Lexikon	Atlas, Tellus

Der Vorschlag wird gutgeheißen und angenommen. Einige haben ein besonderes Heft für die Arbeitsberichte angelegt. Sie erhalten es zurück und wollen am Ende der gesamten Arbeitszeit die Arbeitsberichte gesammelt abgeben.

Ich sehe bei Beginn der Arbeit, wie sich der etwas ungeschickte Horst mit einer Zeichnung von Südamerika abmüht. Ich verweise alle auf unser bewährtes und zeitsparendes Verfahren, eine Schablone aus Pappe herzustellen.

Die Arbeit verläuft sehr ruhig. Karin fragt, ob das Buch „Amerika" von Böhme im Buchhandel vorrätig wäre. Sie möchte es anschaffen und will am Nachmittag in der Buchhandlung nachfragen.

Arbeitszeit: 80 Minuten.

12. Januar

Wir beginnen mit einer kleinen „Flüsterübung". Ich gehe von Tisch zu Tisch und lasse von jedem den Satz „Ich kann sehr gut flüstern" im Flüsterton nachsprechen. Dieser kleine Scherz wirkt sich in den 90 Minuten, die jetzt folgen, sehr positiv aus.

Horst: Die Else will wissen, wie die Hauptstadt von Südamerika heißt.

Ich gehe zu Horsts Gruppe. Wir stellen fest, daß sich Südamerika doch aus mehreren Staaten zusammensetzt, von denen jeder eine Hauptstadt hat.

Ich beobachte Roland, unser Sorgenkind. Er ist durch die neue Sitzordnung zu drei Mädchen gekommen. Er, der sonst immer sehr unruhig war, arbeitet sehr eifrig und konzentriert. Ich beobachte, daß seine Nachbarin, die Liesel, ihn sehr gut anleitet.

Zwischendurch sehe ich die Arbeitsberichte nach. Sie sind in ihrer Ausführung sehr klar geworden. Dabei erfahre ich, daß Christa zu Weihnachten ein Schüler-Lexikon erhalten hat. Sie benutzt es eifrig.

Ännchen gibt bei den Arbeitsberichten nicht die häusliche Arbeitszeit an. Sie behauptet, sie könne das nicht. Sie würde diese Angabe auch nie machen. Ich bitte sie darum, es doch zu tun, sie solle mir auch den genauen Titel mit Verfasser und Verlag der Bücher angeben, die sie jetzt zu Hause liest. Sie hat einige Romane angegeben, die sie aus der Leihbücherei geholt hat.

Karin teilt mir mit, daß sie beim Buchhändler war. Sie hat das Buch „Amerika" bestellt. Es soll in zwei Tagen eintreffen.

Helga läuft zu laut zur Gruppe 8. Ich ermahne sie im Flüsterton. Sie entschuldigt sich.

Karin: Was bedeutet die Abkürzung „bzw."? Ich erkläre es.

Karin: Was ist der geologische Aufbau des Landes. Ich mache ihr die Sache an der Entstehung und dem Aufbau der Oberrheinischen Tiefebene klar.

Ein Rundgang überzeugt mich, daß jeder ernsthaft bei der Arbeit ist. Fred hat ein Phantom-Heft mit dem Titel „Prinz Eisenherz" auf dem Tisch liegen. Ich gehe mit ihm zu meinem Tisch und lese mit ihm die schaurige Bildergeschichte „Hopalong Cassidy" oder „Die Mörderfalle" durch und zeige ihm, welch einen minderwertigen Lesestoff er sich da gekauft hat. In dem knalligbunten Heft wimmelt es von Revolvern, Foltern, Erschießen, Verbrecherjagden, Päng, Klick, Schwapp usw. Fred hat es nicht selbst gekauft, er hat es von seiner Tante, die solche Hefte mit Leidenschaft liest. Ich gebe ihm aus meiner Tasche Stevensons „Flaschenteufelchen" und bitte ihn, es im Laufe der Woche einmal durchzulesen.

Helmut unterbricht uns und zeigt mir eine Gegenüberstellung der Wassermengen des Rheins, des Mississippi und des Amazonas, die in einer Sekunde ins Meer strömen. Er hält die Menge, die beim Amazonas angegeben ist, für unglaublich hoch.

Ich schicke Helmut zur Bücherei. Er soll dort das Relief von Südamerika holen, das eine Gruppe vor einigen Wochen aus Papiermaché angefertigt hat. Es wird über meinem Arbeitstisch aufgehängt.

Von Gerda (Gruppe 2) werde ich um Rat gebeten wegen der Feier, die die Gruppe morgen zu Beginn zu gestalten hat. Ich schlage ihr vor, sie solle ein Gedicht zum Vortrag bringen, das wir einmal gemeinsam gelernt haben.

Arbeitszeit: 90 Minuten.

13. Januar

Da Studenten als Hospitanten anwesend sind, beginne ich mit einer kurzen Erläuterung der bisherigen Arbeit. Ich frage danach, welche Schwierigkeiten bis jetzt aufgetreten sind. Annchen meint, die Arbeit ginge gut voran. Ich erinnere noch einmal an gute Schrift und saubere Tuschzeichnungen. Wir setzen die Arbeit fort.

Ein Student, der nicht flüstert, wird von Helga gebeten, leiser zu sprechen. In die große Pause, die heute ausnahmsweise zwischen den beiden Stunden gehalten werden muß, möchte keiner gehen. Ich muß mahnen.

Günter bittet darum, in der Pause das Anschlagbrett neu gestalten zu dürfen. Er befestigt Bilder einer Illustrierten von Brasilien, insbesondere von der „Grünen Hölle". Einige sehen sich die Bilder während der nächsten Stunde an.

Ich nehme die Studenten 15 Minuten zu einer Besprechung auf den Gang. Sie sind vor allem darüber erstaunt, daß die Arbeit auch ohne meine Anwesenheit in der gleichen Weise weiterläuft.

Arbeitszeit: 90 Minuten.

14. Januar

Zu Beginn frage ich, wer schon mit der Arbeit fertig ist. Niemand meldet sich. Ich weise darauf hin, daß wir am Samstag mit den Vorträgen beginnen wollen, allerdings nicht wie seither, daß jeder weiß, wann er „drankommt". Ich sage vielmehr – ohne eine Vorbereitungszeit zu lassen – jetzt sprichst du über Brasilien, du über die Anden usw. Ursula meint, sie hätte jetzt schon Angst.

Volkmar schlägt vor, Blindkartenspiele herzustellen, es sollten dabei aber keine Kärtchen verwendet werden, sondern jeder müsse den Namen schreiben, der zur Ziffer gehöre. Mit Hilfe der Lösungskarte könne er später vergleichen.

Annchen meint, es sei doch nicht sehr viel über jedes Land zu schreiben. Man müsse es nur ganz kurz zusammenfassen, dann könnte man auch viel besser lernen.

Günter teilt inzwischen die Atlanten aus, Rembert hat an Stelle des fehlenden Roland das Verteilen der Lexika übernommen. Das geht jetzt alles ohne Worte. Ich ermahne noch, die Atlanten sehr zu schonen und bemängele, daß einige ihre Bücher sehr schlecht eingebunden haben.

Helmut (Gruppe 3) beschwert sich, weil Karin (Gruppe 7) dauernd mit Annemarie, seiner Nachbarin, spricht.

Arbeitszeit: 80 Minuten.

15. Januar

Da die Zeit heute sehr knapp ist, wird sofort mit großer Zielstrebigkeit und Konzentration begonnen. Ursula meldet sich und meint kleinlaut, sie würde morgen noch nicht fertig. Ich verweise alle auf das morgige Ende der Arbeit. Es hat den Eindruck, als ob nicht alle fertig werden. Volkmar gibt das besonders zu verstehen. Er sagt, die fremden Namen wären zu schwer zu lernen.

Arbeitszeit: 35 Minuten.

16. Januar

Beim ersten Rundgang stelle ich fest, daß Annchen den Roman von Fleming „Brasilianisches Abenteuer" (Rowohlt-Verlag) liest. Sie entschuldigt sich, weil sie bisher noch nicht den angeforderten genauen Titel angegeben hat. Ich setze mich zu der Gruppe 5 und beobachte unauffällig Karlheinz, den schwächsten Schüler der Klasse. Zunächst betrachtet er zwei Sanellabilder, die er sich bei Roland geholt hat. Er liest dann sehr langsam den Text auf der Rückseite der Bilder (zweimal). Nach langem scheinbar untätigem Herumsitzen nimmt er aus seiner Arbeitsmappe das letzte Blatt mit angeheftetem Linienblatt. Er liest das Geschriebene durch. Nun druckt er mit Bleistift darunter: „Die Ureinwohner Südamerikas". Ohne irgendeine Vorlage – die beiden Bilder hatte er unter seine Mappe geschoben – schreibt er sehr zügig folgenden Bericht: „Die Ureinwohner Südamerikas waren die Inkas. Sie waren ein Volk, das schon Straßen und Städte hatte. Aber eines Tages kamen die Spanier und raubten die Schätze der Inkas und ermordeten den Inkakönig."

Auf der Rückseite des Blattes klebt er anschließend die beiden Sanellabilder ein. Er bittet dann Günter, der neben ihm sitzt, seine Arbeit durchzulesen.

Ich gebe bekannt, daß ich morgen von jeder Gruppe zunächst zwei Arbeitsmappen einsammeln werde.

Arbeitszeit: 115 Minuten.

17. Januar

Die Klasse ist wegen der mündlichen Prüfung, die heute stattfinden soll, sichtlich erregt. Ich beruhige alle mit dem Hinweis, daß es doch keine Prüfung wie früher sei, sondern daß jeder nur das zeigen solle, was er nun wirklich könne. Es würde ja auch keine Note gemacht, jeder würde letzten Endes selber spüren, ob seine Leistung gut war oder nicht. Um alles noch leichter zu machen, frage ich, was jeden am meisten von Südamerika interessiert hätte.

Annchen: Das Amazonasgebiet.

Karin: Davon hat man schon vorher etwas gehört, da gibt es so viel interessante Tiere und Pflanzen. In der Zeitung hat vor kurzem auch etwas über dieses Gebiet gestanden.

Ich bestimme Ännchen zum Vortrag über das Amazonasgebiet. Sie spricht vollkommen frei und zeigt dabei die geographischen Begriffe auf dem Relief. Sie spricht zunächst über Quelle und Mündung, über die Nebenflüsse, von denen sie fünf auswendig aufsagt und richtig zeigt. Dann geht sie auf das Klima ein, vergleicht hinsichtlich der Überschwemmungszeiten den Amazonas mit dem Nil. Wie die ganze Landschaft nun im einzelnen beschaffen ist, will sie an Hand zweier Bücher schildern, die sie in den letzten acht Tagen gelesen hat. Das eine sei an sich kein gutes Buch gewesen, es hieß „Abenteuer einer jungen Dame". Aber obwohl manches wildwestähnlich geschildert worden sei, hätte sie doch viel Wesentliches über die Landschaft erfahren. In dem anderen Roman von Fleming „Brasilianisches Abenteuer" wäre dann alles etwas wissenschaftlicher gewesen. Hier hätte es sich um eine Expedition gehandelt, die auf der Suche nach einem verschollenen Forscher, dem Obersten Fawcett, gewesen sei. Rudi greift hier ein und berichtet von einer Zeitungsmeldung, die er über den Obersten Fawcett gelesen hat. Ännchen gelingt es nun sehr gut in ihrer Erzählung – bei der sie das Romanhafte sehr kurz faßt –, das Unheimliche und Gefahrvolle dieses zum Teil noch unerforschten Gebietes klar herauszustellen.

Fünf Fragen der Klasse treten dabei auf, die von ihr einwandfrei beantwortet werden:

1. Was sind Lianen?
2. Wie sieht ein Buschmesser aus?
3. Was sind Kautschukbäume?
4. Sind die kleinen Gummibäume der Gärtnerei auch Kautschukbäume, aus denen man Gummimilch gewinnen kann?
5. Was bedeutet Urbarmachung?

Zu der letzten Frage nehme ich selbst noch Stellung und schließe damit das Thema ab, über das Ännchen im ganzen 38 Minuten geredet hat.

Das zweite Thema „Brasilien" ergab sich aus dem ersten. Ich bestimme Klaus, der vor Weihnachten in seiner Arbeit etwas nachgelassen hatte. Hier zeigt er aber, daß er sich wirkliche Kenntnisse angeeignet hat. Er kennt nicht nur die größten Städte und Landschaften dieses Gebietes, er weiß auch Bescheid über die Bewohner, über das, was sie tun, er hat sich mit der Geschichte des Landes und mit dem Deutschtum dort befaßt.

Die Klasse, die gespannt die Berichte verfolgt, erkennt aus meinem Lob meine Zufriedenheit, und man spürt, wie alle aufatmen. Und Georg, der immer sehr zaghaft, oft sogar ängstlich ist, nimmt es sehr gelassen hin, als ich ihn jetzt aufrufe, über Argentinien zu sprechen. Er weiß auch tatsächlich das Wesentliche. Mit der jetzigen politischen Situation hat er sich zwar nicht befaßt, aber darüber können viele andere Auskunft geben. Das Leben und Wirken Perons und seiner verstorbenen Gattin haben einige in den Zeitungsberichten genau verfolgt.

Sehr viele Freude macht uns Günter, der danach über den dritten der ABC-Staaten spricht. Seine Darstellung ist fast lückenlos, die Beantwortung der Fragen seiner Kameraden (Was ist Salpeter? Wie sieht es auf Feuerland aus?) zeigt, daß er sich wirklich ein Bild über das Land gemacht hat.

Ich nehme 12 Arbeitsmappen zur Durchsicht mit nach Hause. Ich habe über Sonntag sehr viel Freude, denn jede Mappe bringt neue Überraschungen. Durchweg sind alle besser geworden. Man spürt den Eifer, die Begeisterung, aber auch Reife und Sicherheit. Jede Einzelarbeit, die ich eingehend prüfe, erreicht mindestens die Note „gut". Es wird dabei gewertet: Schrift, Rechtschreiben, Zeichnen und Gestaltung, Ordnung und Sauberkeit, Fleiß.

Bei meiner Korrektur ziehe ich Vergleiche mit den täglichen Arbeitsberichten und kann mir ein getreues Bild machen von der gesamten Arbeitsweise jedes einzelnen, von seinen Fehlern und Schwächen.

Besonders bei den ungeschickten Schülern spürt man die leise lenkende Hand eines begabten Gruppenkameraden. Zur Analyse sei zunächst die freie Arbeit eines mittelbegabten Schülers der Klasse zum Abdruck gebracht:

1. Die gesammelten Arbeitsberichte des Schülers G. F.

9. Januar

Schule	*Haus*
Tgb.: Überblick	Arbeitsmappe: Überblick Bericht über Brasilianisches Bergland (mit Bild), Zeichnung: Amazonasstrom mit Nebenflüssen
90 Minuten	135 Minuten
Atlas, Lexikon	Atlas

11. Januar

Tgb.: Ausarbeitung über die drei Staaten Venezuela, Kolumbien, Ekuador	Arbeitsmappe: Eintragung der drei Staaten
80 Minuten	105 Minuten
Atlas, Lexikon	Atlas

12. Januar

Tgb.: Ausarbeitung über die drei Staaten Uruguay, Peru, Bolivien	Arbeitsmappe: Eintragung von zwei Staaten (Bolivien, Peru), Flüsse von Südamerika gelernt
90 Minuten	115 Minuten
Atlas, Lexikon	Atlas, Tellusbogen

13. Januar

Tgb.: Ausarbeitung von Chile und Uruguay (fertig)	Arbeitsmappe: Eintragung von Chile und Uruguay (teilweise)
90 Minuten	125 Minuten
Atlas, Lexikon	Atlas

14. Januar

Tgb.: Ausarbeitung von Brasilien und Argentinien (teilweise)	Arbeitsmappe: Eintragung Brasilien und Uruguay (fertig), Staaten und Städte gelernt
75 Minuten	100 Minuten
Atlas, Amerikaheft von Mann, Amerika von Böhme	Atlas, Amerikaheft von Mann

15. Januar (liegt nicht vor)

16. Januar

Argentinien ausgearbeitet	Wegen Nachmittagsunterricht konnte ich nichts mehr machen
25 Minuten	—
Atlas, Lexikon	Atlas, Sanellabilder

17. Januar

Protokoll vom freien Gesamtunterricht eingeschrieben, kam nicht zum Arbeiten am Thema	Arbeitsmappe: Argentinien eingetragen, alles durchgelesen und gelernt
–	85 Minuten
–	Atlas, Sanellabilder

2. *Südamerika, Einzelarbeit des Schülers G. F. in der Arbeitsmappe (AM.) „Im Westen lockt eine neue Welt"*
   (Bilder und Zeichnungen werden nur durch kurzen Hinweis angegeben.)

Kleiner Überblick über Südamerika

Südamerika besteht aus lauter Staaten, z. B. Venezuela, Kolumbia, Peru, Bolivien, Chile, Argentinien, Uruguay, Paraguay, Brasilien. Das höchste Gebirge von Südamerika sind die Anden mit einer Höhe von etwa 7000 m. Hier ein Bild (Fotoaufnahme von den Anden).

Im Osten befindet sich das Bergland von Guayana und von Brasilien. Der größte Fluß von Südamerika heißt Amazonas. Er entspringt auf den Anden, auf einem Berg namens Lauricocha. Seine vielen Nebenflüsse heißen: Napa, Capueta, Rio Negro, Madeira, Tapajoz, Schingu, Jary. Hier sind sie durch eine kleine Zeichnung festgehalten. (Zeichnung vom Amazonasgebiet).

Südamerika ist schwach gegliedert, mit Inselschwärmen nur im Süden. In Südamerika herrscht tropisches und ozeanisches Klima. Ganz Südamerika außer Brasilien stand unter der Herrschaft der Spanier. Brasilien aber war portugiesisch. Um 1500 entdeckte ein Portugiese namens Cabral Brasilien.

Venezuela

Venezuela ist ein Staat in Südamerika. Die Hauptstadt heißt Caracas. Sie hat ungefähr 600 000 Einwohner. Die Einwohner von Venezuela sind meistens Heiden. Sie treiben Viehzucht und haben Plantagen angebaut, darauf tropische Pflanzen gedeihen können. In der Ausfuhr kann man hauptsächlich Erdöl vorfinden. Kakao wird auch verschickt, aber nicht in solchen Mengen wie in anderen Staaten (wie z. B. in Afrika).

Kolumbien

Die Hauptstadt heißt Bogota. In Kolumbien kann man sehr viele Waldgürtel finden (fast nur Nadelholz). Wenn das Gelesene stimmt, dann kann man sich schon denken, daß es dort sehr viele Holzfäller gibt. Kolumbien führt auch Erdöl aus.

In ähnlicher Weise sind sämtliche Staaten Südamerikas zur Darstellung gebracht. Es folgt eine Bildserie „Nachrichten aus Südamerika". Hier sind zahlreiche bebilderte Zeitungs- und Zeitschriftenartikel zusammengestellt. Daran schließt sich eine

Reihe „Tier und Pflanzen aus Südamerika". Diese Arbeit eines mittelbegabten Schülers zeigt nur eine einfache Aneinanderreihung von angelesenen Tatsachen, auf einzelne technische, wirtschaftliche und naturwissenschaftliche Probleme wird kaum eingegangen. Im Durchschnitt gehen aber die meisten Arbeiten weit mehr in die Tiefe und werden ergänzt durch reichhaltiges Bildmaterial, selbstgeschaffene graphische Darstellungen und wertvolle Berichte.

3. *Prüfungsarbeit des Schülers G. F.*

Verlauf der schriftlichen Arbeit am 19. Januar: An der Tafel ist folgende „Blindkarte" skizziert:

Abb. 28

Arbeitsauftrag des Lehrers:
Jeder fertigt auf der Vorderseite eines Arbeitsblattes (DIN A 4, Querformat) folgende Übersicht an:

Staaten u. Inseln	Landschaften	Siedlungen	Gewässer
☐ 2	① 2	1 2	a b

usw.

Jeder schreibt auf die Rückseite des Arbeitsblattes das Wesentliche zu

☐1 ☐2 ☐3 ☐4 ☐11 ① ⑤ 1 2 a (in der Art des Denkfixspiels)

Lösung mit Lehrerkorrektur

(Bem.: R. = richtig, F = falsch, U = ungenau oder in der Rechtschreibung falsch)

Staaten u. Inseln	Landschaften	Siedlungen	Gewässer
☐1 Argentinien U	① Anden R	1 Buenos Aires R	a Amazonas R
2 Brasilien R	2 – F	2 Rio de Janero U	b Parana R
3 Chile R	3 Brasilisches R	3 – F	c – F
4 Peru R	Bgl.	4 Montevideo R	d Gr. Ozean R
5 Bolivien R	4 Amazonas R	5 – F	e Karibisches
6 Paraquei U	5 Ebene U	6 Lima R	Meer R
7 Uruquei U	6 Gebirge F	7 Quito R	f Atlantik R
8 Ecuator U	7 – F	8 Santiago R	
9 Kolumbien R			
10 Venezuela R			
11 Guayana R			
12 Feuerland R			
13 Falkland R			
14 – F			

R	F	U	R	F	U	R	F	U	R	F	U
9	1	4	3	3	1	5	2	1	5	1	0

☐1 Argentinien ist das größte Wirtschaftsgebiet von Südamerika. Es besitzt viele Rinder-
herden.   R

☐2 Brasilien ist der größte Staat von Südamerika. Hauptausfuhr: Kaffee, Häute, Zuckerrohr und Kakao.   R

☐3 Chile gehört zu den ABC-Staaten   U

☐4 In Peru war das Kulturvolk der Inkas. Die Hauptstadt ist heute Lima.   R

| 11 | – | F |

1   Buenos Aires ist die Hauptstadt von Argentinien. Es ist eine Hafenstadt an der Mündung des Parana.   R

2   Rio de Janeiro ist die Hauptstadt von Brasilien, sie liegt an der Ostküste und ist durch den Zuckerhut bekannt.   R

①   –   F

⑤   –   F

a   Amazonas ist der längste und größte Strom von Südamerika. Er wird an der Mündung fast 200 km breit und ist ganz mit Urwald umgeben.   R

Arbeitsbeginn: 10.15	Arbeitszeit	R	F	U
Arbeitsende: 11.15	60 Min.	28	10	7

4. Auswertung sämtlicher Prüfungsarbeiten der Klasse

Anzahl der Arbeiten	Durchschnittl. Arbeitszeit	Richtige Antworten	Falsche Antworten	Ungenaue Antworten
33 (1 Schüler krank)	62 Min.	58 %	31 %	11 %

5. Ergebnis bei gefächertem Klassenunterricht

Nach der Auswertung dieser Ergebnisse wird man sich fragen: Liegen die im Gesamtunterricht nach einer solchen Einzelarbeit in Gruppen gezeigten Leistungen tiefer als die Leistungen einer Klasse, die im gefächerten Klassenunterricht das gleiche Gebiet durchnimmt?

Freundlicherweise wurde mir in einer Parallelklasse die Möglichkeit gegeben, die gleiche Leistungsprüfung durchzuführen. Hier war in 7 Lektionen Südamerika in der üblichen Weise behandelt worden. Es hatte eine mündliche und schriftliche Wiederholung stattgefunden, und zwei Tage vor der eigentlichen Leistungsprüfung war der gesamte Stoff noch einmal zusammenfassend abgefragt worden.

Die Auswertung ergab folgendes Bild:

Anzahl der Arbeiten	Durchschnittl. Arbeitszeit	Richtige Antworten	Falsche Antworten	Ungenaue Antworten
19 (10 Schüler krank)	51 Min.	40%	51%	9%

Beispiel 2: Arbeits- und Leistungsvergleich (Thema: Australien)

Die folgende Darstellung resultiert aus Untersuchungen, die ich in zwei Parallelklassen des 8. Schuljahres einer Stadtschule anstellen konnte. In beiden Klassen erteilte ich den Erdkundeunterricht:

In Klasse A als Klassenlehrer mit der Möglichkeit, die Erdkunde einzubeziehen in einen natürlichen Gesamtunterricht.

Arbeitsweise: Einzelarbeit in der koedukativen Gruppe (in der bereits in Beispiel 1 geschilderten Hochform).

In Klasse B als Fachlehrer ohne die Möglichkeit, den erdkundlichen Stoff in Zusammenhang mit den in dieser Klasse erteilten gefächerten Unterricht zu bringen.

Arbeitsweise: erarbeitende und darbietende Lehrform in den in Erdkunde üblichen Lehrschritten (Mädchenklasse).

Verlauf

Das Thema „Australien" wurde zur gleichen Zeit begonnen und von beiden Klassen in der gleichen Arbeitszeit von 2 mal 100 Minuten behandelt.

In Klasse A:

Nach der Erarbeitung von Südamerika (*siehe Beispiel 1*) war das Gespräch auf *Thor Heyerdahl* gekommen. Die Behauptung, Ureinwohner Südamerikas hätten auf Flößen von leichtem Balsaholz den Stillen Ozean überwunden und seien trotz Haien und Wirbelstürmen bis nach den Südseeinseln oder gar nach Australien gekommen, wurde aufgegriffen, und der Beweis, den der kühne Wissenschaftler mit seiner „Kontiki" erbrachte, war das Motiv eines interessanten Vortrages, der von einem beauftragten Schüler vor der Klasse gehalten worden war. Mit diesem Bericht, der auf einer bebilderten Darstellung eines Schulfunkheftes des NWDR basierte, war der Anstoß zu einer neuen Forschungsaufgabe im Rahmen des bisherigen gesamtunterrichtlichen Themas „Im Westen lockt eine neue Welt" gegeben:

Was lockt die Menschen nach diesen Inseln?

Wie leben und arbeiten heute die Menschen dort?

Wie sieht es in dem kleinen Erdteil Australien aus?

So war die Situation bei Arbeitsbeginn. Auf einer Karte grenzte ich nochmals klar die beiden Forschungsgebiete ab:

1. die australische Inselwelt,
2. das australische Festland,

und gab die vorhandenen Arbeitsmittel aus.

Ich gab noch bekannt, daß jeder nach Beendigung der festgesetzten Arbeitszeit in seiner Arbeitsmappe schriftliche Arbeiten nachweisen, einen Vortrag halten und schriftlich eine Leistungsprüfung ablegen müsse.

In Klasse B:

1. Im Anschluß an die Behandlung von Afrika kündigte ich das neue Thema an. Ich erzählte dabei, daß ich einen Bekannten hätte, der vor kurzem in dieses Land Australien ausgewandert sei. Es gäbe heute in unserem sehr eng gewordenen Vaterland viele Leute, die gerne auswandern wollen. Warum wohl gerade nach Australien?

Sehen wir uns die Karte an, so müssen wir feststellen, daß dieses Land doch ungeheuer weit von uns weg liegt. Wenn wir es auf dem Seeweg erreichen wollen, so müssen wir eine tagelange Reise machen. Wer zeigt mir auf der Karte Wege, die nach Australien führen?

Ihr sollt nun dieses Land der Auswanderer näher kennenlernen.

2. Ich lasse nach der Karte die Lage feststellen und die Entfernungen messen (von S nach N, von O nach W). Ich erkläre den Namen Australien (= Südland) und gebe die Größe an (7 1/2 Mill. qkm – 7 1/2 Mill. Einwohner, also Dichte = 1).

Wir stellen fest: Australien ist der kleinste Erdteil, der abseits der großen Weltverkehrswege liegt. Er besteht aus dem Festland Australien und der Inselwelt, vom Indischen und Stillen Ozean begrenzt.

Wir sprechen zunächst über das Festland: Nach den Farben der Karte stellen wir die Höhenlagen fest (die Westaustralische Tafel, 300–400 m, mit Wüsten, Salzseen, Regenflüssen – das Mittelaustralische Tiefland mit den großen Strömen – das Ostaustralische Randgebirge mit den ostaustralischen Alpen und den Blauen Bergen).

Aus diesem Aufbau ergeben sich Richtung und Neigung der Flußläufe und die Lage der Gewässer: Darling, Murray, Eyre-See.

Wir betrachten dann der Reihe nach:

Das Klima: Im N heiße Zone, im S gemäßigte Zone, im allgemeinen gesund.

Die Beschaffenheit des Bodens, Pflanzen- und Tierwelt: Im N tropische Regenwälder, in der Mitte Wüste als „totes Herz", von der Wüste von innen nach außen: Salzsteppe, Buschsteppe (= Scrub), Baumsteppe (= Savanne), im O, SO, S: Ackerland, Grasland und lichte Wälder (Eukalyptusbäume bis 150 m Höhe) – Beuteltiere (Känguruh), eierlegende Säugetiere (Schnabeltier).

Die Erzeugnisse: Wolle, Butter, Weizen – (Feinde der Landwirtschaft: Kaninchen, Dürre – Schutz vor diesen Feinden: Kaninchenzäune, Stauwerke, artesische Brunnen).

Aus der Bodenbeschaffenheit erklären sich auch die Bodenschätze: Blei, Silber, Gold, Kupfer, Zinn, Eisen, Steinkohlen. Industrie erst im Aufbau – Mangel an Arbeitskräften.

Form und Erzeugnisse des Bodens bedingen Lage und Größe der Siedlungen: Sydney, Melbourne, Adelaide, Brisbane, Perth, Canberra. Wie und wann entstanden sie? Sträflingskolonie, Entdeckung der Goldfelder. Verkehrslage? Bahnstrecken und Entfernungen. Bewohner: Ureinwohner (klein, braunschwarz, Kraushaar) = Nomaden (Jäger, Sammler, Fischer) leben noch in Arnhem-Land. Sonst „Land der Weißen". Entdeckung durch den Holländer Tasman um 1600, weitere Erforschung durch den Engländer Cook, Sydney als Strafkolonie um 1788, Goldfunde um 1850: stärkere Erforschung und Besiedlung – „Australischer Bund" der englischen Kolonien um 1900 (Westaustralien, Nordaustralien, Südaustralien, Queensland, Neusüdwales, Victoria, Tasmanien).

3. Ein zusammenfassendes Kurzdiktat in der Reihenfolge „Lage, Größe, Klima, Pflanzen- und Tierwelt, Erzeugnisse, Bodenschätze, Siedlungen, Bewohner, Politische Einteilung" enthielt alle neuen Begriffe, die auch später in der Leistungsprüfung enthalten waren.

Nach der in ähnlicher Weise erfolgten Darbietung des zweiten Themas „Die Inselwelt Australiens" erfolgte am Schluß die folgende schriftliche Zusammenfassung:

1. Tasmanien: Kleinster Staat des Australischen Bundes, Hauptstadt Hobart, Entdecker Tasman, feuchtes Seeklima begünstigt Acker- und Obstbau.

2. Neuseeland: Zwei Inseln, durch die Cook-Straße voneinander getrennt, britisches Dominion, Nordinsel stärker vulkanisch als Südinsel (Mt. Cook) – Hauptstadt Wellington – Ausfuhr: Wolle, Gefrierfleisch, Felle, Käse; Gold-, Erz- und Kohlebergbau – Ureinwohner Maoris.

3. Melanesien: Inselgruppe von Neuguinea bis Neuseeland – Name nach den Bewohnern: Melanesier und Papuas (dunkle Hautfarbe). Vulkanisch – Pflanzen: Kokospalme, Kautschukbäume, Bananen, Tabak.

4. Ozeanien: Die Inselwelt von Mikronesien und Polynesien – Bewohner: Malaien.
   a) Mikronesien: meist ringförmige Koralleninseln (Atolle) – Kokospalme, Kopra, Wirbelstürme.
   b) Polynesien: Bekannteste Inseln: Hawai (Hauptstadt Honolulu, Ananas, Zuckerrohr, Bananen) und Samoa (Perle der Südsee).

Das vorliegende Stoffgebiet wurde zweimal gründlich wiederholt. Die Klasse beteiligte sich dabei sehr lebhaft, und die gestellten Fragen wurden fast durchweg richtig beantwortet. Fünf Tage nach der letzten Wiederholung erfolgte gemeinsam mit der Klasse A eine Leistungsprüfung, die in beiden Klassen zu gleicher Zeit angekündigt worden war.

Leistungsprüfung

A. *Lagebezeichnung an Hand einer Blindkarte* von Australien (an der Tafel vorbereitet). Darauf waren folgende Punkte durch Ziffern markiert:

1.	Indischer Ozean	11.	Canberra
2.	Stiller Ozean	12.	Adelaide
3.	Carpentaria Bucht	13.	Tasmanien
4.	Australische Bucht	14.	Neuseeland
5.	Eyre-See	15.	Neuguinea
6.	Murray	16.	Melanesien
7.	Darling	17.	Mikronesien
8.	Sydney	18.	Polynesien
9.	Melbourne	19.	Hawai
10.	Perth	20.	Honolulu

B. *Beantwortung von Stichfragen,* an der Tafel vorbereitet (mit Absicht ohne kausalen Zusammenhang):

1. Holländischer Entdecker Australiens um 1600
2. Bevölkerungsdichte
3. Bezeichnung für Buschsteppe
4. Bezeichnung für Baumsteppe
5. Bewohner Melanesiens
6. Englischer Entdecker Australiens um 1700
7. Bezeichnung für Koralleninsel
8. Hauptausfuhr Australiens
9. Haupterzeugnis Hawais
10. Haupterzeugnis Tasmaniens
11. Hauptstadt von Neuseeland
12. Vulkanischer Berg auf Neuseeland
13. Meeresstraße zwischen den neuseeländischen Inseln
14. Land, in dem noch Ureinwohner Australiens leben
15. Hauptfeind der australischen Landwirtschaft
16. Hauptregengebiet in Australien
17. Größte Stadt in Australien
18. Regierungshauptstadt in Australien
19. Perle der Südsee
20. Einwohner von Ozeanien

Auswertung

In der Auswertung wurde festgestellt:
1. Was ist inhaltlich richtig (= R)
2. Was ist inhaltlich falsch (= F)
3. Was ist inhaltlich ungenau (= U)

Die inhaltlich richtigen und ungenauen Lösungen wurden danach auf Rechtschreibefehler überprüft. Falsch geschriebene Wörter erhielten den Zusatz f.

Es ergab sich dann für ein abgegebenes Arbeitsblatt folgende Tabelle:

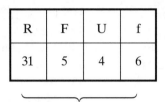

R	F	U	f
31	5	4	6

= 40 mögliche Lösungen

Vergleich

Der Vergleich der beiden Klassen ergab folgendes Bild:

Klasse A   Klasse B

Gesamtunterricht   Fachunterricht
selbsttätige Einzelarbeit   gemeinsame Lehrer- und Schülerarbeit
                                            in Mädchenklasse
in gemischter Gruppe
Arbeitszeit in der Schule: 200 Min.   Arbeitszeit in der Schule: 200 Min.

R	F	U	f
76%	19%	5%	12%

R	F	U	f
51%	44%	5%	9%

Ergebnis

Das Resultat dieser Leistungsprüfung war für mich selbst erstaunlich. Hatte ich
doch alles Erdenkliche getan, um in der Klasse B als Fachlehrer den Stoff so anschaulich und klar wie möglich darzubieten, zu vertiefen und zu einem Erlebnis werden zu lassen. Hatte ich doch auch die Prüfungsfragen in den Wiederholungen besonders herausgehoben und immer wieder in einem neuen Zusammenhang dargestellt. Ich hatte dabei durchaus den Eindruck, daß die Klasse besonders gut mitging,
was in der lebhaften Beteiligung in den mündlichen Wiederholungen zum Ausdruck
kam.

Umgekehrt war in der Klasse A die Situation äußerst ungünstig. Wegen verschiedener Vorbereitungen hatte ich nur wenig Zeit, mich um die Beschaffung weiterer Arbeitsmittel zu kümmern. Anders als bei früheren Forschungsaufgaben war gerade

hier sehr wenig Brauchbares vorhanden. Dieser Mangel an Arbeitsmitteln führte dazu, daß sich ein Teil der Gruppen immer mit etwas anderem beschäftigen und die Arbeitsmittel mit nach Hause nehmen mußte. Dadurch war eine gewisse Ablenkung vorhanden.

Das Ergebnis war eindeutig: Die Schülerleistungen wurden in vorliegenden Fällen durch den Gruppenunterricht beträchtlich gesteigert.

Beispiel 3: Kritische Stellungnahme der Kinder zur neuen Schularbeit

Zu einer Kritik an der neuen Schularbeit zeigten sich die Kinder nach einem kurzen Unterrichtsgespräch, in dem der Wert der „Arbeitsmappen" erörtert wurde, besonders aufgeschlossen. Es kristallisierten sich 6 Hauptthemen heraus, von denen 5 in der Form des Vergleichs geradezu eine Beurteilung herausforderten:

1. Schulheft oder Arbeitsmappe? *(Vgl. „Die Arbeitsmappe", Seite 106.)*
2. Fächer oder Gesamtunterricht?
3. Lehrerfrage oder Schülerfrage?
4. Klassenblock oder Gruppen?
5. Schulbänke oder Tische mit Stühlen?
6. Selbstgewähltes Thema.

Die schriftliche Gestaltung der Themen begann sofort ohne Hilfe des Lehrers. Bei der Arbeit wurde größtmögliche Freiheit gewährt, und so zeigt sich auch in den meisten Fällen ein herzhafter Ausdruck ohne Scheu und ohne zuviel Rücksicht auf Grammatik. Bei den Arbeiten offenbart sich aber auch deutlich die Grenze der Kritikfähigkeit, die dem Alter (13 Jahre) gemäß noch bei weitem nicht auf tiefere Begründungen und Zusammenhänge hinzielt, sondern immer noch an der Oberfläche bleibt. Diese Tatsache geht schon aus der Beteiligung an den einzelnen Themen hervor:

Das Thema „Schulheft oder Arbeitsmappe" bearbeiteten 13 Schüler,
„Schulbänke oder Tische mit Stühlen"   11 Schüler,
„Klassenblock oder Gruppen"   7 Schüler,
„Gesamtunterricht oder Fächer"   4 Schüler,
„Lehrerfrage oder Schülerfrage"   2 Schüler,
Selbstgewähltes Thema   1 Schüler.

Die nun folgenden Arbeiten sind so ausgewählt, daß sie ein Durchschnittsbild in der Ausdrucks- und Kritikfähigkeit der Klasse vermitteln können.

Schulbänke oder Tische mit Stühlen?

1. In meinen ersten sieben Schuljahren saß ich immer nur auf Bänken. Ende des siebten Schuljahres bekamen wir einen neuen Lehrer. Dieser und die Akademie besorgten uns Tische und Stühle.

Mit Tischen und Stühlen kann man besser zusammenarbeiten. An jedem Tisch sitzen zwei Buben. Zwei Tische sind so zusammengestellt, daß sich die vier Buben gegenseitig ansehen können, was bei den Bänken nicht der Fall ist. Die neuen Möbel sind von schönem, hellen Holz gearbeitet, und die Tischplatte ist waagrecht. Wenn wir in Naturlehre selbst Versuche machen, rutschen die Sachen nicht mehr herunter.

Mit den Stühlen können wir uns im Halbkreis um den Lehrer herumsetzen, was man mit den Bänken auch nicht tun konnte. Wenn eine Klasse Tische und Stühle hat, kann sie viel freier arbeiten. *(Alwin Paul)*

2. Diese Frage haben wir uns vorhin gestellt, und alle antworteten „Tische". Aber warum und wieso, konnte keiner erklären. Das will ich jetzt tun. Man sitzt in den Bänken so steif und kann nur geradeaus sehen, was bei den Stühlen nicht der Fall ist. Wenn Besuch kommt, kann man auch einen Stuhl anbieten, der nicht verschmäht wird. Auf den Stühlen sitzt es sich bequemer als in den Bänken. Vorteilhaft ist es auch, daß wir die Stühle mitnehmen können, wenn wir uns im Halbkreis setzen. Nur in der ersten Zeit gab es oft beim Stühlerücken Geräusche, die aber so nach und nach verstummten. Und so ist mein Grundsatz: „Tische und Stühle, niemals wieder Bänke!" *(Alfred Hottenträger)*

Klassenblock oder Gruppen?

1. Unsere Klasse bekam ein anderes Gesicht, seit wir in Gruppen zusammenarbeiten. Wir besprechen beispielsweise ein Thema, das wir in die Arbeitsmappe eintragen. Manchmal bekommt jede Gruppe ein Thema, zum Beispiel eine Raumlehreaufgabe, die wir an der Tafel oder im Heft erarbeiten müssen. An der Wand hängt ein Arbeitsplan, auf dem verschiedene Themen draufstehen. So heißt das Thema für die neue Arbeitsmappe „Eine Reise nach dem Osten". Ein Lesebuch ist bei uns auch nicht mehr notwendig, denn wir schaffen uns immer Lesehefte an, die mit dem Arbeitsthema zusammenhängen.

Andere Klassen arbeiten in einem Klassenblock. Es ist eine Tafel vorhanden, auf die die Schüler immer hinsehen müssen. Sie haben einen Stundenplan, wonach sie in den Schulstunden arbeiten. Sie haben zu jedem Fach ein Heft, wie es auf dem Stundenplan steht, zum Beispiel ein Erdkunde-, Raumlehreheft usw.

Meiner Ansicht nach ist die Gruppenarbeit besser als der Unterricht im Klassenblock. Wenn man mal nicht weiß, wie ein Wort geschrieben wird, kann man den Nachbarn fragen. Denn der eine ist besser auf einem Gebiet als der andere.

(Anatoli Tschernousow)

2. Wir hatten im 7. Schuljahr noch keine Stühle und Tische. Wir hatten an diese Sachen noch gar nicht gedacht. Wir saßen in Bänken hintereinander. Der Lehrer stand vorne und stellte an uns Fragen. Das allerschönste war, wenn man irgend etwas nicht konnte, so bekamen wir mit dem Stock. Es gab auch keine Gruppentafeln, sondern nur eine gemeinsame Tafel. Wir durften nie gemeinsam arbeiten.

Als wir in die 8. Klasse versetzt wurden, bekamen wir Tische und Stühle. Wir können jetzt gemeinsam arbeiten. Mit den Stühlen setzen wir uns im Halbkreis und stellen Fragen, die wir gemeinsam lösen. Jede Gruppe hat eine Tafel. Im ganzen sind es neun Gruppen, und in jeder Gruppe sitzen vier Buben. Die Gruppenarbeit gefällt mir besser als der Unterricht in Bänken. *(Franz Sommer)*

Fächer oder Gesamtunterricht?

1. Wir hatten vom 1. bis zum 7. Schuljahr einen Fächerunterricht. Dann bekamen wir Herrn Lehrer M., der einen anderen Unterricht einführte: den Gesamtunterricht. Im Fächerunterricht wird immer nach einem bestimmten Fach gearbeitet. Jede Stunde kommt ein anderes Thema dran. Im Gesamtunterricht wird von den Gruppen nur ein Thema bearbeitet. Wenn einer in der Gruppe nichts weiß, so wendet er sich an seine Kameraden oder an den Gruppenleiter. Wenn ihm der Gruppenleiter keine Auskunft geben kann, so ist der Lehrer da.

Ein Gesamtunterricht ist besser, denn man kann sich gegenseitig helfen. Beim Fächerunterricht kann man sich nicht helfen. Man darf noch nicht einmal den Kopf herumdrehen, da hört man schon das Schimpfen des Lehrers.   *(Ernst Marzenell)*

2. Im Fächerunterricht sind die einzelnen Stunden festgesetzt, und sie werden auch durchgeführt. Es werden verschiedene Themen angeschnitten, zum Beispiel im Rechnen: Von den Zinsen – im Lesen: Die Französische Revolution – in Erdkunde: Alaska – in Naturkunde: Der Elefant usw. Da sind die einzelnen Hefte festgelegt, und wenn zum Beispiel Erdkunde durchgenommen wird, so müssen es die Kinder in das Erdkundeheft einschreiben.

Anders im Gesamtunterricht. Wenn die Kinder ein Thema durchnehmen, zum Beispiel „Unsere Stadt", so sprechen sie von allen Seiten, zum Beispiel Geschichte, Erdkunde, Naturkunde usw. Sie lesen Bücher und Zeitungen über unsere Stadt. So entstehen die Themen von selbst. Der Gesamtunterricht ist so besser als der Fächerunterricht, weil die Kinder nicht zuviel Themen im Kopf haben müssen, sondern nur eines, das sie aber auch besser und viel schneller ausarbeiten können. Im Fächerunterricht müssen die Kinder mehrere Themen im Kopf haben, und so vergessen sie wieder viel.

Als wir versetzt wurden, bekamen wir den Lehrer M. Bei dem schnitten wir ein Thema an, und so knobelten wir daran herum, bis nichts mehr zu finden war. Dadurch verläuft der Unterricht ganz anders wie vorher. Der Gesamtunterricht gefällt mir viel besser.   *(Reinhard Herbold)*

Lehrerfrage oder Schülerfrage?

Früher war man gewohnt, daß der Lehrer fragte und die Schüler antworteten, das heißt, soweit sie imstande waren, die Frage zu lösen. Wir selbst durften in unserer Klasse niemals eine Frage stellen. Seit wir freien Gesamtunterricht haben, ist das alles anders. Wir dürfen fragen, was wir gerne wissen wollen, und die Frage wird gemeinsam besprochen. Wenn wir selbst nicht mehr weiter wissen, hilft uns der Lehrer oder ein Buch, zum Beispiel das Lexikon. Wir sind dabei wie in einer Familie. Wir müssen uns sehr in Zucht nehmen, damit wir nicht mit einem Gedanken herausplatzen. Wir müssen zuhören lernen, was gar nicht so leicht ist.

Am Anfang dieses Jahres stellte ich eine Frage, die mich schon immer interessierte: „Wie entsteht der elektrische Strom?" Die anderen interessierten sich auch dafür, und so beschlossen wir mit unserem Lehrer, der Sache auf den Grund zugehen, denn wir kamen zu keiner richtigen Lösung. Heute weiß ich nun schon vieles über die Elektrizität: Wir machten eine Batterie auseinander, stellten selbst eine Stromquelle her, bauten eine elektrische Klingelleitung für unseren Saal, gingen in das Elektrizitätswerk und lernten mit Volt, Ampère und Watt rechnen. Das alles habe ich in meiner Arbeitsmappe gut ausgearbeitet.

So muß ich sagen, daß meine Kameraden und ich durch meine Schülerfrage sehr viel gelernt haben, weil sie uns mehr interessierte, als wenn der Lehrer eine Frage an uns gestellt hätte.   *(Friedel Götz)*

Selbstgewähltes Thema: Kritik an der Gruppenarbeit

In meinem siebten Lebensjahr kam ich hier in Worms in die Schule. Auf harten Schulbänken mußten wir sitzen. Es war nicht anders, als wir während des Krieges nach B. evakuiert wurden. Erst im Juni 1949 kehrten wir nach Worms zurück. Meine Mutter brachte mich in die Nibelungenschule.

Die K 8 hatte den Lehrer M. Als ich in den Schulsaal kam, verwunderte ich mich sehr, denn statt der Bänke standen da lauter Stühle und Tische. Die Kinder saßen auch nicht nach vorn schauend, sondern waren in Gruppen eingeteilt. An der Vorder- und der einen Seitenwand waren Tafeln angebracht. Nach ein paar Tagen hatte ich mich eingelebt. Diese Methode ist eigentlich besser. Man ist viel freier, kann sich setzen, wie man will, und auch den Stuhl verschieben. Diese obengenannten Gruppen haben einen Gruppenleiter, und sie bearbeiten ein Thema zusammen. Ich will ein Beispiel anführen: Wir sprechen vom Magnetismus.

Gruppe 1 bearbeitet das Thema: Wie der Magnetismus auf die Körper wirkt, Gruppe 2: Der Kompaß, Gruppe 3: Wie man einen Kompaß herstellen kann, Gruppe 4: Die Erde als Magnet usw. Wenn wir die Arbeitsergebnisse vortragen, oder wenn wir etwas zusammen besprechen, kommen wir im Halbkreis zusammen.

Unser Unterricht wäre noch viel schöner, und wir könnten noch mehr lernen, wenn wir noch mehr Bücher, Nachschlagewerke und Apparate für Physik und Chemie hätten.   *(Volker Wissgott)*

(Siehe auch „Schulheft oder Arbeitsmappe?" Seite 243 ff.)

Beispiel 4: Selbstkritik (aus dem Aufsatz eines Dreizehnjährigen)

Ich habe sehr viele Schwächen. Wenn einer etwas Ulkiges spricht und es noch dazu ganz trocken herausbringt, kann ich das Lachen nicht mehr halten. Ich muß förmlich herausplatzen, was Erwachsene oft mit einem bösen Gesicht quittieren.

Wenn einer mich etwas fragt, was nach meiner Ansicht nach dumm ist, entgegne ich auch mit einer nicht gerade passenden Antwort. Das fassen manche Leute verkehrt auf. Ich sehe es ja im Grunde ein, daß es kein richtiges Verhalten von mir ist, und ich will auch versuchen, anders zu werden.

Mein Interesse bezieht sich auf ganz besondere Dinge. In der Schule gehe ich mit großer Begeisterung an naturkundliche Forschungsaufgaben heran, in der Freizeit kann man mich immer in der Gärtnerei, in der mein Vater beschäftigt ist, antreffen.

Ich werde leicht mitleidig und bin schon oft heimgelaufen, um einem Armen etwas zu holen. Ich vertrete auch gerne Freunde in ihrem Recht, solange es sich um Wahrheit handelt.

Ausdauer habe ich nicht zu allem was ich tue, auch meine ganze Arbeitsweise richtet sich nach dem, was ich arbeite. Bei einem Aufsatz lasse ich mich beispielsweise von niemand stören, weder von irgendwelchem Lärm meiner Kameraden, noch von dem Getöse, das von der Straße heraufdringt.

Ich mache mir manchmal sehr viel Gedanken, auch um religiöse Dinge. Doch was ich da innerlich denke, möchte ich nicht sagen. (Horst Schmidt, 13 Jahre)

Die Disziplin

Eine Klasse, die unter Druck und Zwang, Befehl und Strafe steht, die stets in Schweigen und Unbeweglichkeit verharren muß, hat kein eigenes Leben *(vgl. Erste Begegnung, Seite 10ff.)*. Niemals können sich hier die Kinder ernsthaft mit einem Problem auseinandersetzen oder gar frei zusammenarbeiten.

Hinter Schweigen und Ruhe stecken Gleichgültigkeit und Heuchelei. Bewegung und Gespräch dagegen beweisen in vielen Fällen das Interesse der Kinder für gewisse Probleme, ihren Wunsch, die Arbeit zu teilen, sich ihre Beobachtungen und Gedanken auszutauschen.

Die einzigen Anordnungen und Befehle sind die Klassengesetze, die im Laufe der Arbeit aus der Klasse heraus erwachsen. Meistens sind wir schon mit zwei ausgekommen:

1. Ein Gebot: *Wir wollen immer eine anständige Klassen-Familie sein!*
2. Ein Verbot: *Wir wollen im Hause den Kameraden nicht „berühren"!*

Wie unordentlich sieht es aus, wenn große Jungens sich auf den Treppen balgen, sich zwicken, die Mütze abreißen, sich boxen und kitzeln – die Kinder sehen ein, daß das kein Benehmen ist und niemals zu dem ersten Gesetz paßt. Ich brauche nur daran zu erinnern: Unser Klassengesetz ist doch „Das 'Berühren' ist verboten!" Die Wirkung bleibt nicht aus.

Das einzige „Zwangsmittel" aber ist die öffentliche Meinung der Klasse. Im freien Gesamtunterricht wird das Verhalten eines Außenseiters oder Störenfrieds zu einem Anliegen der ganzen Klasse gemacht und gemeinsam eine Regelung gefunden (Gruppenwechsel, Übertragung von besonderen Aufgaben u. a.). Dieser indirekte Weg ist natürlich umständlicher und zeitraubender als eine direkte autoritative Korrektur. Ganz natürlich und echt soll der Versöhnungswunsch erwachen und die Bereitwilligkeit zu einer Sühneleistung. Sogenannte Gerichtssitzungen, in denen Schüler als Richter, Zeugen usw. fungieren, habe ich bis jetzt mit Absicht vermieden, schon deshalb, weil in diesem Falle Handlungen vollzogen werden müssen, die niemals altersgemäß sind. Etwas anderes ist es, die Schüler mitverantwortlich zu machen für das Leben und Gedeihen in der Schule. Es ist immer für die Ordnung des

Hauses von großem Vorteil, wenn man die Kinder der Oberklassen bei der Durchführung der Aufsicht, der Vorbereitung von Schulveranstaltungen, der Ausgestaltung von Festen und Feiern mitwirken läßt. Voraussetzung ist, daß alle Kräfte in einem Kollegium die Schülermitverwaltung bejahen und auch konsequent durchführen. Nur so kann Ersprießliches daraus erwachsen. Hier entsteht echte innere Disziplin aus sozialem Verantwortungsgefühl heraus, ein bedeutsamer Weg zur politischen Erziehung.

Ebenso wichtig wie die Weckung der ethischen Einsicht und die Gewöhnung an ein
gesittetes Zusammenleben ist die Vorbeugung. Dies geschieht im wesentlichen

1. durch die selbsttätige Arbeit in kleinen Gruppen,
2. durch die sinnvolle Beschäftigung des einzelnen,
3. durch ein liebevolles Gestalten des Gemeinschaftslebens.

Mit der Gruppenarbeit ist ein Weg gefunden, der den ehrgeizigen Wettlauf um die
bessere Note durch das Streben nach einem gemeinsamen Erfolg ersetzt. Bei den gemeinsamen Vorhaben entwickeln sich die echten sozialen Lebensformen, die den
Egoismus des einzelnen überwinden und die Disziplin aus der allen übergeordneten
Arbeit herleiten.

Die Notwendigkeit der Einordnung, der gegenseitigen Kontrolle, des Aufeinander-
hörens und der Hinnahme von Kritik wird hier zum erstenmal in ihrem ganzen Um-
fange erfahren und eingesehen.

Nur die Gruppenbildung ermöglicht jedem einzelnen eine sinnvolle Beschäftigung. Dies bleibt immer das beste Disziplinmittel. Bei jeder Disziplinlosigkeit müssen wir bedenken, ob nicht Mißlingen, Nichtverstehen, Nichtkönnen im Hintergrund stehen. Hier gilt nur eines: immer zuerst helfen und beraten! Und niemals
selbst unruhig werden und jede Kleinigkeit als Zuchtlosigkeit auffassen!

Zu Beginn einer Gruppenarbeit ergibt sich meist ein etwas geräuschvolles Durcheinander. Es muß nicht als ein schlechtes Zeichen genommen werden; im Grunde ist
es eine natürliche Reaktion, die auf den Arbeitsauftrag hin erfolgen muß. Es kann
als eine lebhafte Unterhaltung über die Arbeit betrachtet werden, die nie in unüber-
legtes Geschwätz ausartet. Der Arbeitslärm vermindert sich oder hört nach einer gewissen Zeit ganz auf, weil die Kinder selbst merken, daß er sie daran hindert, gut zu
arbeiten.

Jede Gruppe greift jede Anregung auf, vor allem das Flüstergespräch oder die Zei-
chensprache. Ich muß nicht mehr schreien „Ruhe!" oder „Achtung!". Ich muß selbst
im Flüsterton mit den Kindern reden.

Anfangs ist ihnen noch alles fremd. Aber die Gruppen reagieren sehr rasch gegen die
Anarchie und strengen sich an, eine innere Disziplin zu erwerben. Sie sehen ein, daß
die Einhaltung von gewissen ungeschriebenen Gesetzen nicht nur eine Pflicht, sondern eine Notwendigkeit ist.

Dank der Gruppenarbeit vollzieht sich also eine vollkommene Umwandlung der dis-
ziplinaren Methoden. Die Selbstbeherrschung ersetzt die willkürliche Autorität der

äußeren Disziplin. Sie wird zu einer inneren, weil sie eng an die Arbeit geknüpft ist und wird selbst ein natürliches Gesetz, notwendig für die Harmonie der Gruppe.

Mit der Gruppenbildung allein wird es aber nie getan sein. Zu einer inneren Arbeitsdisziplin ist noch mehr notwendig: vor allem ein gut ausgestatteter Raum, ein Lehrstoff, der auf die wirklichen Bedürfnisse und Anliegen der Jugend zugeschnitten ist, und ein Lehrer als dienendes und beratendes Vorbild, von ernstem pädagogischen Eifer erfüllt.

Aufgabe des Erziehers kann es nicht sein, zu blindem, widerspruchslosem Gehorsam zu erziehen. Der Erzieher als Autoritätsperson im alten Sinne hat sein Recht in einer Schule verloren, die selbständige Menschen erziehen will.

Wie entscheidend ist der Umgangston! Wie oft hören wir noch: Mach die Tür zu! Los, die Fenster auf! Heft raus! Haltet den Mund! Wie verwandelt sich eine Klasse, wenn wir höflich und vornehm sind: Bitte, Ursula, öffne doch das Fenster! Wir wollen die Hefte herausnehmen! Bitte, Volkmar! Verzeihung, ich habe das eben falsch gesagt! Seid so gut, und seht alle hier an diese Tafel! Bitte zum Halbkreis kommen!

Und nehmen wir das Kind ernst! Begegnen wir ihm mit voller Achtung und ohne Mißtrauen! Es sei in diesem Zusammenhang auf die Strafe als „Erziehungsmittel!" hingewiesen.

Sie muß in allen Fällen das allerletzte Mittel sein, das die Gemeinschaft zur Wiederherstellung der Ordnung kennt. Erscheint sie uns wirklich einmal als notwendig, so müssen wir immer bedenken, daß dadurch das Kindergemüt verschlossen oder abgestumpft wird. Denken wir zurück an die eigene Entwicklung und erinnern wir uns, wie wir selbst in Straffällen gefühlt und gedacht haben. Oder lesen wir, was unsere Kinder über die „Wirkung einer Strafe" schreiben:

Volkmar: Es war in der 5. Klasse. Ich besuchte damals den französischen Sprachunterricht. Wir hatten gerade Schulschluß. Herr Lehrer X schrieb die Aufgaben an die Tafel, in dem Augenblick sprach ich ein paar Worte zu meinem Nachbar. Dies sah Herr Lehrer X und ließ mich vorkommen. Mit Angst in den Augen sah ich ihn an, denn ich wußte wohl, was jetzt kommen würde. Herr Lehrer X nahm sein spanisches Rohr und prügelte mich gewaltig durch. Dazu kam noch, daß ich für das nächste Mal die Hausaufgaben zehnmal zu schreiben hatte.

Ich war sehr verdrießlich, und ich wollte aus der französischen Stunde austreten. Dies erfuhr der Klassenlehrer durch eine Mitschülerin. Er gab mir Schläge und schalt mich Dummkopf, Esel und anderes mehr. Das war der Schluß, und eine Abneigung gegen die beiden Herren kam in mir auf, und heute nach drei Jahren grüße ich sie immer noch sehr gedrückt.

Liesel: In der 5. Klasse hatten wir einen sehr strengen Lehrer. Wir mußten immer ganz still sitzen und durften uns nicht umdrehen. Eines Tages hatte ich mich doch herumgedreht. Plötzlich rief er sehr laut meinen Namen und hieß mich herauskommen. Auf meine beiden Hände erhielt ich ein paar Hiebe. Ich sagte nichts und weinte nur. Als er mich weinen sah, schrie er noch mehr. Nun kam unsere Singstunde.

Meine Nachbarin mußte immer lachen, wenn unser Lehrer die Geige stimmte. Dies sah er und rannte auf unsere Bank zu. Ehe ich mich recht versah, hüpfte schon munter der Geigenbogen auf dem Kopf des neben mir sitzenden Kindes herum. Fast alle Kinder bemerkten, daß einige vorgezogen wurden, denn diese durften immer sprechen, wofür sie nicht bestraft wurden. Ich sagte nie etwas, sondern zog mich immer zurück. Ich hatte gar nicht den Mut, etwas zu sagen oder meine Meinung zu äußern. Diese Schüchternheit kam aber nur, weil er uns alles verbot.

Günter: Als wir noch Fräulein X als Lehrerin hatten, war es für mich eine Plage, in die Schule zu gehen. Einmal mußte ich etwas nachsprechen, was Fräulein X vorgesagt hatte. Gerade, als sie den Satz sagte, hatte ich mit meinem Nachbar ein paar Worte gewechselt, und so konnte ich nachher den Satz nicht nachsagen. Ich bekam eine Strafarbeit und mußte sie zu Hause vorzeigen. Als die Schule ausging, dachte ich, wenn ich nur schon aus der Schule wäre. Daß es zu Hause Schläge gibt und ich eine Strafarbeit auszuführen hatte, war schon eine alte Suppe. Für mich galt die Strafarbeit schon als Pflichtaufgabe. Fräulein X war in dem Glauben, sie würde uns damit anspornen. Es erwies sich gerade das Gegenteil, denn wir gingen ohne Lust zur Schule und arbeiteten nur, was wir mußten.

Solche kindlichen Äußerungen wurden nicht herausgefordert oder gar begünstigt, im Gegenteil, die feindselige Haltung wurde durch Gutzureden besänftigt. Dem Pädagogen aber zeigen die wenigen Beispiele, daß eine Strafe im Falle eines wirklichen Vergehens (ich habe bisher nur zwei wesentliche Fälle in den schweren Hungerjahren nach dem Kriege zu verzeichnen) als selbstverständliche Leidfolge und nicht als Willkürakt des Lehrers oder der Gemeinschaft empfunden werden muß.

Es erhebt sich die Frage: Können wir nun wirklich durch die aufgelockerten Unterrichtsformen, vor allem durch die Gruppenarbeit, unsere Aufgabe lösen, indem wir

1. eine soziale Disziplin erreichen, die sich durch gegenseitige Anpassung und durch die Zusammenarbeit auf ein gemeinsames Ziel hin ergibt,

2. eine individuelle Disziplin erzielen, das heißt, als Endergebnis das anständige, wohlerzogene Kind vor uns zu haben, das sich in die durch unsere Kultur gegebenen Formen einfügt und sich darin wohlfühlt?

Die tatsächlichen Wirkungen im Blick auf die Disziplin können wir an kritischen Unterrichtssituationen erkennen, in denen der Einzelne und die Gemeinschaft auf sich selbst gestellt und unbeobachtet die gewonnene Selbstdisziplin beweisen können.

Beispiel: Kritische Unterrichtssituationen und das Verhalten der Schüler

1. Ich werde zu einer Besprechung gerufen. Die Gruppen sind gerade bei einer erdkundlichen Forschungsaufgabe. Ich kann sie jetzt unmöglich aus der Arbeit reißen. Ich sage dem Klassensprecher Bescheid und gehe. Nach 35 Minuten komme ich zurück. Es herrscht die gleiche Arbeitsdisziplin wie beim Verlassen, an den Ergebnissen ist zu erkennen, daß die Arbeit genau so weitergegangen ist. Es sind lediglich mehr Hände da, die nach mir verlangen.

2. Hospitationen machen eine Besprechung erforderlich. Die Studenten sind heute zum ersten Male da. Wir unterhalten uns schon eine Viertelstunde auf dem Flur. Ein Student ist besonders darüber erstaunt, daß man die Klasse während unserer Abwesenheit nicht hört. Ich hatte ihr mit Absicht keine besondere Aufgabe gestellt. Als wir nach 20 Minuten die Klasse betreten, ergibt sich folgendes Bild: Gruppe 1 und 2 arbeiten mit Sommers Sprachspielen. Gerhard und Ursula von der Gruppe 3 stehen dabei und schauen zu. Irmtraud und Dieter (Gruppe 3) stehen an der Tafel. Dieter erklärt Irmtraud das Wurzelziehen. Gruppe 4 spielt Geschichtslotto. Drei von der Gruppe 5 lesen in der letzten Nummer der „Jungen Hilfe". Die Kinder der anderen Gruppen ergänzen ihre Eintragungen in die Arbeitsmappe. Adolf, der Sohn eines Zeitschriftenhändlers, hat mehrere Ausschnitte mitgebracht, die er gerade verteilt. Horst gießt die Blumen am Fenster, und Ingrid ist mit dem Aufräumen des großen Schrankes beschäftigt. Wer etwas zu reden hat, flüstert.

Und eine solche Situation in der Phase der Pubertät, in der „Zeit der Abwertung aller Ordnungen", von der die Psychologen schreiben: „Frechheit, Widerworte, Opposition bei jeder Gelegenheit sind an der Tagesordnung" *(Gerhartz)*.

3. Schulbeginn nach den Ferien. Wir beginnen ein neues Arbeitsthema „Schwarzer Mensch – Weißer Mensch". In der Arbeitsplanung, die wir gemeinsam vornehmen, stellen wir die Themen für die nächsten Tage auf.

Zwei Tage später werde ich krank. Meine Klasse wird aufgelöst und auf die beiden Parallelklassen verteilt. Die Kinder müssen dort mitarbeiten. Nach 14 Tagen komme ich zurück und will noch einmal mit der Arbeitsplanung beginnen. Die Kinder lächeln. Ich stutze. Da rücken sie heraus. Sie haben in den 14 Tagen schon ganz alleine das Thema begonnen, in den Freistunden, an den Nachmittagen und Abenden zu Hause; sie legen mir das Material vor, das sie gesammelt, die Bücher, die sie sich beschafft haben. Am Nachmittag lese ich in den Arbeitsmappen, die sie mir mitgaben. Einige haben schon über 30 Seiten Berichte und Skizzen zu dem festgelegten Arbeitsgebiet.

4. Wir besuchen das Museum. Eine Reihe Erwachsener ist anwesend. Zwei Gruppen stehen beim Direktor des Museums, der uns heute selber führt, und lassen sich die Funde aus der Steinzeit erklären. Zwei weitere Gruppen zeichnen die Skizzen über Fundorte und Siedlungen draußen im Treppenhaus. Die Gruppen 5 und 6 fertigen Zeichnungen der Geräte aus der Bronzezeit an. Alle sind an der Arbeit. Man hört nur die leisen Erklärungen des Direktors. Ab und zu ein leises Flüstern. Echte Arbeitsstimmung. Ein Erwachsener fragt mich draußen im Flur: „Ist das eine Schulklasse?"

Die sozialethische Haltung

Im vorschulpflichtigen Alter kann das Kind keine sittliche Freiheit besitzen. In dieser Zeit bedarf es des Erwachsenen. Aus diesem Verhältnis entsteht aber im Laufe der Zeit ein Zwang; denn der Ältere, Erfahrene sagt dem Kind, was recht und unrecht ist, und das Kind tut es aus Ehrfurcht vor ihm. Es entsteht daraus ein Kodex von Verpflichtungen, die aber ohne eigene Überzeugung aufgenommen werden. Diese Entwicklung ist gefährlich; denn die Gesellschaft ist durchaus nicht homogen, das heißt, es gibt nicht den Erwachsenen schlechthin, sondern jeder einzelne fordert vom Kinde, was er für recht hält. Die Folge davon ist oft, daß es sich in seinem moralischen Verhalten jeweils nach der Eigenart derjenigen richtet, mit denen es gerade in Verbindung steht.

Sobald das Kind fähig ist, sich in die Lage des anderen zu versetzen, wenn es die gegenseitige Angewiesenheit einsieht, wenn es entdeckt, daß Aufrichtigkeit für den Bestand von sympathischen Beziehungen und gegenseitiger Achtung nötig ist, kann auch die sittliche Selbstbestimmung einsetzen. Voraussetzung allerdings muß eine Zusammenarbeit im Rahmen einer Gemeinschaft sein. Sie ist gegeben durch Gespräch und Gruppenarbeit. Die Kinder werden zum Nachdenken, zu objektiver Prüfung und persönlicher Stellungnahme geführt. An die Stelle der Fremdbestimmung tritt auf ethischem Gebiet ein persönliches Wissen um das Gute.

Darüber hinaus wird das Selbstwertgefühl des jungen Menschen, seine erwachende Bereitschaft zur Risikoübernahme, seine Lust zur Verantwortung wesentlich gesteigert. Durch den Gruppenunterricht wird zweifellos eine Umgebung geschaffen, die eine echte sozialethische Haltung entwickelt.

Beispiel: Verpflichtende Situation und das Verhalten der Schüler

Die Situation

Bei günstigem Rodelwetter ging ich mit meiner Klasse zum Sport auf die Rodelbahn. Dabei ereignete sich kurz vor Beendigung ein Unfall. Ursula war von der Rodelbahn stark abgekommen und von einem Aststück so stark gebremst worden, daß sie schwer zu Fall kam.

Das Verhalten

Ich brauchte kein Wort zu sagen. Die drei Jungen, die noch unten waren, hatten sie auf einen Schlitten gelegt. Sie klagte über Schmerzen in der Magengegend. Die Kinder warteten wortlos auf meine Anordnungen. Zwei Jungen ihrer Gruppe hatten schon einen langen Schlitten mit Kleidern gepolstert. Ich entschloß mich, sie sofort nach Hause zu bringen. Annchen eilte schon voraus, um die Mutter zu benachrichtigen und den Hausarzt zu bestellen.

Ursula war so unglücklich gestürzt, daß sie sich einer Milzoperation unterziehen mußte, die den Tod zur Folge haben konnte. Jetzt sah man, wie tief sich dieses Unglück auf jeden einzelnen auswirkte, wie sehr wir doch eine wirkliche „Familien"-

Gemeinschaft geworden waren. Mit bangem Herzen standen die Kinder an jenem Morgen zusammen, als die Nachricht von der schweren Operation überbracht wurde. Wir sahen uns nur an. Was sollte werden? Noch nie kam unser Gebet so aus innerstem Herzen wie an diesem Unglücksmorgen. Helmut und Annchen aus Ursulas Gruppe gingen wortlos hinaus. Sie brachten uns nach einiger Zeit das Ergebnis ihres Weggangs. Sie hatten sich erkundigt, ob man ohne Milz noch leben könne. Immer wieder umstand mich Ursulas Gruppe und hing an meinen Lippen, wenn ich am Telefon mit dem Arzt der Klinik sprach. Zwei Mädchen waren täglich bei der schwer leidenden Mutter, legten überall Hand an und waren eine Stütze in den ersten schweren Tagen. Und als dann die Krankenbesuche in der Klinik möglich wurden! – es war ein Helfen ohne Ende.

Das Verhältnis Schule – Elternhaus

Bei der Durchführung des Gruppenunterrichts blieb es nicht aus, daß die Eltern auf einmal Interesse an der Arbeit der Schule bekamen. Elternabende und -versammlungen, Sprechstunden, offene Schultage trugen im weiteren dazu bei, ein V e r t r a u e n s v e r h ä l t n i s zwischen Lehrer und Elternschaft anzubahnen. Viel Fruchtbares ist daraus erwachsen. Einmal wurde den Eltern ein tieferes Verständnis für ihre Kinder ermöglicht, zum anderen konnten viele Anregungen aus der Elternschaft aufgegriffen werden, durch die die Unterrichtsarbeit wesentlich unterstützt wurde.

Um den Gedanken der Zusammenarbeit von der Schule her immer wieder lebendig zu halten, wurde auch die Klassenzeitung ins Leben gerufen.

Durch sie wurde in besonderem Maße das Interesse an den heutigen Grundproblemen unserer Schule und unserer ganzen Erziehung geweckt, durch sie erfuhren wir auch die Stellungnahme der Elternschaft zu unserer gesamten Arbeit.

Beispiel: Eltern beantworten einen Lehrerbrief

In einem persönlichen Brief, den ich in der Klassenzeitung veröffentlichte, sah ich eine Möglichkeit, die Eltern der Klasse zu einer offenen Kritik an unserer neuen Arbeit zu bewegen.

Liebe Eltern!

Zum Jahresanfang möchte ich einmal auf diesem Wege einige Worte an Sie richten. Ist es doch der Beginn eines einschneidenden Lebensjahres Ihres Kindes. Die Sorge „Wie bringe ich nach der Schulentlassung meinen Jungen unter?" steht vor Ihnen. Ich bitte Sie, bei Zweifelsfragen auch den Lehrer nicht zu vergessen. Ich stehe Ihnen in den Sprechstunden zur Verfügung.

Nun möchte ich aber heute noch eine kurze Rechenschaft ablegen über die Arbeit der Schule an Ihrem Kind und Ihre Teilnahme erwecken an der ganzen neuen Schularbeit.

Wenn Sie den dritten Elternabend an Weihnachten miterleben konnten (Aufnahmen von dieser Feier werden die Kinder in dieser Zeitung einfügen), dann werden sie deut-

lich gespürt haben, daß dies nur in einer Schule zur Durchführung kommen konnte, in der man dahin wirken will, daß unsere Jugend für ihre eigene Generationsaufgabe erzogen und gebildet wird.

Der Hauptwert war in der bisherigen Schule auf die Übermittlung eines starr vorgeschriebenen, festen Wissensbestandes gelegt worden, weniger auf selbständiges Denken und Tun. Der Klassengeist erwies sich in vielen Fällen sehr erziehungswidrig: es zeigten sich Bösartigkeit, Trotz, Lüge, Faulheit und Ausschreitungen. Um diesem bösen Geist entgegenzuwirken, wurden strenge Erziehungsmaßnahmen (insbesondere Prügelstrafen, Arrest und Strafarbeiten) angewandt.

Als ich die Klasse Ihres Kindes übernahm, gliederte ich sie bald in Arbeitsgruppen und führte den Freien Gesamtunterricht ein. Bei der Zusammensetzung der Gruppen wurde darauf geachtet, daß die Gruppenangehörigen der Intelligenz nach einigermaßen gleichmäßig verteilt waren. Es wurden auch ganz natürliche Gruppenbildungen geduldet, die Klasse löste sich auch oft völlig auf, insbesondere zu den Kursen, in denen sich in drei Wochenstunden die Kinder mit gleichen Interessengebieten (Fremdsprache, Kulturkunde, Naturkunde, Sprecherziehung, Basteln) ohne Rücksicht auf das Lebensalter (5.–8. Schuljahr) vereinigten.

Im Freien Gesamtunterricht durften die Kinder selbst Fragen stellen. Die zwei festgesetzten Wochenstunden reichten bald nicht aus, um den plötzlich aufgebrochenen Wissensdrang zu befriedigen. Auf einem Anschlagbrett fanden viele Fragen ihre Beantwortung durch Bilder aus Illustrierten und Zeitungen u. a. Entscheidende Fragen der Kinder aber wurden Ausgangspunkt für die Gestaltung eines Arbeitsplanes, in dem ein Thema im Mittelpunkt stand, das nach kulturkundlicher und naturkundlicher Schau bearbeitet wurde. Die Kernfächer Rechnen, Raumlehre und Deutsch, sowie die musischen Fächer Zeichnen und Singen lehnten sich eng an diesen Gesamtunterricht an, ließen aber auch Raum zur Übung notwendiger Fertigkeiten und zur Gestaltung gemeinsamer Vorhaben (Unterrichtsfahrten, Wanderungen, Bastelwettbewerben, Schulfeiern).

Lehrer, Studenten, aber auch alle Eltern, können zu vorher vereinbarten Zeiten dem Unterricht beiwohnen; Sandkasten, Aquarium, Bilder, Blumen u. a. lösen immer wieder die Bewunderung der Besucher aus.

Als sich über Nacht der Schulsaal mit seinen starren Bänken vollends in eine Schulwohnstube mit Tischen, Stühlen, langen Wandtafeln und Gruppenschränken verwandelte, waren endlich die äußeren Voraussetzungen gegeben, den erweckten „guten Geist" der Klasse zu stärken und zu veredeln. Ausschreitungen, Trotz, Lüge wurden zum größten Teil verdrängt durch Wetteifer der Gruppen untereinander (Wettspiele im Rechnen, Lernspiele mit dem Satzbaukasten usw.), durch Selbsttätigkeit bei der Arbeit und durch ein festes Vertrauensverhältnis zwischen mir und Ihren Kindern. Der „böse Geist" war auch verbannt worden durch Maßnahmen der Selbsterziehung: Selbstverpflichtung und Selbstverantwortung der Kinder durch Mitbeteiligung an der Nennung des Klassensprechers und der Gruppenleiter, an der Aufstellung der Klassenämter, der Klassengesetze.

Für eine weitere Arbeit an einer inneren Schulreform ist es nun äußerst wichtig, die offene Kritik der Eltern zu erfahren. Nur so finden wir als Lehrer den rechten Maßstab für unsere Arbeit, nur so bekommen wir Anregungen zu neuem Schaffen bzw. Änderungen schlecht durchgeführter Erziehungs- und Bildungsmaßnahmen.

Ich bitte Sie nun herzlich, nehmen Sie sich im Interesse unserer Schule und unserer Kinder die paar Minuten Zeit und schreiben Sie Ihre persönliche Kritik auf beiliegenden Zettel. Was halten Sie vom Erwachsenenstandpunkt für gut, welche Beanstandungen haben Sie, welche Vorschläge können Sie uns machen? Stecken Sie Ihren Zettel bitte in den angehefteten Briefumschlag und lassen sie ihn durch Ihr Kind bei mir abgeben.

Ich hoffe, daß Sie sich meiner kleinen Bitte nicht verschließen und danke Ihnen für Ihre Mitarbeit.

Nach der Veröffentlichung dieses Briefes war nicht zu erwarten, daß alle Eltern sich zu den aufgeworfenen Problemen äußerten. Setzte sich doch die Klasse aus 95 % Arbeiterkindern zusammen, ein Großteil davon war vaterlos und in vielen Familien herrschten zerrüttete Verhältnisse. Die Vermutung lag nahe, daß die Mehrzahl dieser Eltern sich mit anderen Problemen zu beschäftigen hatten als gerade mit denen einer inneren Schulreform.

Allein schon das zahlenmäßige Ergebnis der Rundfrage war sehr erfreulich:

70 % der Eltern äußerten sich schriftlich,
 5 % kamen in die Sprechstunde,
 8 % ließen sich wegen Zeitmangel oder Krankheit entschuldigen,
17 % enthielten sich jeglicher Äußerung.

An dem Ergebnis beeindruckt aber auch die Offenheit der Kritik.

Ein Vater schreibt:

„Von meinem Jungen wurde die Einrichtung des modernen Schulunterrichts in Verbindung mit der modernen Gestaltung des Unterrichtsraums begeistert begrüßt. Diese Begeisterung hielt auch eine gewisse Zeit an, ließ dann aber nach und wich dann der bei Kindern üblichen Anteilnahme am Unterricht. Zurückführen möchte ich dieses Erlahmen der inneren Anteilnahme an der Gemeinschaftsarbeit auf den Umstand, daß in wohl jeder Gruppe sich eine Schülerpersönlichkeit besonders durchsetzt und durch ihr Auftreten und ihre Anregungen – wie es bei Kindern üblich ist – sich über die anderen hinwegsetzt, ja sie in gewissem Sinne „kommandiert" und dadurch vielleicht manches Gute und Anregende, was von einem anderen Schüler ausgehen könnte, unterdrückt. Den Grund sehe ich darin, daß der Lehrer in einer so großen Klasse mit so viel verschiedenen Gruppen allein zeitlich nicht in der Lage sein kann, überall seinen ausgleichenden Einfluß durchdringend geltend zu machen."

Als Ursache für die Weckung des Interesses und der Mitarbeit sieht er die Einführung der gesamtunterrichtlichen Arbeitspläne:

„Die Einrichtung der Arbeitspläne, in denen ein Thema im Mittelpunkt steht, erscheint mir ganz besonders geeignet, das Interesse und die Mitarbeit des Schülers wachzurufen. Denn ich konnte beobachten, daß mein Junge sich bei der Bearbeitung eines solchen Themas ganz besonders viel Mühe gab und dabei sich durch Zusammensuchen aus Büchern, Lexika, Zeitungen usw. bestimmt mehr Wissen angeeignet hat, als es sonst in einer normalen Unterrichtsstunde möglich gewesen wäre. Durch dieses Suchen angeregt, kam er auch dazu, manches andere zu lesen oder nachzuschlagen, was in irgendeinem Zusammenhang mit dem behandelten Thema stand."

Hier werden also auch von Elternseite die außerordentlich hohen Werte des Ge samtunterrichts auf der Oberstufe erkannt und bejaht.

„Ich kann mir aber" – so schreibt ein anderer Vater – *„über den Gesamtunterricht im Gegensatz zum Fächerunterricht noch kein abschließendes Urteil bilden. Ich glaube jedoch, heute schon sagen zu können, daß der Gesamtunterricht, wenn er sich nicht so sehr auf ein kleines Gebiet spezialisiert, doch den Vorzug vor dem Fächerunterricht verdienen wird."*

Er glaubt aber, betonen zu müssen, *„daß der Gesamtunterricht sehr viel Zeit in Anspruch nehmen wird und daher schon sehr frühzeitig in den Lehrplan der Schule aufgenommen werden sollte."*

Zwei Kernprobleme des Gesamtunterrichts, die jeden Pädagogen eingehend beschäftigen können, werden hier aufgeworfen: Themenstellung und Zeitverbrauch.

1. Die Themen des Gesamtunterrichts werden sich anfangs tatsächlich auf ein enges Gebiet „spezialisieren" müssen, allein schon, um das Kind in die neuen Unterrichts- und Arbeitsformen einzuführen. Später müssen sich – schon bedingt durch psychologische Erwägungen – die Themen erweitern, eine größere Gesamtschau muß gewährleistet sein (hier im 8. Schuljahr z. B.: Land des Westens – Unsere Stadt – Eine Reise nach dem Osten; in der Abschlußklasse: Mensch und Arbeit).

2. Zeit wird am Anfang viel in Anspruch genommen. Es sind ja doch gewisse Arbeitstechniken erforderlich, d. h. die Kernprobleme des elastischen Unterrichts spielen hier hinein: Die Kinder müssen methodisch-ökonomisch arbeiten lernen, sie müssen eine verantwortungsvolle Grundhaltung gegenüber geistigen Werten gewinnen, sie müssen einen Zugang zu geistigem Leben durch Erleben, Selbsttun und Lernen erwerben!

Diese Hauptfragen der aktiven Schule, zu der wir hinstreben, können nicht – wie hier selbst vom Laien erkannt wurde – von heute auf morgen in einer Klasse gelöst werden. Es sind Monate der Umstellung nötig. Während dieser Zeit ist die Entwicklung des Könnens von weitaus größerer Bedeutung als der Wissenszuwachs. Ist aber der entscheidende Schritt getan, dann ist das scheinbar Versäumte bald nachgeholt.

Viele erkennen im Gruppenunterricht die Möglichkeit, das Kind voll und ganz see lisch zu lockern und zu „ent"hemmen:

„Ich sehe es an meinem Sohn, wie ihn die letzten zwei Jahre verwandelt haben. Er ist so sicher in seinem Reden und Denken und fängt an, ohne dabei ausfallend zu werden, sich frei zu bewegen und zu behaupten."

„Ich habe die Wirkung der neuen Lehrmethode an meinem Kinde besonders gut beobachten können. Ja, ich möchte sagen, daß ich die Auswirkungen derselben wahrgenommen habe, bevor ich noch wußte, welcher Art die Reform war. Mit meinem Jungen ist eine wesentliche positive Veränderung vorgegangen. Als ich dann Einblick nehmen konnte in Ihre neue Arbeit, war mir klar, daß den Schülern etwas geboten wird, das sie geistig und seelisch umkrempeln muß. Ihre Schüler haben ja selbst die alte Form des Unterrichts erlebt, können also jetzt am besten den Unterschied feststellen. Wie begeistert die Jungen über die Art der neuen Unterrichtung sind, ist aus jedem dieses Thema behandelnden Aufsatz Ihrer Klassenzeitung „Der Spiegel" ersichtlich und tritt bei jedem Gespräch mit den Schülern zutage. Herausgelöst aus der Starre eines veralteten, der heutigen Zeit nicht mehr entsprechenden Lehrsystems, und hineinversetzt in den frischen, freien und beweglichen Unterricht, entwickeln die Kinder eine Schaffensfreude, die festzustellen allen Eltern Freude machen muß." ––

„Ich habe feststellen müssen, daß unser Junge mit einem viel größeren Eifer und mit mehr Freude an die ihm gestellten Aufgaben herangeht." –

„Mit großem Interesse stellte ich bei meinem Sohn eine sich ständig steigernde Mitarbeit an den Arbeiten der Klasse fest, und er leistet sogar freudig freiwillige Arbeiten, die sonst bei ihm nicht sehr beliebt sind." –

Auch in der Umgestaltung äußerer Einrichtungen wird ein entscheidendes Moment der Schulreform gesehen:

„Allein die äußere Umgebung des Schülers während des Unterrichts, ich meine damit die praktische und schöne Ausstattung des Klassenzimmers, muß belebend und befreiend auf Können und Geist wirken. So wird den Kindern der Sprung von der Schulbank ins Leben sehr erleichtert. Wollte sagen, der Sprung vom Schultisch aus, denn gerade der Tisch als Symbol der neuen Schulreform ist es, der den Übergang von der Schule hinaus ins Leben erleichtert. Wenn unsere Kinder demnächst in die Lehre kommen und an einem Arbeitstisch sitzen müssen, dann haben sie rein psychologisch gesehen schon einen Gewinn. Es ist meines Erachtens sehr bedauerlich, daß eine Schulrefom nicht schon früher kommen konnte. Ich will jedoch der Hoffnung Ausdruck geben, daß sie, nachdem ihre außerordentlichen Vorteile feststehen, für alle Schulklassen in Anwendung kommt."

Neben der offenen Kritik steht auch in der Elternschaft der Wunsch, *„die bewegliche, aufgelockerte Arbeit, wie sie hier in einer normalen Volksschulklasse gezeigt wurde, möge bald in ähnlicher Weise überall Anklang finden."* Denn: *„. . . das Verhältnis zwischen Lehrer und Schüler und zwischen Schüler und Schüler muß endlich in allen Schulen ein anderes werden!"*

Unsere heutige Erziehungsgeneration sieht gerade darin ihre Aufgabe. In der Auflockerung der starren Klasse erkennen wir einen fruchtbringenden Weg, der ohne große Revolutionen auch bei der gegebenen Schulorganisation zu glücklichen Neue-

rungen führen kann. Ein Gruppenunterricht, wie wir ihn in den vorliegenden Beispielen nacherleben konnten, schenkt Kindern und Erziehern eine wunderbare
Freiheit.

In der Atmosphäre freier persönlicher Verantwortung ergibt sich die
Entfaltung der individuellen Kräfte bei gleichzeitiger Beugung unter
das überindividuelle Bildungsgut.

In diesem Sinne bedeutet Gruppenunterricht in unserer Zeit weder Scheinlösung
noch Mode.

Wer sich für ihn einsetzt, gehört zu den Helfern unserer Jugend!

*„Die Weisheiten von Heute sind die Behauptungen des Gestern, und
was wir nach erbittertem Kampfe der Besten errungen haben, erweist
sich nur zu oft als Wiederfinden verlorenen Gutes."*   (Francé)

D. Historischer Exkurs

Helfersystem

Die Geschichte der Pädagogik weist zu allen Zeiten Schulen auf, die die besonderen
Werte der Zusammenarbeit ihrer Zöglinge schätzten und pflegten. Seit den Tagen
des Mittelalters ist das Helfersystem bekannt, das einen wechselseitigen Unterricht
fördern sollte.

An den Reformationsschulen

Zur Zeit der Reformation erlebten die Einrichtungen, die eine planmäßige Mitwir-
kung geeigneter Schüler für Zwecke der Erziehung anstrebten, einen ungeahnten
Aufschwung. Neue Schulgründungen und die schlechte Bezahlung der Lehrer ergaben Klassen mit übergroßer Schülerzahl. Man versuchte diese „Massen" zu Schülergemeinschaften dadurch überzuführen, daß man die Gesamtklasse in kleinere Abteilungen zerlegte. Diesen teilte man neben Abteilungsvorstehern und Zensoren
auch oft geheime Aufpasser zu, die alle Verstöße gegen Ordnung und Disziplin dem
Lehrer zu melden hatten. Auch im eigentlichen Unterricht wurden Helfer (Monito-
ren) verwendet, ältere Schüler, die mit den jüngeren übten und wiederholten.

In den Schulen der Gegenreformation

In den Jesuitengymnasien zerfielen ebenfalls die Klassen in „Decurien" (wobei eine
solche Gruppe nicht unbedingt zehn Schüler umfassen mußte). Jedem Schüler war
außerdem ein Ämulus oder *Widersacher* beigegeben, so daß eine weitverzweigte
Disposition für das angestrebte polemisierende Diskutieren des Stoffes gegeben
war. Alles Lernen stand im Zeichen der *Dialektik*; es ergab sich daraus ein *kriegeri-
scher, aber lebendiger* Unterricht.

In den englischen Schulen des 18./19. Jahrhunderts

Hier wurde die Methode Bell und Lancaster bekannt. Bell ließ aus pädagogischen
Erwägungen *je einen schwächeren mit einem stärkeren Schüler* zusammenarbeiten
und zerlegte das Lehrgut in kleine Teilstücke. Die Schüler wurden in frei zusammen-
gestellten Gruppen unterrichtet und verarbeiteten den Stoff innerhalb des Kreises.
In Lancasters Armenschulen erhielten die Schüler Unterricht in hintereinander an-
geordneten Bänken. Durch den Einbau eines mechanischen Helferdienstes wurde
die Ordnung und damit ein intensives Einüben des Stoffes gewährleistet.

In den französischen Schulen des 18./19. Jahrhunderts

Hier verlieh der Franziskaner P. G. Girard der Anwendung des Helfersystems einen
vertieften Sinn. Er wandte die Methode zugleich auf *arme und reiche* Kinder an, so
daß ihr erstmals eine soziale Mission zugedacht wurde. Girards Grundauffassung
war, daß im Unterricht nicht nur Wissensstoff vermittelt werden, sondern daß der
Unterricht auch den Geist bilden sollte. So war eine rein äußere Anwendung des
Helfersystems unmöglich. Die Methode war auf den Unterrichtsstoff abgestimmt
und wurde nur teilweise verwendet.

Girard lehnte in seinen Schriften die „Magistralform", in der der Lehrer allein do-
ziert, deshalb ab, weil sie der Verschiedenheit der Schülerbegabung nicht gerecht
würde. Auch sei zu wenig Garantie gegeben, daß die Schüler in ihrer allgemein re-
zeptiven Haltung den Stoff sich wirklich aneigneten, denn es sei zu beobachten, daß
sie nur dort aufpaßten, wo sie erwarteten, darüber befragt zu werden.

Seine wechselseitige Lehrform definierte Girard als Unterricht der Schüler durch
Schüler im Stufengange und sieht als Hauptvorteil die Berücksichtigung der Begabungsdifferenzen. Während der private Unterricht den Vorteil hätte, vollkommen
individuell zu sein, der öffentliche sich aber durch seine anregende Art auszeichne,
so verbinde nun der wechselseitige Unterricht die beiden Vorzüge. Beim Repetieren
in Gruppen komme jeder häufig an die Reihe und damit sei auch das heikle didaktische Problem des Einübens gelöst.

An der deutschen Landschule

Das Helfersystem lebt noch heute an vielen weniggegliederten Schulen weiter. Hier
ist man schon lange bestrebt, in diesem System auch die altruistisch-soziale Erziehung einzubauen. Die Schüler oberer Jahrgänge sollen ihren jüngeren Kameraden
behilflich sein. Es werden dabei Ordnungs- und Unterrichtshelfer unterschieden.
Hier liegt der Gedanke zugrunde, die Schüler neben der unterrichtlichen Tätigkeit
auch zu einem verantwortlichen Mittun im Leben der Schule zu führen und sie dazu
zu bringen, selbstgestaltend oder wenigstens mitgestaltend an der Ordnung ihres
Zusammenlebens beteiligt zu sein.

Der Unterrichts*helfer* soll nicht unterrichten. Seine Hauptarbeit liegt auf dem Gebiete des *Übens und Wiederholens*. Damit sie nicht mechanisch und unfruchtbar
wird, muß eine Helfererziehung vorausgehen. Immer muß dabei bedacht werden,
daß der Helfer zum Helfer seiner Mitschüler wird, daß die Intelligenten beim Unterstützen Schwächerer zum eigenen Vorteil zu Gründlichkeit gezwungen werden und
daß jeder ermessen lernt, wie er gerade mit seinen besonderen Fähigkeiten dem Mitmenschen nützen kann.

Zusammenfassung

Bei der Durchführung des Helfersystems wurde man sich langsam des pädagogischen Wertes kooperativer Schülerarbeit bewußt. Die Belehrung jüngerer Schüler

durch Vorgerückte wich dabei allmählich zurück und überließ ihren Platz einer ka-
meradschaftlichen Zusammenarbeit. In einem freien, veredelten Helfer*dienst* erkennen wir brauchbare Ansatzpunkte, um zu einer natürlichen, arbeitenden Gemeinschaft zu gelangen.

Die amerikanische Schulreform

a) *Dewey*

Die amerikanischen Lösungsversuche gehen auf *John Dewey*[1] zurück. Sie sind nur
aus der Atmosphäre der Situation seines Landes um die Jahrhundertwende zu verstehen: das kräftige soziale Leben der USA erforderte den Aufbau einer neuen
Schule. Die Massenproduktion führte zu höchster Arbeitsteilung und verschärftem
Existenzkampf, den nur Menschen mit praktischem Sinn und produktiver Lei-
stungsfähigkeit bestehen konnten. Mit der Arbeitsteilung, dem Verschwinden des
Kleingewerbes und des Haushalts verwilderte und verarmte der Erfahrungskreis der
Großstadtkinder, so daß die Kluft zwischen Erlebtem und Erlerntem stets größer
wurde. Es ist das eine Erscheinung, wie wir sie heute auch bei uns finden.

Als Grundtatsachen gelten für *Dewey* die Begriffe Fortschritt und Entwicklung, die
er auf die Menschheit bezieht. Diese geben jedem Menschen seine Bestimmung und
garantieren ihm eine autonome Entwicklung.

Sobald diese Idee konsequent durchdacht wird, verlangt sie eine Erziehung, die der
Eigenart des kindlichen Lebens gerecht wird. Die Gefahr, daß der Erwachsene als
Norm auftritt, ist überbrückt.

Die amerikanische Schule berücksichtigte nach *Dewey*s Meinung zu wenig das kindliche Wachstum. Sie wollte die überlieferten Kulturgüter möglichst rasch der neuen
Generation weitergeben, indem sie sich vorwiegend auf konventionelle Zeichen
(Zahlen, Wörter, Formeln) stützte und so die Beziehungen zu den wirklichen Gegenständen übersah. Dabei entgingen ihr die Interessen der Gegenwart und statt einer Beeinflussung der sozialen Dispositionen im Kind, war Wissen in Überfülle eingetrichtert worden. Man erzog zu einer unverrückbaren Welt – es wurden weder in-
stinktive Tätigkeiten noch persönliche Initiative gegenüber neuen Sachlagen gepflegt.

Die alte Schule arbeitete mit einem autoritär eingestellten Lehrer auf ein festes Ziel
hin, der Lehrer bestimmte vom Endpunkt aus den Stoff, verabreichte ihn in einzelnen Raten und ließ dabei das lebenswahre Interesse des Schülers außer acht.

Im Gegensatz zu solchen Prinzipien suchte nun *Dewey* eine neue Grundlage der Erziehung. Er fand sie, indem er *die Kinder außerhalb des Unterrichts beobachtete*. Dabei entdeckte er immer wieder Kindergruppen, die auf natürliche Weise ihrem Akti-
vitätsbedürfnis und ihrer Neugierde Genüge taten. Er sah, wie sie Pläne entwarfen,
Entschlüsse faßten, Mittel und Wege zur Verwirklichung suchten, schließlich die Ergebnisse verglichen und so zu echten Erfahrungen kamen, die ihr künftiges Verhalten mitbestimmen halfen.

Dewey gelangte damit zu einer genetischen Pädagogik, die keine Prägung von außen her wünscht, sondern sich auf die Entwicklung durch die innere Aktivität des Kindes stützt.

Der Lernprozeß ist demnach für *Dewey* etwas biologisch Natürliches. Lernen ist Leben, sagen mit ihm auch die nachfolgenden amerikanischen Schulreformer, es beruht auf Lebenstrieben (drives, impulses). Niemand kann dem Kinde diese Triebe geben. Jedes Kind ist von vornherein in ihrem Besitz. Mit voller Lebensgier verlangt und greift das Kleinkind nach den Gegenständen seiner Umgebung, will sie anschauen, „begreifen", befühlen und betasten. Es will seinen Körper und seine Glieder kennenlernen. Erfahrung ist alles – Versuch und Versagen sind die Wege dazu. Irrtum und Mißlingen sind wichtige Teile des Lernprozesses. Sie dürfen nur niemals zur Beschämung des Suchenden führen.

Entscheidend wird also die Umgebung sein, in der sich der Erziehungsprozeß abspielt. Nicht nur der Erwerb neuer Begriffe ist von der Umgebung abhängig – wer in seiner Umgebung Erfolg haben will, muß seine Ansichten den üblichen Meinungen, Erwartungen und Ablehnungen anpassen. Erst wenn sich ein Mitglied die Ideen seiner Gemeinschaft zu eigen gemacht hat, wird es als mitverantwortlicher Partner anerkannt werden. Die amerikanischen Schulreformer verwerten diese Erkenntnis, indem sie die Umwelt als Erziehungsmittel ausbauen und verwenden. Die Schule soll eine reiche, lebendige und wirklichkeitsnahe Umwelt bieten, in der das Miteinander verschiedener Individuen zur gegenseitigen Bereicherung miteinbezogen ist. Die soziale Atmosphäre, der Ort, wo andere arbeiten, Werkzeuge gebrauchen und damit etwas hervorbringen, ist in ihr die pädagogisch wirksamste Macht; und zwar deshalb, weil bei der Beteiligung an gemeinsamen Handlungen die Dispositionen entwickelt werden.

b) Projektplan

Am konsequentesten sind die Ideen *Dewey*s im Projektplan verwirklicht:

Das Arbeitsziel darf *frei gewählt* werden und dem Kinde wird die Möglichkeit gegeben, sich mit anderen zu einer Gruppe zusammenzuschließen; in der die Arbeitseinheit, „das Projekt" entworfen und je nach Gutdünken auch arbeitsteilig durchgeführt werden kann. Einige kindertümliche Projekte seien beispielhaft angeführt:

> die Herausgabe einer Schülerzeitung,
> der Bau eines Pfahlbaudorfes,
> die Aufführung eines Theaterstückes,
> die Einrichtung einer Schulsparkasse.

Zur Durchführung des Projektplanes werden die Schüler in Gruppen von 8 bis 10 aufgeteilt, wobei auf jede Gruppe ein Lehrer kommt.

Die Projekte, die sich die Schüler wählen, können auf vier Typen zurückgeführt werden:

1. das Kind versucht, etwas zu erzeugen,
2. das Kind beabsichtigt, etwas zu benützen, zu verbrauchen,

3. das Kind möchte ein Problem, eine intellektuelle Schwierigkeit aufhellen,
4. das Kind sucht eine Technik zu vervollkommen.

Während die autokratische Schule auf den Gehorsam aufgebaut ist, wird in der demokratischen Erziehung ein *verantwortungsvolles Suchen* gepflegt. Das Wissen kann nicht mehr mit dem Kopf allein, sondern durch das Leben selber, durch den direkten Erfahrungsaustausch gewonnen werden. Dazu eignet sich vor allem die kleine Gruppe, wo jeder den anderen kennt und mit ihm in engster Verbindung steht. Sie erscheint im Projektplan als Durchgang zur schwierigeren Einordnung in größere Gesellschaften.

c) Dalton-Plan

Ein origineller Versuch, die Schularbeit nach den Deweyschen Grundgedanken zu organisieren, stellt der Dalton-Plan[2] dar.

Er weist eine weitere dem praktischen Leben angeglichenen Eigentümlichkeit auf. In den Dalton-Schulen schließt der einzelne Schüler, dem zu Beginn des Jahres für jedes seiner Fächer das Ziel gezeigt und der Weg gewiesen worden ist, mit der Schule einen (monatlich wechselnden) schriftlichen Kontrakt ab.

Mit diesem Kontrakt verpflichtet er sich zu einer bestimmten terminmäßigen Arbeitsleistung. Der auf Vordruck geschriebene und von dem „Kontrahenten" unterschriebene Vertrag bindet ihn bis zum Erweis der tatsächlich vollendeten Arbeit, worauf ihm das Vertragsdokument als Quittung zurückgegeben wird.

d) Winettka-Plan

In der Betrachtung der Lösungsversuche innerhalb der amerikanischen Schulreformbewegung müssen wir vor allem den Winettka-Plan[3] mit einbeziehen.

Hier erkennen wir eine Unterrichtsmethode, die im Gegensatz zu dem einseitigen individualistischen Dalton-Plan der Gruppenarbeit einen angemessenen Teil zuerkennt. Durch das Arbeiten in Gruppen will Washburne vor allem die Erziehung zu sozialem Mitgefühl und zur Toleranz erreichen. Die „group activities" umfassen Gespräche, Theater, Exkursionen, das Lesen schöner Literatur, Garten- und Handarbeiten u. a. Diese Tätigkeiten dienen nicht dem Kenntniserwerb, sondern bieten in Muße Gelegenheit zu Gemeinschaftsarbeiten, die durch keinen Lehrplanzwang und keine Konkurrenz gestört werden. Soziale Gewöhnung und Entwicklung der schöpferischen Kräfte sind die Hauptanliegen der Gruppenarbeit im Winettka-Plan.

Neben der Kollektivtätigkeit in Gruppen lernt das Kind durch persönliche Einzelarbeit alles, was an Grundkenntnissen unerläßlich ist. Wie im Dalton-Plan vollzieht sich diese individuelle Tätigkeit an Hand von Textbüchern, deren Inhalt auf dem Wege des Experiments abgestuft und so abgefaßt wurde, daß die Praxis der Selbstkorrektur in weitem Maße anwendbar wird. In regelmäßigen Abständen erlauben Serien von diagnostischen Prüfungen Schülern und Lehrern nicht nur die Qualität der geleisteten Arbeit zu ermessen, sondern vor allem auch den Grund der gemachten Fehler zu erkennen.

Da man beobachtet hat, daß es ungefähr 50% der Kinder nicht gelingt, allein zu arbeiten, sah man die Lösung in der systematischen Gruppenarbeit, die nach einem genauen Stundenplan neben der Einzelarbeit herläuft.

e) *Scott*

Die Idee der kollektiven Schülerarbeit war noch von anderen amerikanischen Pädagogen kurz nach der Jahrhundertwende aufgegriffen worden, wodurch der Einfluß der Reform auf das gesamte Volksschulwesen sich bedeutend vergrößerte.

Colin A. Scott[4] sieht in erster Linie den pädagogischen Wert der Gruppenarbeit gerechtfertigt in bezug auf Verantwortlichkeit und staatsbürgerliches Denken. Die Gruppenarbeiten sind bei ihm nicht von vornherein festgelegt wie bei *Washburne*, sondern ergeben sich allmählich, wenn die Kinder von sich aus gemeinsame Arbeit wünschen.

Als Beispiel für selbstgewählte Stoffe von Neunjährigen führt er an:

> photographieren, modellieren, nähen, Tiere beobachten, drucken, spielen, Theater aufführen.

Allmählich werden diese Betätigungen bis auf höchstens eine Stunde im Tag ausgeweitet. Der Lehrer stellt seinen Einfluß zurück und hilft nur als Berater zur Vertiefung der Pläne mit. Die Dauer der Gruppierungen läßt er frei.

f) Gegenwart

Daß in Amerika die Anregungen zu kollektiver Schülerarbeit nicht im Versuchsstadium steckenblieben, sondern einen wesentlichen Einfluß auf das gesamte amerikanische Schulleben der Gegenwart ausüben, beweisen die Berichte der Kommissionen, die an Ort und Stelle Einblick nehmen konnten.

„Der Schultag dauert von etwa 8.30 bis 15.30. Soweit die Schüler entsprechend der reichlichen Freiheit in der Fächerwahl sich nicht nach festen Klassen gliedern, sondern nach Gruppen, treffen sie sich täglich vor Beginn des eigentlichen Unterrichts in ihrem home room mit ihrem home room teacher, um mit ihm und untereinander die anfallenden organisatorischen und persönlichen Fragen zu besprechen. Dann verteilen sie sich in die Unterrichtsräume je nach dem sie individuell betreffenden Plan.

Die Pausen während des Unterrichts werden häufig mit Spiel, Singen und rhythmischen Übungen ausgefüllt, wobei ältere Schüler den jüngeren Gruppen helfend und beaufsichtigend beistehen.

Jeder Schüler hat im Laufe des Schultages eine Freistunde, die er in der Bücherei zum Selbststudium benützen kann. Die Freistunde ermöglicht es auch, daß für die gesamte Dauer des Unterrichts Schüler zur Verfügung stehen, die, ohne eine Einbuße an Unterricht zu erleiden, die Ordnung und den regen Verkehr im Schulhaus überwachen.

Die Unterrichtsräume zeigen einige charakteristische Merkmale, die nicht zuletzt mit den Grundsätzen der Öffentlichkeit und der Demokratisierung des Schullebens zu-

sammenhängen. In den neueren Gebäuden haben die Türen durchsichtige Glasscheiben, oft steht die Türoffen, gleichsam zum Besuch einladend. Im Klassenzimmer fehlt das Podium mit dem Katheder, dem Sinnbild der Autorität des Lehrers. Statt festgeschraubter Bänke werden in den neueren Schulen Tische und Stühle bevorzugt, die zum Gruppenunterricht nach Belieben angeordnet werden können und so dem Schulraum die Note eines behaglichen Heimes geben, in dem der Lehrer bald Mittelpunkt ist, bald zurücktritt.

Die Ausstattung der Schulen für ihre mannigfachen Programme auch außerhalb des Unterrichts (Aula mit Bühne, Musiksaal, Werkstätten, Sportplätze, Schwimmhalle usw.) ist besonders eindrucksvoll.

Verantwortlich für Organisation, Geist und Erfolg ist der Schulleiter mit seinem Stab. Er gibt keinen Unterricht, um sich ganz seiner eigentlichen Aufgabe widmen zu können, nämlich die Lehrer zu beraten, das Wohl jedes einzelnen Schülers zu fördern, die Schule mit den verschiedenen öffentlichen Stellen in Kontakt zu bringen.

Das Gemeinschaftsleben der Schule entspricht den Formen des Gemeinschaftslebens, wie sie auch sonst in der amerikanischen Öffentlichkeit nach den Regeln der Demokratie aufgebaut erscheinen. Die Schule ist ein Teil der Gesellschaft, sie ist ein sozialer Organismus, sie ist selbst eine Stadt. In einem solchen Schulorganismus fallen jedem Glied der Gemeinschaft die ihm gemäßen Aufgaben zu, das heißt, die Schule wird nicht von oben, von der Schulverwaltung her gelenkt und bestimmt, sondern weitgehend durch Wünsche, Willen und Mitarbeit der Schüler mitgestaltet. Sie wählen in demokratischer Weise ihre Vertretung und die Organe der Schülermitverwaltung.

Auch an der Gestaltung des Lehrplans wirken außer der Schulverwaltung und den Lehrern, den Eltern und anderen Instanzen die Schüler selbst mit. Ihr gestaltender Einfluß reicht bis in die Planung und Durchführung des Unterrichts in den einzelnen Fächern hinein.

In allen größeren Schulen geben die Schüler eine ein- bis zweimal monatlich erscheinende, von ihnen illustrierte und oft auch selbst gedruckte Schulzeitung heraus, die wichtige Ereignisse aus dem Leben der Schule verzeichnet und darüber hinaus Anregung und Unterhaltung bringt. Sie hält die Beziehung zu den früheren Schülern aufrecht und schlingt ein einigendes Band um die immer wachsende Schulgemeinde.“

Zusammenfassung

Die amerikanischen Reformen versuchten in erster Linie, eine enge Verbindung von Schule und Leben herzustellen. Hierbei sind die Unterschiede in den gesellschaftlichen, wirtschaftlichen und kulturellen Verhältnissen zu beachten, die zwischen den USA und Deutschland infolge der Andersartigkeit in der historischen Entwicklung, im wirtschaftlichen Leben und in den sozialen Bindungen bestehen. Auf Grund ihrer glücklicheren Situation konnten die amerikanischen Schulreformer ein Hauptziel erreichen: jedem Kinde die intellektuelle und moralische Bildung zu geben, die der vollen Entfaltung seiner Persönlichkeit entspricht.

Cousinet

Roger Cousinet[5] entwickelte unter dem starken Einfluß der amerikanischen Schulreform in Frankreich seine „méthode de travail libre par groupes". Er sieht ähnlich
wie *Dewey* und der Belgier *Ovide Decroly*[6] in der Aktivität die Grundlage alles Lebens. Sobald das Kind in seiner Welt eine Lücke entdeckt, manifestiert sich dieses
Tätigkeitsbedürfnis, indem es den Wunsch äußert, belehrt zu werden, um seine Erfahrungen zu ergänzen. Wenn es also gelänge, durch ein bestimmtes Milieu sozialer
und sachlicher Art dieses Interesse wachzuhalten, so wäre Erziehung von innen her
möglich, und zwar in moralischer und intellektueller Hinsicht. Dabei würde solche
Selbsterziehung höher zu werten sein als alle Anweisungen der Erwachsenen, die eine Lösung von außen an das Kind herantragen.

Wie sieht die Verwirklichung dieser Prinzipien aus? Er bereitet zunächst eine anregende Umgebung vor, indem er Pflanzen, Steine, Tiere, Karten und Bilder vor
Schulbeginn bereitstellt, um den Kindern, die sich mit den betreffenden Dingen beschäftigen wollen, Arbeitsanleitungen zu geben. Es bilden sich freie Gruppen, die
sich zu einer gemeinsamen Arbeit entschließen. Anfangs treten innerhalb der Gruppen häufig Wechsel auf, die das Kind in sozialer Hinsicht sehr bereichern, weil es
hierbei seine Kameraden beurteilen lernt und für seine Menschenkenntnis entscheidende Erfahrungen sammelt. Etwa nach einem Monat stabilisieren sich fest Arbeitsgruppen, in denen gleiche sachliche Interessen und Fähigkeiten und gleicher Ar-
beitsrhythmus das Zusammensein begründen.

Nachdem sich nun eine Gruppe auf eine Tätigkeit geeinigt hat (die durchschnittliche
Zahl der Gruppenmitglieder beträgt 6), wird sie bei freier Diskussion beobachten
und anschließend in gemeinsamem Bemühen eine illustrierte Beschreibung als Entwurf an die Wandtafel bringen. Der Lehrer wird die Arbeit durchlesen und je nach
dem Stand der Schüler auf die Art der Fehler hinweisen oder überhaupt nur bemerken, ob Fehler gemacht worden sind oder nicht. Darauf versucht die Gruppe ihre Arbeit zu korrigieren, der Lehrer wird wieder kontrollieren und je nachdem die ver-
bleibenden Fehler aufdecken oder weiter nach ihnen suchen lassen.

Cousinet beschränkt die Anwendung seiner Prinzipien auf Naturkunde, Geschichte,
Geographie und „schöpferische Betätigungen" (Zeichnen, Malen, Modellieren,
Theater spielen u. ä.) und führt sie konsequent durch. Er verzichtet auf jeden
Sprachunterricht, vor allem auf die Grammatik als Fach, da er den Schülern zur er-
sten Abstraktion vom Ding zum Wort keine zweite vom Wort zur Lehre über das
Wort und seine Gesetzlichkeiten zumuten will. Er verspricht sich, durch wiederhol-
tes Korrigieren der schriftlichen Arbeiten ebenso gute, orthographisch einwandfreie
Darstellungen zu erlangen wie mit Hilfe der Grammatik. Auch verzichtet er auf den
Aufsatz, da erst mit der Pubertät der Wunsch komme, selbstdurchdachte Probleme
schriftlich niederzulegen. Die rechnerischen Fertigkeiten entwickelt er nicht systematisch, sondern dann, wenn man sie zu einem Arbeitsganzen braucht.

Der Lehrer hat sich das Arbeitsganze im voraus gegliedert und verteilt die Beobachtungsaufgaben so, daß am Ende ein Bild des Ganzen entsteht. Die Diskussion, die die Beobachtungen begleitet, hilft die ersten, oft oberflächlichen Eindrücke präzisieren und führt so zu exakterem Unterscheidungsvermögen; denn wer seinen Standpunkt verteidigen will, muß näher hinsehen und mit genaueren Beweisstücken zu Werke gehen. Der ständige Vergleich der Leistungen hilft dem Schüler, sich selber richtig einzuschätzen, was als allgemeine Voraussetzung für alles reife Leben in einer Gemeinschaft gelten darf.

Das Problem der Disziplin sieht *Cousinet* verschwinden, da es in der Autoritätsschule nur eine Reaktion war gegen das unnatürliche Stillsitzen und gegen Gesetze, die von außen aufgezwungen wurden.

Zusammenfassung

Cousinet übertrug die amerikanische Schulreform auf europäische Verhältnisse. Das Spiel kommt in seinen Schulen zur Geltung und wird von der Arbeit nicht getrennt. Damit zieht, zusammen mit der Freiheit in Gruppierungen und dem Wechsel des Bildungsgutes, ein frischer, ungezwungener Ton in seine Schule.

Berthold Otto

Berthold Otto[7] trat auf deutschem Boden für eine neue Gemeinschaftserziehung ein. Gleichzeitig gründete unabhängig von ihm *Hermann Lietz* (1868 bis 1919), angeregt von dem englischen Pädagogen *Cecil Reddie*, seine Landerziehungsheime. *Otto* propagierte 1897 in einem Vortrag („Schulreform im 20. Jahrhundert") die Gruppenarbeit:

„Als Nachteil der Schule ist zu betrachten die Ertötung des lebendigen theoretischen Interesses, die im herkömmlichen Klassenunterricht auf die Dauer schlechterdings unvermeidlich ist. Die Existenzberechtigung der Schule wird also davon abhängen, ob es gelingen wird, diesen Nachteil so weit aufzuheben, daß die günstigen Wirkungen der Schule überwiegen."

Diesen Vorzug der Schule sieht *Otto* vor allem darin, daß sie für die meisten Schüler der einzige Ort ist, an dem sie „mit kenntnisreichen und denkgewohnten Menschen zu verkehren Gelegenheit haben".

„Man müßte demnach den *Klassenunterricht für ungeeignet erklären* müssen, neue Gedanken, neue Erkenntnis in dem Schüler entstehen zu lassen. Man müßte Mittel und Wege finden, dazu kleinere Kreise von Schülern auszusondern, innerhalb deren den einzelnen die Rede- und Bewegungsfreiheit so vollständig gewährt werden könnte, wie sie etwa Erwachsene in jeder Gesellschaft genießen. Dann könnte man oft in halbstündigem, freiem Gespräch seine Schüler auf irgendeinem Erkenntnisgebiet weiter fördern, als das durch mehrwöchigen Drill in der Schule möglich ist. Es wechseln da fruchtbare und unfruchtbare Stunden miteinander, deren Ergebnisse sich gegenseitig ergänzen müssen; aber erreicht wird, wenn nur der Lehrer sein Handwerk versteht, schließlich immer etwas dabei und immer entschieden mehr als im Klassenunterricht."

Im Klassenunterricht könne sich auch niemals eine eigene Meinung, eine Auseinandersetzung, eine Sicherheit im Denken und eine innerliche Befreiung bilden. Die Grundlage zu einer Auflockerung des starren Klassenverbandes sieht *Otto* im natürlichen Gespräch, das sich in kindgemäßer Sprache auf alle Gebiete des Lebens und Wissens erstrecken soll.

Berthold Otto war der Meinung, daß man bei einem solchen Gedankenaustausch mehr für das geistige Wachstum tun kann als in der besten Schulstunde herkömmlicher Art. Im Kreis oder Halbkreis bildeten Kinder und Erwachsene eine Gesellschaft zu wissenschaftlicher Unterhaltung. Bei ihr war jede Schuldisziplin verbannt, jeder mußte von jedem in dem Maße angehört werden, als er selbst angehört sein wollte. Jeder war des anderen Lehrer: Diesen „geistigen Verkehr", den er auch mit seinen eigenen Kinder pflegte, nannte *Berthold Otto* „Gesamtunterricht". In diesem Gesamtunterricht war den Schülern Gelegenheit gegeben, sich über brennende oder stark interessierende Fragen mit älteren und jüngeren Schülern sowie mit ihren Lehrern ein- oder zweimal in der Woche ungezwungen und ungehemmt zu unterhalten. *Berthold Otto* schwebte dabei vor, das selbstsüchtige individualistische Denken nach und nach in ein Denken aus der Gemeinschaft heraus zu verwandeln.

Nach seiner Auffassung soll der Unterricht im Idealfalle bis zum 12. Lebensjahr immer gruppenweise gegeben werden, und zwar nur freiwilligen Teilnehmern.

Bei der praktischen Durchführung in seinen Schulen kam denn auch meist, wie in *Dewey*s Übungsschule, auf eine Gruppe ein Lehrer, ein Aufwand, den sich die heutigen Volksschulen nicht leisten können. Nur dort, wo große Erzieherpersönlichkeiten (wie z. B. *Johannes Kretschmann*) sich als dienende Vorbilder in die Mitte der Gemeinschaft stellten, konnten *Otto*s Ideen auch in den schwierigen Normalverhältnissen Verwirklichung finden. Zumindest aber können seine Hauptforderungen an die neue Schule in jeder Schulstube Eingang finden:

> Natürlichkeit statt Verkrampftheit,
> Verantwortung und Solidarität statt Fachwissen,
> Leben statt Bücher,
> Taten statt Worte,
> Gegenwart statt Vergangenheit,
> Wirklichkeit statt Schein.

Zusammenfassung

In *Otto*s Schule (ähnlich in *Lietz*s Landerziehungsheim) konnte eine echte Gemeinschaftsbildung entstehen. In ihrem Bereich wurde Zeit und Raum gelassen für Sammlung und Muße. Die Schule wurde eine Stätte, an der Erziehung zur „Entwicklungshilfe" werden konnte, eine Heimat, zu der alle „familienlosen" Jugendlichen gerne wieder zurückkehren.

Kerschensteiner[8]

*Kerschensteiner*s Hauptbestrebungen gingen dahin, mit dem Arbeitsschulprinzip der kindlichen Entwicklung gerecht zu werden und durch Selbstregierung der Schüler die Charakterbildung zu fördern. Sein Ziel ist der Staatsbürger. Dabei wird der beste Bürger mit dem vollkommenen Menschen identifiziert, denn das sittliche Gemeinwesen ist zugleich auch das höchste äußere sittliche Gut des Menschen, auf das der gegebene Staat als sein Ideal hinzielen soll.

Die Verwirklichung dieser sozialethischen Haltung sieht *Kerschensteiner* in der Berufstätigkeit, die jedem einzelnen Bürger erlaubt, der Allgemeinheit zu dienen und damit eine Funktion im Staate auszuüben. Zudem soll im Bürger Kraft und Neigung geweckt werden, seine besonderen Persönlichkeitswerte durch den Beruf zu vervollkommnen.

Das Individuum wird auf die Werttotatität", d. h. auf die Kultur bezogen, und das Anliegen der Erziehung ist die „individualisierende Verlebendigung der objektiven Kultur".

Daher fordert *Kerschensteiner*, daß dem Schüler solche Bildungsmittel zur Verfügung stehen, die entdecken lassen, welche Arbeitsgebiete seiner psychologischen Veranlagung entsprechen. Er stellte seinen Schulen Küchen, Gärten, Aquarien, Terrarien, Raupenkästen, Blumen u. a. zur Verfügung und führte an den 8. Knabenklassen experimentelle Physik und Chemie, Holz- und Metallbearbeitung ein.

Doch erschöpft sich seine Arbeitsschule keineswegs im Begriff der Selbsttätigkeit. Sie soll nach *Kerschensteiner* mit einem Minimum von Wissensstoff ein Maximum von Fähigkeiten, Fertigkeiten und Arbeitsfreude im Dienste staatsbürgerlicher Gesinnung auslösen. Die Erfüllung sieht er in der kollektiven Schülerarbeit. Diese Unterrichtsform soll die Tugend der Selbstverneinung, die einen Wert von eminent staatsbürgerlicher Bedeutung darstellt, entwickeln.

Beispiele aus dem Physikunterricht zeigen, wie die Kinder in Gruppen arbeiten. Die Gruppen führen ihre Aufgabe arbeitsteilig aus und überprüfen die Resultate, indem sie mit vertauschten Rollen ein Experiment wiederholen. Der erzieherische Wert wird noch verstärkt, wenn der Lehrer die Ergebnisse der Gruppen zu verbinden weiß, so daß ein gemeinsames Ziel aller Schüler der Klasse umfaßt.

Kerschensteiner sieht in der Gruppenarbeit weiterhin ein Mittel, die persönliche Initiative des einzelnen zu fördern und die Bildung wertvoller Gemeinschaften zu begünstigen. Er setzt kleine Gruppen an, ohne aber eine genauere Begrenzung anzugeben.

Zweifellos wird in *Kerschensteiner*s Theorie und Praxis sichtbar, daß die Gruppenarbeit einem klug umgrenzten Tätigkeitsfeld zugeordnet wird: überall, wo es eine Arbeitstechnik einzuüben gilt, verwendet er sie um ihrer gemeinschaftsbildenden Werte willen. Dazu betont er, daß bei kollektiver Arbeit das Bewußtsein persönlicher Verantwortlichkeit durch die Verpflichtung zu einem gültigen Resultate geweckt wird und ein Handeln aus rein egoistischen Motiven ausgeschlossen bleibt: die sozialen Triebe können aber auf diesem Wege zu kräftigen Willensgewohnheiten werden.

Davon profitiert am meisten der „Idealstaat", weil mit der Einführung einer solchen Gruppenarbeit in den Schulen soziale Grundverhältnisse antizipiert werden, die Tugenden wie „freiwillige Einordnung, moralische Tapferkeit, persönliche Opferbereitschaft, rechte Rücksichtnahme und Verantwortungsgefühl" finden lassen.

Dabei übersieht *Kerschensteiner* aber nicht, daß durch Gruppenarbeit ein „kollektiver Egoismus" entstehen könnte. Als Gegenmaßnahme schlägt er vor, von Zeit zu zeit auch Gruppen von typischen Führernaturen oder von Egoisten zu bilden. Damit soll einem unseligen „Separatismus" vorgebeugt werden, was ja gerade für die Vollendung der Gemeinschaft als kollektives Vernunftwesen von lebenswichtiger Bedeutung ist: Trotz der Arbeitsteilung bleibt ein gegenseitiges Verständnis vorhanden, das die Einheit garantiert.

Zusammenfassung

*Kerschensteiner*s Schule war eine Leistungsschule, die dem jungen Menschen die Grundlagen für das spätere Leben vermitteln wollte. Die Schulung zur Berufstüchtigkeit und die Erziehung zum vollkommenen Staatsbürger standen bei ihm im Vordergrund. Zur Erreichung dieser Ziele setzte er die Gruppenarbeit an.

Gaudig

Hugo Gaudig[9] stellt der Erziehung *Kerschensteiner*s zur Berufsausbildung die Erziehung für den gesamten Bereich der Lebensaufgaben gegenüber. *Kerschensteiner*s „Staatsbürger" ersetzt er durch seine „Persönlichkeit". Im Dienste der werdenden Persönlichkeit soll die Schule stehen und dem jungen Menschen die Voraussetzungen für alle Lebensgebiete mitgeben. Der Jugendliche soll in den Stand gesetzt werden, selbständig Stellung zu nehmen zu den Problemen und Aufgaben des Lebens. Persönliche Frömmigkeit und Sittlichkeit, persönliche Berufstätigkeit und Bildung sollen ihm zu eigenständigen Lebensformen verhelfen. Mit dieser Berücksichtigung der emotionalen und voluntativen Elemente hofft er, dem blutleeren Intellektualismus ein Ende zu bereiten.

Gaudig lehnt die zu starke Betonung des Manuellen ab; er will es nur gefördert wissen. Er verlangt zur Sicherung der individuellen Entwicklung das Prinzip der Selbsttätigkeit des Schülers. An Stelle der Lehrerfrage solle als äußeres Zeichen eigener

Zielsetzung die Schülerfrage treten. Voraussetzung dazu ist eine Situation, die im Schüler die eigene Aktivität weckt, und zwar soll dies für alle Richtungen und Grundformen geistiger Tätigkeit gelten. Als Arbeitstechniken, die die „freie geistige Schularbeit" zur Voraussetzung haben, erwähnt *Gaudig*: Anschauen, Beobachten, Auswendiglernen, Beschreiben, Schildern, Erzählen, Texte erläutern, eigene Entwürfe korrigieren, Quellen lesen und interpretieren, Messen, Wägen, Darstellen und Modellieren.

Das Kind kann natürlich niemals als Glied einer Schülermasse an die Arbeitstechniken und damit zur Selbsttätigkeit gebracht werden. Das Problem, die Klasse zur Schülergemeinschaft überzuführen, löst *Gaudig* dadurch, daß er nach einer längeren Beobachtungszeit die Schüler ihrer Eigenart entsprechend gruppiert und die Arbeitsverteilung individualisiert. Durch das Prinzip der Arbeitsteilung und Arbeitsvereinigung wird die Klasse vollends zur Gemeinschaft. Gemeinsamer Erkenntniswille knüpft die Glieder aneinander, und kollektive Arbeiten und Erlebnisse führen zu einer Person höherer Ordnung, zu ethnischer Arbeits- und Schicksalsgemeinschaft. Durch die Arbeitsteilung ist es möglich, daß die Schüler ein persönliches Verhältnis zum Stoff gewinnen; die wechselseitige Kritik, die die Berichterstattungen erfahren, soll Unklarheiten überwinden helfen. Das gemeinschaftliche Streben fördert neben dem Wissen auch „Eindenken und Einfühlen".

Im Gegensatz zu den praktischen Forderungen *Kerschensteiner*s will *Gaudig* durch Theorie zur Kollektivität erziehen. Indem er dem Kinde die hohen Werte des Gemeinschaftslebens gründlich darzulegen gedenkt, hofft er, es zur Übernahme sozialer Pflichten bereitzumachen. Zudem soll diese „ökonomische Arbeitsweise von typisch moderner Form" über die Enge des Stoffkreises hinweghelfen und mit ihrer sozialen Geistesarbeit die moralischen Dispositionen schulen.

Scheibner, ein Schüler von *Gaudig*, verwirklichte in großem Maße *Gaudig*s „freie geistige Tätigkeit", die er als „freies Tun aus eigenen Antrieben, mit eigener Kraft und in eigener Arbeitsweise" definiert und nach Arbeitsschritten regelt.

Zur tatkräftigen Propagandistin für die Gaudigschule wurde *Lotto Müller*, die in unermüdlichem Einsatz für eine Jugenderziehung im Sinne der freien geistigen Arbeit wirbt und die Umstellung von der „logozentrisch orientierten auf die biozentrisch gerichtete Pädagogik" fordert.

Zusammenfassung

Das Verdienst *Gaudig*s, *Scheibner*s und *Lotte Müller*s liegt darin, wertvolle neue Formen der Aktivitätsdidaktik geschaffen zu haben. Durch selbsttätige, planmäßige Arbeit, bei der in der Zeit der Umstellung besonderer Wert auf die Arbeitstechnik gelegt wurde, konnten die Klassen in echte Schülergemeinschaften verwandelt werden.

Petersen

Im Mittelpunkt der Schulkritik von *Peter Petersen*[10] stehen als unzulängliche Hilfen im sittlichen Reifungsprozeß erstens die „*Hörblöcke*", die ungegliederten Klassen, und zweitens die Zucht. Nach seiner Ansicht weisen alle diese Klassen die typischen Merkmale der Masse auf, und deshalb bleibe man trotz „Belehrung, Katechisation, Vernünftelei und Ermahnung auf ethischem Flachland".

Dieser Schulkritik entspricht *Petersen*s Grundlegung einer neuen Erziehung. Das soziologische Element in Verbindung mit der Charakterbildung rückt in ihr in den Vordergrund. Der alten Schule gegenüber will *Petersen* die erziehungswissenschaftliche Forderung verwirklichen, dem Menschen im Kinde und im Jugendlichen zu dienen, jenseits der Schablone – rein im Dienste individueller Kräfte und ihrer Formung innerhalb der Schulgemeinschaft. In den Brennpunkt aller Bestrebungen rückt die Sorge, die innere Entwicklung einer Anlage durch stete Auseinandersetzung mit den Situationen der Umwelt zu ermöglichen.

Die Pädagogik hat für *Petersen* die Aufgabe, den jungen Menschen zu seinem spezifischen Sein zu führen. Inmitten des Reiches der Lebensnot soll sie den Weg zur inneren Freiheit und zu den ewigen Werten weisen. Seine Schule will Erziehungsschule sein, in der der Unterricht als solcher zurücktritt und die Gesinnungsbildung durch ein Schulleben, das vom Zögling immer neue Entscheidungen verlangt, in den Vordergrund rückt. Eine pädagogische Situation darf demnach nur als rein und echt bezeichnet werden, wo sie dieser Erziehungsidee gemäß dem zwischenmenschlichen Geschehen und einer wirklichen Gemeinschaftsbildung Raum gewährt.

Petersen wertet alles Handeln und Leben aus dem Wirbewußtsein heraus höher als dasjenige aus reinem Ichbewußtsein. Seine Verbindung der Gemeinschaftsidee mit der Erziehung zu freiem Menschentum wirkt sich deshalb besonders positiv aus, weil sich seine Schule nicht auf den Staat bezog, der weitgehend geschichtlichen Wandlungen unterworfen ist, sondern auf die dauernde Zelle alles Volkslebens, auf die Familie.

Die natürlichen Lebensgesetze, die sich in der Familie auswirken, sollen auch für die Schule Geltung erlangen, und zwar in bezug auf die Schulklasse, den Wochenstundenplan, die Unterrichtsgestaltung und den Stoffplan.

Vergleicht man die Familie mit der alten Schule, so fällt besonders der Unterschied in der Zusammensetzung der Kinderschar auf: dort Kinder verschiedenen Alters mit verschieden großer und verschieden gearteter Erfahrung, also mit vielseitigem, fruchtbarem „Bildungsgefälle", und hier Jahresklassen, in den gleichmäßiges Niveau der Schüler angestrebt wird. *Petersen* versuchte, diese Klasse in eine Gemeinschaft umzuwandeln, indem er das Altersklassensystem durch das Gruppensystem ablöste, das in der Jenaer Universitätsschule und in Anlehnung daran in der zweiklassigen Dorfschule zu Wörsdorf im Taunus entwickelt worden ist. Beide Lösungen sollen hier kurz umrissen werden.

a. Der Jena-Plan

Die Volksschule gliedert sich in drei bzw. bei der geforderten zehnjährigen Volksschule in vier Stammgruppen:

1. die Untergruppe vereinigt die Kinder des 1.–3. Schuljahres,
2. die Mittelgruppe die Kinder des 4.–6. Schuljahres,
3. die Obergruppe die Kinder des 6./7.–8. Schuljahres,
4. die Jugendlichengruppe setzt sich aus den Kindern des 8./9.–10. Schuljahres zusammen.

Diese Stammgruppen vereinigen also Kinder verschiedener Jahrgänge, beider Geschlechter (mit gewissen Einschränkungen für die Pubertätszeit) sowie aller Stände und Begabungen. „Kein Kind bleibt jemals ‚sitzen', sondern alle rücken nach dreijähriger Arbeit in einer Gruppe in die nächste auf. Doch können in der Mittel- und Obergruppe einige schon nach zwei Jahren ‚versetzt' werden. Aber für diese ‚Versetzung' wird nicht der Intelligenzgrad das schlechthin Entscheidende sein. Was ein Kind auf Grund seiner Intelligenz ‚lernen' kann, das vermag es ja weitgehend in jeder Gruppe sowie durch Teilnahme an Kursen u. dgl. zu lernen. Deshalb ist uns stets das Entscheidende die ‚allgemeine Reife', die menschliche Haltung, die Frage, wie wird dieser Junge, dieses Mädchen als ganz kleine Persönlichkeit sich in der anderen Gruppe fühlen und durchsetzen, also wie es in seinem persönlichen Wesen wachsen wird."

Innerhalb der Stammgruppen bilden sich unter Gewährung weitgehender Freiheiten Untergruppen. Sie bilden sich „auf Grund von Freundschaften, persönlicher Zuneigung, aber ebensooft auf Grund gemeinsamen Interesses oder auch, weil sie vom Gruppenführer zusammengeführt, d. h. auf die Gemeinsamkeit ihrer Arbeit aufmerksam gemacht sind, und weil sie den Vorteil gemeinsamer Arbeit eingesehen haben". Diese Gruppen wechseln wiederholt während des Jahres, und zwar „in der Zusammensetzung wie nach dem inneren Kräfteverhältnis, weil eben die Glieder ganz verschieden innerlich wachsen".

Der Hauptteil der Arbeit der Stammgruppen wird in den Untergruppen im gruppenunterrichtlichen Verfahren geleistet, wo die Kinder „frei, selbsttätig und weitgehend selbständig" arbeiten. Weitere Arbeitsformen der Stammgruppen sind der Kreis, die Kurse (auch unter Überschneidung der Stammgruppen) und das freie Arbeiten; daneben tritt dann noch die Feier (auch als Feier der ganzen Schulgemeinschaft).

Eine weitere Einrichtung, die den Zusammenhang unter den verschiedenaltrigen Schülern stärkt, bilden die Patenschaften. Jeder ältere Schüler ist um einen neu eintretenden besorgt; bei Schulfeiern sitzen die beiden zusammen, und wo bei einem jüngeren Schüler disziplinarische Schwierigkeiten auftreten, wird die Krise rasch überwunden, wenn der betreffende Schüler eine Zeitlang an der Seite seines älteren Paten weiterarbeitet.

Die Absicht, eine möglichst natürlich, soziale Umgebung zu bilden, führte *Petersen* auch zur Bejahung der Koedukation. Dabei wünscht er aber nicht, daß eine schematische Lösung in der Zusammenarbeit getroffen werde, sondern es soll freistehen, innerhalb der Stammgruppe auch eingeschlechtliche Untergruppen zu bilden.

b. Der Wörsdorfer Plan

Die Jahresklasse und die durch sie bestimmte Abteilungsgliederung der Dorfschule wird (nach *Kade*) durch folgende Verbandsbildungen abgelöst: Entwicklungsgemeinschaften, Gruppen, Einzelarbeiter und Kurse.

Die Entwicklungsgemeinschaften entsprechen den Stammgruppen des Jena-Planes. Sie gliedern sich ebenfalls in Gruppen. Die Arbeitsformen sind Gemeinschaftsarbeit (direkter Unterricht) und Gruppenarbeit (Stillarbeit).

Die Gruppe umfaßt durchschnittlich vier Kinder benachbarter Jahrgänge. Die Gruppierung erfolgt frei, es soll sich zusammenfinden, was voneinander angezogen wird. Der Lehrer prüft nur, ob die Gruppenbildung erzieherisch und bildnerisch fruchtbar ist. Die Gruppen sollen möglichst lange, etwa ein Jahr, zusammenbleiben.

Die hier geforderte Gruppe wird als Kameradschaftsgruppe bezeichnet. Sie vereinige Kinder verschiedener Alters- und Leistungsstufen, verschiedener Neigung und Begabung, verschiedenen Arbeitstempos und verschiedenen Charakters. Die Kameradschaftsgruppe findet ihren Einsatz in der eigentlichen Bildungsarbeit zur Erledigung von Teilaufgaben, die gewöhnlich durch schriftlich Arbeitsanweisungen gegeben werden.

Daneben gibt es noch Übungs- und Arbeitsgruppen. In den Übungsgruppen werden Kinder aus verschiedenen Kameradschaftsgruppen, die ungefähr den gleichen Leistungsstand in einem Gebiet erreicht haben, vorübergehend zusammengefaßt. Sie widmen sich der Übungs- und Wiederholungsarbeit.

Die Arbeitsgruppen werden in der Arbeitserziehung für vier Wochen unter anderem im Werkraum, im Schulgarten, oder kurzfristig zur Erfüllung von Sonderaufträgen eingesetzt. Bei der Zusammensetzung dieser Gruppen, die sich nach Erledigung ihres Arbeitsauftrages wieder auflösen, finden vor allem Begabungsrichtung, Neigung, Interesse und Charakter Berücksichtigung.

Der Einzelarbeiter findet seine Arbeit vor allem in der Übungsstunde. Sehr häufig ist aber die Arbeit der Kameradschafts- und Arbeitsgruppen Einzelarbeit mit gegenseitiger Hilfeleistung.

Die Kurse dienen der Förderung der verschiedenen Begabungsrichtungen. Die bestimmenden Faktoren sind Neigung, Interesse und Leistung der Kinder. Die Teilnahme an den Kursen ist nicht verpflichtend. Auf dem Lande würden in den meisten Fällen Kinder mehrerer kleiner Dorfschulen in den Kursen vereinigt sein.

Die Vorzüge, die sich aus dieser Neuorganisation ergeben, faßt *Petersen* in 6 Punkten zusammen:

1. Die Methode des Jenaer und Wörsdorfer Planes wird dem Schüler gerecht, ohne individualisierend zu wirken oder in einen „pädagogischen Soziologismus" zu verfallen. Der einzelne wird innerhalb der Gemeinschaft so stark, als es möglich ist, angesprochen.

2. Dem „schweigenden Denken" ist mit den lange dauernden Arbeiten größter Spielraum gewährt. Weil aus der Ruhe gearbeitet wird, können die fruchtbaren Momente geistiger Tätigkeit ausgenutzt werden.

3. Die Schüler gewinnen ein innigeres Verhältnis zum Stoff, weil dieser in Verbindung mit dem gesamten Schulleben auftritt.

4. Das sonst viel zu wenig beachtete Zwischenlernen, d. h. was während einer bestimmten Arbeit mitgelesen, mitbesprochen wird und als Anregung weiterwirkt, spielt eine große Rolle.

5. Der Lehrer kann den einzelnen seiner Anlage gemäß, die sich am besten in der Selbsttätigkeit offenbart, beeinflussen.

6. Das Zwischenmenschliche, die Beziehungen zu den Kameraden und zum Lehrer sind freigelegt. In den Gruppenaktivitäten besteht deshalb eine Erziehungswirklichkeit, in der weit mehr die unbewußte als die bewußte Erziehung wirksam ist.

Zusammenfassung

*Petersen*s Methode berücksichtigte nicht nur die Begabungshöhen und -richtungen, sondern auch das irrationale Element der zwischenmenschlichen Beziehungen. Dadurch wurden neue erzieherische Möglichkeiten aufgedeckt und fruchtbare Wege zur Gemeinschaftserziehung gefunden. Der Hauptwert der Jenaer Lösungsversuche lag darin, daß sie den Schülern die Möglichkeiten gaben, selber arbeiten zu können, und daß sie durch Zusammenlegen von drei Jahrgängen echte Helfersituationen schufen. Das Hauptgewicht des Bildungserwerbs wurde der Gruppenarbeit zugewiesen. Vorbildlich gestaltete sich die Zusammenarbeit von Schule und Elternhaus.

Zusammenfassender historischer Überblick

Der Ausdruck „Gruppenarbeit" ist seit Ende des 19. Jahrhunderts in der pädagogischen Terminologie bekannt, obwohl die Idee schon seit den Helfersystemen des Mittelalters ihren Eingang in die Unterrichtswirklichkeit sucht. Unsere Untersuchung hat gezeigt, daß verschiedene Pädagogen schon vor 1900 begonnen hatten, die Grundlagenprobleme, die wir zu Beginn aufzeigten, mit Hilfe der Gruppenarbeit zu lösen. Besonders radikal zeigte sich die Umstellung auf die Methode in der amerikanischen Schulreformbewegung und der Methode *Cousinet* in Frankreich. In Deutschland gestalteten zur gleichen Zeit *Kerschensteiner, Gaudig, Berthold Otto, Petersen* u. a. die bestehenden Unterrichts- und Schulorganisationen in ihrem Versuchsbereich um.

Unsere historische Rückschau wäre unvollständig, wollten wir nicht erwähnen, daß von der Jahrhundertwende bis heute sich in fast allen Ländern die Pädagogen und Psychologen mit der Gruppierung der Kinder im Unterricht beschäftigen und in Theorie und Praxis dazu beitragen, den Gruppenunterricht als die wesentliche Aufgabe des Lehrers zu sehen.

Die Hauptziele, die diese Reformer in den verschiedenen Ländern durch die Gruppenarbeit erstreben, sind nicht einheitlich. In der folgenden kurzen Zusammenstellung soll versucht werden, die wesentlichsten herauszuheben, soweit sie in unserem Rahmen von Interesse sind.

1. *Im sozialen Bereich*

Die Gruppenarbeit soll

die für das Leben notwendigen sozialen Tugenden entwickeln,
die Arbeitslust der Kinder befriedigen,
ihr Interesse für das Gemeinschaftsleben wecken,
die Anwendung der Zusammenarbeit, der gegenseitigen Hilfe, der Solidarität und des gegenseitigen Verständnisses fördern,
die Entwicklung der Individualität begünstigen,
natürliche Lebens- und Arbeitsgemeinschaften schaffen,
einen engen Kontakt zwischen Schule und Elternhaus herstellen,
die Kinder auf ihre zukünftige Lebensaufgabe vorbereiten, sie von jedem Zwang befreien.

2. *Im intellektuellen Bereich*

Die Gruppenarbeit soll

den Erwerb der Kenntnisse angenehmer, tiefer, reicher, genauer, dauerhafter und praktischer machen,
eine gewisse Ökonomie der Zeit realisieren helfen,
die Kinder zur Freude an der Arbeit erziehen,
die Kinder von der Notwendigkeit und dem Sinn der Arbeit überzeugen,
sie lehren, wie man lernt,
den Kindern Arbeiten gestatten, die sich mit ihrem Interesse und ihrer Befähigung decken,
in den Kindern den Wunsch erwecken, sich selbst zu unterrichten und zu bilden,
die Entfaltung der Persönlichkeit begünstigen,
die Initiative, den Scharfsinn und Unternehmungsgeist fördern,
die Aktivität und schöpferische Tätigkeit des einzelnen entwickeln,
das Vertrauen zu sich selbst und Kritikfähigkeit gewinnen helfen,
in den Kindern den Ehrgeiz erwecken, angeordnete und kontrollierte Arbeit zu bewältigen,
die Kinder befähigen, Gedanken sauber und klar zu formulieren,
sie an ein stilles und ernsthaftes Arbeiten mit den verschiedensten Arbeitsmitteln gewöhnen,
ein Gleichgewicht zwischen den Kindern verschiedener Temperamente herstellen und jede künstliche Auslese vermeiden,
den individuellen und kollektiven Unterricht ersetzen durch den individualisierten Unterricht in der Gemeinschaft.

3. *Im moralischen Bereich*

Die Gruppenarbeit soll als Gruppenleben herbeiführen:

die Achtung vor dem Nächsten,

die persönliche Würde,

die innere Disziplin,

die Selbstbeherrschung,

den Mut zur Meinungsäußerung,

den Sinn für die persönliche Verantwortlichkeit.

Anmerkungen

[1] Amerikanischer Sozialpädagoge und Erziehungstheoretiker, wissenschaftlicher Schriftsteller, geboren 1859 in Burlington (Vermont, USA), Gründer der Universitätsübungsschule (*Dewey Laboratory School*) in Chikago (1896), Professor an der Columbia University und am Teachers College in New York. Durch Tätigkeit im Ausland Einfluß auf Japan, China und Europa. Gestorben 1952.

[2] Unterrichtssystem der Lehrerin *Helen Parkhurst*. Es wurde zuerst in der Stadt Dalton (1995) erprobt.

[3] Der Plan geht zurück auf Burk (kalif. State Teachers College, 1913) Er wurde später durch den Pädagogen *Carleton Washburne* in Winettka ausgebaut.

[4] Amerikanischer Pädagoge, Befürworter der Gruppenaktivitäten in seinem Werk „Social Education" (1908).

[5] Lehrer, Schulinspektor, Professor für Pädagogik an der Sorbonne, pädagogischer Schriftsteller, gründet 1921 mit Mme. Guéritte die Gesellschaft „La Nouvelle Education", deren Ziel die Verbreitung der von ihm propagierten „Tatschule" war, Herausgeber der Monatsschrift „L'ecole nouvelle française".

[6] Belgischer Pädagoge; Versuch, die Grundprobleme der Schule durch die „Tatschule" (Ecole pour la vie et par la vie) zu lösen.

[7] 1859–1933, Haus- und Privatlehrer, Schriftsteller, Redakteur, Herausgeber der Zeitschrift „Der Hauslehrer", gründet 1906 die „Hauslehrerschule" (Berthold-Otto-Schule), eine private höhere Schule in Berlin-Lichterfelde.

[8] 1854–1932, Volksschulhilfslehrer, Gymnasiallehrer, Stadtschulrat von München, Neugestalter des dortigen Volksschul- und Fortbildungswesens, Professor der Pädagogik an der Universität München, Mathematiker, pädagogischer Schriftsteller, Gründer der Arbeitsschulbewegung in Deutschland.

[9] 1860–1923, Oberstudiendirektor an der Höheren Mädchenschule und Seminarleiter in Leipzig, pädagogischer Schriftsteller.

[10] 1884–1952, Schuldienst an der Lichtwarkschule in Hamburg, führend im „Bund für Schulreform", Professor an der Universität Jena, Direktor der Erziehungswissenschaftlichen Anstalt, Schöpfer des Jena-Planes.

Bibliographie 1996

Dem Verfasser ist bewußt, daß eine Bibliographie über den gesamten Komplex Gruppenunterricht lückenhaft sein wird. Den vielen früheren Aufsätzen und Schriften reihen sich in den letzten Jahren fortwährend neue Arbeiten an, so daß eine umfassende Darstellung auf einer beschränkten Anzahl von Seiten unmöglich ist. Doch dürfte die folgende *Auswahl* dem Leser nicht nur die Internationalität des Problems aufzeigen, sondern auch für ein fortwährendes Studium genügend Orientierung bieten. Sie beschränkt sich nicht nur auf gruppenpädagogische Studien, sondern schließt auch gruppendynamische und gruppentherapeutische Arbeiten mit ein.

Adler, A.: Unterstanding Human Nature. New York 1927.

Adolphs, Lotte: A. S. Makarenko. Bad Godesberg 1962.

Adult Education Association of the USA. Chicago 1956.

Aebli, Hans: Psychologische Didaktik. Stuttgart 1963.

Affeldt, M.: Erlebnisorientierte psychologische Gruppenarbeit zur Begleitung von Jugendlichen in ihrer Entwicklung. Hamburg 1991.

Aich: Massenmensch und Massenwahn. München 1947.

Aichhorn, August: Verwahrloste Jugend. Wien 1924.

Alexander, W. M.; Saylor, J. G.: Secondary Education. New York 1950.

Allen, Arthur T.: Sozialkunde in den öffentlichen Schulen der USA. In: Meyer, Ernst: Sozialerziehung und Gruppenunterricht – international gesehen. Stuttgart 1963.

Ammon, G. (Hrsg.): Gruppenpsychotherapie. Hamburg 1973.

Anderson, H. H.: Studies in dominative and socially integrative behavior. Am. Journ. Orthopsychatry, 15/1945.

Anderson, H. H.: Domination and integration in the social behavior of young children in an experimental play situation. Genet. Psychol. Monographs, 19/1937.

Andrews, K. R.: The case method of teaching; human relations and administration. Cambridge 1953.

Anger, Hans: Theorienbildung und Modelldenken in der Kleingruppenforschung. In: Kölner Zeitschr. f. Soziologie u. Sozialpsychologie, 1/1962.

Antons, K.: Praxis der Gruppendynamik. Göttingen 1973.

Apelt, Elisabeth: Der selbständige Bericht in der Mittelgruppe. In: Die neue Landschule, Februar 1955, 15/1945.

Apelt, Elisabeth: Arbeitsmittel und ihre Verwendung in der neuzeitl. Erziehung. München 1951.

Argyle, M.: Soziale Integration. Köln 1972 (Aus dem Englischen).

Argyris, C.: Roleplaying in action. Ithaka o. J.

Arnold, W.: Person, Charakter, Persönlichkeit. 2. Aufl. Göttingen 1962.

Aschaffenburg, H. (Hrsg.): Gruppenarbeit themenzentriert: Entwicklungsgeschichte, Kritik und Methodenreflexion. Main 1987.

Audemars, M.; Lafendel, L.: La Maison des petits. Neuchâtel-Paris 1923.

Axline, Virginia Mae: Play therapy. The inner dynamics of childhood. Boston 1947.

Axline, V. M.: Kinder-Spieltherapie im nichtdirekten Verfahren. München, Basel 4/1972 (Aus dem Amerikanischen).

Baacke, D.: Gruppen im außerschulischen Feld. In: Rittelmeyer, C. / Baacke, D. / Parmentier, M. / Fritz, J.: Erziehung und Gruppe. München 1980, S. 93–148.

Bach, G. R.: Intensive Grouppsychotherapie. New York 1954.

Bach, G.; Bernhard, Y.: Aggression Lab. München 1972 (Aus dem Amerikanischen).

Bachmann, C. H.: Kritik der Gruppendynamik. Frankfurt / M. 1981.

Bader, Carl: Gruppenarbeit an Schweizer Schulen. In: Meyer, Ernst: Sozialerziehung und Gruppenunterricht – international gesehen. Stuttgart 1963.

Bahl, Franz: Die Klasse als Gruppe. In: Päd. Provinz, 3/1958.

Bahl, Franz: Erziehung und soziale Gruppen. In: Bildung und Erziehung, 9/1953.

Bales, R. F.: Interaction process analysis. Cambridge 1950.

Baley, S.: Psychologia wychowawcza w zarysie. Warschau 1958.

Baley, S.: Wprowadzenie do psychologii spolecznej. Warschau 1959.

Barber: Gruppenarbeit im Heimatkundeunterricht. In: Pädagogische Welt, 1951.

Barenscheer: Gruppenarbeit und Leistungswettkampf. In: Unsere Schule, 1949.

Bartecki, J.; Chabior, E.: O nowa organizacje procesu nauczania. Warschau 1962.

Bartecki, Jan: Aktywizacja procesu nauczania proprzez zespoly uez niowskie (Aktivierung des Lehrprozesses durch Schülerkollektive). Warschau 1958.

Bartecki, Jan: Die Rolle der Kollektivarbeit in der Entwicklung des selbständigen Denkens der Schüler. In: Erziehung zum selbständigen Denken, Reihe Informationsmaterial aus der pädagogischen Literatur der Sowjetunion und der Länder der Volksdemokratie. Berlin 1960.

Baschwitz, Kurt: Du und die Masse. 2. Aufl. Leiden 1951.

Bastian, J. / Gudjons, H. (Hrsg.): Das Projektbuch II. Hamburg 1990.

Bates, A. P.: Some sociometric aspects of social ranking in a small face-and-face-group. In: Sociometry, 1952.

Battegay, R.: Der Mensch in der Gruppe, Bd. 1–3. Bern, Stuttgart, Wien 1967–69.

Bauer, H.: Meine Gruppe und ich. Mainz 1950.

Bauer, Joseph Ignaz: Gruppenpsychologische Gesichtspunkte der Schulpädagogik. Harms Pädagogische Reihe, Heft 13. München o. J.

Bauernfeind, R. H.: Guidance at the Elementary School Level. In: Divis. of Educ. Ref. Nr. 76, Purdue Univ., 1951.

Baumann, Paul: Berthold Otto. 6 Bd. Berlin 1959.

Baxter, Bernice; Cassidy, Rosalind: Group experience, the democratic way. New York 1943.

Becher: Erziehung zu Menschenliebe und Helfersystem. Langensalza 1914.

Beck, Robert: Grundformen sozialen Verhaltens. Stuttgart 1954.

Beck, Walter: Grundzüge der Sozialpsychologie. München 3 1957.

Becker, G. E. u. a.: Unterrichtssituationen I–III. München 1976.

Becker, G. E.: Konfliktbewältigung im Unterricht. Bad Heilbrunn 1976.

Becker, G. E.: Lehrer lösen Konflikte. München 1981.

Begert, F. J.: Auf dem Bühl. Zürich 1943.

Bennack, J.: Programmiertes Gruppenlernen. Köln 1977.

Bennis, W. G.: Organization Development: Its Nature, Origins and Prospects. Massachussets 1969.

Bennis, W. G. / Benne, K. D. / Chin, R. (Hrsg.): Änderungen des Sozialverhalten. Stuttgart 1975 (Aus dem Amerikanischen).

Berenda, R. W.: The Influence of the Group on the Judgment of Children. New York 1950.

Berendt, Ernst Joachim: Praxisbericht aus der Wirklichkeit des amerikanischen Schulunterrichts. In: Meyer, Ernst: Sozialerziehung und Gruppenunterricht – international gesehen. Stuttgart 1963.

Berendt, Fr.: Das Zusammenfassen der Leistungen im arbeitsteiligen Unterricht. In: Die neue Landschule, 1956.

Berendt, Richard F.: Der Mensch im Licht der Soziologie. 2. Auflage Stuttgart 1962.

Berendt, Richard F.: Dynamische Gesellschaft. Bern 1963.

Berg, H.-J.: Entwicklung einer Schulklasse zur Gruppe. Frankfurt / M. 1990.

Bernard, Emanuel: Zum Thema Gruppenunterricht in der Hilfsschule. In: Zeitschrift für Heilpädagogik, 7/8 1957.

Berne, E. V.: An experimental investigation of social behaviour-patterns in young children. In: Univ. of Iowa Studies of Child Welfare, 3/1930.

Bernfeld: Vom Gemeinschaftsleben der Jugend. Wien 1952.

Berthold, Otto: Harms Päd. Reihe, Heft 75. München o. J.

Bertlein, Hermann: Das Selbstverständnis der Jugend heute. Hannover 1960.

Bettelheim, Bruno: Love is not Enough. Illionois 1950.

Betz, O. / Kaspar, F. (Hrsg.): Die Gruppe als Weg. München 1973.

Betzold, Albert: Der Wetteifer in der Schule. In: Die Schulwarte, 1949.

Betzold, Albert: Über den Gruppenunterricht. In: Unsere Volksschule, 11/1959.

Birth, K. / Prillwitz, G.: Führungsstile und Gruppenverhalten von Kindern. In: Zeitschrift f. Psychologie, 3/4 1959.

Blochmann, E.: Die Sitte und der pädagogische Takt. In: Die Sammlung, 6/1951.

Blondel, Ch.: Einführung in die Kollektivpsychologie. Wien 1948.

Blonski, P.: Die Arbeitsschule. Berlin 1921.

Blumenthal, Alfred: Grundformen der Differenzierung im Unterricht. In: Die Deutsche Schule, 1956.

Bochenski, J. M.: Die zeitgenössischen Denkmethoden. München 1954.

Bodman, F.: Social maturity test. In: Journal of ment, science, 92/1946.

Bödiker, M.-L.: Gruppenarbeit in der Schule. Einige empirische Befunde der letzten Jahre. In: Erziehung und Unterricht, H. 3/1975, S. 172–180.

Böhm, Elfriede: Impulse zur Gruppen- und Gemeinschaftsbildung. In: Erziehung und Unterricht, 6/1956.

Bönsch, M.: Handlungsorientierte Arbeitsformen im Gruppenunterricht. In: PÄDAGOGIK, H. 1/1992, S. 31–37.

Bohla, J.: Der Gruppenunterricht. In: Die neue Landschule, 1956/57.

Bohnsack, Fritz: Sinn und Problematik der Aufgabe in der Erziehung. In: Erziehung und Schule in Theorie und Praxis. Weinheim 1960.

Bond, B. W.: Group discussion-decision. Minneapolis 1956.

Bornemann, Ernst: Formen der Gruppenarbeit im Betrieb. In: Psychologie und Praxis, 3/1956/57.

Bornemann, Ernst: Sozialpsychologische Probleme der Führung. In: Kölner Zeitschrift f. Soziologie und Sozialpsychologie, 1/1962.

Bosch, B.: Massenführer und Gruppenführer. In: Zeitschrift f. Päd. Psych., 1929.

Bossard, J. H. S.: The Sociology of Child Development. New York 1956.

Boettcher, W. u. a.: Lehrer und Schüler machen Unterricht. München 1976.

Bracken, H. von: Zur Sozialpsychologie der Autorität. Psychologische Rundschau 1950.

Bradford, L. P.: Training consultants and groups to work together. New York 1957.

Bradford, L. P. / Gibb, J. R. / Benne, D. K.: Gruppentraining, T-Gruppentheorie und Laboratoriumsmethode. Stuttgart 1972.

Breunig, Walter: Erfahrungen mit der Reifedifferenzierung. In: Westermanns Pädagogische Beiträge, 4/1953.

Brinkmann: Soziologie und Leben. Tübingen 1952.

Brocher, T.: Gruppendynamik und Erwachsenenbildung. Braunschweig 1969.

Bühnemann, Hermann: Die Selbstbildungsmittel der Schule. Lübeck 1949.

Bünger, W.: Kindgemäße Bildungsarbeit im Gruppen- und Gesamtunterricht. Essen 1956.

Bürger, W.: Teamfähigkeit im Gruppenunterricht. Weinheim 1978.

Burger; Steiskal: Praxis und Theorie der Schulklasse als Arbeits- und Lebensgemeinschaft. Wien 1931.

Buber, Martin: Dialogisches Leben. Zürich 1947.

Buber, Martin: Die Idee einer Schule im Spiegel der Zeit. Heidelberg 1952.

Buber, Martin: Reden über Erziehung. 3. Aufl. Heidelberg 1973.

Buber, M.: Werke. Erster Band: Schriften zur Philosophie. München / Heidelberg 1962 (hierzu besonders „Ich und Du" [1923], „Reden über Erziehung [1926], „Elemente des Zwischenmenschlichen" [1954], „Zur Geschichte des Dialogischen Prinzips" [1954]).

Buber, M.: Das dialogische Prinzip. Heidelberg 3/1973.

Burger, Eduard: Arbeitspädagogik. Wien 1923.

Büttner, C. / Trescher, H.-G. (Hrsg.): Chancen der Gruppe. Mainz 1987.

Busemann, Adolf: Soziales Verhalten in Kindheit und Reifezeit. In: Unsere Jugend 1949.

Buswell, M. M.: The relationship between the social structure of the classroom and the academic succes of the pupils. In: J. Exp. Educ., 1953.

Button, L.: Gruppenarbeit mit Jugendlichen. München 1976.

Campbell, N.: The elementary school teacher's treatment of classroom problems. New York 1935.

Cappel, Walter: Das Kind in der Schulklasse. Grundlagen und Methoden soziometrischer Untersuchungen. Weinheim 1963.

Cardinaux, A.: Travail en équipes. In: Educateur, 1944.

Carroi, M. A.: Les fondements sociologiques du travail par équipes. In: Pour l'ère nouvelle, 118/1936.

Carroi, M. A.: Développment individuel et travail par équipes. In: Pour l ère nouvelle, 119/1936.

Carroi, M. A.: La méthode du travail par équipes dans l'enseignement du second degré. In: Pour l'ère nouvelle, 133/1938.

Cartwright, D. / Zander, A.: Group dynamics. Evanston 1953.

Chavaleva-Janovskaja, E.: Les groupements spontanées d'ènfants à l'age préscolaire. In: Archives de psychologie, 1927.

Chiout, Herbert: Schulversuche in der Bundesrepublik Deutschland. Dortmund 1955.

Chowdhry, K. / Newcomb, T. H.: The relative abilites of leaders and non-leaders to estimate opinions of their own groups. In: Jour, of Abnorm. Soc, Psych., 1952.

Christl: Mein Gruppenunterricht in der Einklassigen. In: Pädagogische Welt, 1951.

Cohn, R.: Von der Psychoanalyse zur themenzentrierten Interaktion. Stuttgart 1975.

Cooley, Charles, H.: Social Organisation. New York 1909.

Copei, Friedrich: Der fruchtbare Moment im Bildungsprozeß, 4. Auflage Heidelberg 1958.

Correll, Werner: Lernpsychologie. Donauwörth 1961.

Corey, S. M.: Action research to improve school practices. New York 1953.

Corey, S. M. / Halverson, P. M. / Lowe, E.: Teachers prepare for discussion group leadership. New York 1953.

Cousinet, Roger: La justice sociale chez les enfants. In: L'éducateur moderne. Juni, 1914.

Cousinet, Roger: La nouvelle éducation. In: Pour l'ère nouvelle, 1/1922.

Cousinet, Roger: L'auto-éducation et le travail collectif. In: Pour l'ère nouvelle, 8/1923.

Cousinet, Roger: La méthode de travail libre par groupes pour les enfants de 9 à 12 ans, 1925.

Cousinet, Roger: La valeur psychologique et pédagogique du travail par groupes. In: La nouvelle éducation, 168/1938.

Cousinet, Roger: La discipline. In: La nouvelle éducation, 176/1939.

Cousinet, Roger: Une methode de travail libre par groupes. Paris 1954.

Cousinet, Roger: Règles pratiques pour appliquer la méthode Cousinet. In: L'école nouvelle francaise, 5/8/1947.

Cousinet, Roger: L'étude du milieu et le travail par groupes. In: L'école nouvelle francaise, 2/1947.

Cousinet, Roger: L'éducation nouvelle. Paris 1949.

Cousinet, Roger: Leçons de pédagogie. Paris 1950.

Cremin, Lawrence: The transformation of the school. New York 1961.

Csáki, Imre: Kein Sitzenbleiben mehr. Zu einer spezifischen Form der Gruppenbeschäftigung in der ungarischen Schule. In Meyer, Ernst: Sozialerziehung und Gruppenunterricht – international gesehen. Stuttgart 1963.

Cunningham, R.: Understanding Group Behaviour of Boys and Girls. New York 1951.

Curtman, Mary M.: An experimental investigation of some of the influences of authoritarian and democratic atmospheres on the behaviour of small groups. Standford Univ. Calif. 1939.

Dahrendorf, Ralf: Homo Sociologicus. Ein Versuch zur Geschichte, Bedeutung und Kritik der sozialen Rolle. Köln und Opladen 1959.

Däumling, A. M. u. a.: Angewandte Gruppendynamik. Stuttgart 1974.

Dauscher: Gruppenarbeit im Erdkunde-Unterricht. In: Deutsche Jungelehrer Zeitung 1953.

Demant, Hella: Koedukation oder getrennte Erziehung. Frankfurt 1955.

Denecke, Wulf: Gruppenunterricht als kritisch-kommunikative Unterrichtspraxis. Hannover 1981.

Deuchler, Gustav: Zur Morphologie und Psychologie der Schularbeit. In: Zeitschr. f. Päd. Psych. 1913.

Deutsch, M.: Social relations in the classroom and granding procedures. In: J. Educ. Res. 1951.

Deutscher: Schülergespräche und Klassengemeinschaft im 1. Schuljahr. In: Die Quelle 1927.

Deutzmann, Fritz: Gemeinschaft und Verantwortung. Düsseldorf 1947.

Dewey, John: School and Society. Revised Edition. Chicago 1956.

Dewey, John: Experience and Education. New York 1938.

Dewey, John: Demokratie und Erziehung. 2. Auflage Braunschweig 1949.

Dewey, John / Kilpatrick, W. Heard: Der Projekt-Plan. Grundlegung und Praxis. Weimar 1935.

Diegritz, T. / Rosenbusch, H.: Kommunikation zwischen Schülern. München 1977.

Dietrich, G.: Bildungswirkungen des Gruppenunterrichts. München 1969.

Dietrich, G.: Kooperatives Lernen in der Schule. Donauwörth 1974.

Dietrich, Theo: Die erziehungswissenschaftlichen Grundlagen des Gruppenunterrichts. In: Lebendige Schule 1951.

Dietrich, Theo: Leistungssteigerung durch situationsgebundenen Unterricht. In: Lebendige Schule 1951.

Dietrich, Theo: Freies Unterrichtsgespräch in der Grundschule. In: Lebendige Schule 1953.

Dietz, Heinrich: Autorität und Ordnung in Schule und Gemeinschaft. Frankfurt 1960.

Dodd, S. C.: Sociomatrices and Levels of Interaction. In: Sociometry 14/1951.

Döring, W. O.: Psychologie der Schulklasse. Osterwieck 1927.

Doroschenko, Olga: Der Einfluß des Milieus auf den Inhalt frei entstehender Kollektive im vorschulpflichtigen Alter. In: Zeitschr. f. angew. Psych., 30/1928.

Dottrens, R. / Weber, L. / Lustenberger, W.: Auf neuen Wegen. Unterrichtsformen in der Schweiz. Bern 1955.

Dreikurs, Rudolf: Die Rolle der Gruppe in der Erziehung. In Ernst Meyer: Sozialerziehung und Gruppenunterricht – international gesehen. Stuttgart 1963.

Dreikurs, Rudolf: Psychology in the classroom. New York 1957.

Dreikurs, Rudolf: The Challenge of Parenthood. New York 1957.

Dreikurs, Rudolf: The Cultural Implications of Reward and punishment. In: Int. J. of Soc. 3/1958.

Dreikurs, Rudolf: The Impact of the Group for Music Therapy and Music Education. In: Music Therapy, New York 1959.

Drewniak, A.: Doswiadczenia na dzialce szkolnej. Warschau 1954.

Düker, H. / Tausch, R.: Die Auswirkung von Stegreifdarstellungen auf anschließend angefertigte Schulaufsätze. In: Psych. Beiträge 1960.

Duman, H.: Persönlichkeitsbildung im Gruppenunterricht. München 1967.

Duncker, K.: Zur Psychologie des produktiven Denkens. Berlin 1935.

Durkheim, Emilie: Education et sociologie. Paris 1922.

Eckhardt, Karl: Die Landschule. Oberursel 1948.

Eckstein, B.: Gruppenzentrierter Unterricht: Ein Werkstattseminar. Heidelberg 1974.

Ederer: Die Auflockerung der Klasse. In: Pädagogische Welt, 1951.

Edmann, Marion: Die Sozialerziehung in den „Entwicklungsländern". In: Sozialerziehung und Gruppenunterricht – inernational gesehen. Stuttgart 1963.

Engel, Ernst: Die Gemeinschaftsschulen. Prag 1922.

Engelmayer, Otto: Das Soziogramm in der modernen Schule. München 1958.

Ennker, Adolf: Ratgeber für Jugendführer. Heidelberg 1955.

Erker, Hilde: Gruppenarbeit und Quellentextnöte. In: Lebendige Schule 12/1959.

Esser, W. M.: Individuelles Konfliktverhalten in Organisationen. Stuttgart 1975.

Fabian, Georg: Das Unterrichtsgespräch als Problem: In: Schola, 6/1951.

Falski, M.: Przewodnik metodynczny do elementarza. Warschau 1958.

Fau, René: Les groupes d'enfants d'adolescents. Paris 1952.

Feigenwinter, M.: Gruppenunterricht. Hitzkirch 1972.

Ferriere, Adolphe: Die Schule der Selbstbetätigung oder Tatschule. Dt. Übers. Weimar 1928.

Ferriere, Adolphe: L'école active. Genf 1922.

Festinger, P. / Pepitone, A. / Newcomb, T. M.: Some consequence of de-individuation in a group. In: Abnorm. Soc. Psych., 1952.

Ficker, Paul: Didaktik der neuen Schule. Osterwieck-Leipzig 1932.

Fischer, G.: Gruppenarbeit in der Volksschuloberstufe. In: Pädagogische Welt, 1953.

Fischer, G.: Gruppenarbeit in der Praxis. In: Pädagogische Welt, 1949.

Fischer, Heinz: Das freie Unterrichtsgespräch. Braunschweig 1955.

Fittkau, B. u. a. (Hrsg.): Kommunikations- und Verhaltenstraining für Erziehung, Unterricht und Ausbildung. Pullach 1974.

Fittkau, B. u. a.: Kommunizieren lernen (und umlernen). Braunschweig 1977.

Flanders, N. A. (und Mitarbeiter): Teaching with groups. Minneapolis 1954.

Flanders, N. A.: Personal-social anxiety as a factor in experimental learning situations. In: J. Educ. Res. 1951.

Forsberg, B. / Meyer, E. (Hrsg.): Einführung in die Praxis schulischer Gruppenarbeit. Heidelberg 1976.

Foulkes, S. H.: Gruppenanalytische Psychotherapie. München 1974.

Frei, Kaspar: Pestalozzi in Stans. Versuch mit einfühlendem Gruppenunterricht. In: Schweiz. Lehrerzeitung 1948.

French, D. G.: An approach to measuring results in social work. New York 1952.

Freudenthal, H.: Gruppenarbeit. In: Westermanns Päd. Beitr., 2/1952.

Frey, Gerhart: Gruppenarbeit in der Volksschule. Stuttgart 1959.

Fritz, J.: Emanzipatorische Gruppendynamik. München 1974.

Fritz, J.: Gruppendynamisches Training in der Schule. Heidelberg 1975.

Fritz, J.: Methoden des sozialen Lernens. München 1977.

Fritz, Paul: Aus dem Gruppenunterricht der Landschule. In: Westermanns Päd. Beitr. 1952.

Fröhlich, Otto: Vom Skizzenaufsatz zum Gruppenaufsatz. In: Schweiz. Lehrerzeitung, 37/1932.

Fromm, M. / Keim, W. (Hrsg.): Diskussion Soziales Lernen. Baltmannsweiler 1982.

Frommberger, Herbert: Das Sitzenbleiberproblem. Dortmund 1955.

Fuhr, R. u. a.: Soziales Lernen. Innere Differenzierung. Kleingruppenunterricht. Braunschweig 1977.

Fuhrich, Hermann / Gick, Georg: Der Gruppenunterricht. Ansbach 1952.

Fuhrich, H. / Gick, K.: Der Gruppenunterricht. Ansbach 1953.

Garlichs, A.: Gruppentherapeutische Ansätze im Unterricht? In: Neue Sammlung H. 5 (1974), S. 445–470.

Gaudig, Hugo: Die Schule der Selbsttätigkeit. Hrsg. v. Lotte Müller. Mit Bibliographie. Bad Heilbrunn 1963.

Gaupp, A.: Schülerauslese als diagnostisches Problem. In: Zeitschr. f. Diagn. Psych. und Persönlichkeitsforschung, 3/1955.

Gebert, D.: Organisationsentwicklung. Stuttgart 1974.

Geheeb: Die kulturelle Aufgabe der Koedukation. Goldern 1935.

Geiger, Th.: Die Masse und ihre Aktion. Stuttgart 1926.

Geißler, K. A.: Zur Ideologiekritik gruppenpädagogischer Unterrichtsmethoden. In: Z. f. Gr. päd. H. 3/1977, S. 23–45.

Geißler, Georg: Das System des Klassenunterrichts. In: Erziehung und Schule in Theorie und Praxis. Weinheim 1960.

Geißler, H.: Gruppendynamik für Lehrer. Reinbek 1979.

Gelder, L. van: Didaktisch-psychologische aspecten van het Groepswerk. Vernieuwindsdag 1951.

Gerhardt, F. F.: Arbeitsmaterial für den Musikunterricht in der Volksschule. Lebendige Schule, 1953.

Gesell, A.: Jugend. Das Alter von Zehn bis Sechzehn. Bad Nauheim 1958.

Gibb, J. R. / Gibb, L. M.: Applied group dynamics. Washington 1955.

Girard, P. Grégoire: Die verschiedenen Formen beym Unterrichte, und Der moralische Wert des wechselseitigen Unterrichtes. Zürich 1826.

Glöckel, H.: Vom Unterricht. Bad Heilbrunn 1992.

Goeing, Friedel: Gruppenbildung in der Hilfsschule unt. heilpäd. Aspekt. In: Zeitschr. f. Heilpäd., 7/8 1958.

Goeing, Friedel: Möglichkeiten und Grenzen des Gruppenunterrichts in der Hilfsschule. In: Zeitschr. f. Heilpäd., 6/1959.

Götz-Marchand, B.: Einführung in die Gruppensoziologie, S. 145–171, Heidelberg 1980.

Goodwin / Watson (Hrsg.): Change in School Systems. Washington 1967.

Gordon, C. W.: Die Schulklasse als ein soziales System. In: Kölner Zeitschr. f. Soziologie und Sozialpsych. Sonderheft 4, 1959.

Gordon, C. W. / Litsinger, D.: Die Gruppe in der Unterrichtspraxis der USA. In: Sozialerziehung und Gruppenunterricht – international gesehen. Stuttgart 1963.

Grambs, G. D.: Group processes in inter-group Education. New York 1953.

Grein, Heinrich: Die Schule im Dienst sozialer Erziehung. Leipzig 1908.

Griend, P. C. v. d.: Onderwijs in menselijke Verhoudingen. In: Paedagogische Studien. Jhrg. 35.

Griesbeck, J.: Spiele für Gruppen. München 1981.

Grinberg, L. / Lange, M. / Rodrique, E.: Psychologische Gruppentherapie. München 1973.

Gronland, N. E.: Sociometry in the Classroom. New York 1959.

Grossack, M. M.: Some Effects of Cooperaton and Competition Upon Small Group Behaviour. In: J. of Abnorm. Soc. Psych., 49/1954.

Groteloh, E.: Kommunikation und Lernerfolg: eine Vergleichsuntersuchung zur Lerneffektivität eines Einzel- und Gruppenlernprogrammes mit dem gleichen Programmtext. München 1982.

Gruppenpädagogik. Auswahl aus den Schwalbacher Blättern, 1949–1959.

Gruppenspiegel, Der. Wiesbaden 1952.

Gudjons, H.: Gruppenunterricht. In: WPB H. 12/1979, S. 465–471.

Gudjons, H.: Wie kann man die Klassengemeinschaft fördern? In: Gudjons, H. / Reinert, G.-B. (Hrsg.): Schulleben. Königstein 1980, S. 63ff.

Gudjons, H.: Spielbuch Interaktionserziehung. Bad Heilbrunn 1992 (5. Aufl.).

Gudjons, H. (Hrsg.): Handbuch Gruppenunterricht Weinheim 1993.

Guisen: Le plan de Dalton pour l'individualisation de l'enseignement. Brüssel 1930.

Gutte, R.: Gruppenarbeit: Theorie und Praxis des sozialen Lernens. Frankfurt / M. 1976.

Guyer, Walter: Wie wir lernen. Versuch einer Grundlegung. 2. Auflage Erlenbach-Zürich 1956.

Hage, K. u. a.: Das Methodenrepertoire von Lehrern. Opladen 1985.

Haase, Otto: Über das Gespräch. In: Westermanns Päd. Beitr., 5/1955.

Hagstedt, H.: Planung und Vorbereitung des Gruppenunterrichts durch Schüler. In: Z. f. Gr.päd. (1978) H. 2, S. 129–147.

Haselmann, B.: Gruppenunterricht in der Sonderschule. Wiesbaden 1978.

Haigh, Gerard V.: The Learning of subject matter in teacher-centered and group-centered classes. In: The Journ. of Educ. Psych., 5/1947.

Halberstadt, Ernst: Aus der Praxis der Dorfschule. Frankfurt 1950.

Hambrecht Edmund: Zur Frage der Gruppenarbeit. In: Die Schulwarte, 7/1957.

Hamaïde: Die Methode Décroly. Dt. Übers. Weimar 1928.

Hanhart, Dieter: Der Gruppenfertigungsversuch. In: Schweiz. Zeitschr. f. Psych., 1/1963.

Hare, A. P. / Borgatta, E. F. / Bales, R. F.: Small Groups. New York 1955.

Hare, A. P.: Handbook of Small Group Research. Illinois 1962.

Hare, A. P. et al.: Small Groups: Studies in Social Education. New York 1965.

Hartig, M.: Probleme und Methoden der Psychotherapieforschung. München / Berlin / Wien 1975.

Harless, Hermann (Hrsg.): Jugend im Werden. Getrennte oder gemeinsame Erziehung der Geschlechter? Bremen 1955.

Harsche, J.: Produktive Selbsttätigkeit in der Grundschule durch sinnvolle Arbeitsmittel. Braunschweig 1952.

Hartmann, A.: Organisationsentwicklung in der Schule. Hamburg 1975.

Haselmann, B.: Gruppenunterricht in der Sonderschule. Wiesbaden 1978.

Haß, Kurt: Autorität und Partnerschaft. In: Die Päd. Provinz. 7/1956.

Hawthorn, W.: Influence of Individual Members on the Characteristics of Small Groups. In: J. of Abnorm. Soc. Psych., 48/1953.

Heidegger, Martin: Sein und Zeit. 7. Auflage Tübingen 1953.

Heidegger, Martin: Die Frage nach der Technik. Darmstadt 1956.

Heimann, Paul: Didaktik als Theorie und Lehre. In: Die Deutsche Schule, 9/1962.

Heinecker, W.: Das Problem der Schulorganisation auf Grund der Begabung der Kinder. Langensalza 1913.

Heintel, P. (Hrsg.): Das ist Gruppendynamik. München 1974.

Heise, Heinrich: Die entscholastizierte Schule. Stuttgart 1960.

Hepp, J.: Die Selbstregierung der Schüler. Zürich 1914.

Hermann, Heinrich: Die äußeren Formen der Schularbeit in den Schulklassen des 16. Jahrhunderts. Hrsg. v. Josef Dolch. München 1929.

Hessen, Sergius: Die Idee der Arbeitsschule und der Dalton-Plan. In: Die Erziehung, 10/1925.

Heumann, Hans (Hrsg.): Handbuch der Unterrichtshilfen. Essen 1957.

Hilker: Deutsche Schulversuche. Berlin 1924.

Hillebrandt, Friedrich: Gruppenunterricht – Gruppenarbeit. Wien 1956.

Hillebrandt, Friedrich: Die Gruppenerziehung des normalen und des betreuungsbedürftigen Kindes. In: Die Schulwarte, 11/1958.

Hillebrandt, Friedrich: Leistungsdifferenzierung und Gruppenarbiet an Beispielen der Volksschuloberstufe. In: Schule und Psych., 9/1957.

Himmerich, Wilhelm: Gruppenpädagogik – Gruppenunterricht – Gruppenarbeit. Versuch einer Bereinigung der didaktischen Terminologie. In: Rundgespräch, 3/1962.

Hochheimer, Wolfgang: Zur Tiefenpsychologie des päd. Feldes. In: Psychologie und Pädagogik. Heidelberg 1959.

Hochheimer, Wolfgang: Zur Problematik der Jugendpsychologie und Jugenderziehung in unserer Zeit. In: Die Deutsche Schule, 1962.

Höhn, Elfriede: Untersuchungs- und Testmethoden der Sozialpsychologie. In: Soziologie und Leben. Tübingen 1952.

Höhn, E. / Koch, M.: Zur Psychologie des Außenseiters. In: Psych. Rundschau, 1954.

Höhn, E. / Schick, C. P.: Das Soziogramm. Stuttgart 1954.

Höller, Ernst: Zur Theorie und Praxis des Schülergespräches. Wien 1950.

Hofstätter, Peter R.: Einführung in die Sozialpsychologie. Stuttgart-Wien 1954.

Hofstätter, Peter R.: Gruppendynamik. Hamburg 1957.

Hofstätter, Peter R.: Eliten und Minoritäten. In: Kölner Zeitschr. f. Soziologie und Sozialpsych., 1/1962.

Hollunder, R.: Der Gruppenunterricht. Würzburg 1971.

Holm: Kopenhagener Versuchsschule. In: Lehrerrundbrief, 1952.

Holstein, H. / Rother, E. F.: Arbeitsmittelformen in der Volksschule. Bad Godesberg 1963.

Homans, G. C.: Theorie der sozialen Gruppe. Köln und Opladen 1960.

Horace-Mann-Lincoln-Institute Staff: How to construct a sociogramm. New York 1957.

Horn, K. (Hrsg.): Gruppendynamik und der „subjektive Faktor". Frankfurt / M. 1972.

Hostie, R.: Training zur Sensibilisierung für menschliche Beziehungen. Salzburg 1975.

Huber, Franz: Unsere Landschule. Bad Heilbrunn 1958.

Huber, G. L. (Hrsg.): Lernen in Schülergruppen – Organisationsmodelle und Materialien. Deutsches Institut für Fernstudien: Studienbrief. Tübingen 1985.

Huber, G. L. / Roterin-Steinberg, S. / Wahl, D. (Hrsg.): Kooperatives Lernen. Weinheim 1984.

Huberich, P. und U.: Spiele für die Gruppe. Heidelberg 1982.

Huber / Weigl: Die Volksschulen des Beispielkreises Weilheim. Donauwörth 1950.

Hunckley, R. / Hermann, L.: Gruppenbehandlung in der Psychotherapie. Zürich 1954.

Hurlock, Elis. B.: Rozwój dziecka. Warschau 1960.

Husén, T.: Interaction between teacher and pupil as a determinant of motivation and satisfaction with schoolwork. XIII. Intern. Congress of Applied Psych. Rom 1958.

Huth, Albert: Förderung der Begabten durch Gruppenunterricht im Rahmen der Schulklasse. In: Die Deutsche Schule, 4/1921.

Hylla, E. / Wrinkle, W. L.: Die Schulen in Westeuropa. Bad Nauheim 1953.

Ibler, Martin: Arbeitsmittel helfen den Unterricht gestalten. Bochum 1956.

Imai, Yojiro: Praxis der Sozialkunde nach heimatkundlichen Prinzipien. Tokio 1950.

Isaacs, Susan: Social Growth in Young Children. London 1933.

Imhof, M.: Selbsterfahrung in der Schule. Bericht über einen gruppendynamischen Versuch. München 1978.

Jackson, Ph. W.: Life in Classrooms. New York 1968.

Jahoda, M.: Research methods in social relations. New York 1951.

Jakiel, Albin: Le travail par equipes a l'ecole. Lyon 1935.

Jennings, H. H.: Sociometry in Group Relations. Washington 1951.

Jennings, H. H.: Schule und Schülergemeinschaft. Dt. Übers. Berlin-Hamburg 1951.

Jersild, A. T.: Characteristics of teachers who are „liked best" and „disliked" most. In: Journ. of Experimt. Educ., 9/1940.

Jeziorsky, Walter: Über das Unterrichtsgespräch. In: Westerm. Päd. Beitr., 1/1055.

Jeziorsky, Walter: Arbeit mit Selbstbildungsmitteln. In: Westerm. Päd. Beitr., 8/1952; 3/1953; 11/1954; 8/1955.

Joost: Das Unterrichtsgespräch. 3. Auflage Braunschweig 1954.

Jötten, B.: Sozialformen des Lebens – Einzel- und Kleingruppenarbeit im Unterricht. Münster 1977.

Johnson, D. W. u. a.: Effects of Cooperative, Competitive and Individualistic Goal Structures on Achievement: A Meta-Analysis. In: Psychological Bulletin 89 (1981).

Johnson, L. / Bany, M.: Steuerung von Lerngruppen. Weinheim 1975.

Jürgens, Stephan: Das Helfersystem in den Schulen der deutschen Reformation. Langensalza 1913.

Jung, Friedrich Hermann: Erziehung zur Freiheit. Köln o. J.

Kade, Franz: Schule im Werden. Bonn 1936.

Kahn, R. L. / Canall, C. F.: The dynamics of interviewing. New York 1957.

Kaminski, A.: Aktywizacja i uspoleczenianie uczniów w szkole podstawowej. Warschau 1960.

Karnick, Rudolf: Zur Theorie und Praxis der Landschule. Weinheim 1957.

Karsen, Siegfried: Deutsche Versuchsschulen der Gegenwart und ihre Probleme. Leipzig 1923.

Karstädt: Methodische Strömungen der Gegenwart. Langensalza 1926.

Katz, A. H. / Bender, E. J. (Hrsg.): The Strength in Us. Self Help Groups in the Modern World. New York 1976.

Katz, D. / Katz, R.: Gespräche mit Kindern. Berlin 1927.

Katzer, Maximilian: Das Lehrgespräch in der Volksschule. Düsseldorf 1951.

Kawerau, Siegfried: Soziologische Pädagogik. 2. Auflage Leipzig 1924.

Kelber, Magda: Fibel der Gesprächsführung. Darmstadt 1954.

Kelly, A. V.: Unterricht mit heterogenen Gruppen. Theorie und Praxis der Binnendifferenzierung. Weinheim 1981.

Kerschensteiner, Georg: Das Grundaxiom des Bildungsprozesses und seine Folgerungen für die Schulorganisation. 8. Auflage. München 1953.

Kerschensteiner, Georg: Die Seele des Erziehers und das Problem der Lehrerbildung. 6. Auflage. München 1955.

Kerschensteiner, Georg: Begriff der Arbeitsschule. 12. Auflage. München 1957.

Kerschensteiner, Georg: Der Begriff der staatsbürgerlichen Erziehung. 8. Auflage. München 1958.

Klafki, Wolfgang: Studien zur Bildungstheorie und Didaktik. 2. Auflage. Weinheim 1964.

Klafki, Wolfgang: Das pädag. Problem des Elementaren und die Theorie der kategorialen Bildung. 2. Auflage. Weinheim 1963.

Klafki, W. / Meyer, E. / Weber, A. (Hrsg.): Gruppenunterricht im Grundschulunterricht. Paderborn und München 1981.

Klein, H. / Tomaschewsky, K.: Zu einigen Problemen der Sozialerziehung. In: Sozialerziehung und Gruppenunterricht – international gesehen. Stuttgart 1963.

Klein, A. F.: Role playing in leadership training and group problem solving. New York 1956.

Kluge, Karl-Josef / Schmitz, Leo: Die Lösung von Konfliktsituationen durch Rollenspiel. Hannover 1982.

Knapp, A.: Über den Lernerfolg im Kleingruppeunterricht und seine bedingenden Faktoren. Frankfurt 1975.

Knapp, A. (Hrsg.): Evaluation von Gruppenarbeit. Wiesbaden 1978.

Knapp, J.: Gruppendynamik für Lehrer – Erfahrungen und Analyse. Wiesbaden 1978.

Kelber, M. (Hrsg.): Auswahl Vier. Bd. 1: Gruppenpädagogische Grundlegung, Bd. 2: Gruppenpädagogische Handlungsfelder. Wiesbaden 1978.

Kelber, M.: Meine Gruppe. Wiesbaden 1972.

Kelber, M.: Gesprächsführung. Opladen 12/1977.

Knowles, M. S. / Knowles, H. F.: How to develop better leaders. New York 1955.

Kob, Janpeter: Die Rollenproblematik des Lehrerberufes. In: Kölner Zeitschr. f. Soziologie und Sozialpsychologie. Sonderheft 4, 1959.

Kober, Helmut / Kober, Rosemarie: Gruppenarbeit in der Praxis. Frankfurt 1961.

Kober, H. + R.: Gruppenarbeit in der Praxis. Frankfurt / M. 1965.

Kösel, E.: Sozialformen des Unterrichts. Ravensburg 1973.

Köhler, Elsa: Entwicklungsgemäßer Schaffensunterricht als Hauptproblem der Schulpädagogik. Wien-Leipzig 1932.

Komleitner, R.: Die Methode des Gruppenunterrichtes und ihre Auswirkungen auf die Schülerleistung. Wien 1972.

Konnikowa, T. E.: Die Organisation des Schülerkollektivs. Berlin 1960.

Konopka, G.: Gruppenarbeit mit 11- bis 17jährigen Jungen in einem amerik. Auffangheim. In: Unsere Jugend. Beiheft 9. München 1954.

Kopp, Ferdinand: Gruppenarbeit. In: Päd. Welt, 11/1956.

Koskenniemi, Matti: Comments on Group Work in School. Helsinki 1950.

Koskenniemi, Matti: Soziale Gebilde und Prozesse in der Schulklasse. Helsinki 1936.

Kragh-Müller, C. C.: Bernadotteskolen. Kopenhagen 1961.

Kramer, Werner: Das gruppenunterrichtliche Verfahren im Gesamtunterricht. In: Unsere Schule, 12/1951.

Krege, W.: Begriffe der Gruppendynamik. Stuttgart 1977.

Kreger, L. (Hrsg.): Die Großgruppe. Stuttgart 1977.

Kreth, Hermann: Die Einstellung der Schüler zum Gruppenunterricht. In: Die Deutsche Berufs- und Fachschule 6/1953.

Kretschmann, Johannes: Natürlicher Unterricht. Wolfenbüttel-Hannover 1948.

Kreutter: Zusammensetzung der Arbeitsgruppen. In: Lebendige Schule, 1951.

Kreutter: Das Unterrichtsgespräch als Problem. In: Lebendige Schule, 1951.

Krick, Irmhild: Kindliche Aktivität bei Frontal- und Gruppenunterricht. In: Ganzheitl. Bildung, 4/1962.

Krick, Wilhelm: Ganzheite. Bildungsplan der Landschule. Oberursel 1951.

Krick, Wilhelm / Wilkner, Karl: Ganzheitl. Bildungsplan der Stadtschule. Oberursel 1959.

Krick, Wilhelm: Die humane Schule als Lebensraum. Oberursel 1981.

Kroh, Oswald: Revision der Erziehung. 2. Auflage. Heidelberg 1954.

Kruckenberg, A.: Die Schulklasse als Lebensform. In: Zeitschr. f. päd. Psych. und exp. Psych., 25/1924.

Krügel, Heinz-Gerhard: Sozialerziehung an der Jahnschule. In Schultze / Belser: Aufgelockerte Volksschule. Bd. 1. Worms 1958.

Küchler, J.: Gruppendynamisches Verfahren in der Aus- und Weiterbildung. München 1979.

Kuenstler, Peter (Hrsg.): Social Group Work in Great Britain. London 1955.

Kumentat, Heinrich: Der Lernvorgang im Gespräch. In: Wahrheit und Wert in Bildung und Erziehung. 3. Folge. Ratingen 1962.

Kupisiewicz, Czeslaw: Die Entwicklung des selbständigen Denkens der Schüler durch das Lösen von Problemen im Unterricht. In: Beiträge zur Erziehung zum selbständigen Denken. Reihe Informationsmaterial aus der pädagogischen Literatur der Sowjetunion und der Länder der Volksdemokratie. Berlin 1960.

Kupper, Albert: Schüler erleben Schönheiten ihrer Heimatstadt, ein Versuch zur Gruppenarbiet im Aufsatzunterricht. In: Schweiz. Lehrerzeitung, 9/1948.

Kuprian, Fritz: Gruppenarbeit in der Grundschule. In: Ganzheitl. Bildung, 2/1959.

Kyöstiö, O. K. / Kurkiala, J.: Die Rolle des Gruppenunterrichts an finnischen Volksschulen. In: Sozialerziehung und Gruppenunterricht – international gesehen. Stuttgart 1963.

Lansky, M. / Scharmann, Th. (Hrsg.): Programmierter Gruppenunterricht. Hannover 1976.

Lapassade, G.: Gruppen, Organisationen, Institutionen. Stuttgart 1967 (Aus dem Französischen).

Lattke, Herbert: Sozialpädagogische Gruppenarbeit. Freiburg 1962.

Leuthold, Hans: Lebendiger Unterricht. Zürich 1945.

Lewin, Kurt: Die Lösung sozialer Konflikte. Dt. Übers. Bad Nauheim 1953.

Lewin, K. / Lippitt, R. / White, R. K.: Patterns of aggressive behaviour in experimentally created „social climates“. In: J. of Soc. Psych., 10/1939.

Lewin, Kurt: Group decision and social change. New York 1958.

Lichtenstein, Ernst: Vom Sinn der erzieherischen Situation. In: Vierteljahresschrift f. wiss. Päd., 1/1955.

Lichtenstein-Rother, Ilse: Der Zusammenhang zwischen Unterrichtsstil und Leistungsbereitschaft. In: Die Deutsche Schule, 3/1963.

Lindgren, H. C.: Education Psychology in the Classroom. New York 1956.

Lippitt, R.: An experimental study of the effect of democratic and authoritarian group atmospheres. In: Univ. of Iowa Studies of Child Welfare, 3/1940.

Lippitt, R. / White, R.: The social climate of children's groups. In: Child behaviour and development. New York 1943.

Lippitt, R. / White, R.: An experimental study of leadership and group life. In: Readings in Soc. Psych. New York 1952.

Litt, Theodor: Führen oder Wachsenlassen. Stuttgart 1952.

Lochmann, Werner: Die Aufgaben des Lehrers im Gruppenunterricht. In: Päd. Arbeitsblätter, 2/1959.

Lochner, R.: Das Soziogramm der Schulklasse. In: Zeitschr. f. päd. Psych., 1927.

Lochner, R.: Die Schulklasse als Gesellschaftsgruppe. Berlin 1929.

Loeber, H.-D.: Lernen und Gruppe. Weinheim 1982.

Löhmer, C. / Standhardt, R. (Hrsg.): TZI. Pädagogisch-therapeutische Gruppenarbeit nach Ruth C. Cohn. Stuttgart 1992.

Long, F. E.: Group Work in the Junior High School. In: Nat'l Assoc. Second. School Principals, 36/1952.

Lückert, H.-R.: Konflikt-Psychologie. München 1957.

Lütkens, Charlotte: Die kleine Gruppe – Legende und Wirklichkeit. In: Kölner Zeitschr. f. Soziologie und Sozialpsychologie. 3/1955/1956.

Luft, J.: Einführung in die Gruppendynamik. Stuttgart 1971 (Aus dem Amerikanischen).

Lukascyk, K.: Gruppenstruktur und Gruppenprozeß. 21. Kongreßber. Dt. Ges. f. Psych. 1957. Göttingen 1958.

Lustenberger, Werner: Gemeinschaftliche geistige Schularbeit. Luzern 1949.

Lutz, M. / Ronellenfitsch, W.: Gruppendynamisches Training in der Lehrerbildung. Ulm 1971.

Lynck, A. J.: Individualö Work and the Dalton-Plan. London 1925.

Mannschatz, E.: Probleme der Kollektiverziehung. Berlin 1960.

McConnell, C. N. (and others): New Schools for a New Culture. New York 1953.

McDougall, W.: Psychoanalyse und Sozialpsychologie. Dt. Übers. Bern 1947.

Maier, W. G.: Oberstufe heute. Theorie und Praxis der ganzheitl. Bildung auf der Volksschuloberstufe. 2. Bd. Essen 1960.

Makarenko: Ausgewählte pädagogische Schriften, besorgt v. H. E. Wittig. Paderborn 1961.

Makarenko: Werke. 7 Bd. Berlin 1956–60.

Maller, J. B.: Cooperation und Competition. New York 1929.

Mayer, A.: Über Einzel- und Gesamtleistungen der Schulkinder. In: Arch. f. ges. Psych., 2/1988.

McLeish, J. / Matheson, W. / Park, J.: Lernprozesse in Gruppen. Ulm 1975.

Meyer, E. (Hrsg.): Individualisierung und Gruppenarbeit in der Schule. Oberursel 1968.

Meyer, E. (Hrsg.): Die Gruppe im Lehr- und Lernprozeß. Frankfurt / M. 1970.

Medici, A.: Les progres de l'education nouvelle. Paris 1941.

Meißner, Heinz: Diskussion über das Diskutieren. In: Pädagogische Rundschau, 1948.

Meister, Richard: Beiträge zur Theorie der Erziehung. 2. Auflage. Wien 1947.

Metzger, W.: Die Grundlagen der Erziehung zu schöpferischer Freiheit. Frankfurt 1949.

Metzger, W.: Stimmung und Leistung. Praktische Arbeits- und Bildungspsychologie. Gelsenkirchen 1957.

Meyer, Ernst: Offene Schultür – Zeitnahe Unterrichtsarbeit. Worms 1957.

Meyer, Ernst: Praxis des Exemplarischen. Stuttgart 1962.

Meyer, Ernst: So werken wir heute. 3. Auflage. München 1963.

Meyer, Ernst: Unterrichtsvorbereitung in Beispielen. 16. Auflage. Bochum 1973.

Meyer, Ernst (Hrsg.): Sozialerziehung und Gruppenunterricht – international gesehen. Stuttgart 1963.

Meyer, Ernst: Schulpraktikum. 4. Aufl. Bochum 1973.

Meyer, Ernst (Hrsg.): Individualisierung und Gruppenarbeit in der Schule. Oberursel o. J.

Meyer, Ernst (Hrsg.): Neuer Stil in Schule und Unterricht. Stuttgart 1969.

Meyer, Ernst (Hrsg.): Schulexperimente in Beispielen. Stuttgart 1970.

Meyer, Ernst (Hrsg.): Die Gruppe im Lehr- und Lernprozeß. Frankfurt 1970.

Meyer, Ernst / Rother, Ewald (Hrsg.): Die audio-visuellen Mittler in der Unterrichtspraxis. Handbücher für Lehrer und Erzieher. Neubiberg 1969–1972.

Meyer, Ernst (Hrsg.): Team Teaching – Versuch und Kontrolle. Heidelberg 1971.

Meyer, Ernst (Hrsg.): Gruppenpädagogisch zwischen Moskau und New York. Heidelberg 1972.

Meyer, E. (Hrsg.): Gruppenaktivität durch Medien. Heidelberg 1972.

Meyer, E. (Hrsg.): Einführung in die Praxis schulischer Gruppenarbeit. Heidelberg 1973.

Meyer, E. (Hrsg.): Gruppenunterricht – Modell einer emanzipatorischen Erziehungsstrategie. In: Unterricht heute H. 6/1973.

Meyer, E. / Forsberg, B.: Einführung in die Praxis der schulischen Gruppenarbeit. Heidelberg 2/ 1976.

Meyer, E. (Hrsg.): Handbuch Gruppenpädagogik – Gruppendynamik. Heidelberg 1977.

Meyer, E.: Unterrichtsthema Angst. Oberursel 1978.

Meyer, E. (Hrsg.): Planung und Analyse von Gruppenprozessen. Grafenau 1979.

Meyer, E. / Weber, A. (Hrsg.): Aktivierung von Gruppenprozessen in pädagogischen Feldern. 2 Bde. Paderborn 1981/1982.

Meyer, E.: Trainingshilfen zum Gruppenunterricht. Oberursel 1981.

Meyer, E. (Hrsg.): Kinder und Jugendliche in seelischer Not. Braunschweig 1982.

Meyer, E.: Gruppenarbeit als metakommunikative Lernsituation. In: Die deutsche Schule, Nr. 7/8 (1977).

Meyer, E. / Wincenty Okoń (Hrsg.): Frontalunterricht. Frankfurt / M. 1984.

Meyer, E. / Winkel, R. (Hrsg.): Unser Ziel: Humane Schule. Hohengehren 1991.

Meyer, E. / Winkel, R. (Hrsg.): Unser Konzept: Lernen in Gruppen. Hohengehren 1991.

Meyer, H.: UnterrichtsMethoden. Bd. 1 + 2. Frankfurt / M. 1987.

Meyer, Nancy: Praxisbericht aus der Wirklichkeit des amerikanischen Schulunterrichts. In: Meyer, Ernst: Sozialerziehung und Gruppenunterricht – international gesehen. Stuttgart 1963.

Miel, A.: Cooperative Procedures in Learning. New York 1952.

Mielke, Hans: Das Soziogramm im Dienste der Erziehung. In: Päd. Blätter, 11/12, 1956.

Mieskes, Hans: Schulwirklichkeit und Menschwerdung. München 1956.

Miles, M. B.: Learning to work in groups. New York 1959.

Mills, Th. M.: Soziologie der Gruppe. München 1969 (Aus dem Amerikanischen).

Mischke, Erhard: Der Gruppenunterricht an unseren Schulen. In: Der Merkur-Bote //1962.

Moede, W.: Experimentelle Massenpsychologie. Beiträge zur Experimentalpsychologie der Gruppe. Leipzig 1920.

Moeller, M. L.: Selbsthilfegruppen. Reinbek 1978.

Mollenhauer, K.: Zur Theoriebildung der Gruppenpädagogik. München 1969.

Moreno, J. L.: Grundlagen der Soziometrie. Köln 1954.

Mory, F.: Enseignement individuel et travail par équipes. 3. Auflage. Paris 1950.

Muchaku, Seikyo: Yamabiko Gakko. Tokio 1951.

Müller: Das Rätsel in unterrichtlicher Verwendung. In: Päd. Blätter, 1951.

Müller, Lotte: Umstellung auf freie geistige Schularbeit. 4. Auflage. Bad Heilbrunn 1951.

Müller, Ernst: Gruppengröße und Freiheit des Einzelnen. In: Heilpäd. Werkblätter, 1/1960.

Müller, K.: Die Gruppenmoral der Schulklasse. Kölner Zeitschr. f. Soz. 1/1949/50.

Müller-Petersen: Kleine Anleitung zur päd. Tatsachenforschung und ihrer Verwendung. Marburg 1951.

Müller, W. / Maasch, H.: Gruppen in Bewegung. München 1962.

Müller, C. W. (Hrsg.): Gruppenpädagogik. Auswahl aus Schriften und Dokumenten. Weinheim 1968.

Münch, W.: Leiden und Lust an der Schule. Psychoanalyse, Selbsterfahrung und Supervision in Lehrergruppen. Frankfurt / M. 1984.

Neidhardt, F. (Hrsg.): Gruppensoziologie. Sonderheft 25 der Kölner Zeitschrift für Soziologie und Sozialpsychologie. Opladen 1983.

Murtfeld, Rudolf: Wege zu einem echten Gespräch. In: Lehrerrundbrief 1952.

Muth, Jakob: Die Aufgabe der Volksschule in der modernen Arbeitswelt. Essen 1961.

Muth, Jakob: Pädagogischer Takt. Heidelberg 1962.

Magy, Alexander: Gegenwärtige Probleme der Organisierung und Methoden des Unterrichts. Budapest 1958.

Nehnevajsa, J.: Soziometrische Analyse von Gruppen. In: Kölner Zeitschr. f. Soziologie u. Sozialpsych., 7/1955.

Neill, A. S.: Summerhill. New York 1960.

Nell-Breuning, Oswald v.: Einzelmensch und Gemeinschaft. Heidelberg 1950.

Nicolin, Milly: Die Gruppenstunde. Würzburg 1957.

Nielsen, Ruth Frøyland: Le développement de la socialbilité chez l'enfant. Neuchâtel 1951.

Niewöhner, Oswald: Mein Bemühen um die Erziehung zur Klassengemeinschaft. In: Päd. Welt, 10/1962.

Northway, M. L. / Weld, L.: Sociometric testing: a guide for teachers. Toronto 1957.

Mylen, D. / Mitchell, J. R. / Stont, A.: Handbook of staff development and human relations training. Copenhagen 1969.

Odenbach, Karl: Zur Praxis des Gruppenunterrichts. In: Westerm. Päd. Beiträge, 4/1959.

Oetinger, F.: Partnerschaft. Stuttgart 1956.

Okoń, Wincenty: Der Kollektivunterricht in der polnischen Schule. In: Sozialerziehung und Gruppenunterricht – international gesehen. Stuttgart 1963.

Okoń, Wincenty: Polnische Forschungen zur Gruppenarbeit. In: Gruppenunterricht – Idee, Wirklichkeit, Respektive, Hrsg. v. Kh. Wöhler. Hannover 1981.

Olmsted, M. S.: Die Kleingruppe. Freiburg 1971 (Aus dem Amerikanischen).

Opahle, Oswald: Der Gruppenunterricht, seine Berechtigung und seine Grenzen. In: Vierteljahresschrift f. wiss. Päd., 1/1951.

Ortega y Gasset: Der Mensch und die Leute. München 1961.

Ottaway, K. C.: Learning through group experience. London 1966.

Otterstädt, Herbert: Schule von morgen. 2. Auflage. Bonn 1963.

Otterstädt, Herbert: Beobachtungen bei der Gruppenarbeit und Gedanken darüber. In: Neue Wege, 7/1956.

Otterstädt, Herbert: Einführung in erdkundliche Gruppenarbeit. In: Die Schulwarte, 5/1961.

Otterstädt, Herbert: Gefahren der Gruppenarbeit auf der Oberstufe. In: Bildung, 9/1961.

Otterstädt, Herbert: Gruppenarbeit in der Oberstufe als Voraussetzung eines neuen Unterrichtsstils im 9. Schuljahr. In: Neue Wege, 5/1963.

Otterstädt, Herbert: Gruppenarbeiten in der Mittelstufe der Volksschule. In: Welt der Schule, 3/1959.

Otterstädt, Herbert: Probleme des Gruppenunterrichts. In: Die neue Landschule, 1957/1958.

Otterstädt, Herbert: Wie kann man zur Gruppenarbeit in der Oberstufe der weniggegliederten Volksschule finden? In: Unsere Volksschule, 7/1958.

Otto, Berthold: Die Schulreform im 20. Jahrhundert. Leipzig 1898.

Otto, Berthold: Beiträge zur Psychologie des Unterrichts. Leipzig 1903.

Otto, Berthold: Die Reformation der Schule. Leipzig 1913.

Otto, Berthold: Die Zukunftsschule. Leipzig 1914.

Otto, Gert / Witt, Karl: Evang. Religionsunterricht an der Berufsschule. Göttingen 1958.

Otto, Gert: Über die Ordnung in der Erziehung. In: Erziehung und Schule in Theorie und Praxis. Weinheim 1960.

PÄDAGOGIK H. 1/1992: Gruppenunterricht [Themenschwerpunkt].

PÄDAGOGIK H. 7/8 1992: Neues zum Gruppenlernen [Themenschwerpunkt II].

Petillon, H.: Soziale Beziehungen in Schulklassen. Weinheim 1980.

Peterson, P. L. u. a. (Eds.): The Social Context of Instruction. Group Organization and Group Processes. Orlando 1984.

Piontkowski, U.: Interaktion und Wahrnehmung in Unterrichtsgruppen. Münster 1973.

Prior, H. (Hrsg.): Soziales Lernen. Düsseldorf 1976.

Prior, H. (Hrsg.): Soziales Lernen in der Praxis. München 1978.

Prior, H.: Sozialformen des Unterrichts. In: D. Lenzen (Hrsg.): Enzyklopädie Erziehungswissenschaft, Bd. 4, Stuttgart 1985, S. 143–159.

Prior, H. / Oelkers, J.: Sozialpädagogisches Training mit Lehrern. Heidelberg 1975.

Pagès, M.: Das affektive Leben der Gruppen. Stuttgart 1974 (Aus dem Französischen).

Palmade, G.: Les méthodes en pédagogie. Paris 1953.

Parkhurst, Helen: Education on the Dalton-Plan. London 1922.

Parkhurst, Helen: Die Welt des Kindes. Kinder sprechen über ihre Probleme. Frankfurt 1955.

Passow, A. H. / McKenzie, G. N.: Research in group behaviour shows need for new teaching skills. In: Nation's Sch., 1952.

Passow, A. H. / Miles, M. B. / Corey, S. M. / Draper, D. C.: Training curriculum leaders for cooperative research. New York 1955.

Pastura, Bruna: Die Sozialerziehung im Unterricht der italienischen Volksschule. In: Sozialerziehung und Gruppenunterricht – international gesehen. Stuttgart 1963.

Patzelt: Gruppenarbeit im Naturlehre-Unterricht. In: Deutsche Junglehrerzeitung 1953.

Peerz, Rudolf: Grundlinien für den Abteilungsunterricht. Wien 1919.

Pepitone, A.: The effects of threat an unusual stimulus situations on the nature and volume of interaction on small groups. XVI. Intern. Kongr. of Psych., Bonn 1960.

Perlmutter, H. V. / Montmollin, G.: Group learning of nonsense syllables. In: J. Abnorm. Soc. Psych., 1952.

Perls, F. S.: Gestalt-Therapie in Aktion. Stuttgart 1974.

Peter, H.-Ul.: Die Schule als soziale Organisation. Weinheim 1973.

Petersen, Peter: Allgemeine Erziehungswissenschaft. Mülheim 1954.

Petersen, Peter: Eigenständige (autonome) Erziehungswissenschaft und Jena-Plan im Dienste der pädagogischen Tatsachenforschung und Lehrerbildung. München 1951.

Petersen, Peter: Jugenderziehung und Jugendseelsorge. Bremen 1949.

Petersen, Peter: Führungslehre des Unterrichts. 5. Auflage. Braunschweig 1955.

Petersen, Peter: Der kleine Jena-Plan. 27. Auflage. Braunschweig 1957.

Pfeiffer, J. W. / Jones, J. E.: A handbook of struktured experiances for human relations training. Vol. I + II. Iowa 1970.

Piaget, Jean: Das moralische Urteil beim Kinde. Dt. Übers. Zürich 1954.

Piaget, Jean: L'évolution sociale et la pédagogie nouvelle. In: L'ère nouvelle, 83/1932.

Piaget, Jean: Les méthodes nouvelles, leurs bases psychologiques. In: Encyclopédie française, 26/1939.

Pieper, Josef: Grundformen sozialer Spielregeln. 3. Auflage. Frankfurt 1955.

Planer: Arbeitsanweisungen in Bildform. In: Lebendige Schule, 1952.

Plessen, Wilhelm: Anregungen für die Gruppenarbeit. Frankfurt 1954.

Popken, Helmut: Einführung in die Gruppenarbeit. In: Unsere Volksschule, 6/1958.

Popova, Maria: Die Bewegung für Einführung des wechselseitigen Unterrichts in England und in den Volksschulen des Kontinents zu Anfang des XIX. Jahrhunderts. Diss. Zürich 1903.

Preiß: Gruppenunterricht im Rechnen. In: Lehrerundbrief, 1948.

Prelle: Arbeitsmittel für die Volksschule. Essen 1951.

Prévot, Georges: Die Gruppenarbeit in den französischen Schulen. In: Sozialerziehung und Gruppenunterricht – international gesehen. Stuttgart 1963.

Prévot, Georges: Pédagogie de la cooperation scolaire. Paris 1960.

Püttmann, Friedhelm: Grundfragen des Gruppenunterrichts. In: Die berufsbildende Schule, 12/ 1960.

Rabenstein, R.: Lernen kann auch Spaß machen. Münster 1986.

Radler, Rudolf: Didaktische Formen des Gruppenunterrichts. Diss. Erlangen 1954.

Radler, Rudolf: Zum Begriff der Schülergruppe. In: Blätter f. Lehrerfortbildung, 7/1956.

Ramm / Planer: Das Arbeitsmittel in der Volksschule. Ansbach. 1958.

Rasch-Bauer, Hermine: Gruppenfibel. Wiesbaden 1951.

Recum, Hasso von: Volksschullehrerberuf und soziale Mobilität. In: Kölner Zeitschr. f. Soziologie und Sozialpsych. Sonderheft 4. 1959.

Redl, Fritz: Group psychological problems in classroom teaching. Chicago 1939.

Reichwein, Adolf: Schaffendes Schulvolk. Braunschweig 1951.

Reichwein, Georg: Kritische Umrisse einer geisteswissenschaftlichen Bildungstheorie. Hrsg. v. Gottfried Hausmann. Bad Heilbrunn 1963.

Reininger, Karl: Das soziale Verhalten von Schulneulingen. Wien-Leipzig 1929.

Reininger: Die Klasse als Lebens- und Arbeitsgemeinschaft. Wien 1926.

Rettenmaier, Ferdinand: Die Aktivierung der Schüler durch Gruppenunterricht. In: Welt der Schule, 4/1958.

Richter, H. E.: Die Gruppe – Hoffnung auf einen neuen Weg, sich selbst und andere zu befreien. Reinbek 1972.

Rissmann, Robert: Geschichte des Arbeitsunterrichtes in Deutschland. Gotha 1882.

Rittelmeyer, C. / Baacke, D. / Parmentier, M. / Fritz, J.: Erziehung und Gruppe. München 1980.

Roeder, P.: Untersuchungen zum Problem der Autorität. In: Die Deutsche Schule, 1961.

Rödl, Peter: Jugend in Staat u. Gesellschaft. Berlin-Spandau 1961.

Röhrs, Hermann: Das erzieherische Verhältnis – eine schicksalhafte Grundbedingung der Menschwerdung. In: Päd. Rundschau, 1963.

Röhrs, Hermann: Die Schule und ihre Reform in der gegenwärtigen Gesellschaft. Heidelberg 1962.

Rössner, Lutz: Vom isolierenden zum kommunizierenden Unterricht. In: Lebendige Schule, 3/1963.

Rössner, Lutz: Jugend in der Offenen Tür. München 1962.

Rogers, C. R.: On becoming a person. Boston 1961.

Rogers, C. R.: Entwicklung der Persönlichkeit. Stuttgart 1973 (Aus dem Amerikanischen).

Rogers, C. R.: Lernen in Freiheit. München 1974 (Aus dem Amerikanischen).

Rogers, C. R.: Die klientbezogene Gesprächstherapie. München 1973 (Aus dem Amerikanischen).

Rombach, J.: Das soziale Verhalten des Siebenjährigen. In: Zeitschr. f. angew. Psych., 30/1928.

Rose: Kooperation als Unterrichtsprinzip. In: Lehrer und Schule, 1951.

Rosebourough, M. E.: Experimental Studies of Small Groups. In: Psych. Bull., 50/1953.

Rosenstiel, L. von u. a.: Organisationspsychologie. Stuttgart 1972.

Rothe, S. / Kohl, H.: Perspektive: Gruppenarbeit. Köln 1988.

Rother, Ilse: Schulanfang. 2. Auflage. Frankfurt 1957.

Rother, Ilse: Arbeitsweisen im Sachunterricht und Möglichkeiten der Differenzierung in der Grundschule. In: Die Deutsche Schule, 1/1957.

Roth, Ferdinand: Gedanken zum Gruppenunterricht. In: Lehrerrundbrief, 9/1948.

Roth, Heinrich: Autoritär oder demokratisch erziehen? Stuttgart 1955.

Roth, Heinrich: Pädagogische Psychologie des Lehrens und Lernens. Hannover 1960.

Roth, Heinrich: Jugend und Schule zwischen Reform und Restauration. Hannover 1961.

Rubinsztejn, S. L.: O myszleniji i putiach jego issledowanija. Moskau 1958.

Rude, Adolf: Die Neue Schule und ihre Unterrichtslehre. Osterwieck-Leipzig 1930.

Rudert, J.: Kind und Autorität. In: Päd. Arbeitsblätter. Sonderheft: Forschung und Schule. Ludwigsburg 1955.

Rudert, R.: Das Gespräch mit Eltern. In: Psych. Rundschau, 1950.

Rüger: Der Gruppenaufsatz. In: Die Bayerische Schule, 1949.

Ruppert, Herbert: Die Bedeutung der Gruppenbildung und Gruppenarbeit für die Grundschule. In: Die neue Landschule, 1954/55.

Ruppert, Herbert: Grundsätzliches zur Pädagogik der Gruppenarbeit. In: Neue Deutsche Schule, 3/4/5/6/1959.

Ruppert, Herbert: Urformen des Sichbildens – Hauptformen eines natürlichen Schulunterrichts. In: Neue Deutsche Schule, 11/12/13/1959.

Ruppert, Herbert: Soziale Beziehungen und Sozialerziehung in der Schulklasse. In: Ganzh. Bildung, 1959.

Ruppert, J. P.: Sozialpsychologie im Raum der Erziehung. 3. Auflage. Weinheim 1957.

Sader, M.: Psychologie der Gruppe. Weinheim 1991.

Sbandi, P.: Gruppenpsychologie. München 1973.

Schaal, Rudolf: Die sozialpsychologische Entwicklung in der schulfähigen Kindheit. In: Zeitschr. f. päd. Psych. u. Jugendkunde, 1934.

Scharmann, Th.: Die individuelle Entwicklung in der sozialen Wirklichkeit. In: Handbuch der Psych. III. Göttingen 1959.

Scharmann, Th.: Experimentelle Interaktionsanalyse kleiner Gruppen. In: Kölner Zeitschrift f. Soz. u. Sozialpsych., 1/1962.

Scharmann, Th.: Zur Systematik des „Gruppen"begriffs. In: Psych. Rundschau, 1/1959.

Scheibe, W. / Bohnensack, F. / Seidelmann, K.: Schülermitverantwortung. Berlin 1959.

Schäfer, Otto: Zur Gruppenstruktur der Gymnasialklasse. In: Kölner Zeitschr. f. Soz. u. Sozialpsych. Sonderheft 4, 1959.

Schaller, Klaus: Die Krise der humanistischen Pädagogik und der Kirchl. Unterricht. Heidelberg 1961.

Scheibner, Otto: Arbeitsschule in Idee und Gestaltung. 3. Auflage. Heidelberg 1951.

Schelsky, Helmut: Schule und Erziehung in der industriellen Gesellschaft. Würzburg 1957.

Scheuerl, Hans: Das Spiel. Weinheim 1954.

Schietzel, Carl: Technik und Natur. Braunschweig 1960.

Schindler, Raoul: Grundprinzipien der Psychodynamik in der Gruppe. In: Psyche, 5/1957.

Schjelderup-Ebbe: Beiträge zur Sozialpsychologie des Haushuhns. In: Zeitschr. f. Psych., 88/1922.

Schleiffer, Gerd: Über den Einstieg in eine Gruppenarbeit. In: Lebendige Schule, 4/1963.

Schmalohr, Emil: Entwicklungswandel der Jugend und Probleme der Schulreform. In: Unsere Volksschule. März 1962.

Schmidbauer, W.: Sensitivitätstraining und analytische Gruppendynamik. München 2/1973.

Schmidt, E. A. F.: Die graphische Soziomatrix. In: Kölner Zeitschr. f. Soz. u. Sozialpsych. 1/1962.

Schmidt, Wolfgang: Gruppenunterricht in der Volksschule. Bonn 1950.

Schmidt, Wolfgang: Neuzeitliche Volksschularbeit. Ratingen 1962.

Schneuwli, Josef: Ecoles du Père Girard. Fribourg 1905.

Schöbi: Gruppenaufsatz. In: Schweizer Schule, 1938.

Schönenberger, Walter: Soziale Beziehungen in der Kindergruppe. Frauenfeld / Schweiz 1959.

Schorb, A. O.: Erzogenes Ich – erziehendes Du. Stuttgart 1958.

Schorb, A. O.: Schule und Lehrer an der Zeitschwelle. Stuttgart 1962.

Schorer, Hans: Das Gespräch in der Schule. Frankfurt 1957.

Schreiner, G. u. a.: Soziales Lernen in der Schule (Auswahl Reihe A, Bd. 16). Hannover 1977.

Schrey, Helmut: Das Gespräch in Unterricht und Erziehung. In: Päd. Provinz 7/1955.

Schroeder, G. u. H.: Gruppenunterricht. Beitrag zu demokratischem Verhalten. Berlin 1975.

Schröter, Gottfried: Einführung in die Schulpraxis. Worms 1962.

Schröter, G.: Schon morgen mit der Gruppenarbeit beginnen. Worms 1967.

Schütz, K.-V.: Gruppenforschung und Gruppenarbeit. Mainz 1989.

Schultz, Gottfried: Gruppenarbeit in der Landschule. In: Westdtsch. Schulzeitung, 18/19/20/1956.

Schultze / Beltzer: Aufgelockerte Volksschule. 2 Bd. Worms 1958 und 1960.

Schwager, K.-H.: Die Selbsttätigkeit des Schülers als schulpädagogisches Problem. In: Erziehung und Schule in Theorie und Praxis. Weinheim 1960.

Schwarz, K.: Gruppenunterricht – Fortschritt oder Wende? In: Welt der Schule, 7/1951.

Schwerdtfeger, I. C.: Gruppenarbeit im Fremdsprachenunterricht – ein adaptives Konzept. Heidelberg 1977.

Seidelmann, K.: Gruppenpädagogik im Schulunterricht. München 1975.

Seiffge-Krenke, J.: Soziales Verhalten in der Schulklasse. In: Twellmann, W. (Hrsg.): Handbuch Schule und Unterricht, Bd. 3, Düsseldorf 1981, S. 329–372.

Sesemann, Heinrich: Die Vergesellschaftung von Kindern in der Unterrichtsarbeit. Osterwieck 1933.

Seyfert, Richard: Arbeitskunde als Bildungsmittel zu Arbeitssinn und Arbeitsgemeinschaft. 12. Auflage. Worms 1954.

Sharan, S. / Sharan, Y.: Gruppenzentrierter Unterricht. Stuttgart 1976 (Aus dem Amerikanischen).

Sharan, S. u. Y.: Gruppenzentrierter Unterricht. Kleingruppe, Lernecke, Plan- u. Rollenspiel. Stuttgart 1976.

Sherif, M. / Sherif, C. W.: Groups in harmony and tension. New York 1953.

Shoji, Masako 7 Fujii, Toshihiko: Die Probleme der gegenwärtigen japanischen Erziehung. In: Sozialerziehung und Gruppenunterricht – international gesehen. Stuttgart 1963.

Sieverding, Ludwig: Das Helfersystem in den älteren Jesuitengymnasien. Diss. Münster. Langensalza.

Simmel, G.: Soziologie. Leipzig 1908.

Simmen: Koedukation und Koinstruktion. Zürich 1944.

Simon, Alfons: Partnerschaft im Unterricht. München 1959.

Simoneit, M.: Vom Sinne des Gruppenunterrichtes. In: Päd. Arbeitsblätter, 3/1953.

Sjølund, A.: Gruppenpsychologie für Erzieher, Lehrer und Gruppenleiter. Heidelberg 3/1981.

Sjølund, A.: Gruppenpsychologie für Erzieher, Lehrer und Gruppenleiter. Heidelberg 1974.

Sjølund, A.: Gruppenpsychologische Übungen. Weinheim 1982.

Slater, P. E.: Role differation in small groups. In: Am. Soc. Review., 20/1955.

Slavson, S. R.: Creative group education. New York 1948.

Slavson, S. R.: Einführung in die Gruppentherapie von Kindern und Jugendlichen. Göttingen 1971 (Aus dem Amerikanischen).

Slavson, S. R.: Einführung in die Gruppentherapie. Göttingen 1956.

Slotta, Günter: Die Praxis des Gruppenunterrichts und ihre Grundlagen. Bremen 1954.

Sodhi, K. S.: Urteilsbildung im sozialen Kraftfeld. Göttingen 1953.

Sonstegard, M. A.: Interaction Process and the Personality Growth of Children. In: Group Psychotherapy, 1/1958.

Spangenberg, K.: Chancen der Gruppenpädagogik. Weinheim 1969.

Spiel, Otto: Am Schaltbrett der Erziehung. Wien 1947.

Stakemeier, A.: Die sozialerzieherische Bedeutung von Gruppenunterricht und Gruppenarbeit. In: Schule im Alltag, 5/1960.

Stanford, G.: Gruppenentwicklung im Klassenraum und anderswo. Braunschweig 1980 (Aus dem Amerikanischen).

Steinhaus, Marie: Helen Parkhursts Dalton-Plan und seine Bedeutung in England. Langensalza 1925.

Stellwag, Helena, W. F.: Die Rolle des Gruppenunterrichts in den Niederlanden. In: Sozialerziehung und Gruppenunterricht – international gesehen. Stuttgart 1963.

Stenzel, A. K.: Sozialtraining. Wiesbaden 1972 (Aus dem Amerikanischen).

Stieger, Karl: Unterricht auf werktätiger Grundlage. Olten-Freiburg 1951.

Stieger, Karl: Die Schule als Brücke zur Arbeitswelt. Stuttgart 1962.

Stöcker, Karl: Neuzeitliche Unterrichtsgestaltung. 8. Auflage. München 1962.

Stollak, G. E. et al. (Hrsg.): Psychotherapy Research. Chicago 1966.

Strang, R.: Group Work in Education. New York 1958.

Strzelewicz, Willy: Der Autoritätswandel in Gesellschaft und Erziehung. In: Die Deutsche Schule, 4/1961.

Sullivan, D. F.: Readings in Group Work. New York 1952.

Surkau, Lothar: Gruppenunterricht in der Berufsschule. In: Archiv f. Berufsbildung, 6/1954.

Svajcer, Vilko / Junakovic, Magda: Gruppenunterricht an jugoslawischen Schulen. In: Sozialerziehung und Gruppenunterricht – international gesehen. Stuttgart 1963.

Symanski, Hans: Gruppenunterricht in Landwirtschaftlichen Berufsschulen. In: Die Deutsche Berufs- und Fachschule, 4/1958.

Taba, H.: Generalizing, Summarizing and Developing Group Methods. San Francisco 1951.

Tarde, Gabriel: Les lois de l'imitation. Paris 1911.

Tausch, R. / Tausch, A.: Erziehungspsychologie. Psych. Vorgänge in Erziehung und Unterricht. Göttingen 1963.

Tausch, R. / Tausch, A.-M.: Erziehungspsychologie – Begegnung von Person zu Person. 8. Auflage. Göttingen 1977.

Tausch, A.: Besondere Erziehungssituationen des praktischen Schulunterrichts, Häufigkeit, Veranlassung und Art ihrer Lösungen durch den Lehrer. In: Zeitschr. f. exp. u. ang. Psych., 1958.

Tausch, R.: Das Ausmaß der Lenkung von Schulkindern im Unterricht. In: Psych. Beiträge, 1960.

Tausch, R. / Tausch, A.: Kinderpsychotherapie in nicht-direktivem Verfahren. Göttingen 1956.

Terhardt, E.: Lehr-Lern-Methoden. Weinheim und München 1989.

Thalenberg, Aron: Gemeinschaftserziehung in den Kibbuzim Israels. In: Sozialerziehung und Gruppenunterricht – international gesehen. Stuttgart 1963.

Thelen, H. A.: Methods for studying work and emotionality in groups. Chicago 1954.

Thelen, H. A.: The dynamics of groups at work. Chicago 1954.

Thelen, H. A. / Dickermann, W.: Stereotypes and the growth of the groups. In: Educ. Leadership, Februar 1949.

Trecker, H. B.: Social Group Work: Principles and Practices. New York 1955.

Tröndle: Werken in Gruppen. In: Päd. Welt, 1951.

Trescher, H.-G. / Büttner, C. (Hrsg.): Chancen der Gruppe. Mainz 1987.

Ulich, D.: Gruppendynamik in der Schulklasse. München 1971.

Vettiger, Heinz: Gruppenunterricht. Düsseldorf 1977.

Vonhoff, Heinz: Lesen mit verteilten Rollen. Eine gruppenunterrichtliche Möglichkeit. In: Die Schulwarte, 4/1955.

Walter, Fritz: Zur Soziologie der Schulklasse in der Vorpubertät. In: Zeitschr. f. päd. Psych., exp. Päd. u. Jugendkd., 34/1933.

Walz, U.: Soziale Reifung in der Schule. Hannover 1968.

Walz, Ursula: Soziale Reifung in der Schule. Die sozialerzieherische Bedeutung von Gruppenunterricht und Gruppenarbeit. Hannover 1960.

Walz, Ursula: Lebendige Gruppenarbeit in der Schule. Ein Besuch bei Ernst Meyer in Zahlbach. In: Schwalbacher Blätter, 32/1956.

Walz, Ursula: Gruppenunterricht und Gruppenarbeit im Spiegel der päd. Literatur. In: Unsere Volksschule, 7/1958.

Washbourne, C. W.: Les écoles de Winnetka. In: Pour l'ère nouvelle, 7/1931.

Watson, Goodwin: An Evaluation of Small Group Work in a large Class. In: J. of Educ. Psych., 7/1953.

Wawrzyniak, Kurt: Grundfragen der Koedukation. München 1959.

Weise, Martin: Paul Oestreich und die Entschiedene Schulreform. Leipzig 1928.

Weiß, Carl: Abriß der päd. Soziologie. Teil 2: Soziologie und Sozialpsych. der Schulklasse. Bad Heilbrunn 1955.

Weyrich, J.: Gruppenarbeit in der neuzeitlichen Unterrichtsgestaltung. Salzburg 1952.

Wiemann, G. / Heusel, S.: Politische Elementarerziehung in der Gruppe. Braunschweig 1955.

Wieringa, C.: Gruppenarbeit und ihre sozialwiss. Hintergründe. In: Soziale Welt, 3/1960.

Wiese, Leopold von: Das Soziale im Leben und Denken. Köln und Opladen 1956.

Winkel, R.: Theorie und Praxis der Schule. Oder: Schulreform konkret – im Haus des Lebens und Lernens. Baltmannsweiler 1996.

Winkel, R.: Theorie und Praxis des Team-Teaching. Braunschweig 1974.

Winkel, R.: Team Teaching. Braunschweig 1974.

Winnefeld, Friedrich: Pädagogischer Kontakt und pädagogisches Feld. München 1957.

Winter, Ernst: Das freie Unterrichtsgespräch und seine Grenzen. In: Päd. Provinz, 4/1954.

Witak, August: Moderne Gruppenarbeit. Wien 1952.

Withall, J.: An objektive measurement of a teacher's classroom interaction. In: J. of Educ. Psych., 12/1956.

Witlitsky, S.: Gruppenbildung im Kindergarten. In: Zeitschr. f. Psych., 1928.

Wittoch, M.: Anregungen zur Gruppenarbeit im Unterricht mit Lernbehinderten. In: Baier, H. / Klein, G. (Hrsg.): Die Schule für Lernbehinderte. Berlin 1980.

Wöhler, K.-H. (Hrsg.): Gruppenunterricht (Auswahl B) Hannover 1981.

Yates, A. (Hrsg.):Lerngruppen und Differenzierung. Weinheim 1972.

Zöller, W.: Gemeinsam lernen. München 1979.

Grundlagen der Schulpädagogik

Unser Ziel: Humane Schule

Entwicklungen – Praxis – Perspektiven.
(Grundlagen der Schulpädagogik Band 1)
Herausgegeben von Ernst Meyer und Rainer Winkel
1991. VIII, 256 Seiten. Kt. ISBN 3871166807. FPr. DM 36,—.

Mit Beiträgen von R. Behrendt, H. von Hentig, H.G. Homfeldt, T. Husén, W. Klafki, E. Meyer, J. Muth, O. Negt, H. Röhrs, H. Roth, W. Schulz, E. Skiera, M. Stobart, R. Süßmuth, M. Wagenschein, U. Walz, R. Winkel, T. Ziehe

In 6 Kapiteln wird versucht, den Wünschen an eine „Humane Schule" mit vielen praktischen Beispielen und theoretischen Erörterungen Rechnung zu tragen:

– Schule in einem freien Europa
– Schule als Stätte geistiger Auseinandersetzungen
– Schule als Orientierungs- und Erprobungsfeld
– Schule als Ort sozialen Lebens und Lernens
– Schule als Weg zur mündigen Gesellschaft
– Schule und die (Fort)Bildung der Lehrer/innen.

Die in diesen Kapiteln präsentierten Texte *haben* nach unserer Einschätzung entweder in der Vergangenheit diesem Anliegen realiter gedient und sind – so gesehen – auch für die Zukunft richtungsweisend. Oder sie *hätten* dem hier gemeinten Schulverständnis Ausdruck verleihen können, wurden aber allzu wenig beachtet und deshalb hier neuerlich der Öffentlichkeit übergeben. Oder aber sie sind neu auf die gemeinte Intention hin geschrieben worden und müssen folglich ihre Qualität gegenüber einer gelegentlich erdrückenden Quantität noch unter Beweis stellen.

Kommunikation und Kooperation im Unterricht

Erfahrungen aus West und Ost. Positionen · Praxisberichte · Aufgabenfelder
(Grundlagen der Schulpädagogik Band 3). Herausgegeben von Horst Hesse, Arndt Fischer und Rainer Hoppe
1992. XI, 193 Seiten. Kt. ISBN 3871169021. FPr. DM 36,—;

Band III bietet konstruktive Überlegungen und Vorschläge zur gemeinsamen Bestandsanalyse wichtiger pädagogischer Fragestellungen aus den Forschungsergebnissen und Lehrauffassungen in West und Ost. Er widmet sich dabei einer zentralen und für die Weiterentwicklung von Erziehung und Schule äußerst bedeutsamen Problemsituation, der intensiven Nutzung aus Ausgestaltung kommunikativer und kooperativer Aspekte im Lehr- und Lernverhalten. Die damit verbundenen vielfältigen Zusammenhänge standen im Mittelpunkt einer internationalen Konferenz, die in gemeinsamer Trägerschaft der „Internationalen Gesellschaft für Gruppenarbeit in der Erziehung" e.V. sowie den Pädagogischen Hochschulen Leipzig und Heidelberg ausgerichtet wurde und vom 18. bis 21. September 1991 in Leipzig zum Thema „Lernen in Gruppen – Lernen in Freiheit" stattfand. Aus ihrem reichhaltigen Inhalt werden insbesondere die Plenarreferate, weitere ausgewählte Beiträge sowie zusammenfassende Berichte vorgestellt.

Schneider Verlag Hohengehren
Wilhelmstr. 13
73666 Baltmannsweiler

Grundlagen der Schulpädagogik

Unser Konzept: Lernen in Gruppen

Begründungen · Forschungen · Praxishilfen

Grundlagen der Schulpädagogik Band 2

Herausgegeben von Ernst Meyer und Rainer Winkel

1991. IV, 357 Seiten. Kt. ISBN 3871166901. FPr. DM 36,—

Das Konzept „Lernen in Gruppen" ist in den letzten Jahren Gegenstand einer weltweiten schulpädagogischen und bildungspolitischen Diskussion geworden. Es deckt sich weitgehend mit dem Konzept des gesellschaftlichen Mündigwerden des modernen Menschen und verleiht von daher der notwendigen Diskussion um kommunikative und kooperative Bildungsformen einen besonders hohen Rang.

Was wir zunächst brauchen – und was uns mangelt – sind geistige Instrumente zum Verständnis sowohl unserer Zeitsituation wie der vielfältigen, rasch wechselnden Problemlagen. Zur Vermittlung eines solchen Verständnisses haben Schule und Hochschule einen wesentlichen Beitrag zu leisten. Sie können es nicht, solange zukünftige Lehrer immer noch lernen, daß sie ständig vor ihrer Klasse stehen müssen, um sie beherrschen zu können. Sie können es, wenn Lehrer/innen und Hochschullehrer/innen von ihrer durch autoritäre Stilformen geprägten Haltung Abschied nehmen, wenn sie erkennen, daß sie ständig neu lernen müssen und auch von ihren Schüler/innen und Student/innen lernen können. Nur der Verzicht auf autoritäre Lehrmethoden zugunsten kooperativen Lernens kann Aktivierung, also eine wirkliche Teilnahme an der Auseinandersetzung über Gedachtes bedeuten, also eine wirkliche Demokratisierung im Unterrichtsprozeß. Die Beiträge des vorliegenden Bandes wollen allen am Erziehungs- und Unterrichtsprozeß Beteiligten helfen, das Konzept „Lernen in Gruppen" als fundamentalen Ansatz einer freiheitsorientierten pädagogischen Praxis zu verstehen, es in rechter Weise zu realisieren und zu fördern.

Jeder Leser hat die Möglichkeit, sich mit alten und neuen *Argumenten für das Lernen in Gruppen* (Kapitel 1) und mit *Gruppenprozeßanalysen* (Kapitel 2) auseinanderzusetzen. Fragen der Aufwertung des kommunikativ-kooperativen Charakters des Unterrichts, des Abbaus des reinen Frage- und Antwortverfahrens sowie der Methodenmonotonie stehen im Vordergrund. In zahlreichen Beiträgen werden Praxisprobleme diskutiert (Kapitel 3: *Praxismodelle,* Kapitel 4: *Reflektierte Praxis*).

Die Hauptziele des vorliegenden Bandes sind
- Bestandsaufnahme von Erfahrungen und Versuchen mit gruppenpädagogischen Verfahren.
- Vermittlung von Forschungsresultaten und konkreten Praxishilfen.

Das Buch wendet sich an alle, die zum erstenmal auf Probleme der „Gruppe" stoßen, an alle, die mitten in Gruppenlernprozessen stehen, an alle, die das Konzept **„Lernen in Gruppen"** kritisch reflektieren wollen.

Schneider Verlag Hohengehren
Wilhelmstr. 13
73666 Baltmannsweiler